手続集中論

松村和德 著

成 文 堂

はしがき

現代における民事訴訟法学及び実務の主要課題の一つとして、「適正・迅速かつ公正な裁判をいかに実現するか」という問題がある。この実現を「手続集中」という理念に基づきめざしたのがオーストリア民事訴訟法であった。そして、その影響を受け、その当時「適正・迅速な裁判」を目的に掲げ、わが国独自の民事訴訟法構築を試みたのが大正民事訴訟法改正である。現行民事訴訟法はこの大正民訴法を改正したものであるが、同様に「適正・迅速な裁判」の実現を目的としたものであり、その意味において、現行民訴法は手続集中理念の系譜にあると言えよう。本書はこの「手続集中」理念を明らかにし、「適正・迅速かつ公正な裁判」の実現を目的とした手続集中に関する諸方策を研究対象としたものである。

この研究にあたり、筆者は、根源、沿革、複眼という三つの観点からの考察を心掛けた。つまり、第一の観点は、研究対象について、それはどのように生成されたのか、本来の意味は何であったかといった根源を探求することである。第二の観点は、その対象がその後どのように変遷していったか、変わったとすれば何故かという、その沿革を探ることである。第三の観点は、その研究対象の現在における意義を、類似物や諸外国のそれと比較しつつ、地域性、社会性、経済性、国民性などの視点から複眼的に探求することである。これらの考察に基づき、現在の民事訴訟における研究対象の現実的検証を試みた。こうした考察方法をとったのは、恩師・故中村英郎先生（早稲田大学名誉教授）が繰り返し述べられていた「制度は歴史の所産である」という言葉に触発され、筆者なりにアレンジした結果である。本書における複眼的考察はまだ不十分な面もあるが、他の観点からの考察は一定の成果を示せたと思う。

本書の内容を簡単に示すならば、本書は、「適正・迅速かつ公正な裁判」の実現はなぜ「手続集中」に委ねられたのか、その根源に遡り、現在に至る変遷を明らかにし、わが国の現行民訴法におけるこの実現の展望を試みたものである。そして、本書では、「手続集中」理念が明確に意識されたのは一八九五年のオーストリア民訴法とその創設者フランツ・クラインの訴訟理念に遡ることができ、この理念がわが国大正民訴法改正に大きな影響を与え、「弁論集中」という形で、現行民訴法に受け継がれていることを明らかにした。しかし、我が国で重視された「弁論集中」と本書で対象とした「手続集中」とは、重なり合う部分はあるものの異なる点があること、そしてその理解の齟齬がわが国における「適正・迅速かつ公正な裁判」実現の障害となっていることを指摘した。とくに本書で展開したのは、手続集中のための方策の重点は上訴まで含めた審理システムの構築と訴訟主体（裁判官・当事者）の行為規律との組み合わせにあり、とりわけ、裁判官の積極性が手続集中の鍵となるとの主張である。したがって、民事訴訟の解釈論的記述より綱領的な記述が中心となっている。そして、この主張との関係において、わが国民事訴訟の大原則である「弁論主義」の存在意義に関する批判的検討も本書では展開した。

本書は、八つの章からなる論文集である。すでに発表した論文（詳細は初出一覧参照）を整理し、まとめたものである。その構成について簡単に説明する。まず、序章は、施行二〇年を迎えた現行民訴法での実務が改正目的たる「適正かつ迅速な裁判」の実現を達成しているのかを検証し、現在の問題点を指摘した、書き下ろしである。第一章では、「適正かつ迅速な裁判」の実現のために「手続集中」を提唱したフランツ・クラインの訴訟理念と彼が創設した一八九五年のオーストリア民訴法における手続集中のための諸方策を概観し、わが国大正民訴法改正におけるその影響を明らかにした。そして、第二章では、「手続集中」のための方策としての審理システムの変遷、とくに弁論準備システムの変遷を、オーストリア民訴法の改正動向を中心として検討しながら、明らかにした。両章で主に取り上げたオーストリア民訴法の沿革及びわが国の大正民訴法改正については、すでに鈴木正裕先生（神戸大学名誉教授・元同大学長）による近代民事訴訟法史研究で明らかにされている。鈴木先生の緻密でかつ卓越した研究には遠く及ばないと思われるが、鈴木先生の研究は立法に携わった「人」の視点からの沿革研究であり、筆者のそれは「制度の機能研究」という視点からの沿革研究である点で異なる点が多く、その研究成果を本書に組み込むことに意義はあるのではと考え、本書に所収した。第三章及び第四章は、「手続集中」のためのもう一方の方策である訴訟主体の行為規律の観点から、とくに、その鍵となる裁判官の積極性について論じたものである。また、この関係で、近年においては「公正な裁判」という観点が重視されてきた点も指摘した。そして、以上の研究との構成から、弁論主義を検討した論文を第五章に置いた。第六章は、現行法で導入された文書提出義務の一般化について、オーストリア民訴法と比較しつつ論じたものである。この文書提出義務の一般化は当事者行為を規律する方策の一つで、弁論主義の変容を意味するものとして、この論文を第六章とした。第七章は、オーストリア民訴法の更新禁止原則を紹介しつつ、わが国における控訴審実務を検討し、上訴まで含めた手続集中を論じたものである。

いずれの論文もオーストリア民訴法研究を基礎においた論文であり、その点で本書はこれまでの筆者のオーストリア民事訴訟研究の書でもある。オーストリア民訴法の研究は、筆者のもう一人の恩師・故吉野正三郎先生（元東海大学教授・弁護士）からオーストリア非訟手続改正議論の研究を勧められたことに始まる。しかし、その研究過程で、オーストリア民事手続法の研究は同民訴法の創設者クラインの訴訟理念等に関する理解を深めなければならないことを意識せざるを得なかった。当時、クライン及びオーストリア民訴法の研究は、ドイツ民訴法研究と比べて必ずしも充実したものとは言えないと思われた。そこから、筆者のクライン研究が始まる。当時始まったわが国現行民訴法の改正議論を視野に入れて展開した初期の研究が、第三章と第五章になる。その後、山形大学から岡山大学への転出や法科大学院設置など研究環境の変動で本研究は一時中断せざるを得なかったが、平成二三年から早稲田大学への赴任を機に研究を再開することができた。研究再開後の論稿が第一章、第二章、第四章、第七章である。このように本書を構成する個々の論稿は執筆の時期にズレが大きいため、記述の背景、引用文献等で加筆修正が必要と思われる箇所が少なくないが、出版との関係で時間の制約もあり、最低限の記述の整合性をとったのみである。また、本書に所収した論文の多くがオーストリア民訴法研究を基盤にしたものであることから、クラインの訴訟理念等に関する記述に重複がみられる。しかし、その記述は個々の論文（各章）の内容構成上は必要と考えたので、語句の誤謬や記述の整合性のための修正を除き、ほぼ重複したままとなっている。読者のご寛容をお願いしたい。平成から令和へと改元された年に公刊できた本書が今後の民事訴訟法学の発展に少しでも貢献できるのであれば、幸甚である。なお、本書の校正に際し、日本大学法学部准教授の吉田純平氏と早稲田大学法学部助手の宇都宮遼平氏に助けて頂いた。お礼を申し述べたい。

最後に、市販性のない本書の出版を引き受けて下さった成文堂の阿部成一社長並びにいろいろとご配慮を頂いた編集部の篠崎雄彦氏に心からお礼を申し述べたい。なお、本書の出版には、科研費（二〇一五年度　第六回　基盤研究（C）（課題番号15K03226））からの研究助成を受けている。

本書を、深い感謝の意を込めて、恩師・故中村英郎先生に捧げたい。

二〇一九年（令和元年）五月

松村和徳

目次

初出一覧

序　章　民事訴訟の現在問題
書き下し
第一章　「手続集中」理念と大正民事訴訟法改正
早稲田大学比較法研究所叢書四一号『日本法の中の外国法』（二〇一四）二一三頁以下
＊「近年におけるオーストリア民事訴訟改革とその評価（1）」山形大学法政論叢創刊号一頁（一九九四）の一部を挿入し、加筆・修正
第二章　「手続集中」理念とその方策としての弁論準備システム
河野正憲先生古稀祝賀『民事手続法の比較法的・歴史的研究』（慈学社・二〇一四）二三一頁
第三章　裁判官の積極性とフランツ・クラインの訴訟理念
木川統一郎博士古稀祝賀『民事裁判の充実と促進［下巻］』（判例タイムズ社・一九九四）二二四頁
第四章　手続手中理念と裁判官の積極性
民事訴訟雑誌六三号五一頁（二〇一七）
第五章　弁論主義考――オーストリア民訴法における事実資料収集過程での裁判官と当事者の役割分担からの示唆――
早稲田法学七二巻四号四二九頁（一九九七）
第六章　文書提出義務の一般化に関する若干の考察

石川明先生古稀祝賀『現代社会における民事手続法の展開〔下巻〕』（商事法務・二〇〇二）七七頁～一〇七頁、及び判例評釈「銀行が法令により義務づけられている資産査定の前提として債務者区分を行うために作成、保存している銀行の自己査定資料の民訴法二二〇条四号ニ文書該当性」（最二決平成一九年一一月三〇日民集六一巻八号三一八四頁）判例時報二〇三三号・判例評論一六三頁（二〇〇九）

第七章　手続集中理念と更新禁止原則

上野泰男先生古稀祝賀論文集『現代民事手続の法理』（弘文堂・二〇一七）四五九頁

序　章　民事訴訟の現在問題

一　はじめに――問題意識と考察対象――

民事訴訟手続をどのように形成し、運用すべきか、また各局面において民事訴訟法の規律をいかに解釈すべきか、その指針を探求することが、民事訴訟法の理論構築作業において各研究者の出発点であり、目標となってきた。当初、この指針に関する問題の検討は民事訴訟の目的論で対象となってきたと言えるが、従来の制度目的論では十分に対応できないと思われる(1)。この運用・解釈の指針は「あるべき裁判像」の実現をめざすことにほかならないからである。換言すれば、それは、裁判手続はいかに形成・規律されるべきかという問題である。

民事訴訟における「あるべき裁判像」については、その時代思想、国家観、政治・社会・経済的諸条件により様々な変遷を辿るが、今日、諸外国との比較でもほとんど差異はないと言えよう。つまり、この「あるべき裁判像」とは、今日的には「適正・迅速かつ公正な裁判」ということができる。従来、「訴訟の理念」といわれてきたものである。ここでいう適正な裁判とは真実に合致した裁判を指し、迅速な裁判はいうまでもなく裁判の迅速な終結を意味する。公正な裁判とは、当事者を手続上実質的に対等に取り扱い、当事者利益を考慮したフェアーな審理が行われる裁判ということができよう。民事訴訟手続は、この「あるべき裁判像」、すなわち、「適正・迅速かつ公正な裁判」をめざして、形成・規律されることになる。したがって、この「適正・迅速かつ公正な裁判」を民事訴訟における「手続目的」と位置づけ、民事訴訟法学においては、この「手続目的」実現のための方法・工夫の考察が不可欠と思われる。(2) そして、手続目的は、当事者から見た場合には、裁判を受ける権利の保障を意味することになる。なぜならば、近代以降の民事裁判では、当事者は、自力救済を禁止され、自らの権利の帰趨を国家機関たる裁判所の判断に委ねるという構造となっており、そのコロラリーとして、当事者は「適正・迅速かつ公正な裁判」を受ける権利を保障されることになると言えるからである。この権利は、憲法上保障されたものであって、訴訟基本権（ないし手続基本権）とも言えよう。それゆえ、手続法の解釈は「適正・迅速かつ公正な裁判」の実現を第一義的に志向して考慮することになる。このように考えるならば、民事事件についての「適正・迅速かつ公正な裁判」の実現のためにいかに手続を構築するか、その方法を考察するのが民事訴訟法学の役割となるであろう。この点において、民事訴訟法学は方法の学問であると言えるのである。

現代民事訴訟の理論と実務における最大の関心事がいかに適正、迅速かつ公平な裁判が実現できるかであり、とくに、「真実に合致した（適正な）裁判と迅速な裁判の実現」が、近代以降、各国の民事訴訟法制において常に求められ、民事訴訟改革において繰り返し掲げられた目的であることは、こうした訴訟観からみたときには、自明の理とも思われる。そして、わが国の民事訴訟法もより適正で迅速な裁判の実現を目的とし、この目的を実現すべく平成八年（一九九六年）に大改正され（平成八年法律第一〇九号）、平成三〇年（二〇一八年）に、その施行二〇年を迎えた。この平成八年の現行民訴法がめざした「より適正で迅速な裁判の実現」は達成されたか、この施行二〇年を迎えた現行法の検証、とくにその改正の中核であった審理システムの検証こそが、日本民事訴訟法の現在問題と考える。(3)

現行民訴法の特徴とされる審理システムは、「早期に争点を明確にし、争点に焦点を絞った証人尋問等を集中的に行った上で、裁判所が争点についての判断を中心とする判決をなす、争点中心型の審理手続を原則とした」点にある。(4) したがって、現行民訴法の検証は、争点整理手続を整備し、集中証拠調べを導入したことによる民事訴訟制度の現状はいかなるものかという点を中心にし、そこには現在どのような問題が存するのかを明らかにしていくことがここ（本章）での課題となる。そして、その問題を克服し、今後日本民事訴訟法の進むべき方向を本書では検討していくことになる。

二　現行民事訴訟法の審理システム概観

現行民訴法による審理システムの現状を明らかにしていく。以下では、まずは、その前提として「平成八年の現行民訴法」が構想した審理システム[5]のアウトラインを概観し、平成八年以降の改正点も確認することにしたい。

一　現行民事訴訟法の立法理由と主たる改正点

現行民訴法は、大正一五年（一九二六年）の民訴法を全面的に改正し、平成八年六月一八日に成立した。改正理由としては、まず、「時代のニーズへの適合」が挙げられた。つまり、大正一五年の改正時からの時代の変遷による社会、経済の変革と、それに伴う紛争の多様化・複雑化への対応が要請されたのであった。また、「司法の信頼回復及び裁判の社会的機能回復」の点が挙げられている。これは、民事裁判の時間、費用のコスト軽減や国民の司法離れや民事裁判の社会的機能低下への対応を意味する。そして、「民事訴訟実務改善活動の法定化」が挙げられた[6]。これは、実務の運用改善の動き[7]が活発化し、とりわけ「弁論兼和解」方式の実務での定着化に伴う法定化の動きがあり、それが目的とされたのである。

そして、「民事訴訟を国民に利用しやすく、分かりやすいものにする」との標語を掲げ、立法作業は進行した。この改正における中心的改正点は、①争点整理手続の整備、②証拠収集手続の拡充、③上告制度の改革、④少額訴訟制度の創設である。本章でいう民事訴訟法の現在問題という観点では、とくに、①改正点が考察対象の中心となる。①改正点では、充実しかつ迅速な審理を行うためには、早期に争点及び証拠の的確な整理を行って立証事実を明確にし、これに焦点を合わせた効率的な証拠調べを実施する必要があるとの認識の下、争点、証拠の整理手続の整備が行われたのである。

そして、現行民事訴訟法において争点整理のための手続としては、四つのメニューが準備された。㈠準備的口頭弁論、㈡弁論準備手続、㈢書面による準備手続、㈣口頭弁論、の四つである。㈠〜㈢が、従来の制度を改善し、又は実務慣行を法制化して、平成八年民事訴訟法改正法により導入されたものである。㈣は、従来のものが残った形である。実務では、㈡弁論準備手続によりほとんどの事件が争点整理されている。

二　弁論兼和解と争点整理手続

弁論準備手続は、法廷以外の場所でもなされる、必ずしも公開を要しない争点整理手続である。この手続は、旧法における準備手続を改正して、その問題点を解消し、利用しやすい争点整理手続にしたとするのが立法者の公式見解である。しかし、その実質は、「弁論兼和解」の法律上の認知を試みたものといえる(8)。現行法の審理システムのベースとなった「弁論兼和解」という手続は、当事者と裁判官がひざを突き合わせて素直な意見交換を行うことによって和解を促進し、又は争点も整理できる方法として、実務上、事件処理、審理の迅速化に一定の成果を挙げ、全国の裁判実務に広がった。しかし、これには、法律上の根拠規定がなく、その条文化がこの改正法の目的とされたのであった。ただ、弁論兼和解といっても、争点重視型、和解重視型、本人訴訟型等その概念自体が必ずしも明らかではなく、裁判官によってそのやり方も、その重点も異なっていた。立法前の段階では、争点整理手続としての機能の認識は希薄であったと思われる。この手続はインフォーマルな形での迅速かつ柔軟な審理が可能な点で評価が高かったが、公開主義や対席主義の点で批判を受けて、その後、争点整理手続としての位置づけが強調されることになった[9]。そして、他方で実務の取組みで集中証拠調べの実施をベースにした集中審理方式[10]が高い評価を受け、改正法の争点整理・集中証拠調べの発想はこの両者をミックスした形となっていると言えた。

三　弁論準備手続と集中証拠調べ――集中審理方式

わが国における平成八年民訴法改正では、争点整理と集中証拠調べを審理の要として手続にメリハリをつけ、併行審理主義を採りつつ、集中的に審理を行う方式（集中審理主義又は争点中心主義ともいわれる）が採用されたのである。そして、この審理方式では、集中証拠調べを基本的に一回で行うことを基本形とする。この点に訴訟促進機能の拡充が考えられたのである。また、集中証拠調べでは、裁判所が複数の当事者及び証人を集中して取り調べることから、直接かつ新鮮な印象に基づいて裁判でき、そして、不明瞭な点もその場で聴くことができる。その点で、当事者の訴訟基本権の保障にも適切であり、直接主義の要請も確保できる手続となっていた。それゆえ、この審理方式は最も真実発見に役立ち、また、そこでは裁判所と当事者間での共通認識の形成ができ、裁判に対する当事者の納得にも寄与することが期待されたのである。

そして、かかる集中審理方式を確保するためには、平成八年民事訴訟法の行った改正の中で主に次の四つの改正が重要になってくる。まず充実した準備が不可欠となることから、争点整理手続を充実させた（民訴一六四条～一七八条）。次に、集中証拠調べの法文化である（民訴一八二条）。これにより、集中証拠調べの実施が原則化されたことは大きい。第三に、適時提出主義を採用した（民訴一五六条）。手続の迅速化を実現するためには、システムの改善と共に、訴訟遂行を実践する訴訟主体に対する規制が不可欠となる。社会制度が機能するか否かは、そこに関わる人々の行為に左右される。このことは、当然、民事訴訟制度においても妥当する。他方、当事者の行為を規律するには、当事者が十分に訴訟行為をできる環境が不可欠である。現行法は、このために当事者の情報収集権限を拡張した。当事者照会制度の創設（民訴一六三条）及び文書提出義務の一般義務化（民訴二二〇条――この制度については本書第六章参照――）などである。第四の重要な改正点は、適時提出主義とも関連するが、控訴審における失権規定の創設等により（民訴三〇三条など）、緩やかな更新禁止がなされたこと及び上告制限の導入により、現行法では第一審集中主義が採用されたといえる点である。これにより、全体的には訴訟の促進が期待された。この審理システムの構築は、従来の五月雨式審理による訴訟遅延や審理不全を防止し、訴訟促進及び適正裁判の確保のためであることは言うまでもない。[11]

(一)　弁論準備手続

この争点整理手続と集中証拠調べから構成される現行審理システムで、争点整理手続の中心が弁論準備手続である。[12] 弁論準備手続では、裁判所は争点及び証拠の整理を行うために必要があると認めるときは、必ずしも公開を要しない手続であることから、当事者の意見を聴いて、この争点整理手続を開始する（民訴一六八条）。

そして、民訴法一六九条は、「弁論準備手続は、当事者双方が立ち会うことができる期日において行う」と規定する。これは、期日を開いて争点整理を行う場合には、当事者が攻撃防御を尽くす機会を保障することが必要であるという認識に基づく。旧法下の準備手続では、当事者双方の立会権を保障する規定がなく、また弁論兼和解では、交互面接方式を取り入れ、必ず対席を保障することがなく、問題点となっていたことを受け、現行法は弁論準備手続につき当事者双方に立会権があることを明確にしたのである。ただ、立法担当者によれば、この規定は、当事者双方が現実に立ち会うことを要求したものではなく、期日の呼出しを受けながら当事者の一方が欠席した場合には、その立会いなく期日を開くことができ、また、当事者双方に異議がなければ、当事者から個別に事情を聴取することもできるとする。[13]
弁論兼和解において問題となってきた公開制限については、非公開の場でリラックスした雰囲気で争点整理を行った方が、効率的・実効的な場合が多いとの考えに基づき、弁論準備手続は、非公開を原則とする（民訴一六九条一項）。弁論兼和解のメリットの一つを考慮したものである。したがって、支障なく円滑に争点整理ができるならば、傍聴が許される（民訴一六九条二項）。
弁論準備手続では、裁判所は、弁論準備手続の期日において、証拠の申出に関する裁判その他の口頭弁論の期日外においてすることができる裁判及び文書（第二三一条に規定する物件を含む）の証拠調べをすることができる（民訴一七〇条二項）。弁論の分離、制限、併合（民訴一七〇条五項、一五二条一項、一七二条）ができ、証拠保全（民訴二三五条一項、二三九条）もできる。期日外釈明、釈明処分あるいは準備書面の提出や証拠申出期間を定めることも（民訴一七〇条五項、一四九条、一五一条一項、一六二条、一七一条二項）、和解も試みることができる。
手続の終了に際しては、その後の証拠調べにおいて証明すべき事実を当事者との間で確認するものとする（民訴一七〇条五項、一六五条、一七一条二項）。そして、弁論準備手続が終結したときは、当事者は口頭弁論において、弁論準備手続の結果を陳述しなければならない（民訴一七三条）。これに関しては、従来の結果陳述より、実質的な口頭での陳述がなされることが望まれる。この結果陳述においては、その後の証拠調べによって証明すべき事実を明らかにする必要がある（民訴規則八九条）。

(二)　集中証拠調べ

争点整理が終了すると集中証拠調べが行われる。民訴法一八二条は、「証人及び当事者本人の尋問は、できる限り、争点及び証拠の整理が終了した後に集中して行わなければならない。」と明記した。したがって、集中証拠調べとは、「十分な争点及び証拠の整理を終了した後に、当事者及び裁判所が、何が重要な争点かについて共通の認識に立った上で、この点について必要な人証の取り調べを一回又は比較的短期の間隔を置いた二、三回の期日に集中して実施する証拠調べの方法」をいう。集中証拠調べは、第一に、裁判所と当事者間で共通の心証をとりやすい審理形式であることであるから、これにより、当事者にとって分かりやすく、納得のいく裁判となることが期待された。その結果、和解の成立率も高くなるであろうと予測された。第二に、五月雨型審理方式における人証の汚染を回避することにつながるから、集中証拠調べは、真実発見に近づく審理方式と言えるとされた。第三に、裁判所サイド、弁護士サイドの業務の合理化が図られる審理方式といえ、これにより、第四に、訴訟促進にもつながる点が期待されたのである。

（三）　適時提出主義と第一審集中主義

旧民訴法一三九条は、攻撃防御方法は、口頭弁論の終結に至るまで提出することができることを原則とする、「随時提出主義」を採用していた。この規定があるために、攻撃防御方法を小出しにする結果を招き、五月雨式の審理を誘発し、訴訟遅延の原因の一つになっているとされてきた（もっとも、後述のように、旧法下でもその意味は適時提出主義であったとの理解もあった）。そこで、平成八年民訴法改正では、まず民訴法二条において当事者に訴訟誠実遂行義務を課し、そして、民訴法一五六条で「適時提出主義」[14]を規定することで当事者行為を規律し、当事者の意識の改革を試みたのであった。わが国の適時提出主義は、当事者（代理人）の主体性を尊重するため、ゆるやかな失権効を規定するにすぎない（民訴一六七条）。その意味で、実効性の点で問題はなくはなかった。しかし、現行法では、争点整理段階と人証証拠調べ（集中証拠調べ）段階を明確に分離していると言え、審理構造的には、事実上、「証拠分離主義」をとる場合と同様との評価もできる。また、旧法からの失権効規定（民訴一五七条）を維持し、他方、不熱心な訴訟遂行に対する制裁を新たに規定した（民訴二六三条、二四四条など）。こうした構造及び諸規定と合いまって、適時提出主義はかなり有益に機能しうるものと期待され、集中審理主義に寄与するであろうと考えることができた（但し、裁判所サイドの運用に関わる面も大きい）。

この適時提出主義が採用されるに至った理由は、次の点にある。すなわち、充実し、無駄にない審理を実現するため、換言すれば、迅速な訴訟審理を図ることを目的として、その弊害となっていたとされる「随時提出主義」を廃止した点である。

しかし、民訴法における「適時提出主義」は、現行法改正段階では、いわゆるドイツ簡素化法[15]が積極的に研究され、この改正に少なからぬ影響を与えたと思われるが、ドイツ法にいう『適時提出主義』とは異なっている。最大の相違点は、後述のように、「あいまいな失権効」しかないことである。すでに、わが国では、旧法下において、ドイツ法、オーストリア法の影響を受け、「時機に後れた攻撃防御方法の却下」制度（旧一三九条）を設けていた。この制度が、法文通りに適用され、機能していれば、すでに適時提出主義的効果が期待できたのである。そこから、わが国では理念的には適時提出主義が採用されていたと評する意見もある。そして、現行法ではこの制度はそのまま残した（一五七条）。そこで、民訴法一五六条と同一五七条の関係が問題となってくる。

また、現行法では、争点整理段階と人証証拠調べ（集中証拠調べ）段階を明確に分離したことは、すでに述べたように、事実上、「証拠分離主義」と同様の審理方式をとることになったと評価できよう。この点では、オーストリア法、ドイツ法における、主張の一貫性審査と集中証拠調べという審理構造と類似性を有することになったのである。そこで、この審理構造との関係の解明が、わが国の「適時提出主義」を理解するために重要となると思われる。

平成八年の現行民訴法が争点中心型の審理方式を採用し、第一審集中化を促進した。しかし、他方で、わが国では、ドイツ法の影響を受け、続審制をとり、第一審集中化の要と考えられた「更新禁止原則」を採用していない。

立法段階では議論されたが、控訴審における失権規定等（民訴三〇一条など）が創設されたにすぎない。もっとも、民訴法三〇一条による失権によっても、控訴理由書及び反論書の提出強制（民訴規則一八二条、一八三条）の運用次第で更新禁止に近い更新権の制限が可能との評価もできる。[16] また、近時、審理の集中と充実を目的とした合理的訴訟運営をめざした実務から「続審制の事後審的運用」が提唱され[17]、また、控訴審における新たな攻撃防御方法の提出を現行法より制限する旨の立法案も提案されている。[18] なお、控訴審における更新禁止原則に関しては本書第七章参照。

四　裁判の迅速化に関する法律（平成一五年法律第一〇七号）

わが国現行民訴法では、このように集中審理方式が強調された。そこでは、さらに、裁判の迅速化が目指されたのは言うまでもない。裁判の迅速化は、諸国の民事裁判にとっていつの時代においても一致した改正目的でもある。裁判における時間的要素は、裁判制度にとって不可欠の問題（要因）である。訴訟の遅延による長期化は、事実関係の解明の障害ともなり、真実発見を難しくすることになる。つまり、訴訟の長期化は、適正な裁判の障害ともなりうるのである。また、このことは、当事者サイドからみれば、実効的権利保護を阻害し、当事者利益を著しく損ねるものと言うことができる。他方、裁判所サイドにとっても、一事件の遅延はその後に控える多数の事件にも影響を及ぼし、結局は裁判全体の運営に支障をきたすことになる。このように、訴訟の遅延・長期化の問題は、当事者利益の面からも、社会制度としての裁判の経営面からも、放置できない問題なのである。現行民訴法は、民訴法二条において、「裁判所は民事訴訟が公正かつ迅速に行われるように努め」る旨を規定して、裁判所の訴訟促進（義務）を意識させた。そのうえで、平成一五年（二〇〇三年）には、裁判の迅速化に関し、その趣旨、国の責務その他の基本となる事項を定めた「裁判の迅速化に関する法律」（平成一五年法律第一〇七号）も定められた。[19] その意味で、裁判の迅速化に対する意識は向上し、共通認識となってきたかに思える。

この裁判迅速化法は、裁判の迅速化に関し、その趣旨、国の責務その他の基本となる事項を定めることにより、第一審の訴訟手続をはじめとする裁判所における手続全体の一層の迅速化を図り、もって国民の期待にこたえる司法制度の実現に資することを目的とする（裁判迅速化法一条）。裁判迅速化法は、迅速化に関して三つの指針を掲げた。（イ）審理期間の目標等（同二条一項）、（ロ）制度・体制の整備（同二条二項）、（ハ）手続の公正・適正（同二条三項）である。この法により、国は、裁判の迅速化を推進するため必要な施策を策定しかつ実施する責務を有した（同三条）。そして、最高裁は、裁判の迅速化を促進ため必要な事項を明らかにするため、裁判所における手続に要した期間の状況、その長期化の原因その他必要な事項についての調査及び分析を通じて、裁判の迅速化に係る総合的、客観的かつ多角的な検証を行い、その結果を二年ごとに国民に明らかにするために公表する義務を負ったのである（同八条）。

五　専門訴訟への対応（平成一五年民事訴訟法改正）

裁判迅速化の認識に基づき、訴訟の長期化が問題視されていた医療事件や建築事件などの専門訴訟への対応がなされた。すなわち、近年の科学技術の革新、社会・経済関係の高度化・国際化に伴い、民事紛争のうちでも争点が多岐にわたる複雑なものやその解決のために専門的な知見を要するものが増加の一途をたどっており、これらの民事裁判では、審理すべき事項が錯綜し、手続の遅滞が生じていると指摘があった。そこで、平成一五年（二〇〇三）民事訴訟法改正（平成一五年法律第一〇八号）が行われたのである。この改正のポイントが計画審理の導入（民訴一四七条の二、同条の三）である。改正法は、複雑な事件や専門的な知見を要する事件の審理の充実・迅速化を図るために、これらの事件については裁判所が当事者の双方との協議の結果を踏まえて審理の終期を見通した審理計画を定め、それに従って審理を実施しなければならないこととした。これにより、計画審理の推進を図ったのである[20]。その他、計画審理のための訴え提起前における当事者照会及び証拠収集処分の新設（民訴一三二条の二以下）、専門委員制度の創設（民訴九二条の二以下）が挙げられる。

三　民事訴訟における審理の現状と課題

一　民事裁判実務からみた審理の現状

以上のように、現行民訴法は、「適正で迅速な裁判の実現」を目的とし、この実現のため、争点中心型の集中審理システムを整備した。とくに、裁判の迅速化の実現は、常に諸国の民事裁判にとって希求の目的でもある。では、こうした意図の下で制定されたわが国現行民訴法における民事裁判の現状はどうであろうか。実務の現場から挙げられた声や統計データに基づき現状を分析してみたい。

(一)　統計データにみる審理の現状

現行民訴法施行一〇年までは審理期間の短縮化が確認されていた。[21]二〇〇七年時点での地方裁判所における集中証拠調べの実施率は、七六・五%であった。[22]

しかし、最新のデータでは、以下のように、むしろ徐々に争点整理期間、平均審理期間の長期化傾向や係属二年以上の事件の増大傾向が見て取れる（最高裁判所事務総局『裁判の迅速化に係る検証に関する報告書』（http://www.courts.go.jp/vcms_lf/hokoku_07_gaiyou.pdf）参照。この報告書は上述の裁判迅速化法で最高裁の公表が義務づけられたものである。なお、近時の傾向としてサラ金への過払い金請求事件が増大して、統計数値に影響を与えていたが、現時点ではほとんど影響はないとされる）。

まず、民事第一審新受事件数は、過払い金事件の影響により、平成一八年（二〇〇六）以降急増し、平成二一年にピークになった（二三五五〇八件）が、その後、減少し、平成二六年は、一四二四八七件となっている。平成二七年には若干増加し、平成二八年（二〇一六）には、一四八二九五事件になっている。しかし、人口比率でいうと人口一〇〇〇人当たりの事件水準は現行法施行当初同様の三件台後半でほぼ横ばいとなっており、平成二八年（二〇一六）では、人口一〇〇〇人当たり三・八件である。過払い金事件による急激な増減を別とすれば、訴訟事件数はこの二〇年間概ね一定の水準を保っているとされる(23)。

他方、平均審理期間は、以下に示すように、長期化の傾向が見受けられる（前掲報告書一八頁。ただし、平成二八年は若干短縮）。

地方裁判所民事第一審平均審理期間

一九九〇年：一二・九カ月
一九九八年：九・三カ月　：現行法施行年
二〇〇七年：八・一カ月
二〇一五年：九・三カ月
＊二〇一六年では八・八カ月と改善の兆しが見れるが、対席事件では平均一三・四カ月（二〇〇八：一二・一カ月）、和解事件では一一・四か月（二〇〇八：九・〇カ月）と長期化の傾向は否めないとの指摘がなされている(24)。

事件類型別では、専門訴訟の平均審理期間の長期化がみられる。平成二八年のデータでは、建築瑕疵損害賠償事件が二五・二カ月、医療損害賠償事件の二四・二カ月、責任追及等事件の二一・六カ月がこれに続く（前掲報告書一九頁）。

平均期日回数及び平均期日間隔には、このところ変化がない（平成二八年（過払い金事件以外）は前者が四・九回、後者が一・八カ月：前掲報告書二三頁）。また人証調べにおける平均人証数もここ一〇年ほぼ横ばい状態である（平成二八年二・七人）。人証調べ実施率は過払い金事件の増減にそのまま影響を受けている（前掲報告書二四頁）。

他方、争点整理期間の平均回数（前掲報告書二四頁）は、以下のように、増加している。

争点整理期日の平均回数

二〇〇八年：二・三回

二〇一六年：三回

民事訴訟の長期化の原因は、主として争点整理手続の長期化に起因していると指摘がある。(25)

(二) 民事裁判実務から声

こうした統計データを裏付ける形で、最近では、争点整理手続が単なる書面交換の場となっているとの指摘や漫然と緊張感のない状態に至っているなどの指摘(26)が増えている。裁判審理が五月雨式の裁判となっているとか、当事者の訴えが十分に聞かれていないとの指摘、紛争の全体像や背景事情を把握しないままの判決があるとの指摘などがある。(27)

その原因・背景としては、(イ) 改正の熱気が冷めた、(ロ) 過払金返還請求訴訟の激増による裁判所の負担増、(ハ) 社会経済情勢の変化等を背景とした質的に困難な事件の増加、(ニ) 若手弁護士の増加による代理人の質低下、実務改善に取り組んだ実務家のリタイアも伴った、改正を知らない世代の増加などが挙げられている。(28)

(三)　民事訴訟利用者調査

さらに、「民事訴訟を国民に利用しやすく、分かりやすいものにする」という標語を掲げた現行法の民事裁判がその利用者である当事者からどのような評価を受けているかも、現在の裁判実務を評価するうえで、重要な視点である。

裁判利用者の意識調査は、菅原郁夫教授（現早稲田大学）が中心となり、二〇〇六年、二〇一一年、二〇一六年と五年毎に実施されてきた。その最新の調査結果である民事訴訟制度研究会編『二〇一六年民事訴訟利用者調査』（商事法務・二〇一八）によると、裁判期間の評価において、「長い」という評価が四九・六％で、二〇〇六年の調査での四一・五％、二〇一一年の調査での四四・二％と比べ、増えている（同・調査一〇六頁）。統計データでの審理期間長期化傾向が、利用者の意識調査でも確認できる。なお、審理期間の長さにつき合理的期間と答えた割合は二九・九％で、二〇〇六年の三一・〇％、二〇一一年の三四・〇％から後退しているのも、審理期間の長期化傾向と一致してくる。また、当事者が長いと思った段階（同・調査一一〇頁以下）は、全体（五九％）に続き「期日と期日の間」が四八・一％となっている（二〇一一年：四四・五％）。裁判過程の評価においては、時間的効率性（二〇一一年三六・〇％：二〇一六年二七・九％）、充実度（二〇一一年四五・三％：二〇一六年四一・五％）の点で低下が見て取れる（同・調査一一三頁以下）。裁判官への満足度については、「満足しない」の割合（二〇一一年二八・五％：二〇一六年二八・六％）は、二〇一一年比べほとんど変わりないが、「どちらとも言えない」の割合（二〇一一年三〇・七％：二〇一六年三三・〇％）はやや増え、満足割合（二〇一一年四〇・八％：二〇一六年三八・四％）がやや減少している（同・調査一二九頁以下）。代理人弁護士に対する満足度も満足割合（二〇一一年七二・六％：二〇一六年七〇・四％）がやや減少し、「満足しない」割合（二〇一一年一五・〇％：二〇一六年一五・九％）が微増している（同・調査一五一頁以下）。

以上のように、当事者の意識調査も、現行民訴法による裁判実務は、立法当初と異なり、その期待された成果が実現されていない状況を示していると言えよう。

二　平成一五年改正法の評価

では、民事訴訟の一層の充実及び迅速化を目指して行われた平成一五年改正はどのような評価がなされているか。争点整理段階への専門的知見獲得の手段としての専門委員制度は実務での一定の定着が報告されている[29]（二〇一七年での専門委員数は一九九七名）。

しかし、改正の中心点であった計画審理はほとんど例がなく、また当事者の情報収集権限を拡張した提訴前の当事者照会や証拠収集処分については、ほぼ全く利用されていない。それゆえ、この改正は失敗であったとの評価がなされている[30]。

三　現行民事訴訟法の審理システムの課題

以上のように、施行二〇年を迎えた現行民訴法の審理の実状は、「平成八年民訴法」がめざした「より適正で迅速な裁判の実現」は達成され、定着したとは言い難い状況と言えよう。現状は、また「平成八年改正」前に戻った感じである。大改正直後は、その訴訟主体の熱気により、目的達成は得やすい。しかし、重要なのはそれを継続させ、定着させることである。諸国の改正も、改正直後は一定の成果を示しているが、その後はまた元に戻り、再度、改正を行うことの繰り返しである。わが国の現状は、その意味では諸外国と同様で、同じ轍を踏んでいると言えよう。したがって、現行法の改正後二〇年を迎えた今、もう一度、「適正で迅速な裁判の実現」という目的実現のためにどうような方策をとるか、換言すれば、審理の迅速とその充足（適正さ）の調和をどのように図るかについて再検討の必要性が高いと考える。

かかる問題意識の下、その考察のためには、まずこの目的の出発点とその実現のための歩みを遡り、目的実現のため現行法上のツールを再検討することが重要と考える。本書の目的の一つは、まさにこの点にある。

（一）わが国民事裁判審理システムの出発点

わが国における「適正で迅速な裁判の実現」という思考とその実現の試みの出発点は、大正一五年（一九二六）の民事訴訟法（大正一五年法律第六一号）に遡ることができる(31)——本書第一章参照——。大正民訴法改正時に立法担当者がとくに意図したのは、「訴訟遅延の防止」と「裁判の適正」であった。そして、大正民訴法改正の主眼目は準備手続の創設であったが、さらに、職権調査主義（職権証拠調べ、第三者の文書・検証物提出命令など）や職権進行主義（合意による期日変更・期間伸長の廃止、職権送達主義の採用、職権による時機に遅れた攻撃防御方法の却下）など裁判官の権限も著しく拡張した。立法に関与した者の多くが、「訴訟遅延」対策だけでなく、「適正な裁判」を準備手続の使命と考え、「弁論集中」を民事訴訟法の指導観念としたのであった(32)。そして、それは訴訟促進を実現した一八九五年のオーストリア民事訴訟法の影響を受けていたと思われる(33)。このオーストリア民訴法においては、「真実発見」と「迅速な訴訟」に重大な価値が置かれた。オーストリア民訴法を創設したフランツ・クラインは、この「真実発見に基づく適正な裁判」と「迅速な裁判」という、相反するとされた目的を「手続集中」理念により結びつけたのであった(34)。つまり、クラインは、手続を集中させることにより、真実に即した裁判と迅速な裁判の実現が可能と考えたのである。そして、この「手続集中」理念が大正民訴法改正にも重大な影響を及ぼした。現行法改正で議論された問題意識や現行法での方策は、大正期における改正議論と共通性を有しており、そして、大正期にわが国民事訴訟法の根幹に織り込まれた「手続集中」理念は、集中審理方式（争点中心審理方式）を掲げた平成八年の民事訴訟法改正の指導理念としても機能していたと評することもできよう。

では、手続の集中化のために、オーストリア民訴法において、クラインはどのような工夫を施したのか。それは、二つの側面からなると思われる。ひとつは、（a）審理構造の新構築（第一回期日、準備手続、上訴制限と更新禁止など）の側面である。他は、（b）訴訟主体の行為規律（裁判官の実体的訴訟指揮義務と当事者の行為義務化）の側面である。そして、これらの手続集中を実現する諸方策の中ではどれが決め手となるものではなく、むしろ、「事実上、迅速な訴訟追行を保障する『一つの』有効な措置は存在せず、相互に密接に関連し合いかつ相互に補完する措置の束全体が重要でなければならない」とされた[35]。つまり、「真実発見に基づく適正かつ迅速な裁判」の実現のためには、審理構造だけでなく、訴訟主体の行為規律も含めた合目的的な審理システムの構築が不可欠であるというのである。――本書第一章以下は、この諸方策を紹介、検討した上で、わが国における「あるべき裁判像」の実現をいかに果すかを考察してものである――

現行民訴法も、上記のように、争点整理手続の整備、集中証拠調べ導入など（a）審理構造（システム）の局面と、文書提出義務の一般義務化、当事者照会制度導入など当事者の情報収集権限を拡張し、適時提出主義の導入、裁判官の釈明権強化（民訴一四九条）などで（b）訴訟主体の行為の局面で規律を図った。こうした仕組みは、より適正かつ迅速な裁判の実現をめざした「手続集中」理念とそれに基づく諸方策と重なるものと評価できると思われる。

（二）現行民事裁判審理システムの問題点

では、現行民訴法に基づく民事裁判実務の現在の停滞は何が問題であったのであろうか。システムが民事訴訟実務で機能しているかについては、前述のように、現在ではすでに疑義が生じているが、審理構造の局面では、施行後一〇年間一定の成果を示していたことは、集中審理方式がそれなりに機能していたとの評価は可能である。しかし、現在、紛争の全体像や背景事情を把握してないままの判決があるなどの指摘があることから、第一審集中（中心）主義が徹底できなかった面は否定できないであろう。いかにすれば、第一審集中（中心）主義の徹底が可能となるか、この点がまず現行法の課題として浮かび上がってくる。

さらに、問題は、システムだけではなく、訴訟の遂行を担う訴訟主体の行為をどのように規律すべきかが重要と思われる。しかし、現行民訴法は当事者の自主性と自律性に基づく当事者主導型審理方式と理解され、未だにそれを推奨する見解が主張されている。(36) 当事者行為の規律はなされても、失権効は弱く、当事者の自主性と自律性に委ねられた。これでは、うまく機能しないのは当然である。「当事者」主義という表現は今日一般受けはいいのだが、「適正かつ迅速な裁判の実現」という観点からは、そうした当事者主義的審理モデルが奏効したことがないことは諸外国の民訴法の歴史が示すところであり、また諸外国が当事者主義的審理モデルから離れていく立法状況も考慮する必要があろう。オーストリア民訴法は、当事者主義的審理モデルから決別して成果を収めた審理モデルを提示した。そして、真実発見に基づく「適正かつ迅速な裁判」の実現のためには、審理構造だけでなく、訴訟主体の行為規律も含めた合目的的な審理システムの構築が不可欠であるとの認識は、わが国でも考慮に値するものと考える。

そこで、次章以下の叙述は、こうした問題意識の下、「真実発見に基づく適正かつ迅速な裁判」という目的（今日的には「公正な裁判」も加わる）実現の出発点となったと思われる「手続集中」理念とその実現のための諸方策の歩みを沿革的かつ比較法的（オーストリア民訴法を中心に）考察し、目的実現のため現行法上のツールを再検討することを目的とするものである。

(注)

(1)　民事訴訟制度は、国家が運営する社会制度である。当然、そこには、社会制度としての目的が存在することになる。従来、この制度目的は、民事訴訟の目的論として議論され、民事訴訟法を体系化する作業において各研究者の出発点となってきた。民事訴訟の目的論は、従前は、民事訴訟制度がどのように形成されたかという点に着目して議論されてきたと言えよう（自力救済を禁止し、国家が市民に代わり権利保護を独占したという点を重視し、権利既存の観念の下市民に権利保護を付与することが制度目的とする、「権利保護説」や、裁判制度は国家が営む社会制度であり、自力救済ではなく、法による救済という点を重視し、法（私法）秩序の維持発展を図ることが制度目的とする「法（私法）秩序維持説」など）。その後、特に戦後においてアメリカ法の影響も受け、裁判の法創造機能などに着目し、裁判が終わった段階でどのような社会的作用が生じるかを基準に制度目的が語られることになったと言えよう（「紛争解決説」の登場など）。しかし、それでは、手続中に設置されている個々の制度、あるいは訴訟原則を理解し、その運用、解釈の枠を決める指針となりうるかとの疑問、とくに、民事訴訟法の解釈論の指針となりうるかとの疑問が投げかけられ、民事訴訟法はいかにあるべきかという形から多元説（新堂幸司『新民事訴訟法〔第五版〕』（弘文堂・二〇一一）九頁）や、目的論はものの見方や考え方などとして機能するにすぎないとして棚上げ論も登場してきている（高橋宏志『重点講義民事訴訟法上〔第二版補訂版〕』（有斐閣・二〇一三）二三頁参照。なお、今日の議論の整理は、青山善充「民事訴訟の目的と機能」民事訴訟法の争点（ジュリ増刊・二〇〇九）四頁以下など参照）。

（2）　したがって、この手続目的の実現方法の考察が民事訴訟学における最重要課題と考える。すでに、この手続のあり方に着目し、従来の訴訟目的論の中で異彩を放ったのが、井上治典教授の提唱した手続保障論である（井上治典「民事訴訟の役割」同『民事手続論』（有斐閣・一九九三）一頁以下参照）。この説は、従来のような裁判による作用や機能に着目するのではなく、手続保障が整備されている手続に着目し、その手続を通した当事者自治の回復を目的とする。当事者間の対等な弁論を保障する手続のあり方が訴訟の目的となるとし、当事者の主体的な訴訟手続の形成に普遍的価値を付与するものと言える。本書でいう「手続目的」論では、あるべき裁判像の実現が目的であり、手続はあくまでその実現方法として位置づける。手続のあり方を問題とする点では手続保障説との共通項もあるが、それを普遍的価値化して観念するか否かの点で異なってくるであろう。

（3）　すでに、垣内秀介「民事訴訟の審理をめぐる問題状況――現行民訴法施行20年を振り返って」論究ジュリスト二四号

（二〇一八）六頁、山本和彦「争点整理手続の過去、現在、未来」高橋宏志先生古稀祝賀『民事訴訟法の理論』（有斐閣・二〇一八）七六九頁などで、施行二〇年を迎えた現行民事訴訟法の現在問題が論じられている。なお、垣内論文には、後述の統計データの分析につき示唆を受けた。

（4）法務省民事局参事官室編『一問一答新民事訴訟法』（商事法務研究会・一九九六）一六八頁など参照（以下、前掲『一問一答』）。現行法の立法の経緯等につき、さしあたり、今井功「争点・証拠の整理と審理の構造」竹下守夫編集代表『講座新民事訴訟法Ⅰ』（弘文堂・一九九八）二〇一頁以下など参照。

（5）現行民訴法のこうした審理構造については、拙著『新民事訴訟法ノートⅠ』（成文堂・一九九八）六頁以下、一〇六頁以下参照（以下、拙著『新民訴法ノートⅠ』）。

（6）前掲『一問一答』三頁、柳田幸三「民事訴訟法の全面改正の意義と新民事訴訟法の特徴」塚原朋一ほか編『新民事訴訟法の理論と実務（上）』（ぎょうせい・一九九七）六三頁以下など参照。

（7）司法研修所編『民事訴訟におけるプラクティスに関する研究』（法曹会・一九八九）、同編『民事訴訟の新しい審理方式に関する研究』（法曹会・一九九六）一二頁以下など参照。なお、訴訟運営の改善の動きの展開及び平成八年以降の法改正の状況につき、福田剛久『民事訴訟の現在位置』（日本評論社・二〇一七）一七三頁以下、二八六頁以下が詳細にその状況を紹介している。この実務改善の動きの出発点は、訴訟遅延からの脱却である（同一四八頁以下）。

（8）「弁論兼和解」という手続は、インフォーマルな形で事件を結審でき、迅速な事件処理が可能な点で高い評価を受けたが、手続自体は、口頭弁論でもなく、また準備手続でもなく、これに類する手続と和解手続が結合したものとの位置づけしかできないとされた（例えば、萩原金美「いわゆる「和解兼弁論」に関する一管見」判タ七三四号（一九九〇）八頁以下など）。弁論兼和解の問題点としては、まず、手続の公正が損なわれる点を挙げることができる。つまり、交互面接方式によりこれを実施した場合、当事者の一方が正式に主張していない事実、提出しない証拠を裁判官に提示していることがあり、裁判官の心証形成過程が不明となる点である。また、代理人の頭越しの当事者本人の事情聴取があり、釈明の行過ぎの懸念があった。そして、反証権の保障の点でも問題であり、事件を処理するために、事案が十分に解明されてない段階でも裁判官による和解の強制があるとの指摘もあった。さらには、法廷以外の裁判官室等で手続を実施するために、公開原則に違反している、などの点が挙げられていた。詳細は、拙著『新民訴法ノートI』一〇六頁以下など参照。

(9) 福田・前掲書一八〇頁以下など参照。

(10) 現行法改正時前の集中審理方式について、実務の方からその試みが紹介されている。田村洋三「民事集中審理について(上・下)」判時一三八三号三頁、同一三八四号一三頁(一九九一)、井垣敏生「民事集中審理について」判タ七九八号六頁(一九九三)など参照。集中審理と集中証拠調べ構築の変遷については、福田・前掲書一九〇頁以下に整理されている。

(11) 前掲『一問一答』一六八頁以下、二二三頁など参照。

(12) 筆者自身は、準備的口頭弁論の手続を争点整理の中心とすべきと考える。詳細は、拙著『新民訴法ノートI』一〇六頁以下参照。

(13) 前掲『一問一答』一九三頁。

(14) 攻撃防御方法の提出に関しては、歴史的には、法定序列主義(その内容は、証拠分離主義と同時提出主義からなる)の廃止から自由序列主義(その内容は、証拠結合主義と随時提出主義からなる)の採用とその問題に対する諸外国の対応という経験が、この原則の採用に影響を及ぼしたと言えよう。法定序列主義では、事実主張の段階と証拠調べの段階を完全に分離し、事実主張が全部完了した後で証拠調べを行い、この段階では当事者はもはや事実上の陳述を行うことはできず(証拠分離主義)、同一の目的を達すべき当事者の攻撃防御方法は、同時または可及的速やかな一定の期間内に提出しなければならず、その期間の後で攻撃防御方法を提出することは、もはやできない(同時提出主義)ことになっていた(ドイツ普通法時代はこの原則をとる)。この原則は、書面主義の審理の下、訴訟の促進を目的とした原則であったのである。しかし、この主義の下では、失権が厳格であることから、訴訟資料の減少による適正裁判の後退や、逆に失権をおそれ、仮定的主張あるいは予備的主張が多く提出され、訴訟の遅延を招くことになった。これに代わり、登場するのが自由序列主義である。自由主義的民事訴訟理念の台頭と相まって、この主義が採用されることになる。この主義の下では、当事者は、随時の事実主張と結合させて証拠方法を申し出ることができ（証拠結合主義）、また攻撃防御方法を口頭弁論の終結に至るまで提出でき、これに時期的または訴訟行為の態様による制限を受けない（随時提出主義）ことになったのである。これを採用したのが、一八七七年の旧ドイツ民事訴訟法（ＣＰＯ）であり、それを範としたわが国（明治）民事訴訟法である。しかし、この原則によっても、訴訟の遅延は解消されることはなく、むしろ著しい遅延を引き起こした。それは、当事者の小出し、後出しの攻撃防御方法を許容したことにその原因があったのである。こうした弊害にいち早く対応したのが、一八九五年のオーストリア民事訴訟法である（詳細は本書第一章以下参照）。社会的民事訴訟理念に基づき、当事者に訴訟促進義務を課し、厳格な失権効を規定し、訴訟の促進に著しい成果を挙げた。このオーストリア法の影響を受け、わが国母法国ドイツでも、繰り返し改正が行われ、一九七八年の簡素化法により、厳格な失権効を有した「適時提出主義」（攻撃防御方法は進行状況に応じた適切な時期に提出しなければならないとする原則）を採用するに至った（ド民訴二八二条一項）。しかし、その失権効の厳格さからいうと、むしろ同時提出主義に近いと思う。このドイツでの立法が迅速で充実した審理の実現に寄与しているとの評価を受け、わが国でもこの原則の採用に踏み切ったと言えよう。

(15)　一九七六年のドイツ簡素化法については、木川統一郎＝吉野正三郎「西ドイツにおける訴訟促進政策の動向（上・下）」判タ三五二号二三頁（一九七七）、同三五三号三四頁（一九七八）など参照。

(16)　松村和德＝酒井真紀子「控訴手続の改正」早法七四巻二号（一九九九）五七一頁以下。

(17)　司法研修所編『民事控訴審における審理の充実に関する研究』（法曹会・二〇〇四、以下「民事控訴審」で引用）参照。

(18)　三木浩一＝山本和彦編「民事訴訟法の改正問題」ジュリ増刊（二〇一二）一四七頁以下。

(19)　松永邦夫『司法制度改革推進法・裁判の迅速化に関する法律』（商事法務・二〇〇四）、笠井之彦「裁判の迅速化に関する法律」ジュリ一二五三号七四頁（二〇〇三）など参照。

(20)　小野瀬厚＝武智克典編著『一問一答 平成15年改正民事訴訟法』（商事法務・二〇〇四）一七頁など参照。

(21)　例えば、菅野雅之「訴訟の促進と審理の充実」ジュリ一三一七号六一頁以下（二〇〇六）、高橋宏志ほか「（座談会）民事訴訟法改正10年、そして新たな時代へ」ジュリ一三一七号（二〇〇六）六頁以下など参照。
(22) 林道晴ほか「改正民事訴訟法の10年とこれから（1）」ジュリ一三六六号（二〇〇八）一二七頁参照。
(23) 垣内・前掲論文九頁。
(24) 垣内・前掲論文七頁。
(25) 垣内・前掲論文七頁、山本・前掲論文（注3）七七三頁。
(26) 例えば、田原睦夫「民事裁判の再活性化に向けて」金法一九一三号（二〇一一）一頁、「民事訴訟の迅速化に関するシンポジウム（上）」判タ一三六六号（二〇一二）四頁以下、民事裁判シンポジウム「民事裁判プラクティス　争点整理で7割決まる⁉」判タ一四〇五号（二〇一四）五頁以下など参照。
(27) 米倉祐樹ほか「弁護士は民事裁判をどう見ているか（調査結果の分析）」自由と正義六四巻八号（二〇一三）三七頁以下、東京地方裁判所プラクティス委員会第二委員会「争点整理の現状と今後の在るべき姿について」判タ一三九六号（二〇一四）一〇頁、田原・前掲論文一頁など参照。
(28) 武藤貴明「裁判官からみた審理の充実と促進」論究ジュリスト二四号（二〇一八）一五頁以下など参照。
(29) 武藤・前掲論文一四頁以下など参照。なお、同一五頁では、医療訴訟及び建築訴訟においては、全国的にプラクティスの統一、定着が図られつつあるとする。
(30) 垣内・前掲論文八頁。また、山本和彦「民事訴訟法10年」同『民事訴訟法の現代的課題』（有斐閣・二〇一六）六二頁も平成一五年改正を失敗と評価している。なお、垣内・前掲論文九頁では、一五年改正以降の民事訴訟法制度関連立法（国際裁判管轄、非訟事件手続・家事事件手続、消費者裁判手続について）は、現段階において、民事訴訟の審理の充実・促進に直接影響を及ぼす状況ではないとする。
(31) この点に関し、拙稿「わが国におけるオーストリア民事手続法の受容――「手続集中」理念と大正民事訴訟法改正――」早稲田大学比較法研究所編『日本法の中の外国法』早稲田大学比較法研究所業書四一号（成文堂・二〇一四）二一三頁以下（本書第一章）参照、高田裕成「争点および証拠の整理手続後の新たな攻撃防御方法の提出」鈴木正裕先生古稀祝賀『民事訴訟法の史的展開』（有斐閣・二〇〇二）三六五頁など参照。

（32）拙稿・前掲早大比研業書四一号二五〇頁以下（本書第一章参照）参照。弁論集中主義ともいわれた（長島毅「改正民事訴訟法に於ける弁論集中主義」法時一号七頁（一九二九）など参照）。なお、本書が取り上げた「手続集中」と大正改正以降わが国で主張されている「弁論集中」は、その意味合いが若干異なっている。詳細は本書第一章参照。

（33）この点につき、拙稿・前掲早大比法業書41号二一三頁以下（本書第一章参照）参照。同「「手続集中」理念とその方策としての弁論準備システム」河野古稀祝賀『民事手続法の比較法的・歴史的研究』（慈学社・二〇一四）二二一頁（本書第二章）参照のこと。一八九五年オーストリア民訴法による成果（統計）については、拙稿「近年におけるオーストリア民事訴訟改革とその評価（1）」山形大学法政論叢一号一九頁以下（一九九四）参照のこと。なお、*Fasching,* Zivilprozeßrecht., 2. Aufl. (1990). S. 371）は、今日でもなお国際的比較においてオーストリアの訴訟継続期間は圧倒的に短いとされる。

（34）手続集中理念に関するクラインの考えについては、*Klein/Engel,* Der Zivilprozess Österreichs (1927)., S. 244ff. 参照。なお、概念的には、この手続集中理念は、「訴訟経済」理念と重複してくる。*Fasching.* aaO., S. 372は、訴訟集中及び手続促進は、訴訟経済による一般的要請の一部にすぎないとしている。訴訟経済理念に関する先駆的研究として、高田昌宏「民事訴訟における訴訟経済について」早稲田法学六二巻四号一頁以下（一九八七）がある。

（35）*Klein/Engel,* aaO., S. 245.

（36）さしあたり、福田剛久「当事者主義と職権主義の間で」判タ一三一七号四四頁（二〇一〇）以下など。なお、わが国民訴訟法では「本人訴訟」が原則であり、両当事者に弁護士がついている割合も高くはない（前掲報告書二七頁では民事第一審訴訟全体で四三・四％）。訴訟遅延の原因の一つに本人訴訟である点も挙げられていることも考慮すると、こうした現状に対して、当事者主導型訴訟が機能しうるかとの疑問も生じてくる。

※本章の記述は科研費基盤研究（C）（課題番号18K01348）から一部助成を受けた。

第一章　「手続集中」理念と大正民事訴訟法改正

一　はじめに――研究対象とその目的――

わが国における近代的司法制度の創設は、周知のように、明治期においてである。明治初期の民事訴訟手続は、江戸時代の訴訟手続を引き継ぐ形であった(1)。しかし、諸外国との不平等条約の撤廃を目的とした明治政府は、近代的（西洋的）司法制度の創設を急務の目的とし、民事訴訟手続も近代化（西洋化）が急がれた(2)。その手段として、明治政府は、外国法、とくに近代的法制度を構築していたヨーロッパ諸国の法制度を継受する途を選んだ(3)。そして、本稿の対象である民事訴訟法（明治二三年法律第二九号、以下「明治民訴法」と称する）はドイツ民事訴訟法をモデルとしたものであった(4)。

しかし、この明治民訴法は、外国法（ドイツ法）を、基本的には条文の翻訳という形でそのまま導入したものであった(5)。この外国法を導入した後、民事訴訟実務では、「プロクルステスの寝台」のように、それをわが国の実情に合わせながら、適用していったものと思われる(6)。明治民訴法は、借り物の乗り物であり、わが国の固有の乗り物というにはまだ遠い存在だったと言えよう。立法後、すぐに明治民訴法の改正作業が開始される。その目的は、まだ、わが国固有の民訴法構築への作業ではなかった(7)。しかし、その過程の中で、わが国固有法の創設作業が始まっていく。そして、民事手続法の中でこの第一段階となるのが、「大正民事訴訟法改正」である。ここに、「日本の民事訴訟法」への本格的第一歩が刻まれたといえる。

古来、わが国は、外来の社会文化や制度を取り入れ、それらと従来から存した多様な独自の方法を組み合わせて、新たなわが国固有のものに変容させてきた。漢字であり、仏教であり、そして律令をはじめとした法制度も外から来て、摂取され、それを構成要素としつつ日本的なものを発展させてきたと言えるのである。ここに日本という国の特色があると思われる。外国法と日本法との関係についての筆者の認識は、「外国法はわが国の法に取り入れられるが、わが国はその法を内生化し、日本固有の法を作り上げて行った」と考える。そして、この観点からみると、詳細は後述するが、大正期における一連の民事手続法改正は、わが国固有の民事手続法形成、つまり日本法化への本格的な一歩であったと思われる。大正改正においては、ドイツ法のみならず、フランス法、イギリス法、ベルギー法、イタリア法など世界の訴訟法が参照された。その中で、この改正において大きな影響をもって介在してきたと言われるのがオーストリアの民事手続法である。(8)つまり、オーストリア民事訴訟法は大正民事訴訟法（旧民事訴訟法）に、オーストリア和議法はわが国和議法の母法として影響を及ぼすことになった。(9)いずれも大正期に制定された法律であるが、オーストリア法が何故わが国において多大な影響を及ぼすことになったのか、また、どのような形で、わが国の法の中に取り入れられたのか、つまり、オーストリア法のどのような絹糸が大和錦（固有の日本法）に織り込まれようとしたのか、そして、それはわが国の法の中でどのような影響を及ぼすことになったのか、この三つを本章における考察の中心テーマとしたい。

二　オーストリア民事訴訟法研究の意義

本章では、わが国の民訴法改正（とくに大正民訴法改正）へのオーストリア民事訴訟法の影響を明らかにすることを第一の目的とするが、オーストリア民事訴訟法の研究は、以下の理由から、今日のわが国民事訴訟法学にとって解釈論的にも立法論的にも有意義と考える。まず第一に、オーストリア民事訴訟法は世界的にみてその迅速性及び経済性の点で最も優れた実務上の成果を示していることである。第二に、わが国民訴法母法国ドイツに多大な影響を与えている点である。現在のドイツ民事訴訟法を特徴づけている訴訟促進規制や積極的裁判官像のモデルは、オーストリア法にあるのである。[10]その意味で、オーストリアの民事訴訟法制は、英米法系の手続法制よりも、わが国にとっては受け入れやすい法制である。第三に、オーストリアでは、例えば、憲法において「公開原則」を規定し、また完全な弁護士強制制度をとるでもなく、むしろ制度的枠組みの点では、母法国ドイツよりわが国に馴染みやすいと思われる点である。第四に、後に詳細に言及するのだが、オーストリア民事訴訟改革は、民事訴訟法のみの改革でなく、同時に他の司法制度の変革を伴って実施されている点が重要と思われる。ここに、わが国の模範とすべき点の一つが存すると思われる。第五に、オーストリア民事訴訟法は、その改革議論を含め、ドイツ法やアメリカ法と比べあまり紹介されていないという実情である。とくに近年は十分に行われていないように思われる。[11]その法制の類似性からして、重要な比較法研究対象としてのオーストリア民事訴訟法研究は大いにわが国の民事訴訟法学にとって参考になると思われる。

三　オーストリア民事訴訟法の特色

まず、本章における考察の前提として、オーストリア民事訴訟法はどのような特色をもった法律であったか、その概要を紹介していく。大正民事訴訟法改正の時に考慮されたのは、一八九五年（明治二八年）の「オーストリア民事訴訟法（RGBl. Nr. 113/1895——以下本章では「オーストリア民訴法」と称する——）」である。この民事訴訟法は、*Franz Klein*

（フランツ・クライン）により創設され、後に「社会的民事訴訟」と呼ばれる、当時の最新の民事訴訟法典であった。

オーストリア民訴法は、一言でいうと、「真実発見と迅速な訴訟の実現」をめざした「社会的」訴訟手続法と言える。では、なぜオーストリア民訴法は「真実発見」と「迅速な訴訟」に重大な価値を置いたのか。また、なぜオーストリア民訴法は、「社会的民事訴訟」と称されるにいたったのか。この「真実発見と迅速な訴訟」実現のために、オーストリア民訴法はどのような工夫を施していたのか。これらの点を明らかにすることで、オーストリア民訴法の特色を紹介できると考える。以下では、オーストリア民訴法の歴史的変遷をたどりつつ、クラインは、どのような背景の下で一八九五年のオーストリア民訴法を創設したかを明らかにし、クラインの訴訟観を抽出していきたい。

一　オーストリア民事訴訟法の歴史的変遷

オーストリア民訴法の特色を知るために、その前提知識として、オーストリア民事訴訟改革の歴史的変遷を概観することにしたい。以下では、オーストリアの統一民事訴訟法典の生成となった、オーストリア一般裁判所法（Allgemeine Gerichtsordnug）の制定にまで遡って、その変遷を簡略に論じることにする。(12)

（一）オーストリア一般裁判所法――オーストリア民事訴訟制度の生成――

（イ）オーストリアにおける統一的訴訟法制定の要請

オーストリア民訴法の発展は、その出発点においてはドイツ民事訴訟法と共通であった。すなわち、ローマ法を継受して、「普通法訴訟法」が成立した後、ドイツでもオーストリアでも領土ごとに著しい法の分裂が支配していたのである。(13)しかし、その後の発展、とりわけ統一的な民事訴訟法の制定という点では、両者は異なった発展をみせている。統一的民事訴訟法の生成という観点からみた場合、オーストリアではドイツよりも百年も早く統一的な民事訴訟法が制定されたのであった。この法の統一化は、国家の近代化と密接な関係を有していた。オーストリアは、一八世紀初頭には、隣国のプロシアと比較して、著しく近代化が遅れていた。しかし、オーストリアは、シュレジエン戦争での敗北後、女帝マリア・テレジアの下で近代化への道を歩み始めることになる。マリア・テレジアの行った近代化の改革の中で最も重要な改革は、行政改革であった。それは、集権的な行政機構の創設にあった。この集権化政策の中に、司法改革も組み込まれていたのである。当時、法の分裂と統一的な司法制度の欠如に対する不平は大きかったのである[14]。そして、マリア・テレジアは、一七五二年に、法典編纂委員会を設置して、確実で平等な法と統一的手続の創設を試みた[15]。その際に優先的目的となったのは、新しい法の創設ではなく、既存の法の統一化であった。こうして、彼女の時代に開始された司法改革は、彼女の後を継いだヨーゼフ二世の下で一つの完成をみる。ヨーゼフ二世は、まず、カール六世により受け継がれた統一的裁判所組織を作り上げ、そして一七八一年には、統一的かつきわめて実用的な一般訴訟法として、一般裁判所法を制定したのである[16]。

(ロ)　オーストリア一般裁判所法の特色と評価

オーストリア一般裁判所法は、スイス人 *Joseph Hyazynth Froidevo*[17] による四四六条にも及ぶ包括的草案に基づくものであった。この法は、二つの理念により形成されていたと言われる。ひとつは、普通法訴訟に基づく自由主義的合理性の理念であり、他は、一八世紀の啓蒙絶対主義思想である。民事訴訟法の形成は、国家目的とは無縁ではなかったのである。この結果、オーストリア一般裁判所法は、次のような訴訟原則によって支配された。すなわち、当事者主義、書面主義、間接主義、非公開主義がとられ、とくに審理手続においては、同時提出主義及び法定証拠法則が適用されていたのである。そして、その意味で、この法典は、技術的に最も練り上げられた、最後の普通法訴訟の法典化であったとされている[18]。また、この特徴は、同時代に制定された、職権主義によって特徴づけられる一七九三年のプロイセンの訴訟法及び一八〇六年の口頭主義、公開主義、自由心証主義の原則をもったフランスの訴訟法とは対立したものであった。[19][20]しかし、このオーストリア一般裁判所法は、著しい訴訟遅延を引き起こし、きわめて早い時期から不十分なものとみなされた。その最大の要因としては、ほとんど無制限な当事者支配が挙げられた。とりわけ、当事者による訴訟運営[21]、同時提出主義[22]及び法定証拠主義[23]の採用は問題とされた。数カ月もかかる期日、膨大な書面の交換、長期に及ぶ期日の延期が、訴訟遅延の原因であった。そして、こうした当事者支配の反面で当然、オーストリア一般裁判所法では、裁判官の権限[24]は著しく制限されていたのである。裁判官は、事実主張に対する評価においてすら、自由ではなく法定証拠主義に拘束されていた。それゆえ、オーストリア一般裁判所法による訴訟は、絶対的当事者支配の下、当事者が監督として活動し、裁判官はそのあやつり人形にすぎない、「騒々しい利益トーナメント」となったと言われた。[25]

（二） オーストリア一般裁判所法改正の試みと挫折

以上のように、オーストリア一般裁判所法は、その制定後の早い段階から批判にさらされていた。一七八一年のオーストリア一般裁判所法が時代の要請に対処しえなかったことは明白であったのである。そこで、若干の改定——例えば、一七九六年の西ガリチア裁判所法（ＷＧＯ）など——が行われてきた。[26]しかし、前述した問題点が何ら改善されることはなかった。そうした時代の中で、徹底した改革の要請が、一八四八年の三月革命を契機として引き起こされた。それは、市民の自由という理念が訴訟領域にも入り込んできたことを意味した。この時期における訴訟改革は、まさに、時代に適合した民事訴訟法を求める努力であったのである。そして、この時代の要請となったのは、手続の公開主義、口頭主義及び自由な証拠評価（自由心証主義）という訴訟原則である。[27]もちろん、この背景には、産業化の時代の到来及びそれに伴う社会の複雑化が存在したことは言うまでもない。

　このような時代要請の中で、オーストリアでもドイツでも訴訟改革が試みられた。オーストリアでは、フランス法をモデルとした、口頭主義と公開主義を採り入れた政府草案が、一八六二年に公表された。また、一八六七年の一二月憲法の公布により、裁判官の独立性及び法定裁判官を保障した現代的かつ法治国家的手続が出現していた(28)。こうした中で、オーストリア民事訴訟改革に重大な影響を及ぼしたのは、*Adolf Leonhardt* の手による、一八五〇年のハノーバー一般民事訴訟法であった(29)。この訴訟法は、ドイツとフランスの訴訟原則の適切な統合のもとに創設されたものであった。この法では、口頭主義、直接主義及び公開主義が導入された。しかし、書面主義の側面や法定証拠主義は残されていた。オーストリアでは、この法案の影響を受け、政府草案が作成されたが、口頭主義の誇張があったため、修正され、一八七〇年に新政府草案が提出された。しかし、この草案は、当事者宣誓に固執し、自由な証拠評価は不完全な形でしか実行されなかったし、口頭主義の実効性への信頼に欠けていたため失敗に帰した。こうした流れの中で、司法大臣 *Julis Glaser* の活動により、オーストリア民事訴訟改革は新たな段階を迎える。彼によって行われたのは、刑事訴訟に導入された訴訟諸原則を民事訴訟法へ置き換えることであり、一八七三年少額裁判手続に関する法律においてまず実現された。具体的には、口頭主義、公開主義、直接主義の採用、同時提出主義の廃止及び職権による当事者尋問制の導入等によって特徴づけられる(30)。そして、その後、一八七六年、*Glaser* による上訴手続に関する民事訴訟法草案が提出され、さらには、一八八一年には司法大臣 *Prazak* による草案——*Glaser* 草案を執行法の導入により補充したもの——が提出された(31)。しかし、いずれも失敗に終わったのであった。これらの一連の改革の試みが失敗した本質的原因は、訴訟のスタイルを決定する口頭主義とか、公開主義とかという原則は、訴訟の質にとっては、原則的に決定的なものではないという単純な認識が、かなり後になって、承認されたという点にあった。つまり、新構築を形成するための諸原則は置かれたのだが、確固たる目的もまたその目的に至る方法も明確でなかった点に、この時期における訴訟改革の失敗の原因があったのである(32)。

(三)　フランツ・クライン (*Franz Klein*) による民事訴訟改革

(イ)　一八九五年オーストリア民事訴訟法成立の経緯

一九世紀後半でのオーストリアにおける民事訴訟改革は、以上のように失敗に帰した。その間、隣国のドイツでは、一八七七年に自由主義思想に立脚した民事訴訟法典が成立していた(33)。しかし、この民事訴訟法も当事者による訴訟運営などの点で制定後からすぐに激しい批判を受けたのであった(34)。そんな時、一八九〇年から一八九一年にかけてオーストリアの法律雑誌「Juristische Blätter (JBL)」に、当時ウィーン大学の私講師 (Privatdozent) にすぎなかったフランツ・クラインは、「Pro futuro」と題した連載論文を発表した(35)。クラインは、この論稿の中で、社会政策及び国民経済的諸原則に基づく新しい訴訟モデルの基礎を呈示したのであった。この論稿は、当時、オーストリアの指導的法律家の一人であり、法務省の部局長として、従前財務大臣のポストにもついていた *Emil Steinbach* の目に止まった。彼の推挙で、クラインは司法大臣であった *Friedrich Graf Schönborn* により、訴訟改革の担当者に取り立てられた。そして、クラインは、裁判管轄法、民事訴訟法及び強制執行法についての政府草案の作成を委託され、わずか二年でオーストリア草案を作り上げたのであった。そして、議会での審議を簡略化した特別審議立法によって、草案は審議され、両院の委員会で若干の修正が行われたが、ほぼクラインの基本的構想は変更されることなく、可決された。一八九五年七月、オーストリア新民事訴訟法は公布された(36)。ここに、公開主義、口頭主義、直接主義及び自由な証拠評価という訴訟原則によって形成される、「近代的」な民事訴訟法がオーストリアにおいて成立したのであった。

(ロ)　「社会的民事訴訟」モデルの登場

ここで、クラインがめざしたのは、時代の要請に導かれた、「社会的民事訴訟」の実現であった(37)——詳細は後述——。その出発点をなしたのは、次のような観念である。まず、クラインは、訴訟を社会的大量現象と把握する訴訟観を有した。訴訟に至りうる紛争は、社会的疾病とされ、それは社会組織の循環に障害を引き起こすものとされた。また、この疾病は経済取引をも侵害しており、それゆえ、できるかぎり、迅速かつ簡易に、そして廉価で排除されねばならないとされた。そして、この迅速で公正な訴訟法（司法）の創設は、障害のない経済取引のためのみならず、社会政策上の要請でもあるとした。つまり、クラインは、近代国家は社会政策上の計画の中で訴訟を統合しなければならないと考えたのであった。その結果、民事訴訟手続は、福祉制度であり、社会的利益及び個人的利益保護のための「一種の行政措置」と位置づけられた(38)。他方、クラインの当事者観もオーストリア民訴法の形成に影響を与えたと思われる。彼は、民事訴訟における当事者像として「社会的弱者」を想定した。つまり、法的にも知識と経験に乏しい社会的・経済的弱者たる市民像を想定したのである。この背景には、アントン・メンガー（*Anton Menger*）(39)の影響や当時の急激な産業化の到来における労働者人口の増大、社会主義思想・福祉国家思想の台頭などがあった(40)――詳細は後述――。こうした思考のもとに、手続の簡易化、法律扶助などの裁判へのアクセス面での改革も行われたのである。

（八）一八九五年オーストリア民事訴訟法の特色

以上のように、一八七七年のドイツ民事訴訟法が自由主義的訴訟目的を義務づけていた一方で、オーストリア民訴法は社会立法の領域に入っていたのである。クラインにとって、自由主義的訴訟目的――さらに、公開主義、口頭主義、直接主義及び自由な証拠評価という訴訟原則――は、決定的なドグマではなく、簡易で迅速かつ適正な紛争処理のための手段でしかなかったのである(41)。そして、こうしたクラインの訴訟理念によって形成されたオーストリア民訴法は、「社会的民事訴訟」と称されることになる。

クラインの社会的民事訴訟理念は、まず第一に、手続の経済化――時間・労力・コストの削減と手続の簡易化――、第二に実体的真実発見に重大な価値をおいた。訴訟は、個人の権利保護だけでなく、社会的・国家的価値の保護につながるとするのである。そこでは、合目的性と実施可能性という原理が重視されたのである。[42] まず、手続の経済化重視の観点から、クラインは訴訟の合目的的（合理的）運営という結論を導きだす。その結果、裁判官に厳格な訴訟指揮権限が与えられ、当事者の失権が強化され、随時提出主義は否定された。そして、この実効性確保のために、クラインは、弁論への「当事者の出席」と「裁判官の訴訟指揮及び釈明義務」に手続の鍵となる役割を与えたのであった。この思考が、第一審集中化の思想をもたらし、第一回期日や更新禁止原則によって実現された。ここに訴訟の集中主義――後で詳細に論じる「手続集中理念」の発現である――が登場する。また、判決が適時に下されることが、当事者の効果的な権利保護のためにも、また社会経済のためにも必要だとし、訴訟の引き延ばしや嫌がらせを阻止することを重視したのであった。第二の真実発見という観点からは、クラインは裁判官と当事者にそのための協力を義務づけた。裁判官の役割は真実を探求することであり、それが適正な判決の条件であるとした。[43] また、当事者には、完全陳述義務及び真実義務が課せられた。これは、訴訟を開始するか否かは当事者の自由であるが、一旦訴訟を開始した以上、当事者も訴訟のもつ社会的機能や役割を受け入れねばならないという思考に基づいていた。しかし、クラインは、当事者にこうした義務を課す一方で、彼らがそれに応えうる手段をも準備していたのである。[44]

「社会的民事訴」の実現をめざし、こうした理念に基づく諸制度は、オーストリア民訴法において次のように具現化されている[45]――個々の規定の内容については後述――。

すなわち、①職権による召喚及び送達（オ民訴八七条）、②争訟的口頭弁論の一体性（オ民訴一九三条二項）、③当事者の完全陳述義務及び真実義務（オ民訴一七八条）④訴訟遅延防止のための裁判官の厳格な訴訟指揮権限（オ民訴一八〇条以下）、⑤当事者の事実主張及び証拠の申立てを、訴訟の引延しの意図や取るに足りないとの理由で排斥する裁判官の権限（オ民訴二七五条二項、同二七八条二項、同三〇九条、同三三二条二項、同三六八条三項）、⑥当事者による期日延長の合意等を禁止して、期日決定及び延長に関する裁判所の専属的権限化（オ民訴一二八条、同一三四条、同一八一条二項、同二七九条）、⑦訴訟の引延しに対する費用負担の制裁（オ民訴四四条、同四八条、同四九条）、⑧弁論の併合及び分離に関する裁判所の裁量権（オ民訴一八七条以下）、⑨事実関係の完全かつ真実に即した確定を目的とした争訟的口頭弁論における裁判官の解明義務（オ民訴一八二条一項）、⑩事実関係調査のための職権による証拠調べ（釈明処分）（オ民訴一八三条）、⑪弁護士がついていない、法的専門知識のない当事者に対する裁判官の教示義務（オ民訴一八三条、区裁判所手続（オ民訴四三二条、同四三五条））、⑫受給権の保証、⑬失権原則及び現状回復原則に依拠した厳格な懈怠に対する制度（オ民訴一四四条、同一四六条乃至一五四条）、⑭上訴手続における更新禁止の原則（オ民訴四八二条、同五〇四条二項）などである。

(二) フランツ・クラインによる司法改革

クラインの訴訟改革は、社会的民事訴訟と称された民事訴訟法の改正に尽きるのではない。クラインは、新しい手続に適応できる司法の人的かつ物的な組織の再編を試みたのであった。そして、一八九六年の裁判所構成法が制定された。これにより、単独裁判官制と裁判官補助官制が創設された。この措置により、裁判官の数が大幅に増員され、裁判官養成制度も拡充した。さらに、裁判所事務の完全な再編成も行われたのである[46]。新しい法が成功するための条件には、裁判所がその権限拡大に対応できる組織と能力を必要としたのである。思うに、クラインは、制度というものが単独で機能するものでないことを知っていたといえよう。その意味で、クラインの改革は、「司法改革」と称するものであったと言える。そして、この中で注目すべきは、裁判官の監視・監督を行う裁判所監査院（Gerichtsinspektorat）の創設である[47]。これにより、新しい訴訟法規の導入及び適用の監視に成功したのであった。しかし、反面でこうした行政的措置は、裁判制度における官僚化を増長し、そのことが、後の改革対象となっていくのである。

（ホ）一八九五年のオーストリア民事訴訟法の評価と影響

一八九五年のオーストリア民訴法による訴訟改革は、明確かつセンセーショナルな成果を納めた。例えば、一八九七年のドイツ簡易裁判所での事件処理率は、三ヵ月以内では、六三・五％、三〜六カ月で二一・三％、六ヵ月以上が一四・二％であるのに対し、オーストリア簡易裁判所における一九〇〇年の事件処理率は、三ヵ月以内が八七・二％、三〜六カ月で九・九％、六ヵ月以上が二・九二％である。また同年の通常裁判所での事件処理率は、ドイツでは三ヵ月以内が二五・九％、三〜六カ月で二九・七％、六ヵ月〜一年が二八・一％、一〜二年が一一・五％、二年以上が三・八％であるのに対し、オーストリアでは、三ヵ月以内が三一・四五％、三〜六カ月で五二％、六ヵ月〜一年が一三・五四％、一〜二年が二・七六％、二年以上が〇・二五％である。これをみても、オーストリア民事訴訟においていかに迅速な事件処理が行われるに至ったかがわかる(48)。この成功の要因としてクラインの先見的能力もあるが、ファッシング（*Hans W. Fasching*）は、次のような客観的要因を挙げている(49)。すなわち、オーストリア民族独自の法律観・価値観の形成、自由主義時代が過ぎ去り、社会的利益優先の方向性の存在（社会主義の台頭）、福祉国家論の登場、圧力団体の非組織化、立法過程における政治グループの影響が最低限に止まっていたことであるとされる。

このように実務における実績から高い評価を受けた一方で、オーストリア民訴法は従来の民事訴訟法とは異なる理念及び諸原則によって特徴づけられていたために、その批判も大きかった。例えば、ドイツ訴訟法学の指導者的立場にいたワッハ（*Wach*）は、「オーストリアの民事訴訟法は、裁判所の立場を強調しすぎであるし、あまりに弁護士に対する不信の念を抱きすぎである。訴訟はいかなる自己目的でもない」との批判の声を挙げたのであった(50)。しかし、オーストリア民訴法によって実現された諸原則は、他の近代的手続法の創設に際し、考慮されたし、ほかならぬドイツにおいてもその民事訴訟法改正に決定的な影響を及ぼしたのであった(51)。さらには、オーストリア＝ハンガリー帝国の承継国たる、リヒテンシュタイン及びスウェーデンの立法者は、このオーストリア民事訴訟法をモデルとしたのである。[52]

そして、ここで注意しなければならないことは、クラインは、まったく新しい民事訴訟法を創設したのではないということである。歴史的遺産としてこれまで形成された諸原則をうまく組み合わせたのが、オーストリア民訴法なのである。この点を、ファッシングは次のように述べている。「フランツ・クラインの歴史的貢献は、新たな原則の創設でもなく、かつその具体的実現でもなかった。むしろ、既存の諸原則の有意義な組合せとそれらが訴訟の社会的機能――公共の福利、個人の福利及び経済的利益のための機能として理解されたのであるが――を、最も役立ちうるように調整した点に存する」と。[53]

二　フランツ・クラインの訴訟理念

以上、オーストリア民訴法の歴史的変遷を概観した。これを踏まえた上で、なぜオーストリア民訴法は「真実発見」と「迅速な訴訟」に重大な価値を置いたのか、この点を明らかにしていこう。まずそのためには、前述の変遷でも概要を示した、その創設者フランツ・クラインの訴訟理念を改めて確認し、もう少し詳細を明らかにする必要があろう。そして、クラインの訴訟理念が支持を得るに至る背景を知ることが不可欠である。前述の記述と重なる部分もあるが、整理すると、それには、以下の三つの社会的背景がキーポイントとなってくる（なお、クラインの訴訟理念の詳細は第三章を参照）。

(一)　フランツ・クラインの訴訟理念の背景

第一に、一八九五年以前のオーストリアの民事訴訟をめぐる、前述した立法状況と民事裁判実務の現状である。[54]当時のオーストリア民事訴訟では、「訴訟の遅延、審理の形骸化」が深刻な状況にあった。その最大の要因は、当時の民事訴訟法典であった「オーストリア一般裁判所法」は、ほとんど無制限な当事者支配に基づく手続であった点にある。当事者訴訟進行主義、同時提出主義、法定証拠主義の採用がとくに問題とされた。オーストリア一般裁判所法に基づく訴訟実務においては、期日は数ヶ月もかかり、膨大な書面の交換、長期に及ぶ期日・期間の延期などが、著しい訴訟遅延を引き起こしたのである。また、オーストリア一般裁判所法では、裁判官の権限が著しく制限されていた。その結果、裁判手続自体が著しい機能不全に陥っていたと言えるのである。

その改善をめざしたオーストリア司法改革は、しかしながら、失敗を繰り返していた。当初の改革案においては、手続の公開主義、口頭主義、自由心証主義という訴訟原則に基づくフランス法、ドイツ法を参考に草案がつくられたが、口頭主義の実効性への信頼の欠如等により失敗におわった。そして、当時、著しい訴訟遅延を起こす原因となった一八七七年ドイツ民事訴訟法への批判が極めて大きかったのである。

第二に、オーストリアの「社会経済情勢」もポイントとなった(55)。すなわち、一九世紀末からの経済活動の活発化と新時代の取引要請(迅速化)、労働者人口の激増である。工業化された大衆社会への移行という経済的、社会的状況の急激な変化は、高度の生産性と収益性が要請され、資本の円滑な利用を重視することになる。それゆえ、資本をめぐる紛争は、その障害であり、紛争の存続は国民経済的意味をもつと把握されるに至る。訴訟の激増も予想され、その結果、訴訟の迅速性の要求が重要な問題となったのである。社会経済の発展に伴う労働者人口の激増もまた、紛争の増大への対応のみならず、当事者像の変容を要求した。

第三に、こうした社会経済情勢を背景にして登場してきた「社会思想の潮流」の影響も無視できない。とりわけ、「社会主義及び福祉国家理念の登場」は、クラインに大きな影響を与えていたようである。クラインは、近代国家は、社会政策上の計画の中で訴訟を統合すべきとする。そこから福祉国家制度としての民事訴訟の位置づけ、当事者像としての社会的弱者という概念が出てくるのである。

そして、これらの背景に基づきクラインが構築したのが、いわゆる「社会的民事訴訟」モデルである。

(二) 社会的民事訴訟モデル

クラインによって構築され、「社会的民事訴訟」と称された訴訟モデルは、次のようなクラインの民事訴訟制度についての考え方から特徴づけられる[56]。

(イ) 紛争観・訴訟観

まず、クラインの社会的民事訴訟モデルは、その民事裁判に関する紛争観、訴訟観に基礎を置き、かつその点に特色を有する。クラインは、民事紛争及びその解決のための訴訟制度につき、次のように捉えた。すなわち、クラインは、民事訴訟を社会現象として把握する。しかも、訴訟に至りうる紛争は、社会的大量現象であり、社会組織の循環に障害を引き起こす社会的疾病であるとした。そして、民事訴訟制度は、これを取り除き、治癒することがその目的である[57]。その救済は、適切かつ迅速に、そして廉価でなされねばならないとする[58]。さらに、民事訴訟制度は、福祉制度であり、社会的利益及び個人的利益の保護のための「一種の行政措置」と位置づけ[59]、訴訟は、個人的利害を保護する義務と同時により高度な社会的価値を満足させる義務を負うとしたのであった[60]。ここにおいて、訴訟における「真実発見」と「迅速な訴訟」に重大な価値が置かれることになったのである。

(ロ) 当事者像

クラインはまた、その師たるアントン・メンガーなどの影響を受け[61]、民事訴訟の当事者像についても新たな像を想定した。つまり、合理的理性人ではない、法的にも知識と経験に乏しい「社会的・経済的弱者」たる市民を当事者として想定したのである。訴訟制度を社会政策の一環と位置づけ、弱者救済をめざしたとの評価もできよう。そして、この点において、訴訟の「社会性」が重視されてくる。

（八） 裁判官像（積極的裁判官像）

こうした当事者像からは、その当時の訴訟においては、当事者間の対等性は保障されておらず、「当事者の対等化」をなす必要があった。クラインがその担い手としたのが裁判官である。他方、上記の訴訟観に基づく場合には、裁判の適正、迅速化が重視され、そして、この点においてもクラインが重視したのは、またその指揮をとる裁判官であった。そして、登場してきたのが、「積極的裁判官像」である。(62) ここに、オーストリア民訴法の特色のひとつが存することになる。

三 オーストリア民事訴訟法の特色

（一） 目的：真実に即した裁判・迅速な裁判の実現

以上のようなクラインの訴訟観において、オーストリア民訴法はなぜその制度設計上「真実発見」と「迅速な訴訟」に重大な価値を置いたのかが明らかになったと思われる。では、具体的に、この「真実発見と迅速な訴訟」の実現のために、オーストリア民訴法はどのような手続上の工夫を施していたのか。この点を明らかにする必要が出てくる。

真実発見に基づく適正な裁判と迅速な裁判、相反するとみなされていたこれらの目的を結びつけたのは、「手続集中（Verfahrenskonzentration）」という考えであった。(63) 手続を集中させることにより、真実に即した裁判と迅速な裁判の実現が可能と考えたのである。後に詳述するように、クラインが後の各国の訴訟法及び理論に、そして大正民事訴訟法改正に決定的影響を与えたのは、この「手続集中」という理念であったと考えられる。

（二）手段：手続の集中化

では、手続の集中化のために、クラインはどのような工夫を施したのか。これは、二つの側面から整理できると思われる[64]。

ひとつは、（イ）審理構造（審理システム）の変革（第一回期日、準備手続、上訴制限と更新禁止など）の側面である。他は、（ロ）訴訟主体の行為規律（裁判官の実体的訴訟指揮義務と当事者の行為義務化）の側面である。なお、クライン自身、手続集中化の諸方策のうちどれがキーポイントとなるかは述べていない。むしろ、「事実上、迅速な訴訟追行を保障する「ひとつの」有効な措置は存在せず、相互に密接に関連し合い（meinandergreifen）かつ相互に補完する「措置の束全体」が重要でなければならない[65]」とするのである。

（イ）審理構造（審理システム）の変革

まずは、審理構造（審理システム）の変革について概説する。

オーストリア民事訴訟法の標準的な審理構造は、訴え提起⇓第一回期日⇓答弁書提出命令⇓（⇓準備手続）⇓争訟的口頭弁論⇓判決の段階をとる。

①第一回期日（Erste Tagsatzung）

ここでの第一のポイントは、「第一回期日」である[66]。第一回期日の目的は、争いのある事件（口頭弁論の必要な事件）と欠席判決で終わる事件を振り分け、さらに、争いのある事件については、被告が訴訟要件に関する抗弁を提出するか否かを確定することにある。和解もできる。期日の延期事由（オ民訴一三四条）があれば、期日の続行もできる。事件が第一回期日で終了せず、口頭弁論が開かれることになると、裁判官は、被告に答弁書提出命令を発することになる（オ民訴二四三条）。

参考条文試訳(67)

第二三一条　第一回期日の指定

(1)　第一回期日は、訴状の送達に必要と予想される時間を考慮して、送達と期日との間におおよそ一四日の間隔を置いて指定しなければならない。——略——

第二三九条　第一回期日

(1)　第一回期日は、合議部の裁判長又はこの者から命じられた合議部の一人の裁判官の面前で開かれる。

(2)　第一回期日は、和解を試みるため、及び出訴の不適法性の抗弁、裁判所の管轄違いの抗弁、訴訟係属の抗弁若しくは確定済みの訴訟事件であることの抗弁の提出のため、並びに原有者の陳述を聴取するために、これを指定する。また、訴訟費用の担保の提供を求める申立ては、第一回期日においてしなければならない。同様に、第一回期日において、請求の認諾若しくは放棄に基づき又は欠席を理由として、判決により訴訟事件を終了させることができ、又は原告は訴えの変更の同意を求める申立てを提出することができる。

(3)　訴訟費用の担保提供又は訴えの変更の許可を求める申立てについて、並びに当事者が第一回期日において提出した、訴訟能力の不存在又は代理人として出頭した者の代理権の不存在を理由とする訴えの却下の申立てについては、第一回期日において直ちに審理を行い、裁判しなければならない。代理人として出席した者の代理権の不存在又は当事者間の明示の合意により治癒し得ぬ裁判所の管轄違いについては、第一回期日においてはまた職権をもって審理し、かつこれに基づいて手続の停止（却下）の決定をすることができる。

(4)　前三項に掲げるもの以外のすべての主張及び裁判は、第一回期日においてすることができない。

第二四三条　答弁書提出命令

(1)　第一回期日の開廷を命じられた裁判官は、この期日における弁論の結果に応じて、争訟的口頭弁論を命ずることが必要であると認めるときは、直ちにその期日において、決定で被告に訴状に対する答弁を命じ、かつ個別の事件の事情に即して、答弁のために四週間以内の期間を定めなければならない。この決定に対しては、独立の不服申立ては許されない。

(2)　答弁は、準備書面によってしなければならない。——略——

②準備手続（Vorbereitendes Verfahren）

被告の答弁が出ると、本来の口頭弁論（争訟的口頭弁論）となるが、オーストリア民訴法は、この間に事件の状況に応じて、「準備手続」を備えている。[68] これが第二の審理構造上のポイントである。第一回期日に加え、事件に応じて準備手続なる制度を設けることで、その事件についての迅速かつ円滑な審理の進行をめざしたのである。

「オーストリア民訴法における準備手続」は、㈠類似の関係がある複数請求又は反対請求及び異議が存する事件、㈡手続の迅速、簡易化のために事実に関する主張の整理が必要な事件、㈢口頭弁論外での証拠調べ等が必要な事件に限り、認められる（オ民訴二四五条）。複雑な訴訟の内容を口頭弁論において整頓し、直接、攻撃防御の方法の取捨選択をしたのでは長時間を要することになることから、準備手続において、訴訟資料を収集整理し、口頭弁論の準備を充実することで、訴訟促進をねらったのである。準備手続においては、受命裁判官は、裁判長と同様の権限を有する（オ民訴二四九条）。

準備手続において弁論が準備されると、次に、争訟的口頭弁論が開始される（オ民訴二五七条）。これが、本来の口頭弁論で、人証調べなどが実施され、判決に到る。

参考条文試訳

第二四五条　準備手続

次に掲げる場合においては、口頭弁論の準備のために受命裁判官の面前における準備手続を命ずることができる。

(1)　計算の当否、財産分割その他類似する関係があり、これに関して争いがある多数の請求又は反対請求及び異議が存す

る事件

(2)　準備書面に包含する事実に関する主張がその範囲又は種類に従って、口頭弁論の完結を迅速ならしめ、又は簡易ならしめるために、予めこれを整理しかつ区分する必要があるとき

(3)　当事者が争いある重要な事実の真実を証明するため、受訴裁判所における口頭弁論においてなすことができない証拠調べを申し立て又はその証拠調べが口頭弁論を甚だしく困難ならしめ若しくは非常に遅延せしめることが予測されるときはとくに、当事者が受訴裁判所若しくはその近郊に住んでいない証人の尋問を申し立てるとき又は、真実の発見のために申し出た証人を口頭弁論以外の現場で尋問する必要があるとき。

第二四六条

(1)　準備手続は、原告の申立てにより口頭弁論の期日の指定があった後であっても、合議部においてこれを命ずることができる。但し、答弁書の送達後一週間内に申立てがあるときに限る。――略――

第二四九条　準備手続における受命裁判官の権限

(1)　受命裁判官は、準備手続において第一八〇条乃至第一八五条の規定に従って、裁判長に属するすべての権限及び義務を有する。

(2)　受命裁判官は、準備手続において許されている証拠調べを命じ、自らこれをすることができ、又は他の裁判官に嘱託してこれをなさしめることができる。証拠調べについては、受命裁判官はとくに地方裁判所の手続において判決裁判所における証拠調べのため裁判長が行うことのできる権限を行使でき、又は受命裁判官は受託裁判官の送付した証拠調べの記録に関して裁判長に属する義務を負う。

(3)　準備手続においては、宣誓の上で当事者の尋問をすることはできない。

第二五〇条

(1)　第二四五条第一項の規定に従って訴訟を準備手続に付したときは、当事者はこの手続においてその主張する各請求及び

反対請求、攻撃又は防御の方法、異議及び弁明について、受命裁判官の定めた順序に従って口頭で各別に弁論をなさなければならない。この弁論においては、次に掲げる事項を調書において明確にしなければならない。

1　いかなる請求及び反対請求を主張するのか及びいかなる攻撃及び防御の方法を主張するのか。
2　いずれの請求、反対請求、攻撃及び防御の方法を争うかまたは争わないか。
3　争いあるものに関しては、当事者の申し出た証拠方法、主張した証拠抗弁、及び証拠方法及び証拠抗弁に対する陳述を掲げたうえで、当事者の陳述に基づき完全な事実関係を記載しなければならない。

(2)　受命裁判官は、また同時に、当事者に、その争いある主張を証するために援用した証書で、弁論の結果に基づき証拠として用いられるとみなされるものを提出させねばならない。この証書は法律の規定する手続に従って、受命裁判官がこれを提出させねばならない。証拠として用いられるべき情報物件、検証物件で裁判所に取り寄せることができるものについてもまた、同一の規定を適用する。

(3)　準備手続における証拠調べは、この証拠に関し第二四五条三号に掲げた事情があるとき又は証拠を保全する目的のためにそれが必要であるときに限り、これをなすものとする。

③控訴制限・更新禁止（Neuerungsverbot）

手続集中の観点から、審理構造上、重要となるのが、「控訴制限」と「更新禁止」である。控訴制限は、オーストリア民訴法第五〇一条（――条文試訳――「微細事件については、第一審判決は、第四七七条一号乃至七号に掲げたる無効理由に基づくときに限り、控訴をなすことができる」。）において規定され、訴額が小さな事件は、再審事由（無効理由、法律判断の誤り）の場合を除いて、控訴できないとした。

この観点でとくに重要なのが、「更新禁止」原則である。第一審において事実関係をできる限り完全に探求するとするこの基本方針によってまさに、クラインによる訴訟モデル以降、オーストリア民訴法において今日まで最も有効な制度としてみなされた手続集中の措置が可能になったのである。それが、上訴手続における更新禁止原則である。オーストリア民訴法第四八二条は、以下のように規定する。

参考条文試訳

第四八二条 更新禁止

(1) 控訴裁判所の弁論においては、控訴手続の費用の償還請求を除き、新たな請求又は新たな抗弁を提出することは許されない。

(2) 判決の内容及びその他の訴訟記録の内容によれば第一審において提出されていなかった事実及び証拠については、控訴手続において、当事者は、主張された控訴理由を立証し又は反駁するためにのみ、これを提出することが許される。また、これら新たに提出されたものは、控訴状又は控訴答弁書(四六八条)を通じて予め相手方に通知されていた場合に限り、斟酌することができる。

上告審においてもまた当然に、新たな事実に関する主張又は証拠の提出は、無効原因またはその他の訴訟上の欠缺を支持ないし争うためにのみ許されているにすぎない。

したがって、オーストリア民訴法の通常手続における更新禁止の若干の例外は、控訴理由の立証または反駁のための更新並びにその時職権によって考慮された諸事情(訴訟要件及び上訴要件のような)を説明するための事実及び証拠調べである。(69)

オーストリア民訴法における控訴は、第一審手続のやり直し(Wiederholung)に役立つのではなく、第一審手続のコントロールに役立つものと位置づけられている。控訴審の対象は、控訴提起者によってなされた控訴申立ての枠内での第一審判決の正当性についての再審理のみである。控訴は、「訴訟をコントロールするのであって、現実をコントロールするのではない」(70)のである。ここに第一審中心主義の思考が現れていると言えよう。

(ロ) 訴訟主体の行為規律

第二のポイントが、訴訟主体の行為規律（裁判官の実体的訴訟指揮義務と当事者の行為義務化）である。当事者の真実義務・完全陳述義務の規定（オ民訴一七八条）、及び時機に後れた攻撃防御方法の却下（オ民訴一七九条）、訴訟行為の懈怠による訴訟行為の排除（オ民訴一四四条）などの失権規定の強化は、「当事者の訴訟協力義務」を顕在化させた。また、訴訟促進との関係では、当事者に起因する訴訟遅延には訴訟費用負担のサンクションが課せられた（オ民訴四四条、四八条、四九条）。

参考条文試訳

第四四条

(1) 裁判所が当事者はより早期に提出することができたとの確信を得た事情の下で、当事者が事実に関する主張又は証拠方法を提出し、そのような提出を認めると、訴訟の完結に遅延が生じたるときには、裁判所は、その者が勝訴した場合であっても、申立てにより又は職権で訴訟費用の全部または一部をその当事者に負担させることができる。

(2) 前項の規定は、勝訴した当事者が提出した準備書面において予め提出することができたであろう陳述又は証拠申出であって、かつその時機に後れた提出が弁論又は訴訟の完結に遅延を生じさせたときにも、これを適用する。

第一七八条　当事者の真実義務及び完全陳述義務

いずれの当事者も、その陳述において、個々の場合において、自己の申立てを理由づけるのに必要なすべての事実を、真実に即して完全にかつ特定して主張し、その主張を特定するために必要な証拠の申出をなし、その相手方によって提出された事実の主張及び申し出た証拠について明確に意見を述べ、取り調べられた証拠の結果について説明し、かつ、相手方当事者の関連する主張について明確に意見を述べなければならない。

第一七九条　訴訟の引き延ばしを意図とした提出の不許

(1)　当事者は、口頭弁論の終結に至るまで、弁論の対象に関係ある新たな事実に関する主張及び証拠方法を提出することができる。ただし、裁判所は、新たな主張及び証拠の提出が明らかに訴訟を引き延ばす意図をもって、より早期に提出されなかった場合において、その提出を許すならば、訴訟の完結が著しく遅延するであろう場合には、申立てにより又は職権で、その提出を許さざる旨を宣言することができる。

(2)　――略――

さらに、職権進行主義、釈明義務、釈明処分の基盤である「裁判所の実体的訴訟指揮義務」(71)が、手続の集中化において重要な手段とされた(72)。そして、オーストリア民事訴訟における手続集中理念は、裁判官の実体的訴訟指揮権限と最も密接に関連する。裁判所は、その訴訟指揮機能の範囲で民事手続の集中化を――また関連して当事者利益の点でも――目指さねばならないとされたのである。このことは、オーストリア民事訴訟にとって、クライン以来、今日においても承認されていることである。

オーストリア法におけるこのような裁判官の強い地位は、訴訟経済を促進することをも目的とする。それは、時間、費用、労力を節約し、そして、当事者による訴訟引延しに対処する一連の裁判官の権限の中に示される。手続集中の目的は、とくに、訴訟引延しを意図した事実主張及び証拠申出または証拠方法の提出を不許として宣言するないし却下する裁判官の諸権限に示されるのである（オ民訴一七九条一項、同一八一条二項、同二七五条二項、同二七八条二項）(73)。さらに、証拠調べが不特定の期間の障害があるとき、証拠調べを実施できるか疑わしいとき、又は外国で証拠調べを行うときには、裁判所は、オーストリア民訴法二七九条により申立てに基づき立証の期間を定めることもできるのである。[74] 職権による呼出し及び職権送達（オ民訴八七条）もそうである。

こうした厳格な手続集中は、事実関係の完全な解明を抑える危険をまたもたらすものであるとの危惧もあった。しかし、実体的訴訟指揮権は、裁判官にまさにいわゆる「実体的真実」を探求する権限、つまり、完全な事実関係の確定を手に入れる権限をもたらすものとされた。訴訟資料収集の局面におけるオーストリアの裁判官の諸義務の存在は、弁論主義に代わり「緩和された職権探知主義」と称されるに至るのである。それは、始めから当事者の主張なしに事実を探求することは認められてない点において糾問主義とは異なる。しかし、その他の点では、裁判官は発問して、または他の方法で、できる限り真実に即した事実関係を確定しなければならない。つまり、裁判官は、証拠方法の提出を要求できるだけでなく、原則として職権で、「訴え提起後または弁論の進行後に重要な事実についての解明が期待されうる」すべての証拠方法を取り調べることができたのである（オ民訴一八三条一項四号）。

参考条文試訳

第一八〇条　裁判長による訴訟指揮

⑴　口頭弁論は、裁判所においては、事件が割り当てられた合議部の裁判長によって、指揮される。

⑵　裁判長は、口頭弁論を開始し、これを指揮し、かつこれを終結する。裁判長は、発言を許し、またその命令に従わない者に対しては発言を禁じることができる。裁判長は、証拠調べのために供述をしなければならない者を尋問し、合議部の裁判を言渡す。

⑶　裁判長は、事件につき討論を尽くさせ、さらにまた弁論が冗長かつ重要でない付随的な弁論によって間延びしてしまうことのないように配慮し、かつ、できる限り中断することなく終結に至るように、配慮しなければならない。

第一八二条　解明・教示義務

⑴　裁判長は、口頭弁論において、発問によって又はその他の方法で、裁判に重要な事実主張がなされ、請求を基礎づけも

しくはこれを争うために主張された事実関係に関する不十分な主張を完全なものにし、この主張のための証拠方法が示され又は提出された証拠が補充され、かつ、当事者が主張する権利及び請求の要件事実を真実に即して確定するために必要と思われるすべての説明が行われるよう、努めなければならない。

(2)　一方当事者の陳述が提出した準備書面の内容と異なる場合、又は当事者の陳述が職権で斟酌すべきその他の訴訟記録と一致しない場合には、裁判長は、そのことにつき注意を喚起しなければならない。裁判長はまた、職権により斟酌すべき点について存する疑問を指摘しなければならない。

(3)　裁判長以外の合議部の他の裁判官も、訴訟関係の調査及び要件事実の確定のために適切な問いを発することができる。

第一八三条　釈明処分

(1)　裁判長は、第一八二条により自己に課された義務を履行するために、特に、次の各号に掲げる処分をすることができる。

1　当事者本人に対して口頭弁論に出席するよう命ずること

2　当事者の所持する文書でその当事者若しくは相手方が訴訟で引用したもの、記録、情報物件又は検証物のほか、系図、地図、設計図及びその他の図面並びに編成表を提出し、かつ一定期間裁判所に寄託することを命ずること

3　当事者の一方が関係した公官庁又は公証人が保管する文書、情報物件及び検証物の提出を求めること

4　当事者の立会いの下での検証の実施、及び鑑定人による鑑定を命じ、訴状若しくは審理の経過から重要な事実の解明を期待できる者を証人として呼び出すこと

(2)　但し、これらの処分について双方の当事者が反対であると主張する場合には、裁判長は、文書及び証人については、その処分を行うことができない。

(3)　これらの取調べは、これを行わないと、裁判にとって重要な事実がもはや確定できなくなり、又は後からでは証拠方法が使用できずもしくはその使用が著しく困難になるおそれがある場合には、口頭弁論の開始前であってもこれを命ずることができる。

四　大正民事訴訟法改正におけるオーストリア民事訴訟法受容のプロセス

では、以上のような特色をもつオーストリア民事訴訟法を大正民事訴訟法改正ではどのように受容していったのであろうか。

一　明治期における改正議論

(一) 明治民事訴訟法改正の動因

明治二三年民事訴訟法の制定後すぐに、その改正作業は着手された。つまり、明治二八年には、民事訴訟法調査委員会が設置され、改正作業が開始されている。(75) 明治二三年民訴法は、手続煩瑣により、実際の運用上不備な点が少なからずあった。まずこの修正が目的とされた。さらに、新たに編纂された民法前三編（総則、物権、債権の各論）との整合化も問題となったのである。つまり、その目的は、明文がないための不都合や、逆に明文があるために差支えが生じたりしていた欠陥を修正すること、条文を読みやすくすることにあったとされる。(76) この改正作業は、明治三二年の法典調査会に引き継がれる。法典調査会は、明治三六年改正草案を脱稿、公表し、調査会は廃止される。(77)

その後、明治四〇年に「法律取調委員会」が設置された。しかし、民事訴訟法の改正に着手されたのは、明治四四年に法律取調委員会に民訴法改正が付議されてからであった（設立当時は商法の改正が主として審議された）。ここに大正民事訴訟法改正の本格的作業が開始されたのである。法律取調委員会における改正作業は、裁判所、弁護士会の意見を徴しつつ実施されていく。そして、その際には、ドイツ、フランス、オーストリア、イタリア、ベルギーなどの外国法が翻訳され、参考資料とされた。

しかし、この法律取調委員会は、大正八年、廃止され、その後は同時に設置された司法省における民事訴訟法改正調査委員会により継続され、成案されることになる。このように、紆余曲折を経て、大正民事訴訟法改正は実施された。

ここで留意すべきは、改正議論が結実した大正民事訴訟法改正では、その主眼は、「現行法中訴訟遅延ノ原因ト認ムベキ諸規定ヲ改メ、専ラ其ノ円滑ナル進捗ト審理ノ適正トヲ図リタル点（句読点及び旧漢字体等の修正は筆者――以下同様――）」にあった点である。[78] 旧法典調査会案には、この手続促進（訴訟遅延）への考慮がほぼない。明治二八年に着手された時とは、大きく目的が変容しているのである。ここに大正改正のポイントがあると言える。そして、大正民事訴訟法改正における最大の眼目が、この迅速かつ適正な裁判をめざした「準備手続」の創設（形式的には、明治民訴法二六六条以下規定の準備手続の改正であるが、その実質は、以下で示すように、わが国固有の「準備手続の創設」であったといえる）であった。[79]

本稿では、この準備手続の創設プロセスを辿ることで、オーストリア法の影響を明らかにしていきたい。

(二) 明治期におけるオーストリア民事訴訟法の評価

では、明治期においてオーストリア民訴法はわが国においてどのように評価されていたのであろうか。まずは、この点を明らかにしていきたい。

オーストリア民訴法は、明治民訴法の改正が着手された明治二八年（一八九五年）に制定されている。時期的には、改正作業において当時最新の民事訴訟法典であるオーストリア民訴法の存在は周知されていたと思われる。[80] この関係で注目されるのが、大正民事訴訟法改正の時期にオーストリア民訴法を積極的に評価し、紹介した雉本朗造博士の一連の研究である[81]（雉本朗造「民事訴訟法改正草案研究到愚録前史」京都法学会雑誌三巻七号一五七頁（明治四一年・一九〇八年）（①論文）、同「獨乙ニ於ケル民事訴訟法改正ノ氣運」同雑誌四巻二号一五〇頁（明治四二年・一九〇九年）（②論文）、同「民事訴訟関係法規改正私義」同雑誌六巻一二号八六頁（明治四四年・一九一一年）（③論文）、七巻二号六九頁（大正元年・一九一二年）、同「商事裁判所及商事部ニ関スル獨、澳ノ現行法制」同雑誌七巻二号八九頁（大正元年・一九一二年）（④論文）、同「民事訴訟制度の變遷及改正運動（一）〜（十二）」法律新聞八三六号〜八四四号、八四七号、八四八号（大正二年・一九一三年（⑤論文））。これらの研究の中で、雉本博士は、①論文「民事訴訟法改正草案研究到愚録前史」において[82]、明治民訴法はなによりも条約改正のため応急的に又盲従的に外国法を継受したるものにして、必ずしも継受すべき必要を明らかにし、もしくは継受後の成績を予測して後、制定されたものではない、とし、さらに、わが国固有の事情に適合しているか、民事訴訟法の社会上、経済上の重大なる任務に善く尽くしたるかは疑いなくはない、と指摘して、日本の固有の事情に適合した民事訴訟法を求める声を挙げていた。そして、この雉本論文の主眼は明治三六年の法典調査会の改正草案に対する批判であった。つまり、明治三六年改正草案がドイツの一九七七年民訴法もしくは一八八九年の改正法に拠っているが、ドイツではそれらは不評であり、改正の気運があり、しかもそれはオーストリア民訴法とその実績に影響を受けていることは疑いないところであるとし、ドイツ、オーストリア法の比較法的研究が不可欠であるとする[83]。そして、オーストリア民訴法を高く評価し、大正二年に法律新聞に連載した⑤論文「民事訴訟制度の變遷及改正運動」でヨーロッパにおける民事訴訟法の歴史的、比較法的研究を展開し、わが国で最初の本格的なオーストリア法の紹介をなしている[84]。また、清瀬一郎弁護士は、明治四四年の法律新聞における「墺太利民事訴訟法の研究を望む[85]」と題した投稿原稿において、オーストリア法は「屈強な参考資料なり」として、それを範とすることを強く薦め、さらに「ドイツ訴訟法はその手続難渋、したがって多くの費用を要するため、細民は裁判に依り権利の保護を得ることあたはざるに至れり、……墺国訴訟法は、所謂社会政策的要求をいれ、細民をして権利の保護に遺憾なからしむることを努めたり（句読点、現代仮名化等の修正は筆者による――以下、原文引用以外は同様――）」として、福祉制度としての民訴法の観点を高く評価している。[86]斎藤常三郎博士もオーストリア法を改正資料として強く薦めている（注80）参照）。これらは、その公表年からみて、法律取調委員会が民訴法改正に着手したこと（明治四四年）を契機としたものであると推測できる。また、法律取調委員会が民事訴訟法改正に着手したとき、各界から意見聴取をしたが、その中にオーストリア民訴法から教示を受けたと推測される意見がある旨を指摘するものもある。[87]このように、明治の終わりまでには、オーストリア民訴法はかなり広く知られ、評価されていることが窺われる。

二　大正期における改正議論

（一）主査委員会での議論

①　第三回主査委員会

訴訟遅延が意識され、その改善に向かい民訴法改正作業が大きく転換した。その実質的出発点となるのが、明治四四年に法律取調委員会に民訴法改正が付議され、主査委員が指名され、その主査委員会の審議（以下に示す主査委員会の審議内容は、『日本立法資料全集10　民事訴訟法〔大正改正編〕（1）』六二五頁以下（以下本文では、「日本立法資料全集10〔大正改正編〕（1）」で引用）による）であった。[88]オーストリア民訴法の大正民訴法改正への影響が現出してくるのがこでの審議からである。また、法律取調委員会では、主査委員会に並行して起草委員会が設置された。この起草委員会は、明治四四年五月から大正三年六月まで、旧法典調査会案に基づいて一〇九回の審議を行い、その全部を議了する。起草委員会は、成文の起草にあたり、起草委員会において重要な問題を選んで（議民乙第一号問題）、主査委員会に提出し[89]、主査委員会はそれを審議することになる（民事訴訟法改正主査委員会日誌第２回小山温委員発言参照[90]。主査委員会は、大正三年一一月一八日の第二回委員会から本格的審議を開始する。訴訟遅延対策が明示的に立法目的として浮かび上がってくるのは、大正三年一一月二五日の第三回主査委員会である（松岡義正委員発言、日本立法資料全集10〔大正改正編〕（1）六二三頁）。

第三回委員会では、議題（四）「準備書面ニ掲ゲザリシ攻撃防御ノ方法（証拠方法ヲ含ム）ハ、口頭弁論ニ於テ之ヲ提出スルコトヲ得ザルヲ本則トスベキヤ」、議題（五）「訴ノ拡張ニ依リ当事者ノ追加、変更ヲ許スベキヤ」、議題（六）「請求原因ノ変更ヲ許スベキ場合ヲ或程度マデ拡張スベキヤ」が審議対象となった。とくに議論となったのが、議題（四）である。

この議題（四）（条文では民事訴訟法改正案第一二八条「口頭弁論ハ書面ヲ以テ之ヲ準備スベシ」について）は、大正二年六月二五日の第七一回民事訴訟法改正起草委員会で決議されたものであり（日本立法資料全集10〔大正改正編〕（1）六〇二頁）、その際、訴訟遅延の弊害への対応策として議論されている。この委員会審議においては、仁井田益太郎委員から口頭主義の観点から反対の意見が出たものの、他の出席者のほとんどが賛成して決議されている。そして準備書面に記載しなかった攻撃防御方法を失権させる規定は、オーストリア民訴法を範としたとされている（日本立法資料全集10〔大正改正編〕（1）四九八、四九九頁参照）。この民事訴訟法改正起草委員会での審議では、オーストリア民訴法のどの条文を参照にしたかは明らかでないが、この失権規定は、準備手続における失権規定条文を想定したものではないかと推定する[91]。以後の議論で準備手続改正（創設）へと向かうからである。準備書面による失権規定は、大正二年六月二七日の第八九回民事訴訟法改正起草委員会でもこの改正案一二八条につき議論され（日本立法資料全集10〔大正改正編〕（1）五〇四頁）、「原告から被告の答弁書の反駁も準備書面を要するか」が議論され、書面によるべき旨が述べられ、さらにその期限につき、「準備期日」を設ける旨の発言（仁井田委員、山内確三郎委員発言）があり、準備手続への萌芽をみてとれると思われる（またこの議題は、起草委員会において大正三年六月四日に岩田嘱託により提出された起第五二号の第二三条及び第二四条に関わる問題であろう（「民事訴訟法改正起草委員会問題」日本立法資料全集10〔大正改正編〕（1）三〇八頁）、同日の起第五三号で「準備手続」が問題として提出されている（後述））。

主査委員会では、この問題は、「訴訟遅延を防止すべきための方法として」提示された。その趣旨は、「一定ノ期間内ニ当事者双方ニ準備書面ヲ交換セシメ、其書面ニ掲ゲザルコトハ主張セシメザルヲ本則トシ、多少ノ例外ヲ認ムルナリ。其例外ハ新タナル攻撃防御ノ方法又ハ過失ナクシテ前ニ主張スルコト能ハザリシモノヲ指スナリ」とされ、弁論集中主義（ないし弁論一体主義）をとったものとし、プロイセン一般裁判所法、ドイツ法、オーストリア法、ベルギー法が挙げられている（松岡委員発言、日本立法資料全集10〔大正改正編〕（1）六三三、六三四頁）[92]。これに対して、真相の発見が重要、弁論一体主義では提出すべきものの漏脱が生じる、弁護士の手腕及び当事者の知識からは難しい、書面主義はかえって訴訟を遅延させるなどの反対意見が述べられ（長島鷲太郎委員発言、日本立法資料全集10〔大正改正編〕（1）六三四〜六三六頁など）、具体的な案を提出することになり、決議は留保された。大正民訴法改正の主眼となる準備手続の改正は、この議題から出発し、以後議題に掲げられてくることになる。以下では、ここから大正民訴法改正の中心となった準備手続改正の流れを辿っていくことにする。

②　第八回主査委員会

その後、第八回主査委員会（大正三年一二月一六日）において、起草委員からの再提案に基づき再度議論がなされる（日本立法資料全集10〔大正改正編〕（1）六七五頁）。その議案（この議案は、起草委員会において大正三年一二月二日に松岡委員により提出された起第五四号、五五号に該当する（「民事訴訟法改正起草委員会問題」日本立法資料全集10〔大正改正編〕（1）三〇八、三〇九頁））が以下のものである。

議民乙第一号ノ二問題中（一）及（二）

（一）　裁判長ハ訴ニ付キ口頭弁論期日指定前左ノ手続ニ依リ、準備書面ノ提出ヲ命ズルコトヲ得ベキ規定ヲ設クベキヤ。

一．　訴状ノ送達後二週間ヲ下ラザル期間ヲ定メ、其ノ期間内ニ防御方法（証拠方法ヲ含ム）ヲ記載シタル答弁書（準備書面）ヲ裁判所ニ差出スベキコトヲ被告ニ命ズ。

二．　防御方法ヲ記載シタル答弁書送達後一週間ヲ下ラザル期間ヲ定メ、其ノ期間内ニ更ニ第一ノ防御方法ニ対スル攻撃方法ヲ準備書面ニ記載シテ、之ヲ裁判所ニ差出スベキコトヲ被告ニ命ズ。

三．　前号ノ準備書面送達後一週間ヲ下ラザル期間ヲ定メ、其ノ期間内ニ、更ニ第二ノ攻撃方法ニ対スル防御方法ヲ準備書面ニ記載シテ、之ヲ裁判所ニ差出スベキコトヲ被告ニ命ズ。

（二）　準備書面差出期間内ニ提出セザリシ攻撃防御ノ方法ハ新ニ成立シタルモノ又ハ当事者ノ過失ニ非ズシテ右期間内ニ提出シ能ハザリシコトヲ疎明シタルモノニ限リ、之ヲ提出シ得ベキ規定ヲ設クベキヤ。

（参照）
裁判長ガ準備書面ノ差出ヲ命ゼザルトキハ、攻撃及防御ノ方法ハ判決ニ接着スル口頭弁論ノ終結ニ至ルマデ之ヲ提出スルコトヲ得ベキモノトスベキヤ。

前項ノ場合ニ於テ受訴裁判所相当ト認ムルトキハ、受命判事ノ面前ニ於ケル準備手続ヲ命ズルコトヲ得ベキモノトスベキヤ。

この議案は、原告・被告から準備書面（訴状、答弁書を含む）をそれぞれ一週間以内に提出させることにし（最初の答弁書のみ二週間）、その後は、攻撃防御方法の提出を打ち切るというものである。ここでの議論は、準備書面の回数や期限など書面主義による審理と失権の関係が中心に議論されている。この委員会に、本章で取り上げる「準備手続」改正の提案が出てくるが、あくまで「参照」としてである。本稿のテーマとの関係で注目されるのは、横田五郎委員の発言である。横田委員は、オーストリア民訴法のような第一回期日、準備手続という手続編成を採らない理由は何かを問い、これに対して、松岡委員から、「我々モ其点ハ考究シタルガ、却テ手続繁雑トナルヲ以テ採用セズ」との答えがあった（日本立法資料全集10〔大正改正編〕（1）六七七頁以下参照）。つまり、この段階では、準備書面のみによる弁論の準備を中心に構想していることがわかる。審議では、準備書面打ち切り主義について賛成が多いも、その方法で議論ありとなり、横田委員が次回に修正案を提出して議論することで閉会している（横田、山内委員はオーストリアに視察のため派遣されていた）。ここに、この委員会でオーストリア民訴法の規律（規定）が具体的に審議対象に挙がってきており、かつ準備手続改正が現出された。準備手続改正に関する本格的な議論はここから出発したと言ってよいであろう。

なお、準備手続改正に関しては、起草委員会における大正三年六月一日・第八七回民事訴訟法起草委員会決議で確認される(93)（日本立法資料全集10〔大正改正編〕（1）六一一頁）。

第八七回民事訴訟法起草委員会決議

「㈡準備手続ハ、現行法ノ如キ訴訟事件ノ種類ニ基テ制限ヲ為サズ、一般ノ訴訟手続ニ付キ相当ノ制限ノ下ニ之ヲ許スコト」

ここでは、準備手続を一般の訴訟手続で適用することが考えられていたことが確認できる。さらに、大正三年六月四日に岩田嘱託により提出された起第五三号（「民事訴訟法改正起草委員会問題」日本立法資料全集10〔大正改正編〕（1）三〇八頁）に準備手続に関する記述を見て取れる。

起第五三号

「答弁書ノ差出アリタル後ハ、裁判所ハ、当事者ノ申立ニ依リ又ハ職権ヲ以テ準備手続ヲ命ズルコトヲ得ルコトトシ、準備手続ニ於テ提出セザリシ攻撃若クハ防御方法、証拠方法、証拠抗弁ハ口頭弁論ニ於テ提出スルコトヲ許サザルコトトスルコト」

時期的にほぼ同時といえるこれらの記述から、すでに、この段階で、準備手続を一般の訴訟手続で適用することが考えられていたこと、しかも、それは申立てでも職権でも開始できたこと、そして旧法典調査案より失権効が強く意図されていること（旧法典調査案三一〇条は攻撃防御方法等の存在を知らなかったことを疎明すれば、提出が認められている（日本立法資料全集10〔大正改正編〕（1）六七頁）。明治民訴法第二六三条も同様）が確認できる。上記した大正二年段階の起草委員会では準備手続に関する議論は見てとれなかったが、このように、「準備手続」は大正三年段階で登場してくることがわかる。ただ、この段階では、上記したように、「準備手続による弁論準備」の考えはまだ中心ではなかったといえる。

③　**第九回主査委員会**

第九回主査委員会（大正三年一二月二二日）で提出された横田委員修正案は、以下のものである（日本立法資料全集10〔大正改正編〕（1）六八〇頁以下）。

議民乙第一号ノ二問題中（一）及（二）修正案（横田委員提出案）

第一　訴状ニハ一定ノ請求及一切ノ攻撃方法ヲ具備スベキコト
第二　訴状ノ提出アリタルトキハ、裁判長ハ、直チニ口頭弁論期日ヲ指定スルカ又ハ準備手続ヲ命ズベキコト
第三　準備手続ハ左ノ方法トシ、裁判所又ハ裁判長ハ訴訟ノ如何ナル種類ナルト将タ如何ナル程度ニ在ルトヲ問ワズ、之ヲ命ジ得ルコト
（一）　書面ニ基ク準備手続
（二）　受命判事ノ面前ニ於ケル準備手続
第四　訴状ノ提出アリタルトキハ、裁判長ハ、被告ニ対シ訴状ノ送達ト同時ニ、二週間ヲ下ラザル期間ヲ定メ、其期間内ニ答弁書ノ提出ヲ命ジ得ルコト

（注）此命令ニハ左ノ諸件ヲ掲グベキコト
（一）原告ノ請求又ハ攻撃方法ヲ如何ナル点ニ於テ争フヤ否ヤノ旨
（二）一切ノ防御方法ヲ提出スベキ旨
第五　期間内ニ答弁書ヲ提出セザルトキハ、裁判長ハ、直チニ口頭弁論期日ヲ指定スルコト
（注）
口頭弁論ニ於テハ、被告ハ単ニ原告ノ請求又ハ攻撃方法ヲ否認シ得ルニ止マルコト（従テ証拠方法ノ提出ハ之ヲ許サザルコト）。若シ其否認ヨリシテ原告ニ挙証責任アルトキハ、原告ノ立証ヲ要スルコト
第六　期間内ニ答弁書ノ提出アリタルトキ
（一）答弁書ニ於テ原告ノ請求若クハ事実上ノ主張ヲ認ムルカ又は争点明瞭ナルニ至リタルトキハ、裁判長ハ、直チニ口頭弁論期日ヲ指定スベキコト
（二）答弁書ニ於テ防御方法ノ提出アルカ又ハ争点不明瞭ナルカ其他必要ト認メタルトキハ、裁判所ハ、受命判事ノ面前ニ於ケル準備手続ヲ命ジ得ルコト
第七　攻撃若クハ防御方法ノ変更又ハ新提出ハ之ヲ許サザルコト。但シ、例外トシテ左ノ場合ニ限リ之ヲ許スコト
（一）口頭弁論期日指定前ニ於テハ
（イ）準備手続又ハ期日指定ノ遅延ヲ生ゼシムル虞ナキトキ
（ロ）其原因ガ前攻撃若クハ防御方法ノ提出後ニ生ジタルカ又ハ当事者ノ過失ニ非ズシテ以前ニ提出スルコト能ハザリシ事由ヲ疎明シタルトキ
（二）口頭弁論ニ於テハ前号（ロ）ノ事由及ビ疎明アリタルトキ

横田委員は、提出した修正案はオーストリア民訴法を骨子とした案であるとするが、[94] オーストリア民訴法における第一回期日方式は繁雑となり、弊害があるとしてこの方式は採用すべきでない旨を述べている。そして、「受命

判事の面前における準備手続」が明示的に提案されたのである。また、横田委員は、準備手続は非公開でよく、応接室でも事務室でもいい旨を述べている[95]（日本立法資料全集10〔大正改正編〕（1）六八二頁）。起草委員案（参照案）との相違は、①準備手続を裁判所の裁量で命じる点では共通するが、口頭弁論指定後もできるとした点、②書面交換の回数を制限していない点、③攻撃防御方法の変更、新提出を制限している点（第七項）である。委員会の議論では、訴状、答弁書を充実させ、準備手続を改正して訴訟の進行を速やかにする点では一致している。また、従前の実務では口頭主義が十分に機能していない点でも議論は一致しており、失権の点でも、準備書面の交換を怠った者に制限を加える点でもほぼ一致をみている。ここに大正民訴法改正におけるオーストリア民訴法の影響の一端が顕在化したと言えよう。ただ、その影響は、オーストリア民訴法を盲目的に追従したのではなく、わが国における民訴法の内生化が試みられている点が注目に値する。しかし、この案は決定には至らず、起草委員に加え、横田五郎、原嘉道、山内確三郎、長島鷲太郎の各委員で特別委員会を設置し、審議することとなる。この後の議論は、準備手続の内容へと移っていく。

④　民事訴訟法改正特別委員会

特別委員会で具体案を作成することになったが、特別委員会は第一回（大正四年一月二〇日）を開き審議し、さらに小委員会を設け起案を委託し、これを第二回特別委員会で決定したとされる[96]。その議案が下記のものである（日本立法資料全集10〔大正改正編〕（1）六八六頁以下。ただ、その日付けは必ずしも定かでなく、下記の日付の書き込みがあるとされている）。

民事訴訟法改正特別委員会議案（大正四年二月八日）

（一）　被告ハ訴状ノ送達後十四日ノ期間内ニ答弁書ヲ差出スコトヲ要ス。

（二）　前条ノ規定ニ従ヒ被告ガ答弁書ヲ差出サザルトキハ、裁判長ハ、直チニ口頭弁論期日ヲ指定シ、裁判所ハ其期日ニ被告ガ出頭シタルトキト雖モ、原告ノミヲ呼出シ、其事実上ノ口頭供述ニ基キ判決ヲ為ス。此判決ニ対シテハ、異議ノ申立ヲ為スコトヲ得。

（三）　適法ナル期間内ニ答弁書ヲ差出アリタル場合ニ於テ、裁判所相当ト認ムルトキハ、訴訟ノ如何ナル程度ニ在ルヲ問ハズ、訴訟ノ全部又ハ一部ニ付キ準備書面又ハ受命判事ノ面前ニ於ケル準備手続ニ依リ弁論ノ準備ヲ命ズルコトヲ得。

（四）　準備書面ニ依ル弁論ノ準備ヲ為スベキ場合ニ於テハ、裁判長ハ、準備書面ノ差出ヲ命ジタル決定ノ送達後又ハ其言渡後、相当ノ期間ヲ定メ、其期間内ニ攻撃防御ノ方法（証拠方法ヲ包含ス）ヲ記載シタル準備書面ヲ差出スベキコトヲ当事者ニ命ズ。

（五）　前条ノ場合ニ於テ、書面ニ依リテ準備セザリシ攻撃防御ノ方法ハ、訴訟ヲ遅延セシムル虞ナキモノ又ハ新ニ成立シタルモノ其他当事者ノ過失ニ非ズシテ右期間内ニ提出シ能ハザリシコトヲ疎明シタルモノニ限リ、之ヲ提出スルコトヲ得。

（六）　受命判事ノ面前ニ於ケル準備手続ヲ為スベキ場合ニ於テハ、受命判事ハ、調書ヲ以テ攻撃防御ノ方法ヲ明確ニシ、調書ヲ以テ明確ニセザリシ攻撃防御ノ方法ハ、訴訟ヲ遅延セシムル虞ナキモノ又ハ新ニ成立シタルモノ其他当事者ノ過失ニ非ズシテ右期間内ニ提出シ能ハザリシコトヲ疎明シタルモノニ限リ、之ヲ提出スルコトヲ得。

この議案では、弁論準備制度は「準備書面による弁論の準備」と「受命判事の面前における準備手続」に分けられている。この点に関して、この委員会でどのような議論がなされたかは、その資料を発見できず、不明である。以下の第一〇回主査委員会に提出されたのは、起草委員会案と横田委員案を折衷し、さらに修正したものである（日本立法資料全集10〔大正改正編〕（1）六八九頁、小山委員発言）。

⑤　第一〇回主査委員会

第一〇回主査委員会（大正四年二月一七日）は、以下の案を議題とした（日本立法資料全集10〔大正改正編〕（1）六八七頁以下)。

(議民乙第一号ノ二中(一)、(二)及ビ横田委員修正案ヲ左ノ如ク修正ス)

議民乙第一号ノ三

(一)　被告ハ訴状ノ送達後十四日ノ期間内ニ答弁書ヲ差出スコトヲ要ス。

(二)　前条ノ規定ニ従ヒ被告ガ答弁書ヲ差出サザルトキハ、裁判所ハ、訴状ニ基キ決定ヲ以テ、原告勝訴ノ裁判ヲ為スコトヲ得。裁判所ハ、前項ノ裁判ヲ為スニ付キ必要ト認メタルトキハ、原告ヲ審訊スルコトヲ得。

(三)　被告ハ、前条ノ裁判ニ対シ、其裁判送達後七日ノ期間内ニ、異議ノ申立ヲ為スコトヲ得。前項ノ異議申立ニハ答弁書ヲ添付スルコトヲ要ス。

(四)　原告ハ第(二)条ノ裁判ニ因リ強制執行ヲ為スコトヲ得。前項ノ強制執行ハ異議ノ申立ニ因リテ妨ゲラルルコトナシ。但シ、裁判所ハ申立ニ因リ保証ヲ立テシメ又ハ之ヲ立テシメズシテ、強制執行ノ停止ヲ命ズルコトヲ得。

(五)　適法ナル期間内ニ答弁書ヲ差出アリタル場合ニ於テ、裁判所相当ト認ムルトキハ、訴訟ノ如何ナル程度ニ在ルヲ問ハズ、訴訟ノ全部又ハ一部ニ付キ準備書面又ハ受命判事ノ面前ニ於ケル準備手続ニ依リ弁論ノ準備ヲ命ズルコトヲ得。

(六)　準備書面ニ依ル弁論ノ準備ヲ為スベキ場合ニ於テハ、裁判長ハ、準備書面ノ差出ヲ命ジタル決定ノ送達後又ハ其言渡後相当ノ期間ヲ定メ、其期間内ニ攻撃防御ノ方法(証拠方法ヲ包含ス)ヲ記載シタル準備書面ヲ差出スベキコトヲ、当事者ニ命ズ。

(七)　前条ノ場合ニ於テ、書面ニ依リテ準備セザリシ攻撃、防御ノ方法ハ、訴訟ヲ遅延セシムル虞ナキモノ又ハ新ニ成立シタルモノ其他当事者ノ過失ニ非ズシテ右期間内ニ提出シ能ハザリシコトヲ疎明シタルモノニ限リ、之ヲ提出スルコトヲ得。

(八)　受命判事ノ面前ニ於ケル準備手続ヲ為スベキ場合ニ於テハ、受命判事ハ、調書ヲ以テ攻撃、防御ノ方法(証拠方法ヲ包含ス)ヲ明確ニシ、調書ヲ以テ明確ニセザリシ攻撃、防御ノ方法ハ、訴訟ヲ遅延セシムル虞ナキモノ又ハ新ニ成立シタルモノ其他当事者ノ過失ニ非ズシテ右期間内ニ提出シ能ハザリシコトヲ疎明シタルモノニ限リ、之ヲ提出スルコトヲ得。

（九）　前条ノ場合ニ於テハ、受命判事相当ト認ムルトキハ、当事者ニ対シ相当ノ期間ヲ定メ其期間内ニ、前条ノ調書ニ代ヘ攻撃、防御ノ方法（証拠方法ヲ包含ス）ヲ記載シタル書面ノ提出ヲ命ズルコトヲ得。

第（七）条ノ規定ハ、前項ノ書面ヲ以テ準備セザリシ攻撃、防御ノ方法ニ之ヲ適用ス。

この議案では、上記した二つの弁論準備制度のそれぞれの具体的内容が規定されている。新たに加えられたのは、被告が答弁書を提出しない場合には、即座に原告勝訴の判決ができることを明確にし、かつ強制執行もできるようにした点（現行民訴法の調書判決に類似すると思われる）、及びこの判決に対する被告の異議を認めた点（被告の手続保障を考慮している）である。また、調書に代わる準備書面に失権効を認めている点である。この主査委員会では、答弁書の記載内容等をめぐり、訴訟遅延とからめて議論がなされたが、最終的には、委員総会には、「口頭弁論以外に書面による又は受命判事の面前における準備手続を設けること」という程度の問題とし、各具体案は参考として添付するに止まった[97]。

委員総会（大正四年六月一六日より七月一四日まで五回開会）では、この準備手続については、二日間に亙り議論されたが、結局、仮決議という形で原案を可決し、後日具体的な成案を提出したときにさらに審議するとの決定がなされたにすぎなかった[98]。

なお、この委員総会より先の大正四年三月八日の第一一二回起草委員会において今後の審議方針が決定されている。つまり、法文の起案について起案会を開催し、起稿した成文を起草委員会に提案し、これを起草委員会において審議する、その決議を主査委員会に提案し、さらに主査委員会はその決議を委員総会に提案し、委員総会の決議により成案を確定するという四段階の審議である[99]。しかし、その後の審議は、起案会から起草委員会までの第二段階までで終始した（起案会は大正四年三月一二日から大正八年六月二三日まで二〇二回に及び、起草委員会は大正八年七月四日まで一九九回に及び、上訴に関する規定まで起案して終了した）。しかし、大正八年七月九日、突如、法律取調委員会は廃止され[100]、民事訴訟法改正作業は、司法省に設けられた「民事訴訟法改正調査委員会」に引き継がれることになる。

(二)　民事訴訟法改正調査委員会での議論

民事訴訟法改正調査委員会は、大正八年九月二三日に第一回委員総会を開催し、審議の方針を法律取調委員会当時と同様の方針に基づくことを決定した。法律取調委員会と異なり、民事訴訟法改正のみを対象とすることから、委員の数も削減され、主査委員会もない。ここでも起案会が成案を起案し（起案会は大正八年一〇月一〇日から大正九年七月一六日まで一四回を開催した）、起草委員会が審議・決定し（起草委員会は大正八年一〇月一日より大正一〇年五月二五日まで四〇回に及んだ）、委員総会に提出した。起草委員会の提出した案は、強制執行に関するものを除き、民事訴訟法第一編乃至第五編まで（総則、第一審訴訟手続、上訴、再審、督促手続）の四二一の条項である。これが「民事訴訟法改正案（第一案）」である。委員総会は、大正一〇年一二月一五日から大正一二年五月一日まで四四回に及び、提出された提案は全部審議された。そして、委員総会の意見に基づき起草委員会を開き、総会の意見を斟酌し、修正変更をなし、その結果を再び総会に報告し、審議された。そして、委員総会は、大正一四年一〇月一五日を以て、民事訴訟法第一編乃至第五編の四四三の条項を議了し、確定した。

以下では、民事訴訟法改正調査委員会での「準備手続の改正」についての経過をみていく。審議中に作成された改正案は、日本立法資料全集11〔大正改正編〕（2）一一頁以下に詳細が示されている。ここでは、時系列的に節目となっている以下の案を中心にみていくことにしたい。

①　**民事訴訟法改正起案会決定案（起草委員会議案）**

これは、大正四年五月から大正九年七月までに起案会が作成したもので、起草委員会の審議対象になったものである。準備手続は、第一審の訴訟手続のなかで独立して規定されるに至っている。当初予定された「準備書面による弁論の準備」は、「準備手続」の中に吸収された形になっている。以後、準備手続において、同時提出主義の性質を有する規定が作成されていく。

民事訴訟法改正起案会決定案（起草委員会議案）（日本立法資料全集11〔大正改正編〕（2）八〇頁以下）——条文の漢数字の変更は筆者（以下同様）——

第二編　第一審ノ訴訟手続　第一章　地方裁判所ノ訴訟手続

第二節　準備手続

第二〇五条　裁判所ハ、相当ト認ムルトキハ、何時ニテモ訴訟ノ全部若クハ一部又は或争点ニ付キ、準備手続ヲ命ズルコトヲ得。此場合ニ於テハ、裁判長ハ、部員中ヨリ受命判事ヲ指定シ、其指揮ニ当ラシム。

第二〇六条　準備手続ニ於テハ、調書ヲ作リ、当事者ノ陳述ニ基キ第一一四条第四号及ビ第五号ニ掲ゲタル事項ヲ記載スベシ。

第二〇七条　当事者ノ一方ガ期日ニ出頭セザルトキハ、前条ノ調書ノ謄本ヲ之ニ送達シ、新期日ヲ定メテ当事者双方ヲ呼出スベシ。

第二〇八条　受命判事ハ、当事者ノ提出シタル準備書面ヲ以テ、第二〇六条ノ調書ニ代フルコトヲ得。此場合ニ於テハ、第一九八条ノ規定ヲ準用ス。

第二〇九条　当事者ハ、口頭弁論ニ於テ準備手続ノ結果ヲ演述スベシ。

第二一〇条　調書又ハ準備書面ニ記載セザル事項ハ、著シク訴訟手続ヲ遅延セシメザル場合又ハ重大ナル過失ナクシテ準備手続ニ於テ之ヲ提出スルコトヲ得ザリシコトヲ疎明スルニ非ザレバ、口頭弁論ニ於テ之ヲ主張スルコトヲ得ズ。但、職権ヲ以テ調査スベキ事項ハ此限ニ在ラズ。

前項ノ規定ハ、訴状及ビ準備手続前ニ提出アリタル準備書面ニ記載アル事項ノ主張ヲ妨ゲス。

第二一一条　当事者ガ期日ニ出頭セズ又ハ第二〇七条ノ期間内ニ準備書面ヲ提出セザルトキハ、受命判事ハ準備手続ヲ終結スルコトヲ得。

第二一二条　第一一七条二項（裁判長の口頭弁論指揮権）、第一一八条第一項（釈明権）、第一一九条（訴訟指揮に対する異議権）、第一二〇条（釈明処分）、第一二二条乃至第一二七条（弁論再開、通事立会い、弁護士附添命令、非弁活動の禁止、和解勧試、随時提出主義）、第一二九条（擬制自白）及ビ第一三〇条（責問権の喪失）ノ規定ハ準備手続ニ之ヲ準用ス。（カッコ内は筆者記入）

②　民事訴訟法改正起草委員会決議案（第一案）

これは、上記民事訴訟法改正起案会決定案を修正したものであり、第二読会の議案となったものである（日本立法資料全集11〔大正改正編〕（2）一三頁）。基本的には同文であるが、第二一四条に準備手続取消しの規定を加えている（いずれも大正六年のもの）。

民事訴訟法改正起草委員会決議案（第一案）（日本立法資料全集11　大正改正（2）一二〇頁）

第二編　第一審ノ訴訟手続　第一章　地方裁判所ノ訴訟手続

第二節　準備手続

第二〇七条　裁判所ハ、相当ト認ムルトキハ、何時ニテモ訴訟ノ全部若クハ一部又ハ或争点ニ付キ、受命判事ニ依ル準備手続ヲ命ズルコトヲ得。
第二〇八条　二〇九条⇓前記二〇六条、二〇七条と同文
第二一〇条　受命判事ハ、当事者ヲシテ準備書面ヲ提出セシメ、之ヲ以テ第二〇八条ノ陳述及ビ調書ニ代フルコトヲ得。此場合ニ於テハ、第一一三条ノ二ノ規定ヲ準用ス。（※編者注　第一一三条ノ二は存在しない）
第二一一条⇓上記二〇九条と同文
第二一二条　調書又ハ之ニ代ハルベキ準備書面ニ記載セザル事項ハ、職権ヲ以テ之ヲ調査スベキモノヲ除ク外、著スク訴訟手続ヲ遅延セシメザル場合又ハ重大ナル過失ナクシテ準備手続ニ於テ之ヲ提出スルコト能ハザリシコトヲ疎明シタル場合ニ限リ、口頭弁論ニ於テ之ヲ主張スルコトヲ得。
前項ノ規定ハ、訴状及ビ準備手続前ニ提出シタル準備書面ニ記載アル事項ノ主張ヲ妨ゲス。
第二一三条　当事者ガ期日ニ出頭セズ又ハ第二一〇条ノ規定ニ依リ裁判長ノ定メタル期間内ニ準備書面ヲ提出セザルトキハ、受命判事ハ準備手続ヲ終結スルコトヲ得。
第二一四条　裁判所ハ、準備手続ノ終結前其手続ヲ命ズル決定ヲ取消スコトヲ得。
第二一五条⇓上記二一二条とほぼ同文

③　民事訴訟法改正案（起草委員会案）

上記②第一案を修正したものが、「民事訴訟法改正起草委員会決議第一案ニ対スル起案会修正案（起草委員会第二読会議案）（大正八年一月一〇日整理印刷）」（日本立法資料全集11　大正改正編（2）一三九頁以下）で、それを踏まえて②第一案に修正を加えたものが、「民事訴訟法改正案（起草委員会案）」である。ここでの注目は、それまで「準備手続」は独立して規定されていたが、準備書面に関する規定とともに、「弁論の準備」に組み込まれていることである（この点に関しては、上記起草委員会第二読会議案（日本立法資料全集11大正改正編（2）一四二頁）に「第二編第一章第二節ノ表題「準

備手続」ヲ「弁論ノ準備」ニ改ム」との記述があるので、このときに変更されたと思われる。しかし、その理由についての記述はない)。ただし、条文は該当条文の番号が変わっただけで内容に基本的に変更はない（日本立法資料全集11　大正改正編（2）一六二頁以下）。条文の変更は、民事訴訟法改正起草委員会決議案（以下決議案）第二〇七条⇒第二一三条、決議案第二〇八条⇒第二一四条、決議案二〇九条⇒第二一五条（「呼出スベシ」が「呼出スコトヲ要ス」に変更）、決議案二一〇条⇒第二一六条、決議案二一一条⇒第二一九条（「当事者ハ口頭弁論ニ於テ準備手続ノ結果ヲ演述スベシ」が「当事者ハ口頭弁論ニ於テ準備手続ノ結果ヲ演述スルコトヲ要ス」と変更されている）、決議案二一二条⇒第二二〇条、決議案二一三条⇒第二一七条、決議案二一四条⇒第二一八条、決議案二一五条⇒第二二一条、である。

④　民事訴訟法改正案（第一案～第三案）と民事訴訟法改正案修正問題

この③起草委員会案に修正を加えたものが、「民事訴訟法改正案（第一案・議案）」（日本立法資料全集11　大正改正編（2）二〇〇頁以下）であるが、準備手続に関する部分についての変更はない（第二〇五条～第二二一条⇒民事訴訟法改正案（起草委員会案）第二〇五条～第二二一条と同じ）。

大正一二年五月一日に第四五回民事訴訟法改正調査委員会総会が終了した後、その議に基づき起草委員会が検討事項を条文ごとに整理して作成されたものに、「民事訴訟法改正案修正問題」（日本立法資料全集11　大正改正編（2）二三〇頁以下）がある。準備手続の関係では、以下の点が挙げられている。①地裁以上の訴訟手続については原則として準備手続を命ずることにするか、②二一五条関係：「要す」を「得」に改める必要があるのではないか、出頭の見込みがない場合には直ちに準備手続を終結できるとすべきではないか、③二一七条関係：二一五条の場合に、第一期日出頭、第二期日欠席の場合、または第一期日に当事者の一方が欠席の場合に二一七条を適用すべきか、「当事者期日ニ出頭セズ」の字句が意味明瞭に欠ける、「同一当事者が新期日に出頭しないときは自白したるものとみなし、当事者双方が欠席したときは取下げたるものとみなす」べきではないか、④二二〇条関係：「著シク」を削除すべきか、である。①は準備手続を裁量適用から原則（義務）適用とすべきかを問うものである（この点は、後に詳述）。②～④は失権に関するものである。これらの問題については、後述の大正一四年七月一一日の改正調査委員会の審議で議論されている。

④第一案・議案を修正したのが、「民事訴訟法改正案（第二案・議場用）」（日本立法資料全集11　大正改正編（2）二六二頁以下）である。大正一四年四月二三日の委員総会に配布されたようである（日本立法資料全集11　大正改正編（2）一五頁）。準備手続に関しては、上記修正問題②は意見どおり修正されているが、①、③、④は修正されていない。また、第二二一条では、第一一七条（裁判長の口頭弁論指揮権）の準用がなくなっているが、他に変更はない。②により当事者双方の呼出が義務規定から裁量規定に変更されたことは、ここでも訴訟の迅速な進行が考慮されたように思われる。(101)

第二案の起草委員会の再審議のために作成されたのが「民事訴訟法案（第三案）大正一三年九月」（日本立法資料全集11　大正改正編（2）三〇八頁以下）である。大正一四年四月から七月まで委員総会で審議されたようである（日本立法資料全集11　大正改正編（2）一六頁）。基本的には条文の番号が整理されており、準備手続に関しては、第二一三条～二二一条の規定が第二四五条～二五三条に変更されている。

⑤　民事訴訟法案中修正案（大正一四年七月一五日起草委員会決議）

第三案の修正案が「民事訴訟法案中修正案（大正一四年六月八日起草委員会決議）」（日本立法資料全集11　大正改正編（2）三二八頁）である。大正一四年六月一六日の委員総会で審議された。この修正案は、その日付により、「民事訴訟法案中修正案（大正一四年六月二三日起草委員会決議）」（日本立法資料全集11　大正改正編（2）三二八頁以下。これは、大正一四年六月三〇日の委員総会で審議された）、「民事訴訟法案中修正案（大正一四年七月一五日起草委員会決議）」（日本立法資料全集11　大正改正編（2）三二九頁以下。これは、大正一四年七月二四日の委員総会で審議された）。準備手続が関わってくるのは、「民事訴訟法案中修正案（大正一四年七月一五日起草委員会決議）」である。ここで、第二四五条が次のように修正された。

第二四五条修正

「裁判所ハ相当ト認ムルトキハ、何時ニテモ訴訟ノ全部若クハ一部又ハ或争点ニ付キ受命判事ニ依ル準備手続ヲ命ズルコトヲ得」

⇒「訴訟ニ付テハ弁論ノ準備ノ為、受命判事ニ依ル準備手続ヲ為スコトヲ要ス。但シ、裁判所ハ相当ト認ムルトキハ、直ニ弁論ヲ命ジ又ハ訴訟ノ一部若クハ或争点ノミニ付キ準備手続ヲ命ズルコトヲ得」

準備手続の目的が「弁論の準備」であることが明示され、かつ準備手続の義務化が規定されることになる。ここに大きな方針転換が見て取れるのである。この転換の契機となったのが、大正一四年七月一一日の改正調査委員会の審議である（「民事訴訟法改正調査委員会議事速記録第五五回」（日本立法資料全集13　大正改正編（4）七六頁以下））。これは、前述の修正問題①をめぐる議論の結果となっている。この審議で、松岡義正委員は、「原則として準備手続を命ずるというような法文を設けなくても実際の目的を達するだろうと云うことでその問題についてがご趣旨に副わないことに致しました」と発言するが（日本立法資料全集13　大正改正編（4）七六頁）、これに対して原嘉道委員から反対意見が述べられる。

すなわち、「裁判所が訴状と答弁書だけをみてそうして此事件は相当に混雑するだろうかどうかあろうということを見分けることは頗る困難だろうと思う。それに、今日の実際を見ると殆ど一回で済むようなものはないと思う、随分長引くのが多い。それは、詰り準備が不行届の結果に外ならぬと思うのである。此民事訴訟法が行われても此侭で置けば矢張り準備が不十分で何回も何回もやり変えて無駄なことをして訴訟は唯長引くばかりだということになると思う」と主張し（同七八、七九頁）、訴訟遅延を考慮して、準備手続を原則にすべき旨を主張した。その後、山内確三郎委員が「成程之は引っくり返した方がよいかも知れぬが、相当研究を要する……」と速記録には記載が続き（同七九頁）、速記中止となっている。今日、この点に言及する論者のほとんどが原委員の意見を採用した、強く影響したとの記述を行っている。[102] この点に関しては、山内委員が後に改正法についての解説した著書（山内確三郎『民事訴訟法の改正〔第二巻〕』（法律新報社・一九三〇）四一頁（復刻版　日本立法資料全集別巻547、同548〔信山社・二〇〇九〕））において、「民事訴訟調査委員会に於いて、第一条として準備手続は裁判所が訴訟の全部若しくは一部又は或争点のみに付、之を命ずるに依って為すものとし、原則として訴訟は準備手続なくして直ちに口頭弁論に入ることとしたのが、最終の決定に於て斯くては準備手続は或いは重要視せられないことになるの虞ありとして原則と例外を反転したのである」、「もし第一案の如くであったならば司法当局の説明する如く、旧法の計算事件等における準備手続を一般の民事訴訟に拡張したものといえるが、準備手続はこれを口頭弁論に原則的に必要なる前提手続となしたるの一点において旧手続を根本的に改めたものというを可とする。」の記述があり、改正法の最重要眼目とした準備手続の埋没を危惧した点が述べられている。上記原委員の意見が準備手続に付するかの判断は難しく、むしろ、多くの事件で弁論準備をなす必要がある点を準備手続原則化の理由に挙げている。しかし、この理由についてはこの制度改正の当初より議論されていたことでもあり、準備手続の原則化は様々な考慮の中で決せられたことと推察する。その決定的後押しとなったのは、準備手続埋没の危惧であったかもしれない。いずれにせよ、ここにわが国固有の民事訴訟法制度の一つが構築されることになったのである。

この後、起草委員提案の法案の修正案である「民事訴訟法案中修正案（起草委員提案）：大正一四年七月二〇日印刷」がある（日本立法資料全集11　大正改正編（2）三三〇頁以下、三三二頁）。条文にほとんど変更はないが、二五〇条（二一八条）「裁判所ハ準備手続ノ終結前其手続ヲ命ズル決定ヲ取消スコトヲ得」が削除となっている。また、「民事訴訟法案中修正案（起草委員提案）：大正一四年七月二四日」（日本立法資料全集11　大正改正編（2）三四二頁以下、三四五頁）では、第二四六条の修正がなされている（「準備手続ニ於テハ調書ヲ作リ、当事者ノ陳述ニ基キ第一一四条第四号及ビ第五号ニ掲ゲタル事項ヲ記載スベシ」⇒「準備手続ニ於テハ調書ヲ作リ、当事者ノ陳述ニ基キ第二三九条第四号及ビ第五号ニ掲グル事項ヲ記載シ、殊ニ証拠ニ付テハ其ノ申出ヲ明確ニスルコトヲ要ス」）。さらに、ほぼ同時に、民事訴訟法法案第三案を修正した「民事訴訟法案修正条項：大正一四年七月二三日印刷」（日本立法資料全集11　大正改正編（2）三三七頁以下）があるが、準備手続に関する記述はない。

⑥　**民事訴訟法案（第四案）：大正一四年一〇月印刷**

第二、三案を修正して大正一四年一〇月一五日に完成した民事訴訟法改正調査委員会による民事訴訟法改正案である（日本立法資料全集11　大正改正編（2）三八二頁以下）。条文番号の変更のみである（第二三七条⇒二五三条⇒第二四二条⇒二五六条）。これが、基本的大正民事訴訟法の条文となる。

改正民事訴訟法案会（第四案）

第二編　第一審ノ訴訟手続　第一章　地方裁判所ノ訴訟手続

第二節　弁論ノ準備

第二四九条　訴訟ニ付テハ弁論ノ準備ノ為、受命判事ニ依ル準備手続ヲ為スコトヲ要ス。但シ、裁判所相当ト認ムルトキハ、直ニ弁論ヲ命ジ又ハ訴訟ノ一部若クハ或争点ノミニ付キ受準備手続ヲ命ズルコトヲ得。

第二五〇条　準備手続ニ於テハ調書ヲ作リ、当事者ノ陳述ニ基キ、第二四四条第四号及ビ第五号ニ掲グル事項ヲ記載シ、殊ニ証拠ニ付テハ其ノ申出ヲ明確ニスルコトヲ要ス。

第二五一条　当事者ノ一方ガ期日ニ出頭セザルトキハ、前条ノ調書ノ謄本ヲ之ニ送達シ、新期日ヲ定メ当事者双方ヲ呼出スコ

トヲ得

第二五二条　受命判事ハ、当事者ヲシテノ準備書面ヲ提出セシメ、之ヲ以テ第二五〇条ノ陳述及調書ニ代フルコトヲ得。此ノ場合ニ於テハ、第二四三条ノ規定ヲ準用ス

第二五三条　当事者ガ期日ニ出頭セズ又ハ前条ノ規定ニ依リ受命判事ノ定メタル期間内ニ準備書面ヲ提出セザルトキハ、受命判事ハ準備手続ヲ終結スルコトヲ得。

第二五三条　当事者ハ、口頭弁論ニ於テ準備手続ノ結果ヲ演述スルコトヲ要ス。

第二五四条　調書又ハ之ニ代ルベキ準備書面ニ記載セザル事項ハ、職権ヲ以テ調査スベキモノヲ除クノ外、著ク訴訟手続ヲ遅延セシメザル場合又ハ重大ナル過失ナクシテ準備手続ニ於テ之ヲ提出スルコトヲ能ハザリシコトヲ疎明シタル場合ニ限リ、口頭弁論ニ於テ之ヲ主張スルコトヲ得。

前項ノ規定ハ、訴状及ビ準備手続前ニ提出シタル準備書面ニ記載アル事項ノ主張ヲ妨ゲズ。

第二五五条　第一二六条乃至第一二九条、第一三一条、第一三三条乃至第一四一条及第二三八条ノ規定ハ準備手続ニ之ヲ準用ス。

その後、第四案の条文をさらに整理し、字句を修正した「民事訴訟法中改正法律案（議会提出・第五案）」（日本立法資料全集11　大正改正編（2）四二四頁以下）がある。これが、大正一五年二月一二日に第五一回帝国議会に提出される。民事訴訟法改正案は、若干の修正を経て、大正一五年四月二四日法律第六一号として公布された。帝国議会で準備手続に関して加えられた修正条項はない（この修正条項をまとめたものが、民事訴訟法中改正法律案等の帝国議会における修正条項（日本立法資料全集11　大正改正編（2）四九四頁以下）である）。ここに法律取調委員会における審議から一五年の歳月を経て、判決手続における抜本的改正を目指した大正民事訴訟法改正は終了する。

三　小括――大正民事訴訟法改正とオーストリア民事訴訟法――

（一）立法趣旨としての訴訟遅延とオーストリア民事訴訟法

以上、大正民訴法改正の最大の眼目であった準備手続改正のプロセスをみてきた。明治二八年に始まった明治民訴法改正が法律取調委員会での民訴法改正審議から大きく方向を変え、わが国固有の民訴法構築が試みられたことが明らかになったと思われる。この転換点となったのが、「訴訟遅延」への対応である。明治民訴法におけるこの「訴訟遅延」の主原因と解されたのが、行き過ぎた当事者主義であった。つまり、訴訟の進行がまったくの当事者の自由に委ねられ、裁判の基礎となる訴訟資料の提出についても随時提出主義が無制限に行われていた（五月雨式審理）点に当時の訴訟遅延の原因があるとされている(103)。ここからわが国固有の準備手続創設へとつながる。そして、この訴訟遅延への対応という点で、オーストリア民訴法が注目されたのである(104)。では、なぜオーストリア民訴法であったのか。

ひとつには、明治二三年制定のわが国民訴法が範とした一八八七年のドイツ民訴法が著しい訴訟遅延を引き起こしたことに対する批判が強かった点を挙げることができよう(105)。それは、明治民訴法への批判ともなる。オーストリア民訴法はそれに対するアンチ・テーゼでもあった(106)。そして、ドイツ民訴法と親近性を有するオーストリア民訴法が訴訟促進の点でセンセーショナルな成果を収めたことが世界的にも高く評価されていた点も、同じくドイツ民訴法の影響を受けたわが国民訴法における大正改正の立法担当者らにオーストリア法を意識させたものとみられる(107)。

では、実際には、わが国の民事裁判の実情はどうであったのであろうか(108)。明治期における民事事件数は、明治民訴法施行後、明治三六年にピークを迎えるが、微増に止まっている。しかし、明治四一年以来増加し、大正四年二三〇、一四四、五年がピークで、その後、大正八年まで落ち込む。大正九年（戦後大恐慌）より増加、年二万件の増加、大正一五年は、大正八年の倍の数となり、増加は、昭和六年満州事変まで続く(109)。他方、明治民訴法施行後から三〇年代までの審理期間は、あまり長期化したとのデータはない。ただ、審理期間が二年を超える事件数が増大している(110)。さらに、大正二年の行政整理により裁判官数は減少する(111)（大正二年には判事二二九人減。大正四年史上最低数となる）。そうすると、増加する事件との関係で、法律取調委員会の委員らにとって、とくに起草委員会、主査委員会の頃には、訴訟遅延対策が強く意識されたと思われる(112)。絶対主義的国家体制に舵を切った当時の考え方でいえば、訴訟遅延は絶対的悪であり、国家的威信を傷つけるものでもあり、その対策は意識せざるを得なかったとも言える。

また、わが国の社会情勢を見過ごすことはできない。推定でしかないが、台湾併合に続き、明治四三年（一九一〇年）の韓国併合は韓国での人的司法資源の確保を必要とし、また、大正デモクラシーと称される思潮を生み出すことになる農民問題、労働問題に対する社会運動を契機とした原内閣による社会法立法の動き、ロシア革命（一九一七年）の影響など、訴訟増加要因となりうる社会情勢が存在したことや社会政策に対する関心の高まりは、オーストリア民訴法ができた時代潮流と重なり合うものが多い。これらの点は、現在入手できた資料からは、実証できないところではあるが(113)、オーストリア民訴法に対する関心の基礎になったようにも思われる。

(二)　準備手続の創設とオーストリア民事訴訟法

オーストリア民訴法では、上記したように、手続集中理念の下、職権進行主義（当事者による期日変更・期間伸縮の廃止など）、訴訟遅延に対する裁判官の訴訟指揮権の強化、第一回期日、準備手続による事件の振り分けと準備の充実、上訴制限および更新禁止による第一審中心主義の導入などを訴訟遅延対策として規定した。すでに言及したように、オーストリア民訴法では、これらの方策が相互に連関し、機能することで訴訟促進（と真実発見）という目的を達成することを想定している。大正民訴法改正では、この方策相互間の連関に対する考慮が十分であったか、資料からは明らかではない。むしろ、ここで取り上げた準備手続に大いなる期待がかけられていたように思われる(114)。しかし、大正民訴法改正では、オーストリア民訴法とは異なり、諸方策の束が機能することで目的を達成しようとしたのではなく、当時の資料のほとんどで主要改正項目の筆頭に掲げられている準備手続にその役割を課したと言えよう。

この準備手続の創設に、オーストリア民訴法はどのように作用したのであろうか。すでに見てきたように、立法過程の中でオーストリア民訴法の第一回期日、準備手続が検討されたことは明らかである。しかし、準備手続の創設にあたり、参照されたのはオーストリア民訴法だけではない。一九二四年ドイツ民訴法改正法（民事訴訟法改正律令）における「単独判事の面前における手続」、イギリス法のマスターによるプリーディング手続も参照されている(115)。一九二四年ドイツ民訴法改正法は、オーストリア民訴法の影響を受けたことは明らかであり、その目的も弁論集中にあったといえる(116)。イギリス法のマスターによる準備手続は、おそらくオーストリア民訴法が参照したと思われる制度であり、やはりこれも弁論集中を目的とする。しかし、大正民訴法改正で創設された準備手続も同じ目的を有するが、上記のように、独自の制度といえる。ただ、その規律の仕方はオーストリア民訴法が最も近い(117)。しかし、この規定の親近性のみをオーストリア民訴法の影響とするのは早計であろう。例えば、この大正民訴法改正による準備手続の失権効でもって、わが国民事訴訟法は、同時提出主義を採用したものといえる。しかし、オーストリア民訴法は、逆に、同時提出主義から遠ざかっていったのである(118)。オーストリア民訴法では準備手続に、わが国のような原則的失権効は認めていない。訴訟引延し行為などの訴訟遅延行為に対するサンクションとしての失権効を認める。そして、同時提出主義は、個々の訴訟段階の硬直した細分化によって手続を鈍重で見通しのきかないものに形成したと評価され、クラインは、「扱いにくい同時提出主義は直接的な口頭の弁論では適用できない」としている。[119] ただ、オーストリア民訴法では、控訴審における更新禁止の原則により同時提出主義の一定の要素を内包する。[120] しかし、この規定はわが国では採用されなかったのは、前述のとおりである。その結果、わが国における準備手続による失権効により、個々の書面の提出の規制ではなく、硬直した手続の細分化は回避できるとは言えよう。だが、準備手続における受命判事の権限が小さく、失権効の存在により、不要な、かつ重要でない主張や証拠の提出を招き、結局は準備手続が十分に機能しないことは、いち早く中村宗雄博士により指摘されていた。[121] そうすると、大正民訴法における準備手続創設においてオーストリア民訴法の影響とは何であったのであろうか。

このことを示すのは、準備手続の目的についての理解である。これまで見てきたように、「訴訟遅延」対策として準備手続が考案されたことに疑いはない。[122] 立法当初の大正改正法についての議論もこの点を中心に展開された。しかし、前述の立法理由書（「現代法中訴訟遅延ノ原因ト認ムベキ諸規定ヲ改メ、専ラ其ノ円滑ナル進捗ト審理ノ適正トヲ図リタル点」）をはじめ、立法に関与した者の多くが、「訴訟遅延」対策だけでなく、「適正な裁判」を準備手続の使命と考えていた。[123] 筆者は、ここにオーストリア民訴法の影響をみることができると考える。立法改正議論においてオーストリア民訴法に依った法案を提示した横田（当時、高等法院長）が、京城三法院判事集会における改正民訴法に関する講演（横田五郎「民事訴訟法解釈の基礎観念たる新法改正の趣旨と其の運用に就いて」司法協会雑誌九巻五号一頁（昭和五年・一九三〇年）以下参照）で、「訴訟遅延の防止」と「裁判の適正」が改正の趣旨であり、「裁判の適正は弁論を集中し、直截に判断することによって得られるのでありますから、私はこの手段に着目してこれを弁論集中と呼び、これを以って新法解釈の指導的観念としたいと思います」（同四頁）と述べ、「裁判の適正」を期する手段をして、新法は「職権主義の拡張」と「準備手続の拡張」をもって答えた（同一三頁）としている。そして、オーストリア民訴法における弁論集中主義を適正裁判の手段として最も優れたものと評価した点（同一九頁以下、とくに二〇頁）からも、まさにオーストリア民訴法がいう手続集中の理念を採用したことの証左と思われる。そうすると、オーストリア民訴法は、個々の制度、規定のモデルになったのではなく、大正改正を貫く理念、つまり、その根幹と、その実現のための方法（手段）（審理システムの改革と裁判官の権限拡張）という点で決定的影響を大正改正に及ぼしたということができるのではなかろうか。もっとも、オーストリア民訴法にいう「手続集中」理念実現のための諸方策全体は大正民訴法改正に必ずしも採用されたわけではない。また、大正民訴法改正では、新たな準備手続の創設による口頭弁論の集中化に主眼を置き、「弁論集中主義」と称されたが、それは、上訴手続まで考慮に入れたオーストリア民訴法にいう「手続集中」理念とは若干異なってくるように思われる。筆者は、この点において大正民訴法改正がわが国固有の民訴法構築をめざしたと言えると考えるが、他方で、後にそれが成功したとの評価を受けていない要因の一つであるように思う。

本章で詳細に取り上げることができなかったが、オーストリアでは、手続集中の方策として裁判官の権限拡張もなされた（第二・四章参照）。それを範としたと思われる大正民訴法改正では、職権調査主義（第三者の文書・検証物提出命令など。職権証拠調べはオーストリア法になし）や職権進行主義（合意による期日変更・期間伸長の廃止、職権送達主義の採用、職権による時機に遅れた攻撃防御方法の却下）など裁判官の権限が著しく拡張している。これらは、オーストリア民訴法の影響を受けたと言えるであろうが、例えば、職権証拠調べの規定はオーストリア民訴法にはなく、むしろオーストリア民訴法より裁判官の権限は拡張している。この観点においても、わが国は、影響を受けつつも、固有の規律を目指したものといえよう(124)。

以上のように、大正民訴法改正は、オーストリア民訴法を多くの点でモチーフとしたが、それを日本法にアレンジする形で、わが国固有の法整備を実施したと言えよう。しかし、オーストリア民訴法が根幹とした「手続集中（弁論集中）」の理念は、まさに大正民訴法の指導理念ともなったことは、上述の準備手続についての記述からも明らかであろう。そして、その実現方法として審理構造の改革と裁判官の権限拡張というツールもわが国大正民訴法改正に取り入れられたのである。つまり、オーストリア民訴法という絹糸は「手続集中」の理念であったのであり、これが弁論集中という形で、わが国民事訴訟法の根幹に織り込まれたと考える。

(三) 準備手続のその後

大正民訴法改正で導入された新たな準備手続は、昭和四年から施行され、その後二、三年の実施状況は良好である旨が述べられている[125]。しかし、その後立法当初の意図とはかけ離れ、ほとんど利用されなくなってしまう[126]。そして、昭和二三年の改正で、準備手続は例外的な運用となった。昭和二五年にもまた、集中審理による訴訟の促進と裁判の適正への改革の一環として準備手続の改革がなされ、再度、準備手続に付すことが原則的となったが、予期したほどの成果もなく、昭和三一年の改正では準備的口頭弁論による弁論の準備がなされる試みがなされた。しかし、これもうまくいかなかった[127]。その後、わが国民事訴訟実務は、弁論兼和解という審理方法を生み出し、その隆盛を迎え、平成八年の民事訴訟法大改正となる。そして、大正期にわが国民事訴訟法の根幹に織り込まれた「手続集中」理念は、またも弁論集中という形で、平成八年の民事訴訟法改正の指導理念としてまた注目を浴びることになる――序章参照――。

五　日本和議法の母法としてのオーストリア和議法

オーストリア法は、民事訴訟法だけではなく、わが国倒産処理法制にも大きな影響を与えている。つまり、オーストリア和議法がわが国和議法（現行民事再生法）の母法になったのである。和議法は、破産法改正と同時に創設されたのであるが、その立法作業の詳細は現在筆者が入手できた資料からは、不明である。ただ、その立法担当者の記述や立法理由などから、オーストリア和議法がわが国和議法の母法となったのは明らかである。以下では、本書と主要テーマではないので、オーストリア和議法がなぜわが国和議法のモデルとなったかについてのみ明らかにすることにしたい。

和議法の立法理由につき、和議法理由（司法省編集『改正破産法理由附和議法理由』（東京中央社・大正一一年（一九二二））一頁において、次のように、記されている。

「現行法は、支払猶予の手続を定めたるも広く破産外の和議を認めず、破産外の和議或いは破産防止のためにする和議に関する立法は墺太利法を以て最完備せるものとす。本法は、これに倣ひたるものにして、その立法の理由とするところ、第一条の明示する如く、破産の防止を目的とするものたるは言をまたず。けだし、これによりて債務者をして破産防止によりその惨禍を免ることを得。債権者をして、相互の協和により、円滑なる権利の実行を為すことを得しめ、以て社会政策に資する所あらむとするものなり。」

この記述から明らかなように、「破産防止」が和議法創設の理由である。では、なぜ「破産防止」が考慮されたのであろうか。この点に関しては、倒産法の立法担当者であった加藤正治博士の叙述が参考になろう（加藤正治『和議法案概説』（大正一一年）破産法研究第五巻（有斐閣・大正一二年（一九二三））四八七頁以下参照）。和議法の必要につき、加藤博士は、まず債務者側を考慮して、現行法での債務者に対する破産宣告の過酷な結果の回避が必要であると主張する。すなわち、

「破産宣告というものが、……（身分上の制限がある）……過酷な結果を生じますから、商業上に破綻を来した者であっても、できるだけ破産の宣告を回避するようになるのが現今の普通の状態であります。また……破産犯罪に就いても破産宣告をその処

罰条件としておりますから、破産犯罪を事実上行っている者はできるだけ破産宣告を回避するのであります……もし破産宣告を受けずに、当たり前に事業も継続していき、曲がりなりにも商業上の地位信用等を維持して行けるという方法があるとするならば、非常にそういうものの成立を希望するのが当然である。」（前掲書四八八、四八九頁）

また、債権者側の利益も考慮し、破産手続をやってみたが、費用倒れに終わってさほど利益とならない旨を指摘する。そして、社会一般から言えば、なるだけ急激な変動を起こさないで、経済社会の状態を維持して行ければそうありたい。このような考えからは、破産宣告をせずに和議が成立して、破産者を救済していくことができれば、望ましいというのである（前掲書四八九頁）。破産法に規定のある強制和議の場合には、一旦破産宣告が出され、公告しているので、信用上の失態は大きなものであるし、破産後に強制和議が成り立つのでは事業を継続していくことは非常に困難である。それゆえ、社会には和議法が必要であるとする（前掲書四九〇頁以下）。

では、このような「破産予防」のための和議法を制定するには、どうすればいいか。立法担当者が選択したのが「オーストリア和議法」の参照[128]であったのである。なぜ、オーストリア法であったのか。この点につき、参考になるのが、斎藤常三郎『各国破産予防和議法』（弘文堂・大正一五年（一九二六）四一九頁以下である。斎藤博士は、破産予防を目的とする和議法制を三つのモデルに分類する。すなわち、①イギリス法型モデル（破産前置手続としての和議法）、②フランス法型モデル（緩和された裁判上の清算手続）、③ベルギー法型モデル（破産手続とは独立した和議法）である。これらの法制については、次のような評価がなされた。イギリス法型モデルは、整理証書法（裁判外の和議）であり、普通の和議法もない国で簡単に和議ができるようになるか疑問がある。他方、フランス法型モデルは、その実質は、破産手続にすぎない（同書四一二頁）。破産法がモデルにしたドイツ法では、強制和議しかなく、思想がそもそも異なるのである（加藤・前掲書四九二頁以下）。そうすると、単独法による法制をとるベルギー法型モデルがよいということになる。そして、このモデルの中で、オーストリアの和議法が最も新しくかつ詳細であるとする（上記立法理由及び加藤・前掲書四九八頁。また、オーストリア法では和議不許可の場合に破産宣告を認めない点も考慮されたものと思われる）。これが、オーストリア法がわが国和議法のモデルとして選択された理由である。そして、ここでもわが国固有の和議法構築が試みられている(129)。

六　おわりに

以上、わが国において固有の民事手続法の創設が試みられた大正民事手続法改正においてオーストリア民訴法がどのような影響を与え、わが国はどのようにそれを受容したかを一定程度は明らかにできたと思われる。そして、この大正民訴法改正時におけるオーストリア民訴法の影響として、「手続集中」理念に基づく「適正かつ迅速な裁判」実現がわが国の民訴法の手続形成に大きな影響を与えていたことが分かった。ここに、「外国法が何らかの日本的修正を経て日本法として定着した」一例があると言えよう。本章では、「手続集中」の理念がどのような背景の下で登場してきたか、そして、「適正かつ迅速な裁判」実現の手段としての手続集中が①審理構造の改革と②訴訟主体の行為規制により実現されようとしたこと、わが国大正民事訴訟法改正では、この①の局面で準備手続を創設し、②の局面で裁判官の職権拡大で対処したことを、本章では「準備手続」の創設プロセスを中心に論じつつ、明らかにしてきた。しかし、これは、「真実に合致した裁判と迅速な裁判の実現」のために大正民事訴訟法改正の試みの一端を明らかにしたにすぎない。その後のわが国おける試みを網羅的に追証し、検証したものではない。しかも、準備手続はその後何度か改正され、現行民事訴訟法の争点整理手続に至っている。また、とくに職権主義についても評価、検証が不可欠である。他方、わが国が範としたオーストリア民訴法の手続集中理念は、わが国民事訴訟法の母法国であるドイツにも大きな影響を与え、とくに一九二四年、一九七七年の改正法はこの理念に基づくものであり、これがわが国にも大きく影響を及ぼしている。さらに、オーストリア民訴法では、この審理構造が一九八三年、二〇〇二年の大改正で大きく改正されている（本書第二章参照）。つまり、オーストリア民訴法では、一九八三年の改正で準備手続が、二〇〇二年の改正で第一回期日が廃止され、準備期日が創設された。また、訴訟促進義務、法的討論義務、不意打ち判決の禁止規定が設けられ、失権規定も強化されている。そして、近時では、「公正な裁判（フェアーな裁判）の実現」にも重要な価値が与えられている。[130] これらの変遷を辿ることで「真実に合致した裁判と迅速な裁判の実現」のために何が目指され、どのような試みと議論がなされてきたかを明らかにすることは、わが国民事訴訟法学及び民事訴訟法実務にとって重要な課題と思われ、次章以降において論じていくことにする。

（注）

（1）明治初期の民事裁判に関しては、林屋礼二『明治期民事裁判の近代化』（東北大学出版会・二〇〇六）二九頁以下など参照。

（2）この民事訴訟手続の近代化と外国法の影響については、中村英郎「近代的司法制度の成立と外国法の影響」同『訴訟および司法制度の研究』（成文堂・一九七六）一一七頁以下、鈴木正裕『近代民事訴訟法史・日本』（有斐閣・二〇〇四）一一五頁以下、林屋・前掲書八一頁以下、など参照。

（3）雉本朗造博士は、この立法を応急的又は盲従的に外国法を継受したものと評価し、明治憲法制定の頃からわが国の国情に適合した立法・法改正が試みられてきているとする。そして、当時、憲法起草にも加わり、法制局長官、文部大臣をも歴任することになる井上毅は、憲法の法制化への心構えを短歌で『外つ国の千種の糸をかせぎあげて、大和錦に織りなまさしを』と表現したとされる（雉本朗造「民事訴訟法改正草案研究致愚録前史」京都法学会雑誌三巻七号一五八頁以下（明治四一年・一九〇八）参照。なお、井上の歴史法学的思想につき、坂井雄吉「井上毅と明治国家」（東京大学出版会・一九八三）など参照）。

（4）民事訴訟法の法典編纂については、当初はフランス法に基づく民事訴訟法編纂が意図されていたようである。すでに一八八三年には、ボアソナードの起草した「日本民事訴訟法財産差押草案」があり、さらにそれに手を入れたとみられる日本民事訴訟法草案も作成されていた。しかし、憲法がドイツ法を模範とし、また民事訴訟法についてもドイツはヨーロッパ最新の訴訟法（一八七七年ＣＰＯ）を具備していたことがドイツ法を範とした民事訴訟法の立法化へ向かったと考えられている。この点の詳細は、中村（英）・前掲書一四六頁以下など参照。なお、一部ではイギリス法の影響もあった。すでに、明治初期の訴答文例（明治六年七月一七日の太政官布告）、出訴制限規則（同年一一月五日の太政官布告）は、イギリス法の影響を受けたものと推定されており、明治民訴法においても当事者尋問の規定はその例とされている。中村（英）・前掲書一五〇頁参照。

（5）しかし、同じくドイツ法の影響を受けて成立した裁判所構成法（明治二三年法律第六号）は、必ずしもドイツ法の模写ではなかった。絶対君主主義の国家体制の形成を決めていた政府により、司法権は絶対主義的性格を有する傾向をもつことになったからであるとされる。また、一部ではフランス法に由来する規定も存した。これらの点についての詳細は、中村（英）・前掲書一三九頁以下参照。また、他方で、明治初期の法曹養成はフランス法に基づいていた。詳細は、林屋・前掲書二六七頁以下など参照。

（6）明治民訴法施行後の混乱については、鈴木（正）・前掲書二三一頁以下参照。もっとも、林屋・前掲書一一五頁以下、四四五頁以下は、フランス民訴法により近代的法感覚をもった裁判官を創設するという司法省の政策に基づき司法省法学校等で教育を受けた裁判官たちによって、明治前期には、民事訴訟手続の近代化に向けての新たな一歩を踏み出し始めていたのであって、明治民訴法でもって初めて近代的訴訟原理に遭遇したのではなく、それゆえ、制定後八ヶ月の準備期間で新法の施行に漕ぎつけることができたとする。

（7）鈴木（正）・前掲書二三四頁以下参照。

（8）大正民訴法改正期におけるオーストリア民訴法の受容については、上田理恵子准教授の一連の研究がある。上田理恵子「大正期の法律家によるオーストリア民事訴訟法の受容過程」一橋研究二三巻一号六七頁以下（一九九八）、同「大正期における民事訴訟法改正作業と在野法曹」熊本大学教育学部紀要五一号一頁（二〇〇二）など。

(9)　なお、ここで取り上げる大正期において議論されたオーストリア民訴法の受容の意味合いは、序章でも指摘し、また後述するように、大正民訴法を大改正した平成八年の現行民事訴訟法法の争点中心審理主義の採用、その後の裁判迅速化法の制定及び、その検証過程で明らかになってきた改正理念の緩みの指摘（例えば、「民事訴訟の迅速化に関するシンポジウム」判タ一三六六号四頁以下（二〇一二）など）などに関しての考察においても意義あるものと考える。

(10)　オーストリア法のドイツ法への影響に関しては、*Damrau*, Der Einfluß der Ideen Franz Klein auf den Deutschen Zivilprozeß, in: Hofmeister (Hrsg.), Forschungsband Franz Klein, 1988. S. 157ff.; *Sprung*, Die Ausgangspositionen österreichischer Prozessualistik und ihr Einfluß auf das Deutsche Recht, ZZP 92 (1979). S. 4ff. 参照。

(11)　オーストリア民事訴訟法に関しては、木川統一郎博士の一連の研究があり（「オーストリー民事訴訟の迅速性と経済性」同『民事訴訟政策序説』（有斐閣・一九六七）一四一頁以下、同『比較民事訴訟政策』（有斐閣・一九七二）一六九頁以下等参照）、最近では、中野貞一郎教授もその研究の必要を強調されている（例えば、クラインほか（中野訳）『訴訟における時代思潮など』（信山社・一九八九）一四九頁以下参照）。また、オーストリア強制執行法については、清田明夫教授の一連の研究がある（神法四巻二号及び五巻一号七七頁（一九六九）一〇巻二＝三号三九頁以下（一九七五）、民訴二八号一五二頁（一九八二）、金法二七巻一＝二号三一三頁（一九八五）、同二九巻一＝二号二三一頁（一九八七）、三ヶ月古稀下巻二一頁（一九九一）など）。しかし、近年では例えば、一九八三年のオーストリア民事訴訟法改正についても、筆者が入手できた文献は、翻訳を除けば、山本弘「オーストリアにおける渉外身分関係事件の裁判権規律（上）（下）」ジュリ九二一号七三頁以下、九九二号五二頁以下（一九八八）、本間法之「オーストリア民事訴訟法における上訴制限——一九八三年改正法——」早研四六号一九一頁以下（一九八八）である。その後、本稿の初出（一九九四）後に、オーストリア民訴法の成立史に関する鈴木正裕『近代民事訴訟法史・オーストリア』（信山社・二〇一六）が公刊された。

(12)　それ以前の民事訴訟法の発展に関しては、*Fasching,* Lehrbuch des österreichischen Zivilprozeßrechts, 2 Aufl. (1990) S. 13ff. 参照。

(13)　この点に関しては、ハンス・W・ファッシング（中村英郎／中山幸二訳）「ドイツとオーストリアの民事訴訟法」早法五八巻三号三六六頁以下（一九八三）の簡潔明瞭な説明を参照。

(14)　その意味で、オーストリア一般裁判所法は、政治的意義が大きかったのである（*Schoibl,* Die Entwicklung des österreichischen Zivilverfahrensrechts, 1987, S. 36f.）。また、私法関係においても、同様のことが言えたのである。詳細は、*Flossmann,* Österreichische Privatrechtsgeschichte, 2 Aufl, 1992. (S. 15) 及びH・シュロッサー（大木雅夫訳）『近世私法史要論』（有信堂高文社一九九三）一一四頁以下参照。

(15)　この詳細は、*Menger,* System des oesterreichischen Civilprocessrechts in rechtsvergleichender Darstellung, Bd. 1 Allgemeiner Theil, 1876, S. 54f. 参照。また、鈴木・前掲書（注11）二六頁以下参照。

(16)　オーストリア一般裁判所法の成立背景及びその内容に関しては、*Fasching,* aaO., S. 13ff.; *Menger,* aaO., S. 54ff.; *Haan,* Beitrage zur Geschichte der österreichischen Civilprocessordnung, GZ. (1858), Nr. 148, 149; *Klein-Bruckschwaiger,* Zur Entstehung der Allgemeinen Gerichtsordnung. Das Werk des Schweizers J. H. Froidevo, JBL 1967, S. 192ff.; *Leonhard,* Zur Geschichte der österreichischen Justizreform vom Jahre 1898, in: FS 50 Jahre ZPO (1948), S. 125ff.; *Loschelder,* Die Österreichische Allgemeine Gerichtsordnung von 1781, Grundlagen-und Kodifikationsgeschichte, 1978; *Canstein,* Lehrbuch der Geschichte und Theorie des Oesterreichischen Civilprozessrechtes, Bd. 1, 1880; *Schoibl,* Die Entwicklung des österreichischen Zivilverfahrensrechts, 1987, S. 33ff. 等を主として参照。また、ヨーゼフ二世の政策等については鈴木・前掲書（注11）四三頁以下も参照のこと。

(17)　この立法者に関しては、*Loschelder,* aaO., S. 55ff.; *Klein-Bruckschwaiger,* aaO., S. 192ff. 参照。またもう一人、重要な役割を果した人物として *Joseph Ferdinand Holger* が挙げられる。詳細は、*Loschelder,* aaO, S. 444ff. 参照。

(18)　*Fasching,* aaO., S. 19. 参照。その概要につき、鈴木・前掲書（注11）六一頁以下も参照のこと。

(19) プロイセンの訴訟法に関しては、鈴木正裕教授の労作がある（鈴木正裕「一八世紀のプロイセン民事訴訟法(1)(2)」神戸法学二三巻三・四号一一五頁、二四巻二号一〇九頁（一九七四年））。その後、鈴木正裕『近代民事訴訟法史・ドイツ』（信山社・二〇一一）でドイツ民訴法成立史を完成されている。

(20) 一八〇六年のフランス民事訴訟法に関するドイツ法文献として、*Haeger*, Der französische Zivilprozeß und die deutsche Zivilprozeßreform. 1908; *Schubert*, Französisches Recht in Deutschland zu Beginn des 19. Jahrhunderts, 1977等がある。

(21) 当事者は、その申立てにより、手続過程を支配した。もちろん、処分権主義（*Loschelder*, aaO., S. 93f. 96ff.）及び弁論主義（*Loschelder*, aaO., S. 99ff.）が適用された。これらは、この時代の自由主義的合理主義の理念から出てきたものであった（*Leonhard*, aaO., S. 126. 参照）。しかし、当事者による濫用や怠慢に対する対策が十分ではなかった。例えば、当事者が欠席した場合には、欠席判決は下されることはなく、新しい弁論期日が当事者の申立てに基づいてのみ定められたのである（*Schoibl*, aaO., S. 35. 参照）。それゆえ、手続はしばしば分断され、手続全体が重く、手間のかかるものとなった（*Leonhard*, aaO., S. 127参照）。

(22) 同時提出主義（Eventualmaxime）により、原告は訴状においてすべての請求権を、被告は抗弁においてすべての異議を提出しなければならなかった。そして、原告は再抗弁（被告は再々抗弁）において新しい事実を主張することはできず、新主張・事実を含むことのできない最終書面の提出でもって、訴訟の第一段階は終了した（*Loschelder*, aaO., S. 108ff.; *Schoibl*, aaO., S. 35. 参照）。なお、書面主義の原則に関しては、*Loschelder*, aaO., S86ff. 参照。

(23) この原則でもって、手続は弁論と証拠調べに分断された。（注21）で示した訴訟の第一段階の終了後、（証拠）判決により当事者の証明義務が決定されたのである。そしてここでも、当事者支配が優先した。とくに、当事者宣誓は問題であった。宣誓は、署名した宣誓書面を送付することで代替できた。証人尋問に関しても、立証当事者がその証人を指定し、尋問の時間と場所を申請し、証明主題を提出しなければならなかった。いつ立証されるかは、法律が定め、裁判官が決定するのではなかった（*Schoibl*, aaO. S. 35. 参照）。なお、オーストリア一般裁判所法における証拠手続に関しては、*Loschelder*, aaO., S. 118ff. 参照。

(24) オーストリア一般裁判所法によって、裁判官や弁護士はあまり高く評価されることはなかった。とくに、法解釈の面での制限が特徴的である。つまり、裁判官には、狭義における法律の類推（Gesetzesanalogie）しか認められなかった。法の類推（Rechtsanalogie）は厳格に禁じられた。法律の意味に関して疑義が生じた場合には、宮廷へ訴えねばならず、その決定を申立てねばならなかったのである（*Leonhard*, aaO., S. 127.; Schoibl, aaO, S. 38. 参照）。

（25）*Sprung*, Zielsetzungen für eine Zivilprozessreform, JBL 1981, S. 338. 参照。

（26）この状況に関しては、*Schoibl*, aaO., S. 38ff. に簡潔な記述がある。しかし、民事訴訟改革の努力は、一八一二年に施行されたオーストリア一般民法典の編纂作業で一時期中断されたが、停滞することはなかったのである。一八四五年の略式手続に関する宮廷令は、当事者の協同作業的口頭弁論並びに裁判官の権限強化を規定していた。

（27）*Leonhard*, aaO., S. 128.

（28）*Schoibl*, aaO., S. 40f.

（29）ハノーバー一般民事訴訟法に関しては、鈴木・前掲書（注19）六六頁以下、竹下守夫「「口頭弁論」の歴史的意義と将来の展望」講座・民事訴訟④（弘文堂・一九八五）六頁以下など参照。なお、*Bettermann*, Hundert Jahre Zivilprozeßordnung–Das Schiksal einer liberalen Kodifikation, *ZZP* 91（1978）. S.365ff; *Dahlmans*, Der Strukturwandel des deutschen Zivilprozesses im 19. Jahrhundert, 1971; *Hellweg*, Geschichtlicher Rückblick über die Entstehung der deutschen Civilprozess–Ordnung, AcP 61（1877）. S. 78ff. 等も参照。

（30）RGBl 1873/66; *Leonhard*, aaO., S. 130.; Schoibl, aaO., S. 43. 参照。なお、同時に制定された督促手続（RGBl 1873/67）もまた手続促進に寄与したのであった（*Ballon*, Die Novellierungen des Zivilprozeßrechts–Verbesserter Zugang zum Recht?, in: FS *Kralik*, 1986, S. 40. 参照）。

（31）この二つの草案の背景には、ドイツ民事訴訟法編纂作業の影響があった（*Fasching*, aaO., S. 22., *Schoibl*, aaO., S. 41. 参照）。

（32）*Leonhard*, aaO., S. 129. 131.

（33）一八七七年のドイツ民事訴訟法の成立過程に関しては、さしあたり竹下・前掲論文三頁以下及びバッサーマン（森勇訳）『社

会的民事訴訟』（成文堂・一九九〇）一九頁以下参照。

(34) その詳細については、*Damrau*, aaO., S. 157f. 参照。

(35) *Franz Klein*, Pro futuro. Betrachtungen über Problem der Civilproceßreform in Österreich, JBl 1890. Hefte 43–52 (S. 507–509, 519–522, 533–534, 543–546, 555–557, 567–569, 579–581, 591–593, 603–605, 615–617), JBl 1891. Hefte 1–9 (S. 4–6, 15–16, 28–29, 40–42, 53–55, 66–67, 77–78, 89–91, 101–103).（文献①）。この論文は後に合本されたようであるが、筆者は入手できていないために、引用はJBlによった。クラインは、この論文の中でオーストリア民訴法における改正の必要な問題領域として六つの項目を挙げている。①判決の基礎調達に際しての裁判官の協力（JBl Nr 44, 45, 46/1890）、②両当事者の関係とその訴訟追行（JBl Nr 47, 48/1890）、③裁判所により却下される抗弁（JBl Nr 49, 50, 51, 52/1890）、④訴訟促進手段（JBl Nr 1, 2, 3/1891）、⑤単独裁判官による手続における口頭主義（JBl Nr 3, 4, 5/1891）、⑥仲裁裁判所の導入（JBl Nr 6, 7, 8, 9/1891）、である。

(36) この経過の詳細は、*Leonhard*, aaO., S. 131ff. 参照。また、クラインのプロフィールや彼とシュタインバッハ及びシェーネボルンとの関係については、*Länger*, Männer um die österreichische Zivilprozeßordnung 1895, 1990, S. 33ff./53ff./87ff 参照。なおクラインの社会政策的思考は、シュタインバッハの影響があったとの指摘がなされている（*Sprung*, Die Ausgangspositionen österreichischer Zivilprozessualistik und ihr Einfluß auf das deutsche Recht, ZZP 92 (1979), S. 16f.; *Länger*, aaO., S. 39, 53ff, 73参照）。

(37) クラインの訴訟観念に関しては、（注35）の文献①のほか、②*Klein*, Zeit- und Geistesströmungen im Prozesse, Vortrag, gehalten in der Gehe-Stiftung zu Dresden 9. 11. 1901, in: *Franz Klein*, Reden, Vorträge und Aufsätze, 1927. S. 117ff.; ③*ders.*, Die neuen österreichischen Civilprozess-Gesetzentwurfe, ZZP 19 (1894) S. 1ff. S. 197ff.; ④*Klein./Engel*, Der Zivilprozess Österreichs, 1927; ⑤*ders.*, Vorlesungen über die Praxis des Civilprocesses, 1900. を参照した。なお、クラインの訴訟改革の背景およびその理念（裁判官の積極性の局面を中心として）に関しては、拙稿「裁判官の積極性とフランツ・クラインの訴訟理念」木川統一郎先生古稀祝賀『民事裁判の充実と促進（下）』（判例タイムズ社・一九九四年）二二四頁（本書第三章参照）を参

照のこと。

(38) 文献④（注37）S. 188-190; ⑤ S. 9f. 参照。

(39) メンガーは、その社会主義的思考から、ドイツ民法典の草案に対し、それは無産階級の利益をまったく考慮しておらず、不平等な法典であると批判した。そして、実体法が不平等にもかかわらず、平等を基礎とする自由主義的な訴訟法により権利追求が実施されれば、「不平等なことが平等に取り扱われるほど不平等なことはない」ということになるとした。そして、当事者間の対等化に、訴訟の職権運営及び裁判官の法的教示義務や法的扶助義務の導入によって対処すべきことを主張したのであった（*Anton Menger,* Das bürgerliche Recht und die besitzlosen Volksklassen, 1890. 参照）。なお、メンガーについては、*Länger,* aaO., S. 11ff; *Karl-Hermann Kästner,* Anton Menger（1841-1906）Leben und Werk, 1974及び本書第三章参照。

(40) こうした社会的背景についても、本書第三章参照。

(41) *Schoibl,* aaO., S. 49.

(42) 文献③（注37）S. 25. 参照。

(43) 文献④（注37）S. 122. 参照。

(44) 当事者の相互扶助の思想のもと、アメリカのディスカバリーに類似した制度を創設したのであり、オーストリア民事訴訟法一八四条で具現化された。詳細は、本書第三章参照。

(45) *Schoibl,* aaO., S. 55f. 参照。

(46) この点の詳細は、*Leonhard,* aaO., S. 139ff., S. 143ff. 参照。

(47) この制度に関しては、*Leonhard,* aaO., S. 143ff.; *Grabscheid,* Klein's Gerichtsinspektorat, in: FS für *Franz Klein* zu seinem 60. Geburtstag, 1914, S. 149f. 参照。

(48) *Leonhard,* aaO., S. 152ff. 参照。とくに一五三頁、一五四頁掲載の表を参照。*Bernhard Schöniger-Hekele,* Die österreichische Zivilprozeßreform 1895, S. 40ff.（2000）も参照のこと。なお、一九六〇年代におけるオーストリア民事裁判所での事件処理に関

しては、木川統一郎「オーストリー民事訴訟の迅速性と経済性」一四二頁（注11）を参照。

(49)　*Fasching*, aaO., S. 21f. 及びファッシング（森勇訳）「オーストリア民事訴訟法の改革とその問題点」小島武司／石川明編『ヨーロッパ民事手続法』（中央大学出版部・一九八五）八頁以下参照。

(50)　*Wach*, Die Mundlichkeit in dem Entwurf der österreichischen Zivilprozeßordnung, 1895, S. 17. 参照。また、オーストリア側でのその批判と評価については、*Sperl, Franz Klein*, ZZP 51.（1926）S. 407ff.; *Schima*, 40 Jahre österreichische Jurisdiktionsnorm und Zivilprozeßordnung, JBl 1935, S. 421ff.; *Satter*, Das Werk Franz Kleins und sein Einfluß auf die neueren Prozeßgesetze, ZZP 60（1936/37）S. 272ff.; *Klang*, Der Zivilprozeß in der Praxis, in: FS 50 Jahre ZPO, 1948 S. 84ff.; *Sprung*, aaO., ZZP 92, S. 4ff.; *ders.*, Die Grundlagen des österreichischen Zivilprozeßrechts, ZZP 90（1977）S. 380ff.; *Hofmeister*（Hrsg.）, aaO. 等を参照。なお、その後のクラインの評価に関しては、*Faching*, Die Weiterentwicklung des Zivilprozessrechts im Lichte der Ideen *Franz Kleins*, in: *Hofmeister*（Hrsg.）, aaO., S. 97ff.; *Kralik*, Die Verwirklichung der Ideen *Franz Kleins* in der Zivilprozeßordnung von 1895, in: *Hofmeister*（Hrsg.）, aaO., S. 89ff. などを参照。

(51)　この点に関しては、*Wassermann*, Der soziale Zivilprozess, 1978, S.57ff.; *Sprung*, aaO., ZZP 92, S. 4ff. 等を参照。

(52)　*Fasching*, aaO.,（Fn. 12）S .25. 参照。

(53)　*Fasching*, aaO.,（Fn. 50）S. 102. 参照。

(54)　一八九五年以前のオーストリア一般裁判所法及びその実務状況の概要については、*Bernhard Schöniger-Hekele*, aaO., S. 13ff.; *Schoibl*, aaO., S. 33ff.（1987）., *Fasching*, aaO.,（Fn. 12）Rz. 34ff. など参照。

(55)　拙稿・前掲木川古稀下二四六頁以下（注37・本書第三章）、*Bernhard Schöniger-Hekele*, aaO., S. 18など参照。

(56)　以下の叙述は、拙稿・前掲木川古稀下二三七頁以下（注37・本書第三章）参照。

(57)　この観点から、実体法と訴訟の役割を次のように説明する。「この紛争（障害）に対して治療手段を与えるのが実体法であり、訴訟制度には、病気を正しく認識し、それに対する正しい手続を選択し、病気が蔓延することを防ぐという医師の役割が割り当てられる。」(*Klein/Engel*, Der Zivilprozess Österreichs (1927), S. 190.)

(58) クラインのこうした紛争観は、プロイセンのフレデリック大王の考えの承継したものであるとされている。この点に関しては、雉本朗造「民事訴訟制度の變遷及改正運動(三)、(七)」法律新聞八三八号六(一一二)頁、八四二号四(二〇四)頁以下(大正二年)参照。また、*Bernhard Schöniger-Hekele*, aaO., S. 25f. も参照。

(59) *Klein/Engel*, aaO., S. 190. は、「訴訟は公法上の制度である。この点において、私人の利益と並んでより高次の社会的利益を充足させる義務がある」とする。なお、*Franz Klein*, Die neuen Österreichischen Civilprocess-Gesetzensentwurf, ZZP 19 (1894) S. 25.(注38)参照。

(60) *Franz Klein*, Vorlesungen über die praxis des Civilprocesses. (1900) S. 9f.

(61) メンガーの影響については、さしあたり、*Scoibl*, Die Entwicklung des österreichischicsen Zivilverfahrensrechts, 1987, S. 46f. など参照。

(62) この結果、職権主義的色合いが濃くなってきた。積極的裁判官像に関しては、拙稿・前掲木川古稀下二三七頁以下参照(注37・本書第三章)。また、弁論主義との関係につき、拙稿「弁論主義考――オーストリア民訴法における事実資料収集過程での裁判官と当事者の役割分担からの示唆――」早法七二巻四号四二九頁(一九九七)以下参照(本書第五章)。

(63) *Klein/Engel*, aaO., S. 244f. 参照。なお、クラインによる手続集中の考え方についての評価等に関しては、*Rechberger*, „Die Verfahrenskonzentration im österreichischen Zivilprozeß" in *M. K. YILDIRIM* (Hg), Zivilprozessrecht im Lichte der Maximen, Istanbul (1999), S1ff. など参照。

(64) *Rechberger*, aaO., S. 3ff. は、手続編成、裁判官の実体的訴訟指揮、上訴審における更新禁止原則を手続集中のための措置として分類している。

(65) *Klein/Engel*, aaO., S. 245., *Rechberger* aaO., S. 2はこの点を強調する。

(66) ドイツでは、一九二四年の改正草案では第一回期日を取り入れたが、立法化されず、単独判事による審理を選択する。その後、一九七七年の簡素化法により、早期第一回期日（ド民訴二七二条二項、同二七五条）を導入した（詳細は、木川統一郎『訴訟促進政策の新展開』（日本評論社・一九八七）一頁以下など参照）。なお、第一回期日の目的と内容の詳細は本書第二章参照のこと。

（67） 一八九五年のオーストリア民訴法の条文訳については、『日本立法資料全集46 民事訴訟法（4）（明治三六年草案）』（信山社・一九九四）一二一頁以下がある。本稿では、それを参照しつつ、若干の修正を加えた。

（68） 準備手続は、オーストリアにおいては、一九八三年の改正に際して規定が削除され、廃止された。準備手続の内容、その実施状況、廃止の経緯については第二章参照。また、第一回期日も二〇〇二年の改正に際して廃止された。それに代わったのが「準備期日」概念（オ民訴二五八条）である。一九八三年改正法及び二〇〇二年改正法に関しては、本書第二章参照。さしあたり、*Beran/Klaus/Liebhart/Nigl/Pühringer/Rassi/Roch/Strinhauer,* (Franz) Klein, aber fein. RZ 2002, S. 258ff. など参照。二〇〇二年改正前のオーストリア民事訴訟の状況については、河邉義典「オーストリアの司法制度」法曹会編『ヨーロッパにおける民事訴訟の実情（上）』（法曹会・一九九八）三二三頁以下が詳細である。

（69） オーストリア民事訴訟においては、婚姻の無効宣告又は婚姻存在ないし不存在確認に関する手続においては控訴についての更新禁止は存在しない（民訴四三八条のａ二項）。非嫡出児の親子関係（UeKG 五章五文）及び認知の承認又は争い（FamRAngIV 三章六条一項一文）に関する争訟、並びに労働契約法事件についての争訟及び AGG 五〇条一項による労働関係の存続をめぐる労働協約上の争訟においても同様である。なお、更新禁止原則と手続集中理念との関係は本書第七章参照。

（70） *Klein/Engel,* aaO., S. 403

（71） *Klein/Engel,* aaO., S. 309ff. 本書第四章参照。

（72） クラインは、訴訟手続を、法発見の目的により特定され、結合される裁判所、当事者及び訴訟上の関係人の協同（Zusammenwirken）のもとでの作為または不作為とみなした。それゆえ、クラインは当事者の弁論への出席とともに裁判官の訴訟指揮義務及び解明（釈明）義務を手続における鍵となる役割を割り当てたのである。裁判官の権限と当事者の権限は綿密に相互に調和されるべきであり、特定の規定において厳密に規定されるべきとしたのである（*Schoibl*, aaO., S. 49.）。

（73）特に訴訟の引延しへの対応を考慮したのが、オーストリア民訴法第一七九条である。この条文については、*Primmer*, Zur Befugnis des Richters zur Zurückweisung verspäteten Vorbringens und Beweisanbietens nach § 179 Abs 1 Satz 2, JBl 1983, S. 129ff. 参照。

（74）さらに、裁判官は、費用負担の措置によって当事者による訴訟引延しを妨げることを試みることができる。ここで考量されるべきは、いわゆる費用負担の分離である。つまり、当事者が有責に時機に後れて事実または証拠の提出をなすことによりその相手方により多くの費用を引き起こさせる場合には、訴訟の結果に関係なくその者に手続費用を課すことである（オ民訴四八条参照。*Rechberger*, aaO., S. 5.）。

（75）改正の経緯については、鈴木（正）・前掲書（注2）二三一頁以下、染野義信「わが国民事訴訟制度における転換点――大正15年改正の経緯と本質――」中田淳一先生還暦記念『民事訴訟の理論（上）』（有斐閣・一九六九）一頁、五頁以下、鈴木玄之助「新民事訴訟法の受胎より出産まで」法曹会雑誌八巻一二号四二八頁（一九三〇）など参照。

（76）鈴木（正）・前掲書（注2）二三四頁。

（77）この草案は、議会への提出を予定するものではなく、その後に続く法律取調委員会の審議資料となっていく。詳細は、鈴木（正）・前掲書（注2）二三四頁以下参照。

（78）司法省編纂『民事訴訟法中改正法律案理由書』（東京清水書店・一九二六（大正一五年））二頁。帝国議会でも、同様の改正趣旨が表明されている（松本博之＝河野正憲＝徳田和幸編著『日本立法資料全集13　民事訴訟法〔大正改正編〕（4）』（信山社・一九九三）二八七頁）。

（79）大正民事訴訟法改正における主要な改正点としては、以下の点が挙げられている（加藤正治『改正民事訴訟法概説』（有斐閣・一九三七（初出は法学協会雑誌四四巻二、三、五号）三頁以下）。①準備手続の一般的実行、②職権調査主義、③書面審理主義、④管轄の移送、⑤現状回復の改正、⑥訴えの基礎及び原因の区別、⑦欠席判決の廃止、⑧督促手続の改正、⑨上訴の制限

（改正民事訴訟法案三六一条（控訴に図る利益が三〇〇円に満たざる場合は普通には控訴を許さない。再審の理由がある場合には控訴できる（四二一条）。）⇓衆議院の修正により削除）、⑩一審より直ちになす上告、⑪証書訴訟及び為替訴訟の廃止、⑫中断の規定の明確化、⑬責問権の規定新設、⑭独立的参加、⑮確認の訴えの拡張、⑯将来給付の訴え、⑰疎明の為の宣誓である。なお、前掲・民事訴訟法中改正法律案理由書二頁以下は、①、④、⑦、⑭のほか、当事者による期日変更の廃止、時機に後れた攻撃防御方法の却下、選定当事者を改正主要事項とする。

(80)　斎藤常三郎「墺太利民事訴訟法ニ就キテ」（京都法学会雑誌六巻一一号八九頁（一九一一））（明治四四年）、七巻四号一〇四頁、７巻７号一四四頁（未完のままである）、同・六巻一一号九〇頁において、「聞ク墺太利民事訴訟法ハ世界最新ノ訴訟法典ニシテ而モ極メテ良法ナルモノナレバ、民訴ノ改正ニ付キ最モ参考スベキ一大資料ナリト」との記述があるように、明治期においてオーストリア法（の評価）はある程度周知されていたと思われる。

(81)　雉本論文によるオーストリア民事訴訟法の紹介については、上田・前掲（注8）論文（一橋研究）七四頁が詳細である。

(82)　雉本・①論文一六一頁。

(83)　雉本・①論文一六三頁以下。ドイツ法の改正におけるオーストリア法の影響については、②論文に紹介されている。

(84)　雉本論文の意図は、民事訴訟法改正に関する提言だけでなく、司法改革にもあった。この点では、クラインがオーストリアで行った司法改革と通じるものがあると言えよう。

(85)　清瀬一郎「墺太利民事訴訟法の研究を望む」法律新聞七二七号五頁（一九一一）以下。

(86)　社会的民事訴訟法と称されるオーストリア民訴法の特色のひとつが「社会政策」の中で民訴法を位置づけている点であることは前述した。しかし、この観点から法改正を唱える見解はほとんどない。鈴木（正）・前掲書（注2）三〇三頁（注128）は、片山哲「無産階級より見たる新民事訴訟法」法時創刊号一三頁以下（一九二九）を挙げ、大正民事訴訟法は社会政策とは無縁であったと評している。

(87)　この点につき、鈴木（正）・前掲書（注2）二八五頁参照。

(88)　法律調査委員会の審議作業のやり方は、まず主査委員（一五〜一六名）を指名し、それらにより構成される主査委員会と、主査委員の中から指名された起草委員三名が指名され（後には六名まで増える）、起草委員会を構成した。そして、起草委員会が原案の起草に従事し、その原案を主査委員会の議に付し、そのうえで、委員総会で決議するというものであった。鈴木（玄）・前掲論文四八五頁以下。なお、法律調査委員会等の委員については、松本博之＝河野正憲＝徳田和幸編著『日本立法資料全集10民事訴訟法〔大正改正編〕（1）』（信山社・一九九三）一六頁以下（以下〔大正改正編〕（1）で引用）参照。

(89)　主査委員会に付議された問題は以下のものである。

民事訴訟法改正起草委員会決議（第九二回——大正三年六月二二日）（〔大正改正編〕（1）六一三頁以下）

議題（一）「無能力者ノ為シタル訴訟行為ノ追認ニ因リテ、其効力ヲ生ズベキモノト為スベキヤ」、議題（二）「合議裁判所ニ於ケル訴訟ハ弁護士ニ依ラシムルコトヲ必要トスベキヤ」、議題（三）「弁護士ノ受クベキ報酬ニ付キ相當ノ額ヲ定メ之ヲ訴訟費用中ニ参入スベキヤ」、議題（四）「準備書面ニ掲ゲザリシ攻撃防御ノ方法（証拠方法ヲ含ム）ハ、口頭弁論ニ於テ、之ヲ提出スルコトヲ得ザルヲ本則トスベキヤ」、議題（五）「訴ノ拡張ニ依リ当事者ノ追加、変更ヲ許スベキヤ」、議題（六）「請求原因ノ変更ヲ許スベキ場合ヲ或程度マデ拡張スベキヤ」、議題（七）「送達ハ当事者之ヲ為スベキヤ」、議題（八）「訴状ニ依リ訴ガ訴訟条件ヲ具備セザルコト明カナルトキハ、口頭弁論ヲ開カズシテ訴ヲ却下スルコトヲ得ベキ規定ヲ設クベキヤ」、議題（九）「準備書面ニ依リ本案ノ請求ガ不当ナルコト明カナルトキハ、口頭弁論ヲ開カズシテ請求ヲ却下スルコトヲ得ベキ規定ヲ設クベキヤ」、議題（一〇）「請求ノ放棄又ハ認諾アリタルトキハ之ヲ調書ニ記載シ放棄判決又ハ認諾判決ヲ為サザルコトトシ、其調書ハ和解調書ト共ニ確定判決ト同一ノ効力ヲ有スベキモノトスベキヤ」、議題（一一）「欠席判決ハ第一回口頭弁論ヲ懈怠シタルトキニ限リ、之ヲ為シ。続行期日ヲ懈怠シタル場合ニ於テハ、既ニ提出アリタル訴訟材料ニ基キ対席判決ヲ為スコトトスベキヤ」、議題（一二）「欠席判決ニ対シテハ期日ノ懈怠ニ付キ重大ナル過失ナカリシコトヲ理由トスル場合ニ限リ、故障ヲ申立ツルコトヲ得ベキモノトシ、其他ノ場合ニ於テハ直チニ控訴ヲ為スコトヲ得ルモノトスベキヤ」、議題（一三）「証拠調ニ職権主義ヲ加味スベキヤ」、議題（一四）「受訴裁判所ハ或範囲内ヲ以テ管轄地域外ニ於テモ証拠調ヲ為スコトヲ得ルモノトスベキヤ」、議題（一五）

「裁判所ノ任意ノ裁量ニ依ルニ非ザレバ決スルコト能ハザル事件ニ付キ、特別ノ手続ヲ定ムベキヤ。（例）境界ヲ定ムル訴。共有物分割ノ訴。遺産分割ノ訴。地上権ノ存続期間ヲ定ムル訴。扶養ノ程度又ハ方法ヲ定ムルコトヲ目的トスル訴等」、議題（一六）「財産権上ノ請求ニ関スル判決ニ付テハ上訴ヲ制限スベキヤ」、議題（一七）「第二審ニ於テハ、第一審ニ於テ重大ナル過失ナクシテ主張スルコト能ハザリシ事実ノ外、新ナル事実ハ之ヲ主張スルコトヲ得ザルモノトスベキヤ」、議題（一八）「上訴審ニ於テ当事者ガ口頭弁論ヲ経ズシテ判決ヲ受クベキコトノ合意ヲ為シタルトキハ、裁判所ハ書面ニ依リ審理判決ヲ為スコトヲ得ルモノトスベキヤ」、議題（一九）「控訴審ニ於テハ控訴人ノ欠席ノ場合ニ限リ、第一審ノ欠席判決ニ関スル規定ヲ準用スベキヤ」、議題（二〇）「第一審判決後当事者ガ控訴ヲ為サザルコトヲ合意シタルトキハ直チニ上訴ヲ為スコトヲ得ルモノトスベキヤ」、議題（二一）「人事訴訟手続ハ民事訴訟法中ニ之ヲ規定スベキヤ」、議題（二二）「相続回復ノ訴及ビ後見人、後見監督人、保佐人、親族会員ノ免黜ヲ目的トスル訴ハ之ヲ人事訴訟ト為スベキヤ」、議題（二三）「差押債権者ニハ特別ノ利益ヲ与フベキヤ」、議題（二四）「裁判上ノ仲裁手続ニ関スル規定ヲ設クベキヤ」

なお、「多数ノ当事者アル特種ノ法律関係ニ付キ、一人又ハ数人ノ当事者ガ自己ノ名義ニ於テ総当事者ノ為メニ訴訟ヲ為スコトヲ許スベキヤ」という問題は主査委員会への提出が留保されている（『大正改正編』（1）六一四頁参照）。いずれも今日から見ても興味深い問題である。

(90)　民事訴訟法改正主査委員会日誌第二回小山委員発言（『大正改正編』（1）六二六頁）。

(91)　具体的には、一八九五年オーストリア民訴法二六三条である。ただ、その時期を第一審で打ち切るとの発言（鈴木委員・前掲資料『大正改正編』（1）四九九頁）があることをみるとオーストリア民訴法四八二条の更新禁止規定をも想定に入れていたかもしれない。なお、この更新禁止規定について、主査委員会が議題（一七）で取り上げているが、第六回主査委員会（大正三年一二月七日）で議題（四）に関連するので留保との決議がなされている（『大正改正編』（1）六五一頁）。そして、第一〇回主査委員会で、全員異議なく、決議され委員総会に提出されている。決議案は、「第二審ニ於テハ攻撃防御ノ方法（証拠方法ヲ包含ス）ハ訴訟ヲ遅延セシムル虞ナキモノ、又ハ新ニ成立シタルモノ、其他当事者ノ重大ナル過失ニ非ズシテ、第一審ニ提出シ能ハザリシコトヲ疏明シタルモノニ限リ、之ヲ提出スルコトヲ得トスベキヤ」である（『大正改正編』（1）六九三頁）。このように、大正四年段階では、更新禁止規定が考慮されていたが、大正七年の民事訴訟法改正起案会決定案（起草委員会議案）の第三五一条では「当事者ハ、控訴審ニ於テ新ナル攻撃又ハ防御ノ方法ヲ提出シ、其他新ナル主張ヲ為スコトヲ得」とある（『大正改正編』（2）九三頁）。更新禁止規定が削除され、控訴審では新たな事実資料を提出することが原則自由となっている（民事訴訟法改正案（第一案・議案）三五九条「当事者ハ控訴審ニ於テ新ナル攻撃又ハ防禦ノ方法ヲ提出スルコトヲ得」、同第二、三案三五九条まで同様。〔大正改正編〕（2）二一三、二七五、三三一頁。大正一三年・一九二四年段階）。民事訴訟法改正案修正問題では、「第三五八条　第一審ニ於テ準備手続ヲ命ジタル場合ニ於テハ控訴審ノ弁論ニモ第二二〇条所定ノ弁論制限ノ効力ガ及ブ主旨ヲ明定スルノ要ナキヤ」〔大正改正編〕（2）二三九頁となっており、議論がなされたようである。そして、その後、民事訴訟法案中修正案（起草委員提案）（大正一四年・一九二五年）では、三五九条を第三七〇条で「第一審ニ於テ為シタル準備手続ハ控訴審ニ於テモ其ノ効力ヲ有ス」と変更された（『大正改正編』（2）三三五頁）。以降、この規定についての変更、議論もない。これが大正民訴法三八一条となる。この間、どのような議論を経て、この規定の変遷がこのような帰結になったかは不明である。考えうることとしては、オーストリア民訴法と比べ準備手続の失権を強くしているため、控訴審での失権を不要と考えたのかもしれない。加藤・前掲書一一〇頁は、新法は準備手続を一般に行うことにしたため、この規定をおくことにしたとする。ただ、この立法政策が、オーストリア民訴法と比べ、必ずしも手続集中の成果が上がらなかった要因のひとつになっているのではなかろうか。

（92）　染野・前掲論文二六頁は、この提案は、同時提出主義の採用を提案したものであり、ドイツ普通法時代への逆戻りを提案したものであるとし、それに賛同が多かったのは、同時提出主義から随時提出主義への歴史的経験を経ていなかったせいであろうとしている。大正民訴法は、準備手続の失権強化により、同時提出主義を採用したと評価されることになるが、立法の議論過程をみると、その力点は随時提出主義の廃止（つまり、五月雨式審理の排除）にあったと思われ、オーストリア民訴法での裁判官の権限強化の方向を読み違えたように思われる。大正民訴法制定後（施行前）に上梓された、柴田健太郎「改正民事訴訟法の準備手続に就て」司法研究第五輯（昭和二年・一九二七年）二頁以下（柴田は判事）は、「訴訟の現状を観るに、当事者は、訴状並びに準備書面に記載すべき事項をも十分に記載せず、一方答弁書にも何ら準備に関する記載をなさず、口頭弁論に至って突如攻撃防御の方法に出るため、第一回の口頭弁論期日に於いては何ら弁論の進行を見ずして、これを徒過し、さらに第二回の期日においても当事者は十分の準備なくてこれに臨み唯僅かの進行を見たるのみにて、再び続行期日が定められる。斯くごとくして、訴訟は宛も飴の棒を延すごとく引き伸ばさるるのみならず、いわゆる弁論一貫主義の名の下に攻撃防御の方法はだらだらと無秩序に提出せられる。……訴訟の継続永き結果、訴訟の関係が判事の記録より遠くなることとなり、結局判事の新鮮なる印象を事実認定の基礎となすことを目的とする口頭弁論主義はその実を失わざるを得ない……」と述べ、改正要因として随時提出主義の問題点を挙げている。また、長島毅＝森田豊次郎『改正民事訴訟法解釋』（清水書店・一九三〇（昭和五年））六頁以下は、大正民事訴訟法が採用した主たる主義は、弁論集中主義、便宜主義（一五頁以下、移送制度の拡張、参加制度の改編など手続の融通性を志向する立場と言える）、真実発見主義を挙げ、とくに弁論集中主義（実質的口頭弁論主義）が改正法の根本的原則であるとする（一〇頁以下参照）。なお、これと同旨の主張が平成八年民事訴訟法改正における争点整理手続創設の立法趣旨でも述べられているのは興味深い（法務省民事局参事官室編『一問一答新民事訴訟法』（商事法務研究会・一九九八）一六八頁以下参照）。また、近時、この点に言及する高田裕成「争点および証拠の整理手続後の新たな攻撃防御方法の提出」鈴木正裕先生古稀祝賀『民事訴訟法の史的展開』（有斐閣・二〇〇二）三六四頁以下も「弁論集中主義」とよばれる理念による改正である旨を指摘する。

(93)　旧法典調査会案では、三〇三条〜三一〇条に準備手続に関する規定がある（『大正改正編』（1）六七頁）。これらの規定は、明治民訴法第二四五条以下を簡略化したものといえ、実質的変更はないといえる。また、この旧法典調査案に対する各裁判所、弁護士会の意見等を収録した「民事訴訟法改正案修正意見類聚」（『大正改正編』（1）一四七頁以下）には準備手続に関する部分は欠けており、どのような意見があったか定かでなく、ここで挙げた起草委員会の審議の中で準備手続に関する記述があるのが確認できるだけである。

(94) オーストリア法では、「訴状提出」後⇩「第一回期日」(事件振り分け)⇩「答弁書提出⇩第一回争訟的口頭弁論」または「準備手続⇩第一回争訟的口頭弁論」となり、判決に至るが、横田案では、第一回期日を採用しないので、「訴状提出」後⇩「期日指定」⇩「答弁書提出⇩口頭弁論又は準備手続」となり、口頭弁論を経て判決に至る審理構造を想定しているようである。

(95) 準備手続の主宰者は、受命判事となるが、一九二四年のドイツ民訴法改正法では単独判事による裁判の準備がなされる。後者は、訴訟経済をその目的とするが、わが国の場合は、それにとどまらず、当事者の主張を明らかにし、争点を定める手続は、裁判所の面前で厳格な手続によるよりも、受命判事との間で懇談的に行う方が、成果があがるという認識の下で考案されたとされる(例えば、植山日二「準備手続の研究」司法研究第二〇輯七号(昭和一〇年・一九三五年)四、五頁)。この横田発言の趣旨がこの点に反映されてきたのかもしれない。

(96) 鈴木(玄)・前掲論文五〇〇頁にこの旨の記載がある。〔大正改正編〕(1)六八九頁小山委員発言も同様。

(97) なお、この委員会では、準備手続の問題と関連するということで留保されていた議案(一七)についても「第二審ニ於テハ攻撃防御ノ方法(証拠方法ヲ包含ス)ハ、訴訟ヲ遅延セシムル虞ナキモノ、又ハ新ニ成立シタルモノ其他当事者ノ重大ナル過失ニ非ズシテ第一審ニ提出シ能ワザリシコトヲ疎明シタルモノニ限リ、之ヲ提出スルコトヲ得ルモノト為スコト」として委員総会に提出することになった(〔大正改正編〕(1)六九三、六九四頁)。(注47)も参照。

(98) 鈴木(玄)・前掲論文五〇六頁参照。

(99) 鈴木(玄)・前掲論文五〇七頁、〔大正改正編〕(1)五頁参照。

(100) 廃止の理由は、定かではない。〔大正改正編〕(1)一〇頁(注3)は、福島正夫教授の推測を引用し、日英同盟締結後の対露風雲の急を挙げているが、鈴木(玄)・前掲論文五〇七頁は、「当時の原内閣が陪審法の制定及びわが国古来の涼風美俗に基づく民法改正を企画し、内閣に臨時法制審議会を設置したためこれと類似する一般的の法律取調委員会というものは重複機関たるの嫌あるがためと思います」としている。後者の推測が説得的に思われるが、むろん、断定はできない。

(101) この点について参考になるのが、大正一四年七月一一日の改正調査委員会における松岡委員の発言である(「民事訴訟法改正調査委員会議事速記録」（日本立法資料全集13〔大正改正編〕（4）七六、七七頁）。②については、出頭の見込みのないときは直ちに準備手続を終結して訴訟を進行したらよいのではないかという問題であり、これは意見の趣旨により「得」に修正した、またこれにより③の問題は解消されるとした。そして、③の問題のなかで、「同一当事者が新期日に出頭しないときは自白したるものとみなし、当事者双方が欠席したときは取下げたるものとみなす」べきではないかについては、前段は二二一条で一三二条を準用し、後者は二二一条で二一一条を準用することで対処する、また、④については「著しく」を削除するとするが、削除されなかった。

(102)　染野・前掲論文四七頁、新堂ほか編『注釈民事訴訟法（5）』（有斐閣・一九九八）四一二頁〔坂原正夫〕など参照。

(103)　柴田・前掲司法研究二頁、長島＝森田・前掲書一〇頁以下、中島弘道「改正民事訴訟法の定めたる訴訟促進の方法」法曹公論三三巻九号一一四頁以下（昭和四年・一九二九年）など参照。例えば、植山・前掲司法研究一〇頁は、この点に関して、次にように述べている。「口頭弁論をして徒らに遅延せしめたると同時に裁判の適正を失わしむるの虞れを多分に包蔵し居りたることが旧民事訴訟法の下に於ける訴訟手続の最も恐るべき弱点にして、而も其の源泉を遡るに、当事者をして訴訟の準備を為さずして、口頭弁論に臨ましめたることに其の端を発し居る……改正民事訴訟法の根本精神が旧民事訴訟法の有したる前記弱点を除去せんとするに在ること敢て多言を要せざるところなり。而して、之が目的を達せんが為の一方法として訴訟の準備を強制するの制度を創設したり。是れ即ち準備手続の制度にして、準備手続を以て新民事訴訟法の枢軸なりと称する所以」。なお、原嘉道「民事訴訟法雑感」法曹会雑誌八巻一二号一三頁以下（昭和五年・一九三〇年）は、明治民訴法による口頭主義への転換により、大きな混乱が生じ、裁判所が準備書面の記載事項を緩和するに従い、反動的に準備書面が凡長となり、書面審理に逆戻りして訴訟遅延をもたらすに至ったとしている。

(104)　もっとも、この点だけでなく、多くの点でオーストリア法が注目されたことは、起草委員会、主査委員会で最も多くオーストリア法の引用がなされていた点からもわかる。同様の指摘は、染野・前掲論文三五頁。

(105)　例えば、松岡義正「民事訴訟法の改正の趣旨」法曹会雑誌八巻一二号六八頁以下（一九三〇）では、フランス、ドイツの民事訴訟法が民事裁判の遅滞の弊に至り、迅速な裁判をいかにしてなすかが改正問題となった旨を指摘している。

(106) 拙稿・木川古稀二四五頁以下とそこで挙げた文献、雉本⑤論文・法律新聞八三九号一七六頁など参照。その要因は、当事者進行主義や口頭主義の過重などにあったとされる。

(107) 大正改正に対する批判の中で、当時著しい訴訟遅延はなかったとする、当時の東京地裁所長今村恭太郎「民事訴訟法改正と訴訟の促進」正義二巻二号二頁以下（大正一五年・一九二六年）の認識に対して、中村宗雄『改正民事訴訟法評釈』（巖松堂・昭和五年・一九三〇年）四頁以下では、オーストリア民訴法の統計（六頁）を掲げ、承服できないとしたのは、オーストリア法の実績が当時どのように評価されていたかの証左でもあろう。

(108) 明治期における民事裁判の統計につき、林屋礼二＝菅原郁夫＝林真貴子『統計から見た明治期の民事裁判』（信山社・二〇〇五）参照。なお、大正一一年から一三年にかけての訴訟統計資料は、日本立法資料全集11〔大正改正編〕（2）六三九頁以下参照。

(109) 中島・前掲法曹公論一一三頁以下は、東京地裁での事件数の増大を指摘している。

(110) この点に関しては、林屋・前掲書四五二頁以下が詳しい。

(111) 染野・前掲論文二三頁以下参照。

(112) 染野・前掲論文二四頁。

(113) 長島毅「新民事訴訟法の実践に際して――特に在野法曹各位に望む」法律新報一九五号二九頁（昭和四年・一九二九年）で、「民事訴訟の遅延ということが、国民思想の上に将又国民の経済取引に於て洵に好ましからざる影響を与えているということを心から憂いている」と述べていることからも、この時代思潮が垣間見える。

(114) 例えば、柴田・前掲司法研究一一四頁は、「改正法が良く所期の目的を達成し得るや否やの大半は準備手続の運用が完全に行われるや否やに懸って居ると云っても過言ではあるまい」としている。また、植山・前掲司法研究一〇頁（注59）参照。

(115) 日本立法資料全集11〔大正改正編〕（2）六一九頁以下に準備手続等に関する立法調査資料でイギリス法等の調査資料がある。

(116)　ドイツ法については、柴田・前掲司法研究五四頁以下、菊井維大「弁論の準備」法学志林二八巻四号、六号、一一号（大正一五年）など参照。なお、大正改正民訴法では、一九二四年（大正一三年）のドイツ改正法（ドイツ民事訴訟法改正律令）も考慮されている。そして、職権主義の強化の規定に際しては、一九二四年ドイツ改正法を範としたされるが、このドイツ改正法が範としたのがオーストリア民訴法である。

(117)　池田寅二郎「改正民事訴訟法に就て」臺法月報二三巻七・八号九頁以下（昭和四年・一九二九年）参照。各手続の相違については、柴田・前掲司法研究が詳細である。また、同七九頁以下が示すように、規定の仕方はオーストリア法との親近性がみてとれる。

(118)　この関しては、*Rechberger*, aaO., S. 11. 参照。

(119)　*Klein/Engel*, aaO., S. 267.

(120)　この点に関しては、*Rechberger*, aaO., S. 6ff., S. 12ff. 参照。

(121)　中村（宗）・前掲書二〇九頁以下。

(122)　兼子一『民事訴訟法概論』（岩波書店・一九三八）二五六頁は、訴訟資料の収集整理と合議体の負担軽減を図るものとするが、これは当初目的ではない。

(123)　この目的（使命）についての詳細は、村松俊夫『民事裁判の研究』（有信堂・一九五五）八四頁以下（初出昭和一三年（一九三八年））参照。とくに八八頁で適正なる裁判をその目的としていたことが指摘されている。

(124)　石黒忍「改正民事訴訟法に於ける職権に依る証拠調と立証責任論との関係」司法研究第二輯六頁（大正一五年）は、弁論主義との関係でこの職権証拠調べを論じている。立証責任との法則との関係をとくに検討している（二〇頁以下）。そして、この論文では、訴訟における当事者像としては、合理的理性人としてではなく、法律を知らず、訴訟に慣れてない当事者像が普通であり、裁判官の権限拡張は、真実に合致した裁判をなすだけではなく、真実権利を有する当事者が不慮の敗訴の結果を被るに至ることを防ぐためになされているとする（とくに二九頁以下）。弁論主義に制約を加えることで、最もよく訴訟の目的である権利保護を実現できるとする。他方、職権による行使は補充的運用を提唱し、行使に際しての裁判官の冷静な判断と公平な態度を要求している（三一頁）。裁判官の権限拡張に背景にオーストリア法的な当事者像への意識、適正な裁判実現の理念が伺えるとは言えよう。また、大正民訴法改正における裁判官の権限拡張に関して、近時、水野浩二教授による一連の研究がある。水野浩二「〈口頭審理における後見的な真実解明への志向〉試論――一例としての大正民訴法改正」法政史研究六三号（二〇一三）一頁、同「葛藤する法廷（一）～（三・完）――『法律新聞』の描いた裁判官・民事訴訟・そして近代日本――」北大法学論集六七巻四号（二〇一六）八八九頁、同五号（二〇一七）一三六五頁、同六号（二〇一七）一八三五頁。

(125) 長島毅「改正民事訴訟法実施の成績及之に関する希望」法曹会雑誌八巻一二号七〇頁（一九三〇）など参照。

(126) その経緯等については、村松・前掲書九六頁以下に詳細な報告がある。

(127) これらの経緯は、司法研究所編『準備手続の実務上の諸問題』（法曹会・一九八九）九頁以下参照のこと。

(128) オーストリア和議法に関しては、松村和徳編著『オーストリア倒産法』（岡山大学出版会・二〇一〇）二〇〇頁以下参照。

(129) オーストリア法と他の諸国の和議法との比較は、加藤正治「墺国和議法」破産法研究三巻一三五頁以下、雉本朗造「破産予防の強制和議に関する立法例」京都法学会雑誌八巻九号一五三頁、同一〇号一九九頁、同九巻七号一九五頁など参照。

(130) 例えば、*Rechberger/Simotta*, Zivilprozessrecht, 8Aufl. (2010) S. 228ff. など参照のこと。

第二章　「手続集中」理念とその方策としての弁論準備システム
――オーストリア民事訴訟法における弁論準備システムの変遷を中心に――

一　考察対象

　民事訴訟の理論と実務における最大の関心事は、いかに適正、迅速かつ公正な裁判が実現できるかである。とくに、「真実に合致した（適正な）裁判と迅速な裁判の実現」は、近代以降、各国の民事訴訟法制において常に求められてきたものである。平成八年に大改正された現行民事訴訟法（平成八年法律第一〇九号）も、より適正で迅速な裁判の実現を目的とする。そして、この目的を実現すべく、現行民訴法は、争点を早期に確定し、争点に焦点を絞った証人尋問等を集中的に行った上で、裁判所が、争点についての判断を中心とする判決をなす、「争点中心型」の審理手続を原則とした(1)。すなわち、争点整理手続を整備し、集中証拠調べを導入したのが現行法である(2)。

　しかし、こうした思考とその試みは、旧民訴法制定時、つまり、大正民事訴訟法改正時にすでになされていたと言える。大正改正時に立法担当者がとくに意図したのは、「訴訟遅延の防止」と「裁判の適正」であった。その上で、この改正では、適正かつ迅速な裁判実現の方策として「弁論の準備」という観点が強く意識された。大正一五年の民事訴訟法（大正一五年法律第六一号）は、このための手段として、「準備手続の拡充」と「職権主義の拡張」という方法をとったのである。そして、これらの基礎となった理念が「弁論（手続）集中」理念であり、それはオーストリア民事訴訟法の影響を受けていたと思われる。[3] 他方で、この改正は、わが国固有の民訴法創設への第一歩を印すものであったと言えよう。[4]

適正かつ迅速な裁判実現の方策として位置づけられ、大正改正の中核を形成したのは、弁論準備システムの中心として導入された準備手続（大正民訴二四二条、二四九～二五六条：義務的準備手続）である。大正改正におけるこの（義務的）準備手続は、昭和四年から施行され、その後二、三年の実施状況は良好である旨が述べられている。[5] しかし、その後立法当初の意図とはかけはなれ、ほとんど利用されなくなってしまう。[6] そして、昭和二三年の改正で、準備手続は例外的な運用となった。[7] ところが、その後すぐに、昭和二五年に、継続審理、集中審理による訴訟の促進と裁判の適正への改革の一環として準備手続の改革がなされ、再度、事件を準備手続に付すことが原則的となる。[8] この改正も予期したほどの成果もなく、昭和三一年の民訴規則改正で、準備手続の原則利用は後退し（民訴規則一六条、一七条）、準備的口頭弁論による弁論の準備がなされる試み（民訴規則第二六条）がなされた。しかし、これもうまくいかなかった。[9] このように、わが国における準備手続による適正かつ迅速な裁判の実現の試みは、失敗の繰り返しであった。

その後、わが国民事訴訟実務は、弁論兼和解という審理方法を生み出し、その隆盛を迎え、平成八年の民事訴訟法大改正につながる。[10] そこで議論された問題意識や新法（現行法）での方策は、大正期における改正議論と共通性を有しており、そして、大正期にわが国民事訴訟法の根幹に織り込まれた弁論集中の理念――オーストリア民訴法にいう「手続集中」理念より狭い形で――は、平成八年の民事訴訟法改正の指導理念としても機能していたと評することもできよう。しかし、現行民訴法も、立法当初は、期待どおりの成果が得られたが、最近ではその審理は漫然と緊張感のない状態に至っているとの指摘もなされている。[11] 「真実に合致した裁判と迅速な裁判の実現」は、またも砂上の楼閣となってしまいそうである。他方、平成一五年には「裁判の迅速化に関する法律」（平成一五年法律第一〇七号）

が制定、施行された。[12] 民事訴訟の適切な時期での終了を配慮することが義務づけられたと言えよう。これにより、訴訟の促進がより強く意識され、その一方で審理の充実と適正な裁判の実現もまた意識されつつあるように思われる。[13]

筆者の関心は、問題意識としてかかる状況を捉えつつ、この「真実に合致した裁判と迅速な裁判の実現」のため考案された「手続集中」理念とその方策の変遷を、立法史的かつ比較法的にその系譜を辿りつつ、その成功と失敗を追証し、かつ検証しながら、今日の民事訴訟のあるべき姿を探ることにある。換言すれば、適正で迅速な裁判の実現のために、どのような方策をとるべきかが考察対象である。本章では、適正かつ迅速な裁判実現の方策として位置づけられてきた「弁論準備システム」の変遷、とくに大正民訴法改正に大きな影響を与えたオーストリア民訴法の変遷に焦点をあてて論じることにしたい。このシステムがわが国における「手続集中」理念の中心的発現形態であり、今日の実務にも強く影響を有すると考えるからである。

以下、本章では、この考察の前提として、大正民訴法が着目した一八九五年オーストリア民訴法における「手続集中（Verfahrenskozentration）」理念とその方策を、まずは簡単に概観する。次に、その方策の中でも手続集中の中核の一つを形成する「弁論準備システム」のオーストリア法における変遷（とくに、「第一回期日」方式の変遷について）を中心に論じることにしたい。[14] そして、その変遷において、本稿でとくに注目したのは、オーストリア民訴法の大改正となった一九八三年改正法（BGBl 1983/135）[15]、と二〇〇二年改正法（BGBl I 2002/76）[16] である。[17] 以下では、これらの改正における弁論準備システムの変遷を、わが国のシステムと若干の比較を試みながら、みていくことにしたい。

二　「手続集中」理念とフランツ・クラインの手法

一　一八九五年オーストリア民事訴訟法における「手続集中」理念

本章における考察の前提として、一八九五年オーストリア民事訴訟法における「手続集中」理念とその方策をまずは簡単に概観する。このオーストリア民訴法は、フランツ・クラインにより創設され、後に「社会的民事訴訟」と呼ばれる、当時の最新の民訴法であった。クラインは、民事訴訟を社会現象として把握する。しかも訴訟に至りうる紛争は、社会的大量現象であり、社会組織の循環に障害を引き起こす社会的疾病であるとした。換言すれば、訴訟は権利のための闘争ではなく、個人及び共同体全体を害するものと捉えられたのである。そして、民事訴訟制度は、これを取り除き、治癒することがその目的である。その救済は、適切かつ迅速に、そして廉価でなされねばならないとする。さらに、民事訴訟制度は、福祉制度であり、社会的利益及び個人的利益の保護のための「一種の行政措置」と位置づけ、訴訟は、個人的利害を保護する義務と同時により高度な社会的価値を満足させる義務を負うとしたのであった(18)。

また、民事訴訟の当事者像についても、合理的理性人ではない、法的にも知識と経験に乏しい「社会的（経済的）弱者」たる市民を当事者として想定した。訴訟制度を社会政策の一環と位置づけ、この点において、訴訟の「社会性」が重視されてくる。そして、こうした当事者像からは、その当時の訴訟においては、当事者の対等化は保障されておらず、「当事者の対等化」をなす必要があった。クラインがその担い手としたのが裁判官である。他方、前記の訴訟観から、裁判の適正・迅速化の実現が重視される。そして、この点においてもクラインが着目したのが、また訴訟の指揮をとる裁判官であった。そこで登場してきたのが、「積極的裁判官像」である(19)。

こうした訴訟観から、オーストリア民事訴訟においては、「真実発見」と「迅速な訴訟」に重大な価値が置かれることになった。「真実発見と迅速な訴訟の実現」をめざした「社会的」訴訟手続法が誕生したのである。では、この「真実発見と迅速な訴訟」実現のために、オーストリア民訴法はどのような工夫を施していたのか。クラインは、この「真実発見に基づく適正な裁判」と「迅速な裁判」という二つの相反するとみなされていた目的を「手続集中」理念により結びつけたのである[20]。つまり、手続を集中させることにより、真実に即した裁判と迅速な裁判の実現が可能と考えたのであった。

二　手続の集中化方策——フランツ・クラインの手法

一八九五年のオーストリア民事訴訟法の基本的審理構造は、「訴え提起→第一回期日→答弁書提出命令→（準備手続）→争訟的口頭弁論→判決」という段階をとる。オーストリア民訴法では、一回の集中的口頭弁論が訴訟の中心となることを想定していた。ここに手続集中の一つの重要な意味があると言えよう。しかし、それは、その準備が先行手続において徹底的になされる場合にのみ可能とされている。では、手続の集中化のために、クラインはどのような工夫を施したのか。これは、二つの側面から整理できると思われる[21]。

ひとつは、①審理構造（システム）の構築（第一回期日、準備手続、上訴制限と更新禁止）である。つまり、法によって手続の手順を確定した点である。他は、②訴訟主体の行為の規律化（裁判官の実体的訴訟指揮義務化と当事者の行為義務化）、とくに、「裁判官の積極性」の側面である。なお、クライン自身は、手続集中化の方策のどれがキーポイントとなるかは述べていない。むしろ、「事実上、迅速の訴訟追行を保障する「ひとつの」有効な措置は存在せず、相互に密接に関連し合いかつ相互に補完する措置の束全体が重要でなければならない」とするのである[22]。

（一）手続集中の手法としての審理構造（システム）の構築

まず、手続集中のための手法としての審理構造（システム）の構築について簡単に概説する。その特色は、大別して「弁論準備システム」と「上訴システム」にある。後者の上訴システムは、オーストリア民訴法における手続集中理念の実現にとって、中心的な、極めて重要な制度であるが、本章の対象は前者であるので、前者を主に論じることにする。後者については本書第七章参照。

訴訟の準備システムの目的としては、次のことが挙げられている。すなわち、できるだけ早期の段階でかつできるだけ簡易な方法で争いのある事件と争いのない事件を区分すること、どの訴訟要件の適法性が問題となるかを明らかにすること、原告と被告の本案に対する立場をはっきりさせること、当事者によって紛争の終結のためになされた申立てを精査すること、本案における争訟的口頭弁論の準備をなすこと、である。オーストリア民訴法は、これらの課題を主として第一回期日と被告の答弁書により解決しようと試みたのであった[23]。

（イ）第一回期日（Erste Tagsatzung）

オーストリア民訴法が手続集中を目的として固有の制度として創設したのが、「第一回期日」である[24]（旧オ民訴二三九条。以下の条文は、二〇〇二年改正法以前の条文である。現行法と同文の条文もあるが、後述の改正についての叙述の関係で「旧オ民訴」とする。）。被告のすべてが原告の請求を争うわけではないという経験が考慮されたのであった。そして、できるだけ早期にかつ手続コストの負担を少なくして、争いある事件と争いのない事件を分離することに意義があるとしたのである。この選択の手段が「口頭主義の活用」であったのである。

第一回期日は、本質的に二つの役割を有する[25]。一つは、争いある事件を争いのない事件（口頭弁論の必要のない事件）から分離することである。ここで、請求の認諾・放棄、当事者の欠席（欠席判決）又は和解による事件の処理がなされる。他の役割は、訴訟要件に関する抗弁の提出を可能し、本案の弁論前に確定することである。これにより、裁判所は、本案の弁論は特定の訴訟要件の欠缺を理由にして可能か否か及び本案の弁論前にどのような訴訟要件が明らかにされねばならないかを調査する権限が付与されるのである。訴訟要件が欠ける場合には、訴えは、却下されることになる（後述）。

第一回期日は、合議部の裁判長又はその構成員で裁判長により指定された裁判官が行う。弁護士強制はない。第一回期日は、通常事件において、原則義務化され、公開で実施される。第一回期日は、合議部の負担軽減に寄与することを目的としたものでもあったのである。

第一回期日の内容は、以下のように、分類される。

一　第一回期日ではまず、被告は、出訴の不適法性、裁判所の管轄権の不存在（管轄違い）、既判力、訴訟係属（二重起訴）について抗弁を提出することが許される（旧オ民訴法二三九条二項）。この規定に挙げられた抗弁だけでなく、被告はすべての訴訟要件に関する抗弁を提出できるとされている。(26)

二　当事者は、第一回期日で、以下の事項を申し立てることができる（旧オ民訴二三九条二、三項）。すなわち、訴訟費用の担保の提供（旧オ民訴法五九条）、原有者（物又は物権の占有者として訴えられた者が第三者の名において占有している旨を主張する場合における第三者）の訴訟参加（旧オ民訴法二二条、二三条、二四一条）、認諾判決、放棄判決、欠席判決を下すこと（旧オ民訴法三九四条、三九五条、三九六条、三九七条）、訴えの変更の許可（旧オ民訴法二三五条）、管轄権不存在の裁判による移送（旧オ民訴法二六一条六項）、手続救助の許可（旧オ民訴法六五条）、である（なお、裁判官の忌避（旧オ管轄法二三条）と代理人の暫定的許可（旧オ民訴法三八条）の申立ては旧オ民訴二三九条二、四項に掲げられていないが、特別規定により認められていた）。訴訟費用の担保提供と訴えの変更の許可については、即座に裁判されなければならない（旧オ民訴二三九条三項）。

三　当事者の訴訟無能力、法定代理の欠缺、訴訟代理権の欠缺、及び当事者の合意では治癒できない管轄権の不存在といった訴訟要件に関する抗弁については、当事者の申立て又は職権によって審理され、裁判がなされる（旧オ民訴法二三九条三項）[27]。当事者の申立てがなされた場合には、これらについて即座に審理と裁判をなすことが義務づけられている[28]。

四　裁判所は、また、前記の二、三に掲げた事項について（移送、手続救助を除き）第一回期日において裁判しなければならない。裁判は決定によりなされ、訴訟要件の欠缺が確定されると、裁判所は訴えを却下しなければならない。裁判所は、認諾判決、放棄判決、欠席判決を下すことができ（旧オ民訴三九四～三九七条、二三九条二項）、また、和解（旧オ民訴法二三九条二項）及び訴えの取下げ（旧オ民訴法二三七条一項）により、紛争を終結できる。

事件が第一回期日で終了せず、口頭弁論が開かれることになると、裁判官は、被告に「答弁書提出命令」を発することになる（旧オ民訴二四三条、二四八条）。この答弁のために、四週間を越えない期間が定められる。そして、答弁書が適時に提出された後に、本来の口頭弁論である争訟的口頭弁論の期日が指定される（旧オ民訴二四四条、二五七条）。この指定からその開始までの間に、当事者は、訴状又は答弁書に記載しなかった申立て、攻撃防御方法等を「準備書面」で提出することになる（旧オ民訴二五八条）。口頭弁論の準備にとって準備書面（旧オ民訴七六条、七八条）は、被告の答弁書とともに重要な意義を有する。この点は、本稿における手続集中の観点からも重要であるが[29]、紙幅の関係上、答弁書、準備書面による準備については、本章では考察対象と関連する場合にのみ言及することにしたい。

(ロ) 準備手続 (Vorbereitende Verfahren)

被告の答弁書が提出されると、本来の口頭弁論(争訟的口頭弁論)となるが、オーストリア法は、この間に事件の種類に応じて(特定の事件についてのみ)、「準備手続」を設けた[30](旧オ民訴法二四五条以下)。これが第二の審理構造上の特色と言えよう。第一回期日に加え、準備手続なる制度を設けることで、その迅速かつ円滑な審理の進行をめざしたのである。つまり、準備手続の役割は、当事者の協働の下、受命裁判官の面前での審理によって事件について弁論と判決の準備を整えることにあったのである[31]。

オーストリア法は、以下の三つの異なる事案についてのみ、準備手続を認めた(旧オ民訴二四五条)。すなわち、

(1) 類似の関係がある複数請求又は反対請求及び異議が存する事件、

(2) 手続の迅速、簡易化のために事実に関する主張の整理が必要な事件、

(3) 口頭弁論外での証拠調べ等が必要な事件、

である。

複雑な訴訟の内容を口頭弁論において整理し、直接、攻撃防御の方法の取捨選択をしたのでは長時間を要することになる。そこで、準備手続において訴訟資料を収集整理し、口頭弁論の準備を充実することで、訴訟促進をねらったのである。準備手続に付するか否かは、合議部の裁量とされていた。

準備手続においては、受命裁判官は、裁判長と同様の権限を有した(旧オ民訴二四九条)。しかし、その活動は、内容上訴訟の準備に限定されていたのである。訴訟資料を精査、取り調べることのみが可能であり、本案請求(訴訟物)についての処理は合議部に留保されていたのである(例えば、請求の認諾・放棄があり、当事者が認諾・放棄判決を求めても、受命裁判官はその裁判をなすことが許されなかった。和解のみが、裁判所の活動が訴訟要件の審査と和解の調書化に限定されていたことから許された。他方、訴えの取下げ、訴えの変更は準備手続でも行うことができた)。そして、旧オーストリア民訴法

二四五条一号（計算の当否、財産分割その他類似する関係があり、これに関して争いがある多数の請求又は反対請求及び異議が存する事件）事件を準備手続に付したときは、当事者は、この手続においてその主張する各請求及び反対請求、攻撃又は防御の方法、異議及び弁明について受命裁判官の定めた順序に従って口頭で各別に弁論をなさなければならないとされた。そして、この弁論においては、次の点を調書にて明確にしなければならなかった（旧オ民訴二五〇条）。

(1)　いかなる請求及び反対請求を主張するのか及びいかなる攻撃及び防御の方法を主張するのか
(2)　いずれの請求、反対請求、攻撃及び防御の方法を争うかまたは争わないか
(3)　争いあるものに関しては、当事者の申し出た証拠方法、主張した証拠抗弁、及び証拠方法及び証拠抗弁に対する陳述を掲げたうえで、当事者の陳述に基づく完全な事実関係の記載

そして、この準備手続は、同時提出主義（Eventualmaxime）によって支配されたと言えるのである。[32] また、準備手続に当事者が欠席した場合には、受命裁判官は、出席当事者の陳述を取り調べ、手続の対象を審理しなければならなかった。その後、受命裁判官は、期日を延期し、欠席当事者に、新たな期日に出席しない場合には、欠席期日における出席当事者の陳述を真実とみなす旨を教示して、欠席期日の調書の謄本を送付し、欠席当事者を呼び出さねばならなかったのである。

また、準備手続では、弁護士強制がとられた。

準備手続において弁論が準備されると、次に、争訟的口頭弁論が開始される（旧オ民訴二五七条）。争訟的口頭弁論が、本来の口頭弁論で、人証調べなどが実施され、判決に到る、このような手続の流れであった。しかし、前述したように、準備手続を経る審理プロセスは民事訴訟における審理システムの基本形ではない。

（八）上訴システム――第一審集中化のための控訴制限・更新禁止原則

手続集中の観点から、審理構造上、重要となるのが、上訴システムにおける「控訴制限」と「更新禁止」である。控訴制限は、オーストリア民訴法五〇一条で、訴額が小さな事件（現行法では二七〇〇ユーロを越えない事件）は、再審事由（無効理由、法律判断の誤り）の場合を除いて、控訴できないとした。

この観点でとくに重要なのが、上訴手続における「更新禁止」原則（オ民訴法四八二条）である――詳細は、第七章参照――。第一審において事実関係をできる限り完全に探求するとする基本姿勢がここに存することになる。クラインによるこの訴訟モデルにより、オーストリア民事訴訟においては、今日まで最も有効な制度としてみなされた訴訟集中の措置が可能になったのである[33]。しかし、この更新禁止原則は、クラインによって初めて導入されたものではなく、オーストリア民訴法の伝統であった。ヨーゼフ二世の一般裁判所法においてすでに規定されていたのである（オーストリア一般裁判所法二五七条、一九七六年の西ガリア裁判所法三三三条）。クラインは、更新を容認するドイツ民訴法の訴訟モデルを受け容れることを拒んだのであった[34]。もっとも、クラインは、ドイツ法の影響を受け、この原則を緩和しようと考えていたようであるが（オ民訴四八二条条二項参照）、オーストリア民訴法の通説・実務はその緩和を拒絶している[35]。

この原則は、第一審判決の再審理が第一審の口頭弁論終結時時点で存する本案に関する申立てと事実陳述に基づいてのみ行われることを意味する。上訴手続では、第一審においてなされなかった新たな請求又は抗弁の提起及び事実並びに証拠の提出となる事由は排斥されるのである[36]。つまり、オーストリア民訴法四八二条によれば、控訴裁判所の弁論においては、控訴手続の費用の償還請求を除き、新たな請求又は新たな抗弁を提出することは許されない（同条一項）。ただ、判決の内容及びその他の訴訟記録の内容によれば第一審において提出されなかった事実及び証拠は、控訴手続においては、当事者は主張された控訴理由を立証し又は反駁するためにのみこれを提出することが許されるのである（同条二項前段）。また、これら新たに提出されたものは、控訴状又は控訴答弁書（オ民訴四六八条）を通じて予め相手方に通知されていた場合に限り、斟酌することができる（同条二項後段）。

このように、オーストリア民訴法では、訴訟資料の収集は、原則として、第一審に留保されており、手続全体の重点が第一審段階に移っているのである。それゆえ、上告審においてもまた当然に、新たな事実上の主張又は証拠の提出は、無効原因またはその他の訴訟上の欠缺を支持ないし争うためにのみ許されているにすぎない（オ民訴五〇四条二項）。この原則により、訴訟の法的安定性及び法的平和目的が強調される。なお、控訴審における更新禁止原則違反は、上告理由となる。

以上、こうした制度的枠組みから、オーストリア民訴法による控訴は、第一審手続のやり直し（Wiederholung）に役立つのではなく、第一審手続のコントロールに役立つものと解されている。審理対象は、控訴提起者によってなされた控訴申立ての枠内での第一審判決の正当性についての再審理のみである。控訴は、「訴訟をコントロールするのであって、現実をコントロールするのではない」とされた[37]。

(二) 手続集中の手法として裁判官の積極性

手続集中のための手法に関する第二のポイントが、「訴訟主体の行為規律化」である。当事者の真実義務・完全陳述義務の規定（旧オ民訴一七八条）、時機に後れた攻撃防御方法の却下など（旧オ民訴一七九条など）の失権規定の強化は、当事者の訴訟協力義務を顕在化させたものであり（当事者の行為規制）、裁判所の実体的訴訟指揮義務など（旧オ民訴一八〇条、同一八二条、同一八三条など）に基づく「裁判官の積極性」は、当事者の行為規制を実効化させるものであり、かつ手続の集中化において非常に重要な手段となった[38]。オーストリア民訴法が採用した職権進行主義も、「裁判官の積極性」による手続促進の手段であり、クラインが訴訟を国家による福祉制度と理解したことに起因する。「始まった訴訟の維持は、裁判所の事柄である」とされている[39]。

オーストリア民事訴訟における手続集中は、裁判官の積極性の発現である「裁判官の実体的訴訟指揮権限」と最も密接に関連する。裁判所は、その訴訟指揮機能の範囲で民事手続の集中化を――また関連して当事者利益の点でも――目指さねばならない。これが、クライン以来[40]、オーストリア民事訴訟において承認されていることである。なるほど、訴訟促進をめざす厳格な手続集中は、事実関係解明の完全性を抑える危険をもまたもたらすかもしれない。しかし、実体的訴訟指揮権は、裁判官に「実体的真実」を探求する権限、つまり、完全な事実関係の確定を手に入れる権限を付与するものであると把握されたのである。オーストリアの裁判官は、発問して、または他の方法でできる限り真実に即した事実関係を確定しなければならないのである。裁判官は、証拠方法の公表を要求できるだけでなく、原則として職権で、「訴え提起後または弁論の進行後に重要な事実についての解明が期待されうる」すべての証拠方法を取り調べることができた（オ民訴一八三条一項四号参照）。

（三）手続集中の理念とドイツ民訴法

こうしたクラインによる手続集中のための方策は、その後、わが国民訴法の母法国ドイツの民訴法にも大きな影響を与える。とくに、一九七六年のいわゆる「簡素化法」[41]（BGBl I 3281）は、手続の集中化とその方策が目標とされ、弁論準備システムとしては早期第一回期日方式と書面先行方式が考案された。また、失権強化による手続の緊迫化が試みられ、当事者の一般的訴訟促進義務も導入された。さらに、二〇〇一年のドイツ民訴法改正では、更新権の広範な制限が行われている[42]。これらは、クラインによる手続集中方策と相通じるものがあり、他方、ドイツ民訴法改革は、後述するように、オーストリア民訴法改正にも大きな影響を与えている。両国の法制度は、互いに影響を受けつつ、発展しているように思われる。このドイツ法における手続集中理念――弁論集中が中心となっているが

——とその方策の変遷を明らかにすることも、筆者の研究テーマとの関係で不可欠であるが、本章では、詳細は取り上げず、今後の課題としたい。

三　一九八三年オーストリア民事訴訟法改正と弁論準備システム

オーストリアにおける一九八三年改正法[43]は、「手続の簡素化と緊張化」と「法へのアクセス改善」を目標にしたものであった。前者は、直接的に、又は裁判官と弁護士の負担軽減を通して、当事者にとっての手続の迅速化と廉価化を目指したものである。後者のアクセス改善は、とくに、法的審問権保障の改善を目的としたものである[44]。この改正法で、裁判管轄法（ＪＮ）が五九の規定を、民事訴訟法（ＺＰＯ）が一三九の規定を、周辺領域を併せると二六〇もの規定が、新設・改正されたのである。この改正に関する立法者の統一的構想は必ずしも明確でない[45]。この改正の主たる改正点しては、以下のものがある。①国際民事訴訟法の改正、②管轄不存在の効果や管轄争いを緩和するための移送制度の改正（オ民訴二三〇ａ条及び二六一条六項）、③簡易裁判所手続での訴訟促進のために書面による事前手続の変革と強化——義務的督促手続の創設（オ民訴四四八条以下）、④準備手続の廃止、⑤第一回期日の適用範囲の限定（オ民訴二四三条四項）、⑥提出期間の定めがある準備書面の改善可能性の拡大（オ民訴八四条三項）、⑦他の手続における証拠調べ調書の朗読による証拠調べの実施（オ民訴二八一ａ条）、⑧現状回復の軽減化（オ民訴一四六条一項、五三四条三項、五五六条）、⑨上訴手続の改正[46]、⑩仲裁手続の国際化などである。一九八三年改正法の目標は「手続の簡素化と緊張化」であり、手続集中理念と関連し、その現在状況に対応させようとした試みであったとも言える。

以下では、本稿の対象である弁論準備システムと関連してくる改正点についてのみ概説することにしたい。

一　準備手続の廃止

まず、「準備手続の廃止」である。すでに述べたように、わが国大正民訴法改正において弁論集中の手段として選ばれたのが準備手続である。

オーストリア法における準備手続は、中間手続であり、判決手続固有のものであった。しかし、準備手続は、その利用が合議部の場合に限定されていた（旧オ民訴二四五条、二四六条一項）。そもそもは、合議部の負担を軽減することが考慮され、この手続で受命裁判官に訴訟資料を収集する権限を委譲することによって、口頭弁論の集中化と迅速化に至りうるものと考えられたのである。しかし、この手続は、改正時にはすでに実務上、その意義を失っていたのであった。オーストリア民訴法施行直後は、合議部による裁判審理が支配していたが、一九一四年の第一次裁判所負担軽減法（1. 6. 1914 RGBl 118）で、通常民訴手続のほとんどの領域で単独裁判官（による審理方式）制度が導入されたのである。この導入は、訴訟遂行の本質的迅速化と廉価化に資するものであり、これにより、準備手続の実務上の必要性はなくなったのであった[47]。

司法委員会報告書（1337 der Beilagen XV. GP-Ausschussbericht NR. S. 12）のなかで、その廃止理由が記載されている。それは、オーストリアでは準備手続はほとんど利用がなかった点、及び、合議部で意味があったが、合議部事件でも準備手続は審理の促進という点で必ずしも良い結果をもたらしていないとの評価に基づくものである[48]。

二　第一回期日の改正

次に、一九八三年の改正法では、第一回期日の適用範囲が限定された。つまり、通常判決手続において義務的であった第一回期日が、請求を争うことが認められる場合には開かれず、被告に答弁書提出を命じることを認めたのであった（旧オ民訴二四三条四項）。そして、第一回期日において提出しないと失権するものは、答弁書において提出していないと失権することになった。これにより、単独判事の裁量による手続の促進が図られる形となっている。

旧オ民訴法二四三条四項

訴え、とくにそれに添付された文書の内容からみて、被告が応訴することが見込まれるときは、裁判長は、第一回期日を指定することなく、訴えに対する答弁を、書面による決定で命ずることができる。この決定に対しては、上訴により不服を申し立てることはできない。この場合においては、第一回期日において提出しなければ、それ以外においては失権する抗弁又は申立ては、訴えに対する答弁において提出しなければならず、それ以外においては、失権する。また、第一回期日において行われるべき訴訟行為は、争訟的口頭弁論のために定められた最初の期日の冒頭にしなければならない。訴えに対する答弁が適時に提出されないときは、第三九八条を適用する。

第一回期日が手続集中のための手法であり、合議部の負担軽減を目的としたものであったことは、前述した。しかし、すでに、被告が応訴する場合には、第一回期日は不必要なものとみなされ、むしろ、コストのかかる手続とみなされていた[49]。また、一九一四年の第一次裁判所負担軽減法後、単独裁判官による審理が一般化すると、準備手続と同様に、第一回期日の負担軽減機能は喪失していたのである。そして、督促手続や欠席判決に対する異議の手続などで示されるように、訴訟手続の準備は書面でも可能であり、つまり、第一回期日なしでも処理されうるとの主張もなされていた[50]。実務においても、第一回期日は、欠席判決を下すか、答弁書提出を命ずる場合にしか利用されていなかったのである[51]。こうした中で、第一回期日の全面的排斥を唱える立場もあれば[52]、口頭主義から書面主義への移行を懸念し、第一回期日の維持を唱える見解もあった[53]。オーストリア法は、こうした意見を踏まえ、規定自体は廃止せず、若干の変更を加えて第一回期日をきわめて限定的なものにしたのである。その結果、通常の訴訟手続では、その期日の指定は、事実上、裁判所の裁量となったのである[54]。

三　証拠調べ調書の朗読による証拠調べの実施

次に、手続の促進との関係で重要と思われるが、オーストリア民訴法二八一a条の導入である。この規定は、裁判所が訴訟記録及び鑑定結果を従前の「他の手続」から引き継ぐことできるとした。直接主義の原則が緩和されたのである。これにより、両当事者が先行する手続に関与し、当事者の一方がその朗読に異議を申し立てない限りで、訴訟は促進されることになったのである。この改正は、従前の裁判実務（判例）[55]に従ったものであった。

この規定に対しては、直接主義を破るものとして反対もある[56]。当事者の関与した裁判手続において争いある事実について証拠調べがなされた場合、この規定によれば、原則として（かつ証拠方法がもはや利用できない場合には必ず）、新たな証拠調べは敬遠される可能性があるというのである[57]。他方、この規定は訴訟促進に役立つこと、そして、各当事者は相応の申立てにより直接的証拠調べを要求しうる点から、改正を支持する立場[58]もある。

また、準備書面についての改正、つまり、紛争解決のために瑕疵があるとして却下されることになっていた提出期間の定めがある準備書面の改善可能性の拡大（オ民訴八四条三項）も本章と関連してくるが、ここでは取り扱わない。

以上のように、一九八三年のオーストリア民訴法改正は、クラインの創設した訴訟集中の手法の一部を変容するに至っており、その多くが実務的観点からの変容である。この変容は、口頭主義、直接主義という訴訟原則にも影響を与えることになっている。そして、この方向性は、以下で示す、二〇〇二年改正にも引き継がれていく。

四　二〇〇二年オーストリア民事訴訟法改正と弁論準備システム

オーストリアでは、司法政策の重点ポイントとして裁判手続の促進を掲げ、二〇〇二年改正法（BGBl 2002/76）

は、裁判手続を迅速かつ効率的に形成することを目的とした。[59] つまり、一九八三年の改正と同様に、「手続の迅速化と簡素化」が目標であった。そして、それを実現する主要な方策として、①第一回期日の変革、すなわち、「第一回期日」の廃止と「準備期日」の創設、②当事者の訴訟促進義務と裁判官の討論義務の明文化、③（真の）欠席判決の許容性の拡充、④欠席判決に対する異議の廃止、⑤督促手続の拡張が挙げられ、[60] これらの方策によって、民事訴訟における手続集中原則の強化、訴訟引延しの防止及び著しい促進効果が期待された[61]のである。以下では、本章の対象である弁論準備システムに関する改正を中心に概観することにしたい。

一 第一回期日の変革——準備期日の導入

一九八三年改正の概説で述べたように、第一回期日については、その存続につき賛否両論が提示されていた。オーストリア民訴法の通常手続は、その基本構想においては、第一回期日を争訟手続の「門」として規定していたが、第一回期日は形式的な問題と和解の勧試に限定され、一九八三年の改正法によりその意義がさらに削減された。その結果、第一回期日は、書面による応訴手続にとって代わられたのであった。それらを二〇〇二年改正の政府草案では、従前の訴訟には三つの弱点、すなわち、①第一回期日での本案に関する弁論の禁止、②「内容のない(leeren)」答弁書及び③「単なる」証拠決定期日という問題を解決するために、第一回期日の変革が必要と考えられた。そして、その方策としては、第一回期日を廃止したうえでの「答弁書手続の改正」と「準備期日」の創設が係わってくる。以下、これらの点を概説していく。

(一) 手続開始段階の改正

二〇〇二年改正法の中心のひとつが、訴訟開始段階の新たな手続形成にあった。二〇〇二年改正法は、陳述の集中化、それについての討論、訴訟進行表の作成を目的とした。そのための主な方策が、準備期日の創設と、重大な過失により遅れた新たな陳述に対する失権の要件緩和――失権強化――（オ民訴一七九条）及び訴訟促進義務の明文化（オ民訴一七八条二項）であり、これらによって、口頭弁論の準備段階（この準備段階は証拠手続開始まで継続）の拡充を試みたのであった。

オーストリア民訴法における口頭弁論の準備システムは、第一義的には書面によっている。口頭弁論は、訴状、答弁書等の書面によって準備される（オ民訴一七六条）。裁判所は、できるだけ早期に口頭弁論の準備のために必要な命令を出さなければならない。特に重要なのは、オーストリア民訴法二五七条の改正である。裁判所は、必要な場合には、当事者に準備書面の交換を命じることが可能になった（オ民訴二五七条二項第一文）。そして、裁判所は、一定の期間内に陳述を補充すること、証拠方法として提出しうる文書及び検証物を裁判所に提出すること、尋問を予定している証人の氏名・住所を知らせることを当事者に命じるのである（オ民訴一八〇条二項第一文）。さらに、当事者は、相互に、訴状及び答弁書においてまだ記載していなかった申立て、攻撃防御方法、主張及び証拠で、主張しようとするものを、とくに、遅くとも準備期日一週間前までに裁判所及び相手方に提出する準備書面によって通知することができ、この時点までに、両当事者はまた、第二二九条に掲げる申立て（訴状における申立て）を書面によりなすこともできるのである（オ民訴二五七条三項）。

そして、この訴訟開始段階での手続形成では、オーストリア民訴法二三〇条の改正も重要である。これにより、訴状の改善がなされた。通常、訴状が提出された後には、裁判所は、訴訟要件の存在ないしそれに関する抗弁の不存在、訴状の形式、内容の遵守について審査する（オ管轄法四〇a条～四三条、民訴八四条、八五条）。この訴状審査をクリアすると、この規定の改正により、答弁（書提出）命令が下される段階に手続は移る。そして、この第二三〇条で挙げられている訴訟要件の存在に疑いがある場合には、訴状却下前に訴状の補正ができることになったのである。また、第一回期日（旧オ民訴二三九条）の廃止により、通常手続においては、答弁書は、義務的督促手続の場合を除いて、すべての事案において、提出を命じられることになったのである。

参考条文試訳

第二五七条　争訟的口頭弁論の開始

(1)　事件を割り当てられた合議部の裁判長は、答弁書が適時に提出された後又は異議が提出された後、口頭弁論のための準備期日を指定しなければならない。口頭弁論のための準備期日は、両当事者が、争訟的口頭弁論の準備のために、呼出状の送達から少なくとも三週間の期間の猶予を与えるように、指定しなければならない。

(2)　口頭弁論の準備のために必要な命令は、できるだけ早期に、これをしなければならない。とくに、準備書面の交換は、——必要な限りで——、これを明示しなければならず、かつ第一八〇条二項の命令により行わねばならない。

(3)　両当事者は、相互に、訴状及び答弁書においてまだ記載してなかった申立て、攻撃防御方法、主張及び証拠で、主張しようとするものを、とくに、遅くとも準備期日一週間前までに裁判所及び相手方に提出する準備書面によって通知することができる。この時点までに、両当事者はまた、第二二九条に掲げる申立てを書面によりなすことができる。裁判長は、このことに関して、必要と思われる命令を直ちに発しなければならない。

(4)　本条に規定する命令に対しては、不服申立てはこれを許さない。

第二三〇条

(1)　支払命令が下されない場合には、争訟事件を割り当てられた合議部の裁判長は、決定で、被告に訴状に対する答弁を命じなければならない。訴状に対する答弁の期間は、四週間とする。この決定は、不服申立てにより取り消すことはできない。

(2)　訴えが国内裁判権、事物管轄又は土地管轄の欠缺、ないしは原告ないし被告側の訴訟能力又は必要な法定代理の欠缺を理由に不適法であると被告が考える場合には、被告は、訴状に対する答弁を命ずべきか否か又は第六条に掲げる処置を講ずるべきか否か、又は補正のため訴状を返却すべきかあるいは却下すべきかについて、合議部の裁判を求めなければならない。

(3)　国内裁判権の欠缺は、それが治癒されない限りで（オ管轄法一〇四条）、出訴の不適法性、訴訟係属、争訟事件に係わる判決の法的確定力及び請求放棄の下での訴えの取下げは、いつでも、職権で、考慮されねばならない。

この関係で問題となるのは、答弁書との関係で立法担当者が強調した「内容のない答弁書」は改善されたかである。立法担当者は、答弁書は、争うことについての一貫性ある理由づけを記載しなければならないということで、訴訟促進の目的が達成されるかには疑問が残るとする(62)。二〇〇二年改正法の立法者は、訴訟を緊張化しかつ迅速化することを目的に定めた。それゆえに、立法者は、「内容のない答弁書」は、争訟的口頭弁論を準備するのに適していないために、もはや寛容に扱われるのではなく、短い補正期間での補正命令が下されるべきであるとする(63)。

参考条文試訳

第二三九条　訴状に対する答弁

(1)　第二三〇条一項により命じられた訴状に対する答弁は、準備書面によって行われねばならない。答弁書には、一定の要求を含まなければならず、かつ、訴えによる請求が争われ、申立てがなされ、抗弁が提起される限りで、被告の異議、申立て及び抗弁が依拠する事実及び諸事情を、個々に簡潔にかつ完全に主張しなければならず、並びに、被告が弁論に際して事実に関する主張の証明のために用いようとする証拠方法を個々に詳しく表示しなければならない。

(2)　被告は、答弁書において、第二二九条に挙げられた一つの申立て又は複数の申立てをなすことができる。

(3)　訴えに対する答弁は、さらに、以下に掲げる目的のためこれをなす。

1　国内裁判権の欠缺、出訴の不適法性、事物管轄又は土地管轄の欠缺、訴訟係属、争訟事件の法的確定力及びその他の訴訟要件の欠缺の抗弁を提出すること

2　原有者の指定
3　訴訟費用の担保提供の申立て
4　認諾の表明

(二) 準備期日の創設

二〇〇二年改正の中核とされたのが、「準備期日」である（オ民訴二五七条一項、二五八条）。オーストリア民訴法における書面による準備と並ぶ第二の口頭弁論の準備システムといえる。準備期日は、従来の第一回期日と準備的証拠決定期日を合わせたものである。準備期日は、訴訟促進を目的とした。準備期日は、第一回口頭弁論に該当し、他のその後の続行期日と、弁論は統一される。

準備期日では、第一回期日の内容の一部（和解の勧試、訴訟要件についての裁判）を引き継ぐ一方、争訟事件についての討論、合目的的であれば、当事者の尋問、新たな証拠手続の実施もできることになった（オ民訴二五八条一項）。通常の争訟手続における準備期日は、答弁書の提出後に指定される。

この準備期日における最も重要な行為とされるのが、いわゆる「訴訟プログラム（Prozessprogramm）」の作成である。これは、オーストリア民訴法二七七条の証拠決定（証明主題及び証拠方法を詳細に記述して各証拠調べを命ずるためになされていた）に代わるものである。証拠調べ手続のための「運行表」と言われている。(64) 手続の集中化、促進に寄与することが期待された。(65) 訴訟プログラムが訴訟経過の大雑把な見取り図を描くことに限定されうるのか、それとも、従前の証拠決定と同様に個々の事実及びその証明に資する証拠方法を個々に詳しく挙げねばならないかについては争いがある。(66) いずれにせよ、裁判の質は訴訟プログラムに附随するものではない。必要な場合には、いつでも、変更可能である。手続の進行に関する議論が行われ、かつその結果において、その時まで計画されていない証拠調べの告知を行うことができる。[67] 訴訟プログラムについては、当事者との共同作業でもなく、当事者の合意も必要ない形で、裁判官の裁量により確定される。[68]

準備期日ではまた、事実関係と和解の可能性について包括的に討論できることが保障されている。そのためには、当事者自らが（または、当事者が事案解明に貢献できないときには、情報提供者が）、代理人の支援のため、期日に出席することが予定されている[69]（オ民訴二五八条二項）。この規定の意図は、当事者のインフォーマルな陳述により、争点がどこにあるかを見つけ出す点、和解を勧試する点、とくに無条件の和解を締結しうる点、そして、期日を通知する際に当事者の出廷予定を考慮することが裁判官に可能になった点にあるとされている。[70]

準備期日を欠席した場合には、オーストリア民訴法は直接的なサンクションは規定していない。ただ、期日に欠席した場合には、オーストリア民訴法三九六条二項による欠席判決が下されうる。[71] オーストリア民訴法二五八条二項の義務に違反する場合には、費用負担のサンクション（オ民訴四四条、四八条、一四二条参照）が課されうるとされている。[72] また、オーストリア民訴法一七九条による訴訟引延しの場合の失権効も、要件が存在する場合には、適用がある。それに対して、オーストリア民訴法三八〇条、三八一条の規定（当事者尋問の場合の失権効）は、当事者が当事者尋問に呼び出され、出席しない場合に初めて適用される。[73]

参考条文試訳

第二五八条　準備期日

(1)　準備期日は、争訟的口頭弁論の一部として、以下に掲げる事項を行う。

1　訴訟上の抗弁についての裁判、但し、すでに第一八九条二項によりそれに関して別途審理及び裁判がなされなかった場合に限る。

2 当事者の陳述（第一七七条乃至第一七九条）
3 事実陳述及び法的陳述に関する討論、法的観点に関する討論もまた同様
4 和解勧試、並びに和解勧試が奏功しなかったときは、訴訟の進行及び訴訟プログラムの告知についての討論、及び
5 ――合目的的な限りで――当事者の尋問及び新たな証拠手続の実施

(2) 当事者及びその代理人は、準備期日において事実関係及び和解の可能性を包括的に討論できるよう配慮しなければならない。この目的のために、当事者は、又は、当事者が事実関係の解明に寄与できない限りで、代理人の支援のための情報提供者は、期日に出席しなければならない。

第二五九条　争訟的口頭弁論の続行

(1) 争訟的口頭弁論は、口頭弁論に関する総則規定に従って、これを行う。争訟的口頭弁論は、事実陳述及び法的陳述に関する討論、証拠調べ並びに証拠調べの結果についての討論をも含む。

(2) 争訟的口頭弁論の間、被告は、原告の同意を必要とせずに、第二三六条所定の（中間）確認の申立てをなすことができる。

(3) 地方裁判所の単独裁判官の面前での弁論においては、独立した商事裁判所での単独裁判官の面前での弁論がなされる商事事件の特別裁判権の行使がなされた場合、又は普通裁判権の行使がなされた場合には、その旨を判決中への付記をなす申立てをなすことができる。申し立てられた付記は、裁判所がそれを適切とみなす場合に、判決文中にこれをなすことができる。

二　当事者の訴訟促進義務の明文化

二〇〇二年オーストリア民訴法改正は、前記のように、訴訟促進を掲げ、弁論準備システムに大きな変革を加えた。しかし、この改正法は、弁論準備システムをより機能させるために、訴訟主体に対する規律も強化した。当事者の訴訟促進義務(74)の明文化である。これらは、前記弁論準備システムの改変と相まって、言わば、車の両輪となっ

て訴訟促進の実効性を確保しようとしたものといえる。訴訟主体に対する規律は、本章の対象外ではあるので、以下では、概略を紹介するに止めたい。なお、「裁判所の法的討論義務と不意打ち判決の禁止」を規定したオーストリア民訴法一八二a条は、準備期日（オ民訴二五八条一項三号）と不可分の関係に立つが、本稿の考察対象とは若干のズレが生じるので、また取り上げない(75)（この点については第四章参照）。

二〇〇二年改正法は、手続集中の手段としてオーストリア民訴法一七八条二項において、「すべての当事者は、手続ができるだけ迅速に遂行されうるように、適時にかつ完全に陳述しなければならない」として当事者の訴訟促進義務を明文化した。それは、一九七六年のドイツ簡素化法によって新たに規定されたドイツ民訴法二八二条を本質的にはモデルにしたものである(76)。なお、訴訟促進義務の萌芽は、すでにオーストリア民訴法では、その規定の中に見て取れた。つまり、オーストリア民訴法二二六条は、原告に訴状において請求を基礎づける事実の完全な記載を義務づけていた。また、旧オーストリア民訴法二四三条二項（現行二三九条）は、被告側の答弁書において同様の規定をしていたのである。オーストリア民訴法一七八条二項は、それらを一般化したものである(77)。なお、この規定は、オーストリア民訴法一七八条一項の規定する真実義務や完全陳述義務と同様に、明確なサンクションの規定はない。それゆえ、同時提出主義の意味で理解されないとされている(78)。

また、訴訟促進義務違反の場合の効果としては、費用負担（オ民訴四八条）、時機に遅れた攻撃防御方法の却下による失権（オ民訴一七九条）などが考えられている(79)。この当事者の訴訟促進義務は、前述のオーストリア民訴法二五七条三項との関係で意味を有してくる。この規定と相まって、当事者は、処分が委ねられている証拠方法を、一方でできるだけ早く、他方で、遅くとも準備期日一週間前までに裁判所に提出する準備書面によって主張ないし指摘するという行動を取らねばならなくなるのである(80)。

参考条文試訳

第一七八条

(1) いずれの当事者も、その陳述において、個々の場合において、自己の申立てを理由づけるために必要なすべての事実を、真実に即して完全にかつ特定して主張し、その主張の特定のために必要な証拠の申出をなし、その相手方によって提出された事実の主張及び申し出た証拠について明確に意見を述べ、取り調べられた証拠の結果を説明し、かつ、相手方の関連する主張について明確に意見を述べなければならない。

(2) すべての当事者は、手続ができるだけ迅速に遂行されうるように、適時にかつ完全に陳述しなければならない（訴訟促進義務）。

第一七九条

当事者は、口頭弁論の終結に至るまでに、この弁論の対象に関係ある新たな事実に関する主張及び証拠方法を提出することができる。但し、そのような提出が、とくに事実陳述及び法的陳述についての討論（第一八二a条）に関して、重大な過失により早期になされなかった場合及びその提出を許すことが手続の終結を著しく遅延させるであろう場合には、申立てにより又は職権で、裁判所はこれを却下することができる。

第一八二a条

裁判所は、当事者の事実陳述及び法的陳述について当事者と討論しなければならない。附帯請求の場合を除き、裁判所は、その判決を、当事者の一方が明らかに見落とし又は重要でないとみなした法的観点に依拠することができる。ただし、裁判所がこの法的観点について当事者と討論し（第一八二条）かつ意見表明の機会を与えた場合に限る。

五　弁論準備システムの変遷からの示唆

以上、「手続集中」の観点から、近時のオーストリア民訴法改正における弁論準備システムの変遷を概観してみた。オーストリア民訴法では、近時の改正により、クラインが弁論準備システムとして創設した「第一回期日」は廃止・変容された。さらには、わが国大正民訴法改正で注目された「準備手続」も姿を消した。オーストリア民訴法の基本的審理構造（督促手続は除く）は、「訴え提起→（訴状審査）→答弁書提出→準備期日（第一回争訟的口頭弁論）→（続行）争訟的口頭弁論→判決」という流れに変わったのである。しかし、手続集中の理念が破棄されたのではない。それ自体は、常に意識されてきたと言えよう。[81] 一回の集中的口頭弁論が訴訟の中心となるとの考えには、変更はないと言えよう。変わったのは、手続集中を実現する方策である。その方策の特色は、相互に関連してくるが、書面主義の拡張、当事者の行為規律の強化と裁判官の裁量拡張及び法的審問権への配慮を挙げることができるように思われる。

書面主義の強化は、準備期日前に答弁書提出を義務づけており、その意味では書面先行型の弁論準備システムが見て取れる。しかし、クラインが第一回期日において重視した口頭主義による弁論準備という手法は消え去ったのではなく、「準備期日」に引き継がれているとも言える。それを実現するために、当事者の期日出席を義務づけるなどの当事者行為の規律強化がなされた。当事者行為の規律は、反面で裁判官の積極性（権限拡張）と関連してくる。それは、当事者に対する失権の拡張に見て取れる。この点とのバランスをとる形で、近時のオーストリア民訴法で強調されてくるのが「法的審問権の保障」である。一九八三年の改正から、オーストリア民訴法はそれを正面から取り上げ、二〇〇二年改正における裁判官の法的討論義務、不意打ち判決の禁止の条文化は、この点を考慮したものと言える。

このような変遷を辿ったオーストリア民訴法から、わが国の民訴法はどのような示唆を得ることができようか。多々考えられうるが、本稿の対象との関係で、次の三点を指摘することで、本章の一応のまとめとしたい。

第一に、弁論準備システムのあり方についてである。わが国でも、現行民訴法は原則一回の集中証拠調べで訴訟を終了させる審理構造を採る。この集中証拠調べの実現のために争点整理手続を整備した。[82]しかし、オーストリア民訴法との相違は、わが国民訴法の規定が個々の手続で何をすべきかが明確に規定されていない点にある。例えば、訴状、答弁書等の具体的記載内容については、規則に規定されている（民訴規則五三条、五四条、七九条、八〇条参照）。和解、進行予定の情報収集手段である参考事項聴取（民訴規則六〇条）も最初の口頭弁論期日の指定（民訴規則六一条）も規則事項である。しかし、これらの規定自体から、弁論準備段階で実現すべき項目は明らかではない。しかも、規則を訓示規定とみる現在の通説・実務の立場では、その内容の拘束性は弱い。他方、現在、争点整理の主要手続となっている弁論準備手続については、法文上、そこでできる証拠調べなどの訴訟行為は挙げられているが（民訴一七〇条）、どのような事項をどのように処理すべきかの具体性に欠ける。その結果、裁判体によって審理方法が異なってくる可能性が生じている。審理構造としての弁論準備システムは確立できていないと言えよう。これに対して、オーストリア民訴法の弁論準備システムにおいては、訴訟要件の裁判、和解などで早期に処理できる事件はできるだけ早く処理し、最初の期日で事件について当事者と討論し、法的観点など裁判の前提形成や訴訟プログラム作成など（オ民訴二三九条、二五八条参照）、そのなすべき事柄は明示的であり、わが国にとって示唆的でもある。それは弁論準備システムの一つのモデルとなろう。立法的解決が望まれるが、[83]わが国も、第一回口頭弁論期日を事件振り分け期日とし、進行協議期日（民訴規則九五条以下）の規定もおく。[84]そして、これらの期日を一般的に活用することが考慮されるべきであろう。とくに、単なる振り分け期日としてではなく、実質的審理を実施できるようにした、第一回口頭弁論期日のオーストリア法的工夫は考慮に値するように思われる。

第二は、当事者行為の規律の仕方についてである。オーストリア法もドイツ法も当事者の訴訟促進義務や失権規定に代表されるように、当事者行為に対して規律が厳しくなっている。そして、その反面での「裁判官の積極性」の強調がある。弁論主義を基礎とした訴訟モデルは大きく後退し、裁判官の積極性により当事者行為の活動範囲が画されてきている。わが国では、裁判官の積極性への志向が一部見受けられるが、当事者主導型の審理方法への支持が根強い(85)。手続集中理念から見た場合には、当事者主導型の審理方法には問題がなくはない。例えば、失権規定の存在であるが、それは適用されることが通常の事柄である場合に意味をもつ。わが国における時機に後れた攻撃防御方法の却下の規定（民訴一五七条）は、「存在すれど適用は稀である」という運用が常況となっていると言われて久しい(86)。この常況が問題であると考える。失権規定の適用が稀であるとすると、攻撃防御方法の提出が遅れても失権がないと一般に予想されることになる。そして、この予想に基づいて、当事者も裁判官も行動することになる。そうすると、この常況が制度して機能することになる。システムとして最善のものを考案できたとしても、その運用を担う者が自由に運用できるとなると、柔軟性があると言えるかもしれないが、どうしても易きに流れる。その結果、システムの目標は達成できない。このことを想定すると、運用主体の行動を規律するというやり方は合目的的である。訴訟の場合も同様ではなかろうか。問題は、訴訟主体の行動規律のバランスのとり方であり、オーストリア民訴法の試みは、その方法の一モデルとなりうるように思われる(87)。

第三は、口頭主義・直接主義についてである。オーストリア民訴法の創設者クラインは、口頭主義・直接主義に高い価値をおいた。これらの原則を手続集中の手法の一つとしても位置づけてきた。書面主義に傾き、直接主義を一部緩和する近時の改正動向は、このクラインの構想と反する点もあり、批判がある点も前記した。近時のオーストリア民訴法のこの改正動向は、手続促進の点が重視されているが、適正な裁判という点では疑問がなくはない。

しかし、他方で近時のオーストリア民訴法は、法的審問権の保障や公正な手続の保障にも意識を傾けつつある。[88] 裁判官の法的討論義務、不意打ち判決の禁止の条文化はその反映でもあり、それが弁論準備システムの中で考慮されている。この点で、オーストリア民訴法は、形を変えてはいるが、口頭主義・直接主義に手続集中と当事者の利益保護のバランスをとる役割を与えているように思われる。このことは、わが国の民事訴訟実務にも示唆的である。[89] 「真実に合致した適正な裁判」と「迅速な裁判」という二つの価値実現をめざす手法として、わが国にも、口頭主義・直接主義を考慮に入れた弁論準備システムの構築を考える時期は到来しているように思われる。

以上、オーストリア民訴法の近時の改正における弁論準備システムの変遷を概観してみた。手続集中という理念を考察するためには、さらに上訴システム、失権規定、裁判官と当事者の行為規律などを考察することが不可欠である。これらについては本書第四章以下参照。

(注)

(1)　法務省民事局参事官室編『一問一答 新民事訴訟法』（商事法務研究会・一九九六）一六八頁など参照。

(2)　現行民訴法のこうした審理構造については、拙著『新民事訴訟法ノートⅠ』（成文堂・一九九八）六頁以下、一〇六頁以下参照。

(3)　拙稿「わが国におけるオーストリア民事手続法の受容――「手続集中」理念と大正民事訴訟法改正――」早稲田大学比較法研究所編『日本法の中の外国法』早稲田大学比較法研究所業書四一号（成文堂・二〇一四）二一三頁以下（本書第一章）参照。筆者がこの論文（本書第一章）で試みた研究は、「真実に合致した裁判と迅速な裁判の実現」のために立法史、実務史的にどのような試みがなされてきたか、その系譜をたどり、その成功と失敗を検証しながら、今日の民事訴訟のあるべき姿を探ることを目的としたものである。

(4)　拙稿・前掲早大比研叢書四一号（本書第一章）二五二頁以下参照。なお、鈴木正裕『近代民事訴訟法史・日本』（有斐閣・

二〇〇四）二八七頁は、大正民訴法改正の目的は「訴訟の円滑な進捗と審理の適正」という、いつの時代にも訴訟法改正の目的として通用する、ごく一般的抽象的な表現であったとするが、そこには、「日本の」民事訴訟法創設という立法担当者らの強い意図を推察することができるとするのが、拙稿（本書第一章）での帰結である。

（5）例えば、長島毅「改正民事訴訟法実施の成績及之に関する希望」法曹会雑誌八巻一二号（一九三〇）七〇頁など参照。

（6）村松俊夫「準備手続と訴訟の遅延」『民事裁判の研究』（有信堂・一九五五）九六頁以下に、その経緯等についての報告がある。また、同九六頁以下では、準備手続がうまく機能しなかった要因として、訴訟促進を目的とするあまり準備手続を少ない回数で終局させた結果、適正な裁判をなすに足りうる十分な攻撃防御方法を蒐集する点が欠けており、他方、準備手続後の攻撃防御方法について訴訟の遅滞や提出についての重大な過失について疎明させることなく、却下することが少なくなく、適正な裁判という点で問題であったこと、受命判事に事件について十分な解明を期待できないことが挙げられている。高田裕成「争点および証拠の整理手続後の新たな攻撃防御方法の提出」鈴木正裕先生古稀祝賀『民事訴訟法の史的展開』（有斐閣・二〇〇二）三六五頁以下なども参照。もっとも、施行後数年で、わが国は戦時下となり、その影響は甚大で、大正改正の目指したものが実現される環境が形成されなかったと考えられ、立法自体を断定的に消極的に評価することをは難しいのではなかろうか。

（7）準備手続の利用がほとんどなく、裁判所法によって地方裁判所では単独体が原則となり、準備手続は例外的なもの（合議体において審理する場合で相当と認められるときに限られた）となった。奥野健一＝三宅正雄『改正民事訴訟法の解説』（海口書店・一九四八）（日本立法資料全集別巻一六四・信山社・二〇〇〇）二頁、二〇頁、四八頁参照。

（8）この改正については、関根小郷「継続審理を中心とする民事訴訟法の改正と最高裁判所規則の制定」曹時三巻一号（一九五一）四六頁以下、最高裁事務総局民事局『民事訴訟促進関係法規の解説』（民事裁判資料二三号・一九五一）など参照。この改正条文が旧民訴法二四九条であり、平成八年改正まで続く。ただ、大正改正法とは異なり、義務的準備手続ではなく、あくまでも原則的に準備手続に付すことを念頭においている。

（9）例えば、古関敏正「新件部の設置――理論と実情」曹時一一巻九号（一九五九）一頁、最高裁事務総局民事局『民事訴訟規則

の解説』（民事裁判資料五五号・一九五六）など参照。また、これらの経緯は、司法研究所編『準備手続の実務上の諸問題』（法曹会・一九八九）九頁以下参照のこと。なお、準備手続の利用に関する条文の変遷は、以下のとおりである（句読点、新字体への変更は筆者）。

明治民訴法第二六六条

「計算ノ当否、財産ノ分別又ハ此ニ類スル関係ヲ目的トスル訴訟ニ於テ、計算書又ハ財産目録ニ対シ許多ノ争アル請求ノ生ジ又ハ許多ノ争アル異議ノ生ジタルトキハ、受訴裁判所ハ、受命判事ノ面前ニ於ケル準備手続ヲ命ズルコトヲ得。」

大正民訴法第二四九条

「訴訟ニ付テハ、受命判事ニ依リ準備手続ヲ為スコトヲ要ス。但シ、裁判所、相当ト認ムルトキハ直ニ弁論ヲ命ジ又ハ訴訟ノ一部或争点ノミニ付キ準備手続ヲ命ズルコトヲ得。」

昭和二三年改正民訴法第二四九条

「裁判所ハ、訴訟ニ付合議体ニ於テ審理ヲ為ス場合ニ於テ相当ト認ムルトキハ、受命裁判官ニ依リ、訴訟ノ全部若ハ一部又ハ或争点ノミニ付、口頭弁論ノ準備ヲ為スコトヲ命ズルコトヲ得。」

昭和二五年改正民訴法第二四九条

「裁判所ハ、口頭弁論ノ準備手続ヲ為スコトヲ得。」

昭和三一年民訴規則

第一六条　口頭弁論を経て準備手続に付する場合

「裁判所は、最初にすべき口頭弁論の期日に弁論を終結しない場合において事件が繁雑であると認めるときは、これを準備手続に付することができる。」

第一七条　口頭弁論を経ないで準備手続に付する場合

「裁判所は、事件が繁雑であると認めるときは、口頭弁論を経ないで、直ちに事件を準備手続に付することができる。」

第二六条　争点及び証拠の整理の完了の記載

「準備手続を経ないで口頭弁論において争点及び証拠の整理が完了したときは、その旨を調書に記載しなければならない。」

(10) その間の経緯等につき、さしあたり、今井功「争点・証拠の整理と審理の構造」竹下守夫編集代表『講座新民事訴訟法Ⅰ』(弘文堂・一九九八)二〇一頁以下、拙著・前掲新民訴法ノートⅠ(注2)一〇六頁以下など参照。また、昭和六〇年代からの実務改善の試みに関しては、岩佐善己ほか『民事訴訟のプラクティスに関する研究』司法研究報告書四〇輯一号(法曹会・一九八六)などがある。この立法関係資料に関しては、拙著・前掲新民訴法ノートⅠ(注2)三、一四頁参照。

(11) 「民事訴訟の迅速化に関するシンポジウム」判タ一三六六号四頁以下(二〇一二)など参照。また現在の問題状況については序章参照のこと。

(12) この裁判迅速化法については、松永邦夫『司法制度改革推進法・裁判の迅速化に関する法律』(商事法務・二〇〇四)、笠井之彦「裁判の迅速化に関する法律」ジュリ一二五三号七四頁など参照のこと。この法律は、専門訴訟への対応を目的とした平成一五年民事訴訟法改正(小野厚＝武智克典『一問一答平成一五年改正民事訴訟法』(商事法務・二〇〇四)参照)と連動したものと言える。今日の民事訴訟の数は、――とくに第二次世界大戦後は――予測できないほどに増えており、訴訟事案は、事実的観点においても法的観点においてもますます難しくなっていること、そして法律の規定はますます複雑化していることなどを配慮すると「訴訟促進」に対する意識は、従前より強くなってきていると思われる。なお、この迅速化検証について、さしあたり、小林宏司「「裁判の迅速化に係る検証」の歩み」栂善夫先生・遠藤賢治先生古稀祝賀『民事手続における法と実践』(成文堂・二〇一四)六一頁以下など参照。

(13) 現実の提案は、必ずしも多くない。例えば、三木浩一＝山本和彦『民事訴訟法の改正課題』ジュリ増刊(二〇一二)で立法的提言がなされている。

(14) なお、後述するように、オーストリア民訴法は、手続集中理念の下、審理システムと裁判官の実体的訴訟指揮権を適正かつ迅速な裁判実現のための方策の鍵とする。大正民訴改正でも、裁判官の権限拡張(職権主義の拡張)が適正かつ迅速な裁判実現の鍵の一つと位置づけられている。なお、この点に関する大正民訴法改正についての近時の論説として、永野浩二「〈口頭審理による後見的な真実解明への志向〉試論」法制史研究六三号（二〇一三）一頁以下がある。また、オーストリア民訴法における裁判官の積極性の概要については、拙稿「裁判官の積極性とフランツ・クラインの訴訟理念」『民事裁判の充実と促進　木川博士古稀記念論集下巻』（判例タイムズ社・一九九四）二二四頁以下（本書第三章）参照。

（15）一九八三年改正法以前のオーストリアにおける民事訴訟法改正に関しては、拙稿「近年におけるオーストリア民事訴訟改革とその評価（1）、（2）」山形大学法政論叢創刊号（一九九四）一頁、同第三号（一九九五）三九頁以下を参照のこと。

（16）一九八三年の改正法に関しては、以下の文献を主に参照した。*Ballon*, Das neue österreichsche Zivilprozeßrecht, DRZ 1984, S. 301ff.; *Fasching*, Die Zivilverfahrensnovelle 1981, JBl 1982 S. 68ff., S. 120ff.; *König*, Bemerkungen zur Regierungsvorlage einer Zivilverfahrens-Novelle, JBl 1982. S. 406ff.; *Petrag*, Überblick über die Zivilverfahrensnovelle 1983, RZ 1983., S. 105ff.; *Rechberger*, Pro futuro?, NZ 1981., S. 145ff.; *Strigl*, Die ZPO-und neue "Rechtzeitgkeiten", AnwBl 1983., S. 306ff.; *Wrabetz*, Was bringt die ZPO-Reform Neu?, AnwBl 1983. S. 111ff. など。

（17）二〇〇二年の改正法に関しては、以下の文献を主に参照した。*Beran/Klaus/Lienhart/Nigl/Pühringer/Rassi/Roch/Steinhauer*, (Franz) Klein. aber fein., RZ 2002. S. 258ff.; *Frauenberger*. Die ZVN 2002-Neuerunger im Zivilprozessrecht., ÖJZ 2002. S. 873ff.; *Fucik*. Möglichkeiten und Grenzen der Verfahrensbeschleunigung in Zivilrechtssachen, RZ 1993. S. 218ff.; *Kodck*, Zur Zweitigkeit des Rekursverfahrens, ÖJZ 2004, S. 534ff., S. 589ff. など。

（18）*Klein/Engel*. Der Zivilprozess Österreichs（1927）., S. 190.; *Franz Klein*, Die neuen Österreichischen Civilprocess-Gesetzensentwurf. ZZP 19（1894）S. 25.; *Franz Klein*, Vorlesungen über die praxis des Civilprocesses.（1990）S. 9f. など参照。クラインのこうした紛争観は、プロイセンのフレデリック大王の考えの承継したものであるとされている。この点に関しては、雉本朗造「民事訴訟制度の變遷及改正運動（三）、（七）」法律新聞八三八号六頁、八四二号（一九一三）四頁以下参照。クラインの訴訟理念については、本書第一章及び第三章でも紹介している。

(19) 本書第一章、第三章、第四章参照。また、弁論主義との関係につき、拙稿「弁論主義考――オーストリア民訴法における事実資料収集過程での裁判官と当事者の役割分担からの示唆――」早法七二巻四号四二九頁（一九九七）以下参照（本書第五章）。

(20) 手続集中理念に関するクラインの考えについては、*Klein/Engel*, aaO., S. 244ff. 参照。本書第一章も参照。手続の迅速性の観点からオーストリア民訴法の手続集中の審理方式を紹介する先駆的研究として、木川統一郎「オーストリー民事訴訟の迅速性と経済性――ウィーン地裁の実務を中心として」同『民事訴訟政策序説』（有斐閣・一九六八）一四一頁以下がある。概念的には、この手続集中理念は、「訴訟経済」理念と重複してくる側面がある。また、*Fasching*, ZPO. 2. Aufl (1990). S. 372は、訴訟集中及び手続促進は、訴訟経済による一般的要請の一部にすぎないとしている。この訴訟経済理念に関しては、わが国では、高田昌宏教授によるドイツ法の研究に基づく先駆的研究がある（高田昌宏「民事訴訟における訴訟経済について」早稲田法学六二巻四号一頁以下（一九八七））。なお、「弁論集中」という理念ともこの手続集中理念は重なってくるが、対象範囲が広くなる。この点については第一章参照。

(21) *Klein/Engel*, aaO., S. 245ff. は、訴訟行為及び訴訟審理の集中と訴訟内容の集中化という二つの観点から区分する。

(22) *Klein/Engel*, aaO., S. 245. 筆者は、この考え方が訴訟手続の構築にとって非常に重要と考える。一つの制度だけでは手続は機能せず、複数の制度が相互に有機的に関連して初めて手続は機能してくるというこの考え方が、わが国のこれまでの民事訴訟改革に欠けていたあるいは十分でなかったと思われるのである。

(23) *Fasching*, Die Zivilverfahrensnovelle 1981, JBl 1982., S. 126. など参照。

(24) 第1回期日に関しては、*Klein/Engel*, aaO., S. 260ff.; *Trutter*, Das österreichische Civilprocessrecht in systematicher Darstelung (1897)., S. 355ff.; *Pollak*, System des Österreichischen Zivilprozeßrechtes mit Einschluß des Exekutionsrechtes. 2 Aufl. (1932). S. 389ff.; *Neumann*, Kommentar zu den Zivilprozeßgesetzen II, 4. Aufl. (1928). S. 931f.; *Berger*, Das Verhandeln der Parteien bei der ersten Tagsatzung, ÖJZ 1956. S. 630ff., *Fasching*, Kommentar zu den Zivilprozessgesetzen, III. Band, (1966). S. 153ff. など参照。

(25) *Fasching*, Kommentar, III. Band. S. 153; *Ballon*, Einführung in das österreichische Zivilprozeßrecht Streitiges Verfahren. 4. Aufl. (1993), S. 125など参照。なお、この点を規定するのは、オーストリア民訴法二三九条二、三項であり、条文内容については、本書第一章参照。

(26) 通説である。*Holzhammer*, Österreichisches Zivilprozeßrecht, 2. Aufl. (1976), S. 201., *Fasching*, Lehrbuch des österreichischen Zivilprozeßrechts. 2. Aufl. (1990), S. 630は、このように解さないと、第一回期日の訴訟経済目的が損なわれることになるであろうという。

(27) 通説によれば、すべての訴訟要件に関する抗弁は職権によって顧慮されるとされている（*Rechberger/Simotta*, Zivilprozeßrecht. 2. Aufl. (1983), S. 207. など参照）。

(28) 当事者能力についても第一回期日での審理、裁判が認められるとするのは、*Petschek/Stagel*, Der österreichische Zivilprozeß (1963), S. 312.

(29) 争訟的口頭弁論の準備については、*Hagen*, Die Vorbereitung des Streitverhandlung, JBl 1970, S. 120ff. など参照。また、同一二二頁は、準備書面の機能としては、裁判所及び相手方に対する情報提供機能、争訟的口頭弁論における不意打ち防止機能を挙げている。

(30) 準備手続に関しては、さしあたり、*Klein/Engel*, aaO., S. 265f.; *Klein*, Vorlesungen, S. 98. 107f.; *Pollak*, aaO., System. S. 714. 717.; *Neumann*, aaO., II. S. 944ff.; *Trutter*, aaO., S. 372ff.; *Fasching*, Kommentar III. Band, (1966), S. 181ff. など参照。なお、関連条文については第一章参照。

(31) *Trutter*, aaO., S. 373ff. は、準備手続は口頭弁論の準備と、争いがあり、重要と思われる事実関係に関する例外的な証拠調べという二重の目的を有するとしていた。

(32) *Fasching*, Kommentar, III. Band. (1966), S. 183. 同項では、当事者は、手続の開始決定によって画定された領域においては、裁判官の要請により、裁判に必要な、すべての知識及び意思表示を口頭でなさねばならず、その要請にも関わらずそのような陳述をなさないときには、争訟的口頭弁論においてその陳述は排除されるとする。また、旧オ民訴法二四五条一号（計算の当否、財産分割その他類似する関係があり、これに関して争いがある多数の請求又は反対請求及び異議が存する事件）による準備手続での新たな請求の主張にも、それにつき相手方より異議が出され、かつ新たな請求が準備手続の時点でまだ知れてなかったことが疎明されない限りでは、同様のことが妥当したとする。

（33）*Rechberger*, Die Verfahrenskonzentration im österreichischen Zivilprozeß, in "Zivilprozeßrecht im Lichte der Maximen", Istanbul (1999), S. 6は、「過去二〇年の改正において（オーストリア民事訴訟法は一九八三年、一九八九年、一九九七年に改正を経験している）、民事訴訟における更新禁止の原則に対する重要な反対論は提起されなかった。今日、民事訴訟に関与した法曹は、更新禁止原則がオーストリア民事訴訟における手続集中にとっての最も本質的な制度であり、それゆえ、放棄できないという点では完全に一致しているということから出発することができる」とする。

（34）*Rechberger*. aaO. (Fn. 33), S. 6.

（35）この点の詳細は、*Fasching*, Die Entwicklung des zivilgerichtlichen Berufungsverfahrens in der Rechtsprechung, ÖJZ 1963, S. 537ff.; *ders*, Die Entwicklung des Neuerungsverbots in Zivilgerichtlichen Rechtsmittelverfahren um letzten Jahrzehtt in Österreich, Festgabe für *Hans w. Fasching* (1993)（初出一九八七）, S. 314ff.（S. 315）など参照。

（36）この更新禁止原則は、上訴手続における費用償還請求（オ民訴四八二条一項）、婚姻手続、認知手続、労働裁判所の控訴手続、非訟事件手続、倒産手続には適用されない（*Rechberger* (Hrsg), ZPO, 4. Aufl. (2014), S. 1567など参照）。

（37）*Klein/Engel*, aaO., S. 403.

（38）弁論主義を基盤とする訴訟モデルでは、当事者の主導権が裁判官の活動範囲を画していくことになるが、オーストリア民訴法の訴訟モデルでは、裁判官の積極性により、当事者の活動範囲が画される関係にあると言えよう。

（39）職権進行主義については、さしあたり*Recberger/Simotta*, Zivilprozessrecht. 8Aufl (2010)、S. 228. など参照。

（40）*Klein/Engel*, aaO., S. 309ff.

(41) 簡素化法による訴訟促進方策に関しては、さしあたり、木川統一郎＝吉野正三郎「西ドイツにおける民事訴訟促進政策の動向——簡素化法(一九七七年七月一日施行)を中心として——上・下」判タ三五二号二三頁以下、同三五三号三四頁以下(一九七七)など参照。また、簡素化法に対してオーストリア法からの評価として、ハンス・ファッシング(坂原正夫訳)「ドイツ連邦共和国の簡素化法——オーストリー人からみたドイツ民事訴訟の改革」法学研究(慶応)五六巻二号(一九八三)九三頁以下などがある。

(42) この改正については、勅使川原和彦「続審制の変容」民事手続法研究第二号(二〇〇六)三五頁以下、同「二〇〇一-二〇〇二ドイツ民事訴訟法改正について」早稲田法学七七巻三号(二〇〇二)二〇七頁以下、ヘルベルト・ロート(三上威彦訳)「改正されたドイツの上訴法」民訴雑誌五三号(二〇〇七)九〇頁以下、ラインハルト・ボルク(三上威彦訳)「二〇〇二年のドイツ民事訴訟法の改正」法学研究(慶応)七六巻一〇号(二〇〇三)七三頁など参照。

(43) 一九八三年改正以前のオーストリア民訴法の改正状況については、*Schoibl*. Die Entwicklung des österreichisen Zivilverfahrensrechts. (1987). S. 61ff.; *Rechberger* (*Hrsg*). Die Entwicklung des Zivilprozessrechts in Mittel- und Südosteuropa seit 1918. (2011). S. 9ff. (*Andreas Konecny*, Östereich.) など参照。

(44) 669 der Beilagen XV. GP-Regierungsvorlage (Erläuterungen). S. 25. なお、一九八三年民事訴訟法改正法成立までの経過については、拙稿「近年におけるオーストリア民事訴訟改革とその評価(3)」山形大学法政論叢第四号(一九九五)三九頁以下参照。また、その時点でのオーストリア民訴実務については、河邉義典「オーストリアの司法制度」法曹会編『ヨーロッパにおける民事訴訟の実情(上)』(法曹会・一九九八)三二三頁以下が詳細である。

(45) *Schoibl*. aaO., S. 77は、弁護士会などの職業団体や利益団体の介入により制定・変更された規定も存在する旨指摘している。

(46) この一九八三年の上訴改正部分についての文献としては、本間法之「オーストリア民事訴訟法における上訴制限——一九八三年改正法」早稲田法研論集四六号一九一頁以下がある。

(47) *Fasching*. Kommentar, III. Band. (1966)., S. 181. など参照。わが国の大正改正で準備手続が義務化されていたこととは大いに異なってくるのである。

（48）司法委員会報告書（1337 der Beilagen S. 12）では、以下のように、述べられている。

「（旧オ民訴法）第二四四条から二五六条において規定されていた受命裁判官の面前での準備手続は、今日、すでに死せる法である。それは、一定程度、証拠を調べる裁判官と判決をなす裁判官を原則的に分離するかつての訴訟法の残骸である。その実務上の意義は、合議部訴訟においてのみ有するにすぎず、合議部も今日では極めて稀である。民事訴訟法の文言によれば、確かに、管轄法（ＪＮ）七ａ条により手続遂行の職務を担う単独裁判官もまた準備手続の遂行を自ら受命し得ないか否かは、疑義があるところである。

そのようなことは、合議部全体に代わって単独裁判官を投入することによってより、迅速にかつより労力をより省力化して割り当てられた討論と証拠調べを遂行しうるという、準備手続の目的に合致しないのは当然である。しかし、それは以下のような結果に至るであろう。すなわち、準備手続に関する相対的に強い失権規定が、より強い欠席の効果（旧二五四条）及び同時提出主義（とくに旧二五六条）という形で、適用されるであろうという結果である。この種の規定は、例えば消費者保護法における委任手続、とりわけ手形手続についての同時提出主義を排除した基本的価値と矛盾してくるのである。

それゆえ、準備手続の可能性は、形式的にも排除されるべきなのである。

注意すべきは、その他、合議部訴訟においても、準備手続の促進効果に関しては肯定的経験を得ることはなかったということである。ドイツにおいて――そこでは、通常裁判所での第一審合議部は維持されているが――いずれにせよ、訴訟促進を試みた様々なモデルは、受命裁判官と判決をなす合議部の従来どおりの分離を放棄しているのである。」

（49）*Fasching*, aaO. (Fn. 26), S. 617. など参照。

（50）*Fasching*, aaO. (Fn. 16), JBl 1982, S. 126.

（51）*Rechberger*, Kommentar zur ZPO (1994), S. 126.; *Ballon*, Die Novellierugen des Zivilprozeßs - Verbesserter Zugang zum Recht ?, in FS Kralik, 1986, S. 49. は、その経験から、通常事件の約五〇％が、第一回期日で弁論を行うことなく、答弁書提出

命令を出している旨を指摘し、それは合理的であるとする。河邉・前掲論文四八六頁以下にウィーンの裁判所実務の紹介がある。

(52) *Jahoda,* Zur Reform der ZPO, ÖJZ 1982, S. 598.; *Kininger,* Zur Reform der österreichischen Zivilprozeßordnung, AnwBl 1979, S. 516.

(53) *Sprung,* Zielsetzungen für eine Zivilprozeßreform., JBl 1981, S. 345.; *Rechberger,* Pro futuro?, NZ 1981, S. 152.; *ders,* Ein Plädozer für die erste Tagsatzung. AnwBl 1982, S. 185ff. 例えば、*Rechberger,* aaO., NZ 1981. S, 152ff. は、第一回期日により早期に争いある事件と争いのない事件を区分しようとしたクラインの構想をもう一度思い出すべきであるとする。訴えが当事者の相反する法的見解に由来するのか、それとも被告の履行遅滞あるいは支払能力のなさがその背後にあるのかに通常気づくことはできないというクラインの考えは今日ほとんど争いえないとしている。

(54) なお、*Ballon,* aaO. (Fn. 51), S. 49は、区裁判所及び労働裁判所の手続では、義務的督促手続が適用されることから、第一回期日はめったに行われることはないであろうとしている。

(55) オーストリアの判例では、当事者は証拠調べの直接主義を放棄し得たのである（OGH in RZ 1981/56）。改正後も判例はこの規定に従っている（OGH in JBl 1985/173）。

(56) 反対説として、*Sprung,* aaO., JBl 1981, S. 346.; *König,* aaO. (Fn. 16), S. 412f.; *Rechberger/Simotta,* Grundriss des österreichischen Zivilprozessrechts. 2. Aufl. (1983), S. 136.

(57) *Rechberger/Simotta.* aaO., (1983), S. 136.

(58) *Ballon,* aaO. (Fn. 51), S. 48.; *ders,* Das neue österreichische Zivilprozeßrecht – Eine Novelle zur Vereinfachung und Beschleunuigung des Verfahrens. DRiZ 1984. S. 303.; *Fasching,* aaO. (Fn. 23), S. 124.; *Strigl.* aaO. (Fn. 16), S. 309.

(59) 962 der Beilagen zu den Stenografischen Protokollen des Nationalrates XXI. GP.（政府草案）. S. 16. 政府草案では、権利の実現には、それが適時に行われることが欠かせない点が強調されており、「訴訟は、それが「現在の救済（Gegenwartshilfe）である場合にのみ、その機能を果たす」としたクラインの言説（*Klein.* Vorlesungen. S. 10）を引用する。また、適切な期間内での裁判所の判決（裁判）を求める請求権は、ヨーロッパ人権条約第六条の要請であることもまた考慮されている。

（60）その他に、鑑定人に鑑定のために期間を設定することの義務づけ、当事者が鑑定人との共同作業を拒絶する場合の法的効果の規律、証拠調べのコストと困難さが請求額（一〇〇〇ユーロまで）と何らの合理的関係にないすべての事例に民訴法二七三条（自由心証による額の確定）の適用拡張、労働及び社会裁判所手続についての民訴法の上告モデルの適用、仲裁裁判権の促進などである（962 der Beilagen. S. 17ff.）。なお、オーストリア民訴法二四四条で、訴額七五〇〇ユーロを越えない金銭請求は督促手続で処理されることになっており、通常手続は複線的なものとなっている。

（61）1049 der Beilagen zu den Stenograpfischen Protokollen des Nationalrates XXI. GP.（司法委員会報告）, S. 1.

（62）962 der Beilagen. (Fn. 59), S.29.

（63）*Recberger/Simotta*, Zivilprozessrecht., 8 Aufl. (2010), S. 406. 参照。

（64）962 der Beilagen. (Fn. 59), S. 33.

（65）962 der Beilagen. (Fn. 59), S. 34. また、政府草案（962 der Beilagen, S. 34.）では、ドイツ民事訴訟法二八二条（適時提出主義）及び二八九条（自白における付加）の目的と比較しうるとする。

（66）*Faching/Konecny*, Kommentar zu dem Zivilprozeßgesetzen 3. Band. (2004), S456（*Kodek*）は、従前の証拠決定では、証拠を提出すべき争いある事実と証拠方法を詳しく挙げねばならなかったが、この改正により、その点は意識的に引き継がれていないとし、前者の立場をとる。後者の立場は、*Beran* u. a., aaO., RZ 2002. S. 263. などである。

（67）この点に関しては、*Recberger/Simotta*, Zivilprozessrecht., 8Aufl. (2010) S. 443. など参照。

（68）裁判官の訴訟指揮権の拡張がこの点に見て取れる。この点につき、*Faching/Konecny*, Kommentar ZPG 3. Band. (2004), S457（Kodek）は、訴訟プログラムは、その確定前に当事者との討論が必要的とする。争訟事件について討論を尽くすこととその基本的評価を回避することは適切でないと批判する。

（69）962 der Beilagen. (Fn. 59) S. 34. 参照。

（70） *Recberger/Simotta*, aaO.（Fn. 63）, S. 410. 参照。

（71） この点に関して、*Recberger/Simotta*, aaO.（Fn. 63）, S. 411, S. 489f. 参照。

（72） *Frauenberger*, aaO., ÖJZ 2002. S. 876. *Faching/Konecny*, Kommentar ZPG 3. Band.（2004）, S460（*Kodek*）参照。

（73） *Rechberger*（Hrsg.）, ZPO Kommentar, 4. Aufl（2014）S. 1182（*Rechberger/Klick*）, *Frauenberger*, aaO., ÖJZ 2002, S. 876. *Faching/Konecny*, Kommentar ZPG 3. Band.（2004）, S460（*Kodek*）参照。

（74） 訴訟促進義務に関しては、*Faching/Konecny*, Kommentar ZPG, 2-1. Band.（2002）, S. 43ff.（*Fasching*）；*Faching/Konecny*, Kommentar ZPG, 2-2. Band.（2003）, S. 845f.（*Schragel*）；*Rechberger*（Hrsg.）, ZPO Kommentar, aaO., S. 987ff.（*Fucik*）；*Frauenberger*, aaO., ÖJZ 2002. S. 876.; *Beran ua*, aaO., RZ 2002. S. 268f.; *Salficky*, Die Prozessförderungspflicht – offene Fragen, AnwBl 2007, S. 119ff. など参照。

（75） 訴訟促進義務は、弁論主義によって認められた当事者自由を制限する側面を有するが、この規定が時的観点のみを問題とし、訴訟資料収集の当事者の責任については変更がないことから、手続集中原則の一内容として位置づけられている（*Faching/Konecny*, Kommentar ZPG. 2-1. Band.（2002）, S. 44（*Fasching*）参照）。

（76） この点につき、*Faching/Konecny*, Kommentar ZPG, 2-1. Band.（2002）. S. 43（*Fasching*）参照。なお、同頁は、裁判所の訴訟促進義務との関係でこの義務を理解しなければならないとする。

（77） 訴訟促進義務は、原告は通常争訟事件の迅速な解決に関心を持っているので、もっぱら被告に関わるとの指摘もある（*Faching/Konecny*, Kommentar ZPG, 2-2. Band.（2003）, S.846（*Schragel*））。

（78） 962 der Beilagen, S. 22f.; *Frauenberger*, aaO., ÖJZ 2002. S. 876. など参照。

（79） この点につき、*Recberger/Simotta*, aaO.（Fn. 63）, S. 412. など参照。

（80） *Rechberger*（Hrsg.）. ZPO Kommentar. aaO., S. 989.（*Fucik*）参照。

（81） *Konecny*, aaO. S. 32（注43）は、クラインの訴訟モデルには変更はないとし、訴訟において争訟を迅速かつ経済的に、正しい裁判でもって処理するという基本構想は、常になお妥当するとする。

(82) 現行民訴法の争点整理手続の立法過程の議論及び概要等については、拙著・前掲新民訴法ノートI一〇六頁以下及び序章参照。

(83) 近時、民事訴訟法の改正議論が公表されているが（三木＝山本・前掲（注13）『民事訴訟法の改正課題』）、こうした視点は取り上げられていない。平成八年改正法の場合もそうであるが、改正の訴訟理念が明らかでない点も問題であろう。

(84) 現行法における第一回口頭弁論期日及び進行協議期日の内容と問題点については、拙著・前掲新民訴法ノートI六三頁以下及び一一八頁以下、拙稿「進行協議期日」早稲田法学七四巻一号一五六頁以下（一九九八年）など参照。

(85) わが国及びドイツの釈明制度についての今日の議論状況等については、高田昌宏「訴訟審理の実体面における裁判所の役割について――釈明権の法理に関する序論的考察」前掲・栂＝遠藤古稀祝賀二九九頁以下の詳細な考察がある。また、手続形成に関する裁判官の役割に関するドイツ法の考察として、安達栄司「フリッツ・バウアの手続法フォーマリズム論について」前掲・栂＝遠藤古稀祝賀二七三頁以下がある。

(86) 例えば、秋山幹男ほか『コンメンタール民事訴訟法Ⅲ』（日本評論社・二〇〇八）三三五頁以下など参照。

(87) もっとも、オーストリア民訴法は、本章では取り上げなかった控訴審での更新禁止原則やわが国と比べ緩やかな再審システムなどが存在することでのバランスとなっていることに留意する必要がある。第七章参照。

(88) 例えば、*Rechberger/Simotta*, aaO. (Fn. 63), S. 228. 以下は、「fair trial」を訴訟原則と位置づける。そして、「……すべての（国の）訴訟法は、手続形成に際して、「fair trial」を保障する諸原則を遵守するよう試み……それによれば、現代の民事訴訟には、両当事者に法的審問権が十分に保障されている手続で、口頭による、直接の、公開によるかつ集中した手続が期待されている（S. 230）」とする。

(89) 現在の民訴実務を取り上げた近時の二つの文献（西口元「弁論活性化研究」前掲・栂＝遠藤古稀祝賀二二五頁以下、加藤新太郎「争点整理手続の構造と実務」同二四七頁以下）は、争点整理手続に基づく現在の民事訴訟実務の評価は分かれるが、現在の課題克服の手段として口頭主義の重要性を説く点で共通する。

第三章　裁判官の積極性とフランツ・クラインの訴訟理念

一　はじめに——問題の所在——

今日、民事訴訟における「裁判官の積極性」の要請の高まりは、世界的趨勢と言えよう。[1] わが国でも、従来から研究者や実務家により、とくに訴訟促進・審理充実に関する議論の中で、この問題は取り扱われてきた。[2] そして、近年、実務側から出された訴訟促進・審理充実に関する（改正）方策案でも、現在着手されている民事訴訟法改正において（この改正は、平成八年法律第一〇九号という形で結実した）、公表された検討事項でも、「裁判官の積極性」が指向されていると言える。[3] わが国において、民事訴訟法改正が着手された現在、この「裁判官の積極性」の要請をどのように評価すべきか——肯定的であれ、否定的であれ——は、最も重要かつ緊急の問題であると思われる。そこで、その評価のためには、こうした要請が生じる背景やその背後に存する理念を明らかにすることが、前提かつ必要条件であり、本稿の目的でもある。

この裁判官の積極性が要求される背景は様々である。ドイツのゴットヴァルト（*Peter Gottwalt*）は、かつてアメリカとドイツにおける裁判官の権限拡張という現象を評して、前者は当事者の権限があまりに拡張され、その抑制のために裁判官の権限が拡張し、後者は逆に、当事者の権限が余りに希薄であるがゆえに、その補充のために、裁判官の権限が拡張した旨を指摘した。[4] この判断の適否は別として、それではわが国における「裁判官の積極性」——

積極的裁判官像――」はどのような背景または理念に基づき要請されているのであろうか。少なくとも、筆者には、わが国における近時のこの要請はドイツやアメリカの現象について言われるような要因とは別個の要因に基づいているように思われる。つまり、わが国における積極的裁判官像が構成されるに至った背景（理念）には、現在――戦後を基準として――、大別して二つの系譜があると言えよう。一つは、今日のわが国の裁判官の積極性の独自性を特徴づけていると思われる「紛争解決理念」の系譜である。(5)他の一つが、民事訴訟における「当事者本人の復権」をめざした「手続保障理念」の系譜であると思われる。(6)まず、「紛争解決理念」は、新訴訟物理論と相まって、今日この理念が民事訴訟法学に及ぼした影響は計り知れない。実務が造り出した「弁論兼和解」の審理方式においても、また公表された民事訴訟法改正の検討事項においても、そこで指向されている裁判官の積極性の支柱となっている理念がこの「紛争解決理念」であることは自明であろう。この点が、ドイツ・アメリカのそれとの比較において、根本的に異なる点である。ところが、すでに木川統一郎博士によって指摘されているように、この「紛争解決理念」は実体法との関係を切断した、つまり、個人の権利保護という観念からの断絶につながるものと言えるような特性を有する。(7)それゆえ、この理念に基づけば、当然、訴訟の効率性・合理性が個人の主体性と関係なく、追求されるという危険が常に伴うと思われる。そうすると、市民（個人）の権利及びその主体性が疎外（当事者疎外）されることになっているのではないか、少なくとも、その主体性は前面に出てくることはないのではないかという疑念が生じるのである。それは、憲法秩序が個人的権利、とくに基本的人権を承認することとの間で亀裂が生じることにつながるのではなかろうか。さらに、この理念（を推し進めること）からは、紛争解決というマジックワードの下、限りなく裁判官の権限拡張が進行する危惧も出てくる。それゆえ、「紛争解決理念」に基づく裁判官像は、裁判官の積極性に対する不信の生じる一因となっているのではないか、ひいては「裁判所離れ」が指摘される遠因となっているのではないか、こうした疑念も生じるのである。筆者の問題意識はまさにこのような点、換言すれば、この「紛争解決理念」に基づく積極的裁判官像はあるべき裁判官像として、わが国の民事訴訟に正当な道を進ませているのであろうかという疑念から出発するのである。

他方、近時わが国では「手続保障理念」に基づき、裁判官の積極性を要請する見解が登場してきた。もっとも、この理念を強力に推し進めた、井上治典教授の所説に代表されるいわゆる「第三の波」理論は、当事者「自身」による主体性の回復をめざした。そこでは裁判官の積極性は後退することになる。[8] しかし、この「手続保障理念」に基づき、現代型訴訟を契機に、裁判官の積極的役割を考える理論が登場してくることになる。まず、法哲学の領域から田中成明教授が、現代型訴訟により裁判自体に期待された政策形成機能の正当化手段として、手続保障理念に着目し、裁判官の役割に対しても、当事者間の相互作用的な自律的弁論活性化の促進のために、後見的配慮を課すことを主張した。[9] しかし、裁判官の積極性はあくまでも限定的であった。その後、吉野正三郎教授により、「第三の波」理論を批判する形で裁判官の積極性の要請がより強調された。[10] 吉野教授の主張は、民事訴訟における「当事者本人の復権」をめざす点では、「第三の波」理論の基本的思考と同じと言える。しかし、この当事者の主体性の回復を保障し、活性化させる手段を、「裁判官の積極性」の中に求める点に「第三の波」理論との根本的な違いが存するのである。そして、この考えは、当事者の権限を補充するという意味で、ドイツにおける「裁判官の積極性」指向の発展と共通性を有する。[11]

民事訴訟法改正が着手された今、問題は、そこで指向されている裁判官の積極性の議論は、「紛争解決理念」に基づくべきなのか、それとも「手続保障理念」に基づくべきなのか、または別個の理念に基づきあるべき積極的裁判官像を構築すべきものなのか、それともそれ自体否定すべきことかを考察することである。この問題の検討のためには、わが国における「裁判官の積極性」のより詳細な分析とドイツ・アメリカ等の比較法的研究が必須と思われる。そして、その前提として、まず「裁判官の積極性」が訴訟法制史上どのように発展してきたかを知ることが重要と思われる。しかし、これらすべてを網羅的に考察することは、紙幅の関係上も、現在の筆者の能力からも難しい。そこで、筆者がこの問題の考察対象としてまず注目したのが、オーストリア民事訴訟法を創設したフランツ・クライン（Franz Klein）である。彼により、近代的訴訟法の中に初めて明確な形で「裁判官の積極性」が導入され、実務的にも大きな成果をもたらしたのである——そして、次章において、「裁判官の積極性」のあり方を探求する——。クラインのオーストリア民訴法改革の背景及び訴訟理念を探ることは、この研究のための前提作業となる。

＊本章の（初出原稿の）記述は、わが国民訴法の平成改正段階におけるものであるが、この時点での筆者の考え方を示し、第四章の記述内容に繋がってくるものである。それゆえ、本章での記述内容は、明らかな時系列上必要な修正や語句の誤植以外は原則そのままとした。したがって、引用文献も原則初出原稿のままとした。

二　なぜ、いまフランツ・クライン（*Franz Klein*）か

本章において、筆者が考察対象としたのは、クラインである。彼が、オーストリア民事訴訟法を創設したのは、百年以上前のことである。それゆえ、いま百年前の人物とその立法を論じる必要があるのかという疑問も出てこよう。しかし、以下の理由から、筆者はいまの時期だからこそ彼の立法と理念が注目されるべきだと思うのである。まず第一に、「裁判官の積極性」、つまり積極的裁判官像が問われ、それに相応した立法化を鑑みるとき、訴訟の「社会性」という観点からその立法化を初めて実現したクラインによるオーストリア民事訴訟法を検討することは不可欠と思うからである。そして、とくにわが国の民事訴訟法改革の方向性を考えるとき、一八七七年のドイツ民事訴訟法のアンチテーゼとして立法化されたオーストリア民事訴訟法を検討することは、改革作業の前提であり、

必須であろうと思うからである。第二に、改革前の時期における民事訴訟実務の状況が、現在のわが国と類似する点も多々あることがその理由として挙げられよう。そこでは、訴訟の遅延、審理の形骸化が叫ばれ、この改善が熱望されたのである[12]。こうした問題意識は、わが国だけでなく、諸外国の民事裁判の実務・学界が常にもってきた意識でもある。また、一九世紀から二〇世紀における経済活動の活発化と新時代の取引の要請――迅速化――に応える訴訟制度が模索された点は、現在のさらなる経済発展の動きを鑑みれば、現在でも同様の状況がみられ、その要請は強いと言えよう。クラインは、オーストリア旧民訴法（一般裁判所法）は鉄道の時代に駅馬車を走らせていると評している[13]。第三に、民事訴訟における当事者像にも現在と問題意識の共通点を見いだせる点も重要であろう。当時、オーストリアは産業化の時代の到来を迎え、労働者人口は急激に増大していた。そこで、こうした無産階級に属する社会的弱者の訴訟へのアクセス、訴訟でのその権利保護が重要な問題になっていたのである。今日わが国でも、いわゆる消費者訴訟問題は、緊急の課題であり、さまざまに議論されており、立法改正の重要な対象でもある。ここでも、こうした問題に「裁判官の積極性」により正面から対処したクラインは関心を引くのである。第四に、クラインが、「法化現象」を先取りしていた点も挙げられよう。この時代、すでに――今日のそれと必ずしも同視できないが――法化現象が存在した。またそれと並んでとくに条文の一般条項化をクラインは意識していたようである。その意味でも、彼の民事訴訟法は、法化の時代が到来するといわれる現在及び将来の民事訴訟のあり方を探る参考となろう。第五に、クラインの創設したオーストリア民事訴訟法が、わが国の母国法であるドイツ民事訴訟法にも多大な影響を与えた点も見過ごすことはできない。とくに裁判官の積極性に関する局面ではそうである[14]。そして、わが国の民事訴訟法学が、実務・理論においてドイツ民事訴訟法学に多大な影響を受けていることは周知の事実である。だとすれば、オーストリア民事訴訟は、わが国の民事訴訟法学にとって研究の対象となりうる資格は十二分にあると言えよう[15]。

三　フランツ・クラインの訴訟理念とその特徴[16]

クラインは、今日、裁判手続を社会的に奉仕する国家制度として特徴づけた点で評価されている。[17] 彼の創設したオーストリア民事訴訟法は、「社会的民事訴訟」と称され、ヨーロッパ域内を越えて数多くの改正作業の基礎となった。[18] そして、クラインの立法作業の中で、最もシンボリックに紹介され、その「社会的民事訴訟」実現の中心的手段となっているのが、本章の対象である「裁判官の積極性」である。クラインは、なぜ自ら創設した訴訟モデルの中核に「裁判官の積極性」をおいたのであろうか。その要因について、つまり、その背景及びその訴訟理念について、以下では考察することにしたい。

概略的には、まず、その訴訟モデル構築につき彼の有した二つの視点が注目される。つまり、「当事者（社会的弱者）」の視点と「社会」の視点である。前者の視点から、クラインは民事訴訟における当事者像を変更し、「当事者の対等化」という理念を導き出した。後者の視点からは、当時の社会的・政治的状況と結びついて、独自の紛争観と訴訟観が造り上げられ、「訴訟の社会性」という理念が導き出されたのであった。そして、これらの理念が「裁判官の積極性」を引き出す要因の一端となったと言えよう。また、他に実体法及び他国（とくにドイツ）の訴訟法についての状況認識も、その要因となったと言えよう。以下で順次これらを詳述する。

一　クラインにおける当事者観と「当事者の対等化」

クラインの民事訴訟理念において「裁判官の積極性」を引き出した第一の要因として挙げられるのは、その「当事者観」である。この当事者観が、オーストリア民事訴訟法を決定的に刻印した要因の一つと言えよう。クラインは、民事訴訟における当事者像として、社会的弱者を想定した[19]。社会的弱者と把握されたのは、一般市民、とくに社会的・経済的に弱者であった人々であった。そして、彼らは、法的にも弱者であったのである。一八七七年のドイツ民事訴訟法が自由主義の理念のもと合理的理性人を当事者像に想定していたこととは、対照的である。問題は、クラインはなぜこうした当事者像をオーストリア民事訴訟法の中に据えたかである。

(一) アントン・メンガー (Anton Menger) の影響

そこで登場してくるのが、彼を教授したアントン・メンガーの影響である。メンガーは、『民法と無産階級』[20]というモノグラフィーの中で、ドイツ民法典草案を批判して、経済的かつ社会的に貧しい者や弱い者（つまり、無産階級の人々）の利益を保護することを主張した。彼がまず強調したのは、法秩序において市民の間には「不平等」が存在するということであった。彼によれば、数千年以来、もっぱら支配者と有産階級に属する者とが私法をその利益のために形成し、そして圧倒的多数を形成する無産階級の人々は恐れと知識のなさから自らの権利主張をなすようなことは一度もなかったという（『民法と無産階級』一五頁――以下の頁数はこれの頁数である――）。また、メンガーは、私法典における前提の誤りを指摘する。つまり、すべての市民がすべての法律を知っているという前提はあらゆる擬制のなかで最も愚かしい擬制であって、立法者が不知と結びつけた法的不利益は最も明らかな間違いであるとした（二〇、二一頁）。もしかかる前提をもって立法する場合には、その前提に立ちえない無産階級の人々のために法律知識を簡易かつ確実な方法で調達できる可能性を開いておかねばならないと主張したのであった（二二頁）。このように、メンガーは、市民生活において圧倒的多数を形成しながら、経済的社会的には弱者である無産階級の人々の利益を法秩序が無視することを批判し、社会はこうした無産階級の人々の利益を守る構造をもつべきことを強く主張したのであった。そして、クラインはまずこうしたメンガーの市民像（当事者像）に大きな影響を受けることになる[21]。

次に、メンガーの法律観、とくに私法観もクラインに影響を与えたと言えよう。メンガーは、まず法の欠缺について論じる。ローマ法以来の、現行民事法に欠缺がなく、権利と生活内容を完全にカバーしているとの前提は、フィクションにすぎない。裁判官は、法に欠缺がある場合には、類似の事件における法を類推適用するのではなく、合目的的理由による裁判をしなければならないとする（二三、二四頁）。こうした認識に、さらに、前述したように、彼の関心が無産階級の人々の権利保護にあり、有産階級の利益を反映した実体私法に対して強い不信を抱いていたことが加わり、メンガーは、裁判官の法創造をより積極的に推し進めるのである。そして、「数千年来、有産階級によってのみ形成された民法がまた全く有産階級の利益に奉仕するために存在するのは当然である。つまり、法典がドイツ民法草案のように広範に法の類推適用を規定する場合には、有産階級と、自らのための明確な法律規定が存在しない無産階級との間の訴訟の大部分が無産階級に不利に判決が下されるという結果に必然的になるに違いない（二五頁）」と主張し、法秩序における不平等は権利追求の不平等を引き起こすという認識を示したのである。そして、それは民事訴訟法批判へとつながる。つまり、従来の民事訴訟法は時代遅れのマンチェスター・ドクトリンを支持し、新しい経済及び社会立法とはうらはらに、「不平等なことが平等に取り扱われるほど重大な不平等はない」という認識を考慮していないとの批判である（三〇頁）。メンガーは、訴訟法に実体法上実現されていない市民間の平等を実現する役割を期待したと言えよう。そして、そこではいわば「当事者間の平等」という理念が強調されたのである。メンガーが考えた方策は、裁判官の積極性によってこれに対応しようとするものであった。それは、裁判官の当事者への法的教示義務及び法的扶助義務の導入[22]（当事者からみれば、法的教示請求権及び法的扶助請求権の承認）と訴訟の職権運営の導入[23]という形で主張されている。とくに、後者においては、「裁判官による法的知識の乏しい当事者の代理（三五頁）」という主張にまで至っているのである。つまり、メンガーにあっては、当事者間の平等の実現ひいては実体法の是正のために裁判官の積極性を要求したと言えよう。そして、こうした視点が、クラインが裁判官の積極性を引き出した重大な要因の一つとなったのであろうと推測される。それは、クラインの次のような論述からも明らかであろう。「法秩序は、人間の事実上精神的、経済的かつ社会的能力や諸条件を考慮しなければならないであろうし、その点に現存する相違を調整することを考慮しなければならないであろう。なぜなら、さもないと、法的平等性は弱者を不利に扱うことになり、よい状況にはならないからである。……手続という設備は、……訴訟対象の異なる個人的かつ社会的重要性並びに国民階層における相違に適応させねばならないし、かつさらに思い切って訴訟にいけない者たちにとっても、また少額の法律事件にとっても完全な保護を確保しなければならない。(24)」と。

(二)　社会・政治状況——イデオロギー的影響

しかし、クラインが社会的弱者を当事者像として形成した背景には、メンガーの影響以外にも、次のような要因が存在していたと言えよう。以下ではその他の要因について簡単に検討してみたい。まず第一に、当時の社会的、経済的状況に対する認識も、その当事者像形成の要因であったと思われる。当時の社会は産業化の時代にあり、労働者人口が爆発的に増加していたのであった。(25)こうした状況は民事立法が対象とすべき人間像として労働者階級を中心に据える必然性を認識させるに十分であったと思われる。また、このことと関連して、当時の国際的政治的状況、イデオロギー的側面の影響を無視することはできないであろう。とくに、一八九〇年にヴィルヘルム二世の勅令により、社会主義者鎮圧法が否定され、労働者保護が促進されたことは重要である。(26)こうした社会政策の転換も、何らかの形で影響を及ぼしたと推測できる。(27)(28)また、クライン自身がメンガー等の影響もあり、講壇社会主義的思想を有していたことも否定できないであろう。この思想の影響も当然考慮に入れることができよう。以上のような諸々の背景から、クラインは、民事訴訟における当事者像として社会的弱者を想定した。そして、このことにより「当事者（社会的弱者）」の視点から訴訟をながめたとき、現実に生じていた当事者間の社会的、経済的そして法的な格差の是正という要請、つまり「当事者の対等化」という理念が重視されることになったと思われる。そして、そのための手段として、「裁判官の積極性」が導き出されたのである。ここに、「裁判官の積極性」の要因の一つが存するのである。これは、例えば裁判官の釈明・教示義務の中で考察されている。

二　民事訴訟の社会性

次に、こうした当事者観と並んで、クラインにおける「裁判官の積極性」の要因となったのは、「社会的民事訴訟」と称される彼の訴訟モデルの構築基礎となった紛争観であり、その訴訟観である。以下では、クライン独自の紛争及び訴訟観を明らかにし、そしてそれが裁判官の積極性とどのように結びついているのかを論じることにする。

(一)　クラインの国家観・紛争観

クラインの社会的思考は、特にその国家観及び、法的紛争観に明確に現れている。そこから、彼の訴訟観念を探ることにしよう。まずその国家観がポイントとなる。クラインの国家観は、当時、政治・社会的に急激に広まっていた社会主義思想に基づいていた。クラインは、国家の役割を個人的、民族的かつ人間的な連帯利益（Solidarinter-essen）を社会全体の漸進的発展の方向においてますます満足させることにあると考えていた[29]。それゆえ、クラインにとっては、法秩序は国家が保護すべき財であり、個々人の権利関係と権利は、社会全体の一部としてのみ保護を享受する。法それ自体は、国家それ自身には切実な問題ではない。むしろ、国家による権利保護は、その機能によれば、社会の保護及び促進に貢献し、その他の国家活動と合致してくる。そして、後者は権利保護としても社会の福祉をめざす。したがって、法の目的と社会福祉の関連目的とは、原則的に対立しないとした[30]。つまり、近代国家においては社会政策上の要請として訴訟法（司法）は創設されねばならないと考えていたのである。

こうした国家・社会観念から生じるクラインの紛争（Zwiespalt）観念も特徴的である。クラインにとって、訴訟に到りうる紛争は、大量現象として把握され、社会組織の循環に障害を引き起こすものであった。つまり、法的紛争は社会組織体の疾病であるとされたのである。クラインは、こうした紛争観念から、実体法と訴訟の役割を次のように説明している。「この（障害）ための治療手段を与えるのが実体法であり、訴訟には、病気を正しく認識し、それに対する正しい手段を選択し、病気が蔓延することを防ぐという医師の役割が割り当てられる。法的生活におけるそのような病状は、紛争当事者と並んで、その大きさに関係なく、社会集団にとっても重要なことである[31]」と。民事紛争は、社会的現象として把握されたのであった。

（二）「社会性」の視点からみた訴訟観

こうした観念から、クラインは、民事訴訟手続は「福祉制度」であり、社会的利益及び個人的法益の保護のための「一種の行政措置」と位置づけた[32]。民事司法は、現実の経済的、社会的活動の保護、つまり応用科学であるとした[33]。ここに、クラインの「社会」全体の視点から訴訟を考察する独自の訴訟観の特徴が存するのである。そして、クラインは、「訴訟は公法の制度であり、それとともに、個人的利害を保護する義務と同時により高度な社会的価値を満足させる義務を負う」とした。その結果、近代国家は社会政策上の計画の中で訴訟を統合しなければならないと考えていたのである[34]。こうした訴訟観が、後の諸外国の民事訴訟立法及び実務に多大な影響を及ぼすことになる。かつて、エッサー（*Josef Esser*）は、こうした社会学的思考の中にクラインの訴訟立法が成功を収めた秘密があると評している。[35]

(イ)「真実発見——事案解明の完全性——」のための裁判官と当事者の協力義務

それでは、以上のように訴訟を「社会性」の視点からみる場合に、クラインの民事訴訟はどのような特徴を有することになったのであろうか。次にその特徴を簡単に示すことにしたい。まず第一に、こうした訴訟の社会的機能、つまり、クラインの社会的訴訟観から、彼は、真実の探求に重大な価値を付与したのであった。つまり、訴訟の社会的及び国家的な価値と、訴訟が個人にとってもまた国家制度にとっても高い意義を有するとの認識は、訴訟のために「その時の最良の真実」を要求したのであった。つまり、真実の発見を適正な判決の条件としたのであった。その結果、クラインは、民事訴訟の「社会性」ゆえに、裁判官と当事者の双方にそのための協力を義務づけた。そこでの裁判官の役割は、真実を探求すること、つまり真実を言い渡すことに求められ、裁判官の判決は、事実の状況、実体的真実に合致しなければならないとした。[36] そして、そのための手段として、クラインが取り入れたのは、裁判官の資料収集に関する広範な権限の承認であったのである。つまり、弁論主義の消極的な評価である。[37] また、裁判官は、訴訟の社会的機能からして、全体の利益の職務上の代表者であり、かつ自ら法的に許された範囲において、同じ利益がその都度考慮されることを配慮する必要があるとしている。[38] 裁判官による平等性の確保である。他方、当事者には「真実義務」及び「完全陳述義務」を課し、真実発見——事案解明の完全性——への協力を義務づけた。しかし、ここで注意しなければならないことは、クラインは私的自治の理念を否定したのではないということである。訴訟の開始・終了等は当事者の自由であるが、訴訟を選択した以上は、訴訟の社会性ゆえに当事者は真実発見や訴訟進行に協力しなければならないとするのである。むしろ、こうした思考は、国家が自力救済を禁止し、権利保護を独占し、「国家救済」へと移行した結果、国家による権利保護のあり方を探求したものと言えよう。なぜなら、クラインは国家機関（裁判所・裁判官）の権限を拡張したが、反面で当事者の権限も拡張しているのである。それは、当事者の相互扶助（gegenseitige Unterstützung）という考えに基づくものであり、英米法のディスカバリーに類似した制度を導入した点に明確に現れている[39]。つまり、クラインは、真実発見という目的のために「裁判官の積極性」を導入したが、反面で当事者の権限強化もはかりバランスをとっているのである。ここに彼のバランス感覚の絶妙さが現れていると言え、またこの点が従来の議論で見落とされていた点であろう[40]。

(ロ) 民事訴訟の経済性重視

クラインの社会的思考に基づく訴訟観は、第二に、訴訟の合目的的（合理的）運営という結論を導き出した。それは、彼の経済的思考と結びつくものであった。彼が強調するのは、権利保護の社会的等価性であった。もし権利保護の成果が、経済原則に従えば、損失が大きかったり、そうした損失の危険を生じるものであるならば、多くの人々によって権利保護は回避されたり、別の手段が試みられたりすることになる。それは、法的安定性の減退につながると考えたのであった。そこでは、経済原則は、社会的諸条件に躊躇しないとする。また、クラインは、そうした損失が、偶然あるいは有責に引き起こされたのではなく、それを引き起こした手続制度と結びつく限り、立法及び法秩序は、その損失に立ち向かいそしてそれを回避又は最小限なものにするように訴訟を秩序づけねばならないとする。もしこのことを怠った場合には、重い批判を負うことになるであろうと主張し、この損失の回避をオーストリア民事訴訟の目的の一つとしたのであった。また、訴訟の長期化は、判決の正当性にも影響を及ぼすとする。つまり、紛争の発生と判決の間の時間的隔たりが増大すればするほど、判決の基礎をより不確実かつ疑わしいものとすると主張する。そして、それは「社会」の視点からみても、訴訟の結果がでるまでは訴訟対象となった財産は経営資本から除外されることになり——資本の無力化と利用不可能性——、国民経済にとって重要なものとなるというのである。(41) こうした思考が、クラインの労力の経済化という発想につながる。そして、それは裁判官と当事者の特定の目的をめざした精神的協同作業という形で、クラインの訴訟モデルの特徴の一つとなり、前述の当事者の真実義務等の導入にもつながってくるのである。ここから、クラインは、弁論への「当事者の出席」と「裁判官の訴訟指揮及び釈明義務」とに手続の鍵となる役割を与えたのであった。(42) そして、判決は当事者に現在の救済（Gegenwartshilfe）をもたらすよう、当事者にとって実際上、かつ経済的価値があるように、適時に下されねばならないとした。(43) この「迅速性」に、クラインは最高の価値をおいたのであった。(44) それゆえ、訴訟の引き延ばしやいやがらせに対抗しなければならないとし、その結果、裁判官に厳格な訴訟指揮権限が与えられ、また失権規定が設けられ、裁判官の権限が拡張された。随時提出主義の原則は否定され、さらに、この思考は、第一審集中化の思想をもたらした。これが、第一回期日の創設や更新禁止原則の維持になって現れた。そして、ここに訴訟の集中主義（手続集中理念）が登場することになった。ここから、訴訟準備の重要性が意識され、その手段としてここでも裁判官の準備作業への積極的関与が要求されたのであった。(45)(46)

こうした民事訴訟の真実発見と経済性の重視は、審理の計画性・迅速性重視という観点へ、つまり「手続集中」という観念に至ったのである。さらにはそれが「裁判官の積極性」につながったのである。なお、ここで注意しなければならないのは、この審理の計画性・迅速性重視は、「社会」及び「当事者の権利保護」の視点からであって、けして「裁判の運営者」の視点から導き出されたものではないという点である。ここに、訴訟の増加や裁判コストの増大を理由とした裁判所の負担軽減とかコスト削減を目的とする審理の計画性・迅速性重視との違いが存するのである。

訴訟における真実発見（適正な裁判）と訴訟の経済性（迅速な裁判）を実現する諸方策の基盤となったのが「手続集中理念」である。そして、その実現のために中心的な役割を果たしたのが、「裁判官の積極性」であると言えよう

――この関係性については次章で説明していく――。

三　オーストリアにおける司法改革失敗の反省と一八七七年ドイツ民事訴訟法の経験

以上のような要因の他に、オーストリアにおける過去の司法改革失敗の反省と一八七七年ドイツ民事訴訟法の経験も裁判官の積極性を要求する要因であったと思われる。その過去の司法改革は、一八四八年の三月革命に端を発する。それは時代に適合した民事訴訟法を求める努力であった。しかし、こうした努力は失敗に帰したのであった(47)。また、一八七七年ドイツ民事訴訟法も当事者による訴訟運営などの点で制定後からすぐに激しい批判が投げ掛けられていたのである(48)。クラインの司法改革は、このような歴史的経験をふまえたうえでのものであった。これらの司法改革や立法が失敗し、批判を受けた最大の原因は、クラインからみれば、その時代の要請として確立された、手続のスタイルを決める「公開主義」、「口頭主義」及び「証拠の自由な評価」という訴訟原則が絶対視された点にあった。つまり、クラインにとっては、例えば家屋の場合にスタイルではなく、居住性や有用性に合目的的な部屋の区分が決定的な役割を有すると同様に、「公開主義」、「口頭主義」及び「証拠の自由な評価」という訴訟原則は、「訴訟の質」にとって原則的に決定的なものではなかったということである(49)。クラインには、これらの訴訟原則は、訴訟の目的（「社会的な民事訴訟」の目的）のための手段でしかなかったのである。例えば、口頭主義は直接主義のための手段にすぎないとした(50)。そして、クラインは、手続の口頭主義と直接主義に迅速性と真実発見を期待したのであった(51)。訴訟の役割は、紛争によって引き起こされた平和と経済の秩序の障害をできるだけ迅速かつ適正に排除することであった。それゆえ、このための手段が考察され、訴訟過程（及び訴訟資料）に関する当事者支配の代わりに、「手続集中」をめざして裁判官の訴訟指導に基づく職権訴訟運営が重視されることになったのである。そして、「手続集中」が訴訟の長期化を防止するものとされたのであった。

四　経済的・社会的状況の変動

裁判官の積極性が要請された要因の一つに、工業化された大衆社会への移行という経済的、社会的状況の急激な変化もあげることができよう。とくに、経済的発展のもたらした影響は大きい。経済的発展は、高度の生産性と収益性を要求し、資本の円滑な利用を重視することになった。それゆえ、資本をめぐる法的紛争は、その障害であり、そして紛争の存続は、国民経済的意義をもつと把握されたのである。その結果、訴訟の迅速性の要求が重要な問題となった[52]。クラインは、「法秩序の信頼は、権利保護が例外なしにきわめて迅速な救済をあたえる場合にのみ、維持される」とした[53]。ここに、前述したクラインの経済的思考の要因が存すると言えよう。また、こうした経済の発展は、訴訟の迅速性を要求したのみならず、また法的紛争の複雑化と大量化をもたらした。この複雑化は、訴訟における事実関係の複雑化をもたらした。つまり、訴訟は従前よりも当事者に一層多くのことを要求し、当事者はその責任と敗訴の危険が増大したのであった。クラインは、こうした当事者の責任及び危険を緩和するために、裁判官の事実資料収集の局面での積極的関与を考慮したのであった。また、この大量化は、訴訟の迅速性を要求したのであった[54]。さらにクラインは、この発展が手続及び規範の増大を引き起こしているということを認識していた。いわば、現在の法社会学がいう法化現象をも先取りしていたとも言えよう[55]。そして、当時、立法化された実体法が、抽象的規範、つまり一般条項規範を多く含む点に注目していた。そこには、裁判官の法創造機能への着目があった。クラインは、実体法が一般条項等を通して裁判官の法創造機能を承認している以上、訴訟においても当然、（必ずしも明確でないが、法適用過程における）裁判官の積極性が承認されるとしたのであった[56]。

四　おわりに――フランツ・クラインからの示唆――

それでは、以上のようなクラインの訴訟理念から「裁判官の積極性」をめぐる今日の議論へどのような示唆をえることができようか。変革が生じている社会主義的イデオロギーによって刻印されたクラインの理念を直接今日の議論へ持ち込むことには無理があろう。また、訴訟物、既判力の主観的範囲等の理論的側面や、その訴訟理念、とくに訴訟の社会的機能重視の観点には当事者の対等性や法的安定性等の点での批判もある[57]。しかし、彼の訴訟理念は、イデオロギー的側面を抜きにすれば、今日においても、以下に述べるように非常に示唆的である。とくに、訴訟の社会性を重視しながら、反面で私的自治の維持もめざしたクラインの視点や考え方は、「裁判官の積極性」をめぐる今日の議論にとって参考となる点は多い。以下では、主に立法論的な議論となるであろうが、クラインからの示唆のうち主ないくつかを述べることにしたい[58]。

一　当事者像の変換の必要性

まず第一には、当事者像の射程という視点が重要であると思われる。社会科学は、人間像――訴訟ではその主体像――をどのように設定するかによってその内容は決まってくる。そして、裁判官の積極性はこの当事者像をどのように設定するかに左右されるであろうからである。それゆえ、クラインの「当事者の対等化」を重視し、当事者像と裁判官像をセットで考える視点は、わが国における裁判官の積極性を考えるうえで参考になると思われる。こうした人間像は、時代とともに変化する。筆者は、かつて執行証書の債務名義性をめぐる議論の中で、公正証書を作成する当事者像（債務者像）が変化した――法的に知識が乏しくかつ経験もない、いわゆる消費者（法的弱者）像を射程すべき旨

――こと、そしてそれに相応した制度的保障の必要性を指摘した[59]。そして、筆者は結論的には民事訴訟手続においてもそれと同様のことが言えると考える。その理由は、一つには、現在の複雑化、高度化した法的紛争の実情を挙げることができよう。このような紛争では、当事者間の格差は明白であり、当事者間の対等化の要請は大きい[60]。しかし、当事者間の格差は、最近の現象ではない。伝統的な訴訟においても存し、それが広がる傾向にもあると言える。それにはまず、わが国でも到来が確実視されている法化（社会）現象を挙げることができよう。こうした状況では、一般的市民が、訴訟において自律的な（法的）討論をしうることは期待できまい[61]。さらに、わが国において実際上弁護士強制制度の導入が不可能に近いという実情も重要である。弁護士強制制度が存在しない以上は、本人訴訟を原則として考えねばならないのである。そして、その結果、弁護士のついた当事者とそうでない当事者が争うときには、当然に当事者間には格差が存することになる。また、たとえ両当事者に弁護士が代理しているとしても、弁護士間自体に格差がないと言えようか。それは、弁護士自身の能力差や経験差から生じることもあろうし、また一方は複数の弁護士が協同して訴訟に関与し、他方は弁護士が一人で従事することから生じるということもあろう。さらに、当事者と弁護士間のコミュニケーションの充実度の差からも訴訟において格差が生じることはなかろうか。そして、弁護士間に格差がないとしても、すでに木川博士が指摘されているところによれば[62]、わが国においては訴訟準備、主張整理の段階で当事者間の対等性が保障されていないという現状が存在する以上、いずれにせよ、当事者間の格差が存在することになるまいか。そうであるならば、わが国においては、当事者間に格差が存在するということを前提として、訴訟モデルを構築すべきではなかろうか。こうしたことを勘案すると、当事者間の格差を前提として訴訟モデルを構築したクラインの考察方法は示唆的なものとなろう。そして今日、当事者像としては消費者に代表される法的弱者を射程すべきではなかろうか。実体法上でも、その市民像の変換が考慮され、理性的かつ合理的行動をとる市民像からの離反が試みられ、市民間の格差を前提とした立法も創設されてきている[63]。

なぜ、訴訟法ではそのような思考はできないのであろうか。

二　国家論の必要性

クラインからの第二の示唆は国家論の必要性であろう。クラインの積極的裁判官像の背景には、当時最先端にあった福祉国家観という国家観が存した。また、クラインの訴訟理念の再評価につながったドイツにおける「社会的民事訴訟論」も、その背景には「社会（法治）国家」観念——ドイツにおける福祉国家論と評してよいであろう(64)——が存した。自力救済を禁止し、国家による権利保護の独占（国家救済）が形成された現代の裁判制度においては、国家観は訴訟（裁判官）モデル構築にとって不可欠でなかろうか。ところが、紛争解決理念の系譜にせよ、手続保障理念の系譜（とくに第三の波理論）にせよ、わが国においてこうした国家論は十分に論じられていない。そこに、問題が存しよう。それでは、民事訴訟制度の背景にはどのような国家を想定すべきであろうか。本稿では詳細に論じる余地はないが、官僚制の肥大化等を生み出した福祉国家論も、挫折した小さな政府論も十分ではなく、将来的には、その中庸をとる国家像に落ちつくのではなかろうか。

三　訴訟の社会的機能と私的自治のバランス

第三のクラインからの示唆は、手続集中理念を介在させることにより、民事訴訟の社会的機能重視から導き出した訴訟の迅速性と真実発見を通した裁判の適正さの追求の際に示した、特に裁判官と当事者の積極性に関するバランス感覚である。わが国の近時の議論では、当事者の手続権保障が重視される一方で、国民全体の立場からみた民事訴訟の機能、つまり訴訟の社会的機能への関心も高まっている(65)。「納税者」の視点の主張もこの訴訟の社会的機能と関連してくるものであろう(66)。権利保護の国家による独占が前提である以上、国家制度である民事訴訟が「社会性」を有するのは必然である。そして、こうした動向はいわゆる協働主義と結びつけて論じられてきた。そこでは、裁判官と当事者の積極性が要請されたのである。[67] しかし、問題は、裁判官と当事者にその積極性を要請しても、両者、とくに当事者がそれに応えうる権限と能力を有するかという点があまり考慮されていないという点である。クラインも、訴訟の社会的機能のために裁判官と当事者との協同作業を重視した。とくに当事者も訴訟の社会的目的のために協力しなければならないとする観点は、訴訟という国家的（福祉）制度の利用という局面で、裁判官にすべて任せるのではなく、当事者も責任をもつという点を明確にした。とくに真実義務・完全陳述義務導入はその特徴的な手段である。[68] ここに、当事者の主体性が出てくるといえるのではなかろうか。しかし、重要なのは、クラインは、裁判官の権限及び義務強化の反面で当事者の義務及び「権限強化」を図ったという点である。クラインは、裁判官と当事者に積極性を要請した反面で、それに両者が応えうる権限を準備していたのである。もしこうした準備もないまま、裁判官及び当事者に積極性を要請するのであれば、それはけして適正な訴訟モデルの構築には到りえないであろう。ドイツの社会的民事訴訟論には、この観点が欠けているのである（なお、ドイツにおいて今日、社会的民事訴訟論は裁判へのアクセス面を除けば、ほとんど訴訟理論と実務を動かすことはなかったようである）。またわが国における「裁判官の積極性」論もこの観点の議論に乏しい。それゆえ、クラインのこうした考察方法、換言すれば、訴訟の社会的機能と私的自治のバランス感覚は考慮に値するものと思われる。[69]

四　官僚的「裁判官の積極性」の反省

このようにクラインの訴訟理念は示唆的であるが、反面でそれが——福祉国家政策の帰趨となった——官僚主義的民事訴訟を惹起せしめたことを見過ごしてはならないであろう。彼は、確かに訴訟の社会的機能と当事者利益（現在の救済）という両面から訴訟の適正さや合理性・迅速性を追求し、その実現のために手続集中理念を介在させた。

そして、これを実現する最も重要な手段の一つとして「裁判官の積極性」を導き出した。しかし、その実効性確保のため、クラインは同時に、裁判官育成、裁判所監査院による裁判官の監視、監督、裁判事務の改革等の司法行政面での改革を合わせて行った[70]（これがクラインの改革を成功させた要因であり、この観点の欠乏がわが国の過去の民事訴訟改革が失敗してきた根本的原因であると思われる）。この結果、他国に類を見ない訴訟の迅速化が達成されたことは周知の事実である。しかし、反面で、裁判は行政的特質を強く有することになり、裁判官の能力は向上し同質化したが、当事者の主体性確保は考慮されないままであったために――一面では、社会的弱者としての当事者の「客体化」が進行したとも言えよう――、当事者利益及び主体性は訴訟の社会的機能の中に埋没していったと考えられる。残ったのは、合理性・効率性を絶対視する官僚的裁判であった。それは、市民の司法に対する不信感が増長する要因の一つとなった。そのために、オーストリアが一九八三年の改正において官僚主義の撤廃と裁判手続における「人間性の回復」をその改正目的の一つにしたことは、その証左であろう[71]。そして、この官僚主義的民事訴訟の問題はわが国にも同様に存するのである[72]。

五　紛争解決理念不要論

最後に、クラインからの示唆から、わが国の「裁判官の積極性」をめぐる議論を簡単に検討したい。まずそこからは、少なくとも、現在わが国の民訴法学を特徴づける紛争解決理念に基づく裁判官の積極性の方向には、筆者は疑問を感じるのである。確かに、この理念は、その即物性ゆえに、とくに審理の合理性・効率性の探求と結びつきやすいし、また、真実発見と裁判官の法創造の必要性とも、この理念の生成を考えれば、結びついてこよう。しかし、この理念は、「社会性」の視点が存在せず、とくにこの理念からは現在共通の価値として認められる「法の下の平等」という憲法秩序に基づく「当事者の対等性」保障という側面が出てこない。いわば「運営者」の視点しか出てこないのである。それゆえ、合理性・効率性が最重視され、官僚主義的思考に陥る危険が大きいと思われる。また、裁判官の権限・義務強化の視点がでてこようが、前述のように当事者の権限・義務強化の視点が欠けているのであり[73]、明確な国家観もない。したがって、当事者の主体性が疎外され、また当事者の客体化を引き起こすことになりはしないか、さらには裁判官の積極性の限界が見えてこないという危惧を常に伴う。こうした紛争解決理念は、裁判官の積極性要請の背景またはそれを正当化するものとして、ほんとうに適切かつ必要な理念なのであろうか。筆者には疑問に思える。他方、手続保障理念に基づく裁判官の積極性も、当事者の主体性確保をその主たる目的とするにもかかわらず、当事者の権限・義務強化の視点、また、明確な当事者観・国家観の欠如に起因すると思われるが、社会性の観点も明確ではなく、今後の理論的補充が不可欠であろう。このように考えてくると、わが国における裁判官の積極性は、まだその基礎を充分につめたものでないと言えよう。とくにその程度は、明確でない。筆者は、この裁判官の積極性の程度は、当事者の対等性保障を含めた訴訟の社会的機能と私的自治原則の維持との黄金分割の中に見いだす方向で考慮すべきと考えている。この方向を考慮するとき、クラインのバランス感覚は示唆的である。

(注)

(1)　例えばドイツでは、民事訴訟法は度々改正され、そのつど裁判官の権限は拡張してきた（ドイツにおける裁判官の積極性をめぐる議論の詳細は *J. Damrau,* Die Entwicklung einzelner Prozeßmaximen seit der Reichszivilprozeßordnung von 1877, 1975.; *Wassermann,* Der soziale Zivilprozeß, S. 27ff., 49ff., 1978.（なお、本書翻訳（森勇訳）『社会的民事訴訟』（成文堂・一九九〇）も参照）; *ders,* Die richterliche Gewalt, 1985; *Stürner,* Die richterliche Aufklärung im Zivilprozeß, S. 6ff., 1982.; *Peters,* Richterliche Hinweispflichten und Beweisinitiativen im Zivilprozeß, 1983. 等参照のこと）。とくに、一九七八年の簡素化法はまさし

く積極的裁判官による訴訟モデルの確立であったといえよう（簡素化法における裁判官の権限拡張の詳細については、すでに様々に紹介されている。代表的なものとして、木川統一郎＝吉野正三郎「西ドイツにおける民事訴訟促進政策の動向（下）」判タ三五三号二三頁以下参照）。また、アメリカでも、一九八三年の連邦民事訴訟規則の改正により、プレトライアル手続における裁判官の権限が拡張され、ここでも積極的（管理者的）裁判官による訴訟運営をみることができる（アメリカの議論状況については、*Resnik*, Managerial Judge, 96 Harv. Law Rev., 374 (1982) ; *Elliot*, Managerial Judging and the Evolution of Procedure, U. Chicago Law Rev., 53 (1986) ; *St. Flanders*, Case Management and Court Management in United States District Courts, Federal Judicial Center, 1977; *Schwarzer*, Managing Civil Litigation: The Trial Judges Role, 61 Judicature 400 (1978) : *Hazard*, Forms of Action Unter the Federal Rules of Civil Procedure, 63 Notre Dame Law Rev., 628 (1989) ; *Sarokin*, Justice rushed is justice ruined, 38 Rutgers Law Rev., 431 (1986) 等参照。わが国におけるアメリカの裁判官の積極性に関する文献としては、小林秀之『アメリカ民事訴訟法』（弘文堂・一九八五）二〇五頁以下、安達栄司「アメリカ合衆国における審理の充実と訴訟促進の動向（一／二）」民商一〇三巻五号七三五頁以下、六号九一二頁以下が代表的である）。さらに、イギリスでも伝統的な当事者主導型の訴訟に対する批判が投げ掛けられている（*Jacob*, The Fabric of English Civil Justice, 1987, S. 15ff. 246ff. 参照。その他に、*Hartwieg*, Die Arbeitsteilung zwischen Anwälten und Richtern, ZZP 96 (1983) がイギリスでの議論状況を伝える）。

＊本章の初出原稿公刊後、ドイツ法では二〇〇一年の改正により民訴法一三九条が改正され、さらに裁判所の実体的訴訟指揮権は強化された（詳細は、*Stein/Jonas/Leipold*, ZPO, 22. Aufl. Bd. 3 (2005) §139 Rdnr. 5 などを参照）。また、二〇一一年施行のスイス民訴法でも裁判官の発問義務が強化され、同様に、裁判官の積極性の要請がなされた（詳細は、松村和徳＝吉田純平「スイス統一民事訴訟法の概要（2）」比較法学52巻1号（二〇一八年）一四一頁以下など参照）。

（2）　多くの文献があるが、研究者側では木川統一郎『訴訟促進政策の新展開』（日本評論社・一九八七）、吉野正三郎『民事訴訟における裁判官の役割』（成文堂・一九九〇）等、実務家側では、宮崎公男「シュトゥットガルト方式と東京地裁民事通常部での若干の実務経験」司研Ｉ（一九八七）六四頁、塚原朋一「ドイツ民事裁判審理方式とそのわが国実務への応用」支配四六号（一九八一）六六頁以下等が代表的である。また、他方で、訴訟運営、審理過程、判決という行為を通してだけでなく、「和解」という当事者間の交渉行為にも、裁判官が積極的に介入することが要請されているのも世界的趨勢と言える（わが国の議論については、さしあたり後藤勇＝藤田耕三編『訴訟上の和解の理論と実務』（西神田編集堂・一九八七）を参照。また、アメリカでの議論については、*Resnik*, Failing faith: Adjudicatory procedure in decline, 53 U. Chicago Law Rev., 494 (1986) 等参照。ドイツでの議論は、Der Prozeßvergleich—Möglichkeit, Grenzen, Forschungsperspektiven—, 1983参照）。しかし、反面では、「裁判官の積極性」の要請は、当然のごとく裁判官の権限を拡張し、その結果、当事者の主体性を後退させ、さらには裁判官の中立性に対する信頼が損なわれる危険があるとの危惧も根強く主張されている。

（3）さしあたり、司法研修所編『民事訴訟のプラクティスに関する研究』（法曹会・一九八九）参照。とくに、当該書でのその理論構成が試みられた「和解兼弁論――弁論兼和解」審理方式では裁判官の積極性が明確に指向されている。検討事項については、法務省民事局参事官室編『民事訴訟手続の検討課題』ＮＢＬ別冊二三号（一九九一）参照。とくに、「第四　口頭弁論及びその準備」と、「第五　証拠」において明確に裁判官の積極性が要請されている。

（4）*Gottwald*, Aktive Richter—Managerial Judge, Zur Richtermacht im amerikanischen und deutschen Zivilprozeß: in "Law in East and West—Recht in Ost und West", 1988, S. 705-718参照（翻訳として、（拙訳）「積極的裁判官：管理的裁判官」比較法学二三巻一号一四四頁がある。本稿における裁判官の積極性に関する問題意識は、この論文を契機としたものである）。

（5）兼子博士によって民事訴訟法学に持ち込まれたこの理念は、新訴訟物理論と相まって、「紛争解決の一回性」というスローガンの下、裁判官の積極性を指向し、学界を席巻したのは、周知のことである――とくに三ケ月章博士による新訴訟物理論の中でこの理念は重大な役割を果たした。つまり、「紛争解決の一回性」というスローガンの下、この理念は新訴訟物理論の正当化根拠として使用されたのである（三ケ月章『民事訴訟法』（有斐閣・一九五九）はその理論の体系化である。とくに九〇頁以下及び一五七頁以下参照。また、山本和彦「民事訴訟における法律問題に関する審理構造⑶」法協一〇六巻一〇号一七五三頁以下は、新訴訟物理論に対する懸念の一つである不意打ちの増大に対処するために釈明義務の活用が説かれた旨——つまり裁判官の積極性の要請——を適確に指摘する。

（6）手続保障論は、訴訟における当事者の主体性の回復にその主たる意図の一つがあったと位置づけられよう。この手続保障論が、紛争解決理念が有すると思われる前述の危惧を敏感に感じとり、登場してきたかは定かではないが、それは「紛争解決理念」に対するアンチテーゼとして捉えることができよう。

（7）木川統一郎『民事訴訟法改正問題』（成文堂・一九九二）一九頁参照。

（8）井上治典『民事手続論』（有斐閣・一九九三）六一頁参照。また反面で、この理論は、結局は裁判官の裁量判断への白紙委任につながるのではないかとの危惧も主張されている（井上治典＝高橋宏志編『エキサイティング民事訴訟法』（有斐閣・一九九三）一八六頁〔山本弘発言〕参照）。なお、第三の波理論についての評価については、高橋宏志「紛争と訴訟の機能」山之内靖ほか編『社会科学の方法Ⅵ〔社会変動のなかの法〕』（岩波書店・一九九三）一九九頁など参照。

（9）田中成明『現代法理論』（有斐閣・一九八四）二八二頁参照。同『現代日本法の構図（増補版）』（悠々社・一九九二）一六六頁以下等参照。

（10）吉野・前掲書（注2）、特に二五頁、七八頁、一二一頁以下参照。裁判官の積極性に対する要請は、木川博士の一連の論稿など多くの文献においてすでに行われていた。しかし、明確な形で手続保障理念と裁判官の積極性を結び付ける民事訴訟法学からの議論は、吉野説から展開されることになる。山本克己「民事訴訟におけるいわゆる „Rechtsgespräch" について⑴～⑷」法叢一一九巻一号一頁、三号一頁、五号一頁、一二〇巻一号三二頁以下（一九八六）及び山本（和）・前掲論文（注5）等も参照。

（11）近時のドイツにおける裁判官の積極性の要請は、「公正な手続」の要請と結びつく。そして、当事者の権限補充、とくに当事者の対等性保障という点において、この「公正な手続」の要請と手続保障論は結びつくことになろう。

（12）*Leonhald*, Zur Geschichte der österreichischen Justizreform vom Jahre 1898, in: FS 50 Jahre ZPO, 1948, S. 125ff.; *Schoibl*, Die Entwicklung des österreichischen Zivilverfahrensrechts, 1987, S. 33ff. 参照。

(13) *Franz Klein,* Die neuen österreichischen Civilprozess-Gesetzenentwürfe, ZZP19 (1894). S. 2.

(14) *Damrau,* Der Einfluß der Ideen Franz Klein auf den Deutschen Zivilprozeß, in: Forschungsband *Franz Klein,* 1988. S. 157ff.; *Sprung,* Die Ausgangspositionen österreichischer Prozessualistik und ihr Einfluß auf das Deutsche Recht, ZZP 92 (1979) S. 4ff. 参照。

(15) なお、オーストリア民事訴訟法に対する評価は、わが国においてはドイツのそれと比べて高くはない。しかし、木川博士は、従前からオーストリア民事訴訟の迅速性と経済性を高く評価し、いち早くわが国にその実情を紹介されている（例えば、木川統一郎「オーストリー民事訴訟の迅速性と経済性」同『民事訴訟政策序説』（有斐閣・一九六七）一四一頁等）。また、最近では、中野貞一郎教授が、これを高く評価し、その研究の必要性を強調されている（例えば、中野「変わりゆく民事裁判」奈良産四巻二号（一九九一）三八頁、クラインほか（中野訳）『訴訟における時代思潮等』（信山社・一九八九）一四九頁以下――中野『民事裁判小論集』（信山社・二〇一三）一頁以下所収――参照）。オーストリアの民事訴訟法が実務的に多大な成果をもたらしていたことは周知のとおりである。しかし、それはオーストリアが小国であるからであり、大きな人口を抱える国の参考にはならないという見解も聞かれる。だが、一八九五年当時はオーストリアは大国の一つであったことからも、それは実証されてない意見にすぎない。諸国が注目する成果を収めたのは何故かを探求する必要はあるのではなかろうか（オーストリアでは、一九八三年に、他の諸国と比べると訴訟が極めて迅速に処理されているにもかかわらず、訴訟遅延を理由に大改正が行われている。一九八三年及び二〇〇二年の改正を中心とした一連のオーストリア民事訴訟改革の内容とその評価に関しては、本書第二章を参照のこと）。とくに、民事訴訟法改革に着手した現在その必要は高まっているといえまいか。なお、本稿は、その意味で筆者のオーストリア民事訴訟法研究のごく一部にすぎない。

(16) クラインの訴訟理念に関しては、*Franz Klein,* Pro futuro. Betrachtungen über Probleme der Civilproceßreform in Oesterreich, JBL 1890, Hefte 43-52. (S. 507-509, 519-522, 533-534, 543-546, 555-557, 567-569, 579-581, 591-593, 603-605, 615-617).; JBL 1891, Hefte 1-9. (4-6, 15-16, 28-29, 40-42, 53-55, 66-67, 77-78, 89-91, 101-103)（以下、Pro 1890,/Pro 1891,……で引用する）；

ders., Zeit- und Geistesströmungen im Prozesse, Vortrag, gehalten in der Gehe-Stiftung zu Dresden 9. 11. 1901, in: *Friedländer* (Hrsg.), Franz Klein, Reden, Vorträge und Aufsätze, 1927, S. 117ff.（以下、Zeit……として引用する。なお、中野・前掲（注15）訳書も参照）；*ders.*, Vorlesungen über die Praxis des Civilprocesses, 1900（以下、Vorlezungen,……で引用する）；*ders.*, Die neuen österreichischen Civilprocess-Gesetzentwürfe, ZZP 19（1894）S. 1ff., S. 197ff.（以下、ZZP,……で引用する）；*ders./Engel*, Der Zivilprozess Österreichs, 1927.（以下、Zivilprozeß,……で引用する）等を主に参照した。

（17）*Wassermann*, Zur Soziologie des Gerichtsverfahrens, in: *Naucke/Trappe* (Hrsg.), Rechtssoziologie und Rechtspraxis 1970, S. 136. 参照。

（18）例えば、*Langer*, JZ 1972, S. 584, Anm. 7. 参照。

（19）*Franz Klein*, Pro 1890, S. 522. 545; *ders*, Zeit, S. 128.

（20）*Anton Menger*, Das bürgerliche Recht und die besitzlosen Volksklassen, 1890; なお、以下のメンガーの所説は、第四版（一九〇八）によった。したがって、本文に記した頁数も第四版の頁数である。またメンガーの理論、業績、プロフィール等に関しては、*Karl-Hermann Kästner*, Anton Menger (1841-1906) Leben und Werk, 1974.; *Langer*, Männer um die österreichische Zivilprozeßordnung 1895, 1990. S. 11ff. 参照。

（21）*Franz Klein*, Anton Menger, Die Zeit, Morgenblatt, Wien 8. 2. 1906参照。

（22）*Anton Menger*, aaO., S. 34, 35. 参照。

（23）*Anton Menger*, aaO., S. 35. 参照。

（24）*Klein/Engel*, Zivilprozeß., S. 193.

（25）例えばウィーン市は、一八九〇年は一八七五年に比べ面積は三倍に広がり、人口は一三〇万人を越えていた。そして、一九〇五年には面積は五倍、人口は一九〇万人に及んでいた（池内紀『ウィーンの世紀末』（白水社・一九九二）二五頁参照）。なお、一九世紀末におけるこうした人口増は、ヨーロッパ共通の状況であったのである（詳細は、E・J・ホブスボーム（野口建彦ほか訳）『帝国の時代１』（みすず書房・一九九三）二一一頁以下及び一六〇頁以下参照）。

(26) この時代の社会政策をめぐる状況に関しては、K・E・ボルン（鎌田武治訳）『ビスマルク後の国家と社会政策』（法政大学出版局・一九七三）を参照。

(27) *Wassermann*, Der soziale Zivilprozeß, S. 54.

(28) また、実証できるわけではないが、クラインの生い立ちも、こうした当事者像の形成に影響を及ぼしたのではないかと、筆者は推測している。クラインは、幼くして父親と死別し、経済的にささやかな母子家庭において、授業料免除を受けて、進学していったという事実は、その後のクラインの行動、思考に影響を及ぼしたのではないかと思われるのである。なお、クラインのプロフィールに関しては、*Leonhald*, aaO., S. 136ff.; *Langer*, aaO. (Fn. 20), S. 33ff. を参照。そして、それゆえか、クラインは、社会的弱者の気持ちがどのようなものであるかを知っていたと思われる。それは、次のような言葉から窺い知ることができる。「恣意的でなく、視線は助けを求めて、述べられた多くの困難を償いうる者としての裁判官に向けられている。裁判官は、判決にとって先見的に重要な状況を当事者に示し、当事者にその陳述のための示唆を与えることによって、その多くの困難を償いうるのである」（*Franz Klein*, Zeit, S. 128）。この点において、クラインの訴訟観が形成されるに到る思考の特色として、心理学的思考を挙げることができる。なお、その背景については、*Langer*, aaO. (Fn. 20), S. 36. 参照。

(29) *Klein/Engel*, Zivilprozeß, S. 189. なお、この国家観には、ゲオルク・イェリネック（G. Jelinek）の影響があったとされる（*Langer*, aaO., S. 37）。

(30) *Klein/Engel*, Zivilprozeß, S. 188.

(31) *Klein/Engel*, Zivilprozeß, S. 190.

(32) *Klein/Engel*, Zivilprozeß, S. 190. オーストリアの民事訴訟は、このような社会全体の利益のために役立たねばならないという福祉制度という機能の点において、合目的性と実施可能性という二つの原理を実現させねばならなかったのである（*Franz Klein*, ZZP, S. 25）。

（33）*Franz Klein*, Vorlesungen, S. 9f.

（34）*Klein/Engel*, Zivilprozeß., S. 190.; S. 188f.; Schoibl, aaO., S. 47f. 参照。なお、こうした社会政策的な考え方については、シュタインバッハ（*Emil Steinbach*）の影響があったとの指摘がなされている（詳細は、*Sprung*, Die Ausgangspositionen österreichischer Zivilprozessualistik und ihr Einfluß auf das deutsche Recht, ZZP 92. (1979) S. 16f.; *Langer*, aaO., S. 39. S. 53ff. S. 73. を参照）。

（35）*Josef Esser*, Franz Klein als Rechtssoziologe, in: FS 50 Jahre ZPO. 1948. S. 35ff. 参照。

（36）*Franz Klein*, Zeit. S. 122/126（中野・前掲（注15）訳書一四、一三頁）参照。

（37）*Franz Klein*, Zeit. S. 128.（中野・前掲（注15）訳書一八頁）参照。

（38）*Schoibl*, aaO., S. 50. 参照。ここにメンガーの裁判官像との相違が確認できる。メンガーはすでに指摘したように、裁判官を当事者の代理人として位置づけるにまで至っている。しかし、クラインはこうした考えを拒否したのであった（*Franz Klein*, Pro 1890, S. 522.）。

（39）クラインが重視したこの観念については、*Franz Klein*, Pro 1890, S. 555ff. 参照。なお、この考えは、オーストリア一八四条の中で具体化され、各当事者は相手方に自らの知らない重要な事実や証拠手段について質問させることができ、また自ら質問することができると規定された。ここにもクラインの実体的真実発見への努力をみることができよう。

（40）このバランス感覚にクラインに対する高い評価が存する（*Fasching*, Die Weiterentwicklung des Zivilprozeßrechts im Lichte der Ideen Franz Kleins, in: Hofmeister (Hrsg.), Forschungsband *Franz Klein* (1854-1926). Leben und Wirken. 1988, S. 102.）。

（41）*Klein/Engel*, Zivilprozeß., S. 195, 196f.

（42）*Klein/Engel*, Zivilprozeß., S. 197; *Schoibl*, aaO., S. 49.; Langer, JZ. 1977. S. 380. 参照。

（43）*Leonhald*, aaO., S. 132. ある意味で、こうした思考は手続的正義を重視した思考とも言いうるものであろう。

（44）この経済的思考が、クラインによって初めて他の思考と同等に評価され、民事訴訟法学に導入されることになったものであるとの指摘がある（*Fasching*, aaO., S. 102.）。そして、クラインが、その訴訟のスローガンとして挙げたのは、「迅速」「簡易」「安価」であった。これは、クラインの指向を特徴づけるものである（この点に関する要領をえた説明として、*Schoibl*, aaO., S. 53f. を参照）。

(45)　クラインのこうした訴訟モデルについては、*Kralik*, Die Verwirklichung der Ideen Franz Kleins in der Zivilprozeßordnung von 1895, in: *Hofmeister* (Hrsg.), Forschungsband Franz Klein, 1988, S. 89ff. 参照。

(46)　こうした社会学的思考に基づき民事訴訟をみた場合、それは、当然、訴訟は当事者の利益のためにのみ役立つものでなければならないとするルドルフ・フォン・イエーリング（*Rudolf von Jhering*）の「権利のための闘争」理念とは、本質的に区別されるものであった。もっとも、イエーリングの合目的的思考は、クラインに影響を与えたとされる（*Langer*, JZ. 1977. S. 380. Anm (61)；*ders.*, aaO. S. 37f.）。しかし、クラインは、「権利のための闘争」理念は、我々を長い間眩惑させた精神にみちた妙案にすぎないとした（*Franz Klein*, Zeit. S. 137.（中野・前掲（注15）訳書四七頁）参照）。つまり、彼は、訴訟を「決闘のような戦闘、つまり赤十字のいない戦争」とみなすことを拒否したのである。彼によれば、訴訟が純粋な法律家によるトーナメント戦であるならば、訴訟は社会的観点からみれば浪費した作業となるのである（*Franz Klein*, Pro 1890, S. 556. 及び *Klein/Engel*, Zivilprozeß, S. 200. 参照。ここにまた、後述のクラインの経済的思考の一端を垣間見ることができるのである）。

(47)　オーストリア民事訴訟法のこうした改正作業の詳細に関しては、*Leonhard*, aaO., S. 129ff. *Schoibl*, aaO., S. 40ff 参照。なお、この状況については第一章を参照のこと。

(48)　この点に関する詳細は、*Damrau*, aaO., S. 157ff. 参照。

(49)　*Leonhard*, aaO., S. 129; *Schoibl*, aaO., S. 48. 参照。

(50)　*Leonhard*, aaO., S. 133; *Schoibl*, aaO., S. 48. 参照。

(51)　*Franz Klein*, Pro 1891, S. 29ff.; *ders.*, Vorlesungen, S. 31. 参照。

(52)　*Franz Klein*, Zeit., S. 130ff. 中野前掲（注15）訳書三三頁以下参照。

（53）*Franz Klein*, Zeit., S. 131. 中野前掲（注15）訳書三五頁参照。また、クラインは、経済発展によって訴訟機能の価値転換が生じたとする（*Franz Klein*, Zeit., S. 133. 中野前掲（注15）訳書四〇頁参照）。
（54）*Franz Klein*, Zeit., S. 127. 中野前掲（注15）訳書二六頁以下及び *Schoibl*, aaO., S. 45.
（55）*Schoibl*, aaO., S. 50. 参照。
（56）*Franz Klein*, Zeit., S. 129f. 中野前掲（注15）訳書三二頁以下参照。この点には、前述のイェーリングの利益法学の影響も考察される（*Langer*, aaO., S37f.）。
（57）クラインの訴訟理念についての批判と評価については、*Wach*, Die Mündlichkeit in dem Entwurf der österreichischen Zivilprozeßordnung, 1895; *Sperl*, Franz Klein, *ZZP* 51（1926）. S. 407ff.; *Schima*, 40 Jahre österreichische Jurisdiktionsnorm und Zivilprozeßordnung, JBl 1935, S. 421ff. *Satter*, Das Werk Franz Kleins und sein Einfluß auf die neueren Prozeßgesetze, *ZZP* 60（1936/37）, S. 272ff.; *Klang*, Der Zivilprozeß in der Praxis, in: FS 50 Jahre ZPO, 1948, S. 84ff.; *Sprung*, aaO., *ZZP* 92, S. 4ff.; *ders.*, Die Grundlagen des österreichischen Zivilprozeßrechts, *ZZP* 90（1977）, S. 380ff.; *Hofmeister*（Hrsg.）, Forschungsband Franz Klein（1854–1926）Leben und Wirken, 1988. 等を参照。
（58）筆者は、私的自治を社会の基本的秩序づけの原理へと高めていこうとする立場（このような思考に関しては、棚瀬孝雄「契約と私的自治・序説」曹時四三巻一号（一九九一）一頁以下参照）に基本的に与する。しかし、問題は、かかる私的自治が訴訟という場において十分に機能するためには、裁判官の積極性がどのように関連するかということである。
（59）拙稿「執行証書の債務名義性に関する一考察」公証法二一号（一九九二）五一頁以下参照。
（60）特に現代型訴訟についてのこうした特性に関しては、新堂幸司「現代型訴訟とその役割」同『民事訴訟制度の役割』（有斐閣・一九九三）二九一頁参照。
（61）やはり、そこでは裁判官と当事者との討論という視点が出てこざるをえない。法化に関しては、さしあたり六本佳平『法社会学』（有斐閣・一九八六）二四八頁以下参照。なお、こうした法化社会においては、裁判官の法発見の論理と拮抗する当事者の自主的解決、法の解釈と法の創造等の近代法が前提としている峻別論理がゆらいでいるとの指摘もなされている（棚瀬孝雄「法化社会と裁判」ジュリ九七一号（一九九一）六八頁以下）。

(62) とくに、木川・前掲書（注17）二三頁以下参照。

(63) 例えば、さしあたり星野英一「私法における人間――民法財産法を中心として」芦部信喜ほか『基本法学 1』（岩波書店・一九八二）一二五頁（とくに一四四頁以下）参照。

(64) その定義づけについては、加藤栄一「現代資本主義の歴史的位相」社会科学研究四一巻一号（一九八九）一頁以下参照。なお、バッサーマン（*Wassermann*）に代表されるドイツの社会的民事訴訟論者の協働主義の主張は社会国家的法制度に特有とされる共同決定制度の影響が大きいと思われ、クラインの「社会」の視点からの弁論主義修正とは異なる。なお、こうした「社会性」をめぐる議論については、イデオロギー的議論に流されるとの批判も出てこようが、国家論を避けて通ることはできまい。国家論の詳細は今後の課題である。

(65) 例えば、アクセス論、法律扶助論等は、訴訟の社会的機能を認識した議論と言えよう。訴訟の迅速化の側面はわが国では公益性という観点の下で展開されることになる。

(66) 例えば、伊藤眞「訴訟と人間」前掲・『基本法学 1』（注63）二〇五頁以下参照。

(67) そこでの議論は、現代型訴訟に見られるような法適用または法創造の局面での裁判官と当事者の協同作業というものであったり、訴訟促進、審理の充足をめざした事実資料収集面での裁判官の権限ないし義務の強化であったりもした。

(68) これまで協働主義との関連で議論される時に出されてきた「そこでの真実義務は……明暗両面を有する人間性に対する配慮が欠けており、建前倒れになるおそれが大きい」との批判（加藤新太郎『弁護士役割論』（弘文堂・一九九二）二五八頁）は、真実義務を弁論主義と関連させ、信義誠実の原則と結びつけるがゆえに生じる批判と思われる。訴訟の社会性に基づき真実義務を裁判官の積極性とセットで考える場合は、むしろ社会的弱者としての当事者像とその明暗両面を有する人間性を配慮した結論と言えるかもしれない。ドイツにおいては真実義務規定はほとんど形骸化して、機能していないと指摘されている。本来の意義を見直すことにより、その再生の可能性が見い出しうるかもしれない。

(69) このように考えれば、弁論主義と裁判官の積極性は結びついてくることになるかもしれない。なお、弁論主義と協働主義の関係については、高橋宏志「弁論主義について(1)」法教一二〇号九六頁（注12）等参照。

(70) *Franz Klein*, Vorlesung über die Praxis des Zivilprozesses, 1900, S. 3ff.; *Leonhard*, aaO., S. 139ff. 参照。

(71) *Ballon*, Die Novellierungen des *Zivilprozeß*rechts—Verbesserter *Zugang* zum Recht? in: FS-*Kralik* (1986) S. 40. 参照。また、この改正の背景には、訴訟を運営する人間の怠惰に改革の最大の原因があったことも見過ごすべきではない。

(72) もっとも、わが国の場合には、民族的特性というべき、裁判所という機能集団が共同体的性格を有し、他方でその組織的問題から、効率的・合理的紛争解決機能を最重視していった点に原因があると言えよう。また、最近裁判官の裁量権を拡張していこうとする動きがあるが、当事者の客体化の推進と官僚的裁判の拡張の危険性があり、是認しがたい。近時、井上教授が強調されておられる「裁判における利用者疎外の構図」の主張（例えば、法教一四九号四七頁での発言）も、こうした裁判の官僚制的特質に対する批判と位置づけることが可能かもしれない。

(73) 確かに紛争解決機能を高め、真実発見とか納税者の納得のためにアメリカ法上のディスカバリー導入を提唱する見解があるが（例えば、伊藤眞「開示手続の理念と意義（上）（下）」判タ七八六号六頁以下、七八七号一一頁（一九九二）以下参照）、筆者は、私的自治の維持のために裁判官の積極性とセットで考えていかないと、単に真実発見をめざしたこの制度の導入はすでにアメリカで大問題となった濫用の弊害から逃れることはできないのではないかと思うのである。そして、そうした理念に基づく場合の問題は、その導入の程度である。ここでもクラインの訴訟モデルが一つの参考になろう。少なくとも、アメリカ式のディスカバリー導入は、濫用の恐れは逃れることはできないし、また現在の訴訟の運用状況等からも控えるべきではなかろうか。

第四章　手続集中理念と裁判官の積極性

一　はじめに

「適正で迅速な裁判の実現」は、民事訴訟改革において繰り返し掲げられた目的である。改正後二〇年を迎えた現行民事訴訟法（平成八年法律第一〇九号）も、「適正で迅速な裁判の実現」を目的とし、この実現のため、争点中心型の審理手続を整備した(1)。とくに、裁判の迅速化は、諸国の民事裁判にとっていつの時代においても共通した改正目的でもある。この点につき、民訴法二条は、「裁判所は民事訴訟が公正かつ迅速に行われるように努め」る旨を規定し、また平成一五年には、裁判の迅速化に関し、その趣旨、国の責務その他の基本となる事項を定めた「裁判の迅速化に関する法律」（平成一五年法律第一〇七号）も定められた。その意味で、わが国において裁判の迅速化に対する意識は向上し、共通認識となってきたかに思える。しかし、現行民訴法施行一〇年までは審理期間の短縮化が確認されていたが(2)、最新のデータでは、むしろ、徐々に争点整理期間、平均審理期間の長期化傾向や係属期間二年以上の事件の増大傾向が指摘されている(3)。さらに、最近では、争点整理手続が単なる書面交換の場となっているとの指摘や漫然と緊張感のない状態に至っているなどの指摘がなされている(4)——近時の状況に関しては、本書序章参照——。

現行法の改正後二〇年を迎えた今、もう一度、「適正で迅速な裁判の実現」という目的を実現するためにどのような方策をとるか、換言すれば、審理の迅速とその充実（適正さ）との調和をどのように図るかについて、再

検討の必要性が高いと考える。かかる問題意識の下、その考察のためには、この目的の出発点とその実現のための歩みを遡り、目的実現のため現行法上のツールを再検討することが重要と考える。本章は、綱領的論述になるが、そのささやかな試みである。

わが国における「適正で迅速な裁判の実現」という思考とその実現の試みの出発点は、大正一五年の民事訴訟法（大正一五年法律第六一号）に遡ることができると考える。[5]「日本の民事訴訟法」への本格的第一歩は、この「大正民訴法改正」により始まったといえよう。[6]大正民訴法改正時に立法担当者がとくに意図したのは、「訴訟遅延の防止」と「裁判の適正」であった。大正民訴法改正の眼目は準備手続の創設であったが、さらに、職権調査主義（職権証拠調べ、第三者の文書・検証物提出命令など）や職権進行主義（合意による期日変更・期間伸長の廃止、職権送達主義の採用、職権による時機に後れた攻撃防御方法の却下）など裁判官の権限を著しく拡張している。立法に関与した者の多くが、「訴訟遅延」対策だけでなく、「適正な裁判」を準備手続の使命と考え、「手続（弁論）集中」を民事訴訟法の指導観念とした。[7]そして、それは訴訟促進を実現した一八九五年のオーストリア民事訴訟法（以下「オ民訴法」）の影響を受けていたと思われる。[8]オ民訴法においては、「真実発見」と「迅速な訴訟」に重大な価値が置かれた。オ民訴法を創設したフランツ・クラインは、この「真実発見に基づく適正な裁判」と「迅速な裁判」という、相反するとされた目的を「手続集中」理念により結びつけたのであった。[9]つまり、クラインは、手続を集中させることにより、真実に即した裁判と迅速な裁判の実現が可能と考えたのである。そして、この「手続（弁論）集中」理念が大正民訴法改正に重大な影響を及ぼしたものと筆者は考える。[10]審理の迅速とその充足との調和をどのように図るかという問いに対する一つの答えがこの手続集中である。本稿は、モデルとなったオ民訴法における手続集中の意義とそのための諸方策を明らかにし、それに基づき、現行民訴法の諸手段、とくに現行法の中核である争点整理手続の実施に関する再検討を目的とする。

二　一八九五年オーストリア民事訴訟法における手続集中理念とその諸方策

わが国大正民訴法が「訴訟遅延の防止」と「裁判の適正」を実現するために、モデルとした一八九五年オーストリア民事訴訟法の手続集中理念とその諸方策については、筆者はすでに紹介している。(11) 以下では、その概要のみを紹介することにしたい。

一　フランツ・クラインにおける手続集中理念の形成

オ民訴法は、一言でいうと、「真実発見と迅速な訴訟の実現」をめざした「社会的」民事訴訟法である。(12) では、なぜオ民訴法は「真実発見」と「迅速な訴訟」に重大な価値を置いたのか。そこには、創設者クラインの訴訟理念が色濃く反映されている。

ドイツ民訴法の影響を受けた当時のオーストリア民事訴訟実務では、当事者の無制限な手続支配を原因とする「訴訟の遅延、審理の形骸化」が深刻な状況にあり、他方、訴訟制度には、工業化・大衆社会への移行という経済的、社会的状況の急激な変化への対応が求められていた。そして、当時の社会思想の影響も受け、クラインは、民事訴訟を社会現象として把握する。しかも、訴訟に至りうる紛争は、社会的大量現象であり、社会組織の循環に障害を引き起こす社会的疾病であるとした。そして、民事訴訟制度は、これを取り除き、治癒することがその目的である。(13) その救済は、適切かつ迅速に、そして廉価でなされねばならないとした。ここにおいて訴訟における「真実発見」と「迅速な訴訟」に重大な価値が置かれることになったのである。クラインは、「手続集中」という理念でもってこの「真実発見と迅速な訴訟」実現をめざした。つまり、手続を集中させることにより、真実に即した裁判

と迅速な裁判の実現が可能と考えたのである。[14]

二　フランツ・クラインによる手続の集中化のための諸方策

では、手続の集中化のために、クラインはどのような工夫を施したのか。それは、二つの側面からなると思われる。ひとつは、①審理構造（システム）の新構築（第一回期日、準備手続、上訴制限と更新禁止など）の側面である。他は、②訴訟主体の行為規律（裁判官の実体的訴訟指揮と当事者の行為義務化）の側面である。これらの手続集中化諸方策の中でどれが決め手となるものではなく、むしろ、「事実上、迅速な訴訟追行を保障する「一つの」有効な措置は存在せず、相互に密接に関連し合いかつ相互に補完する措置の束全体が重要でなければならない」とされた。[15]

（一）審理システムの新構築

手続集中のために、まず審理システムの新たな構築がなされた。ここでの第一のポイントは、「第一回期日」（旧オ民訴二三九条）の創設である。[16]第一回期日の目的は、争いある事件（口頭弁論の必要な事件）と欠席判決で終わる事件を振り分け、さらに、争いある事件については、被告が訴訟上の抗弁を提出するか否かを確定することにある。和解もできる。期日の延期事由（旧オ民訴一三四条）があれば、期日の続行もできる。また、オ民訴法は、この間に事件の状況に応じて、「準備手続」（旧オ民訴二四五条以下）を設けた。第一回期日に加え、準備手続なる制度を設けることで、その迅速かつ円滑な審理の進行をめざしたのである。ただ、この準備手続は、複雑な事件を想定したものであり、例外的手続でしかなかった。この点で、大正民訴法における準備手続と異なっていた。[17]

手続集中の観点から、審理システム上重要となるのが、控訴審での「控訴制限（オ民訴五〇一条）」と「更新禁止」という規律である。とくに、本質的に手続集中の観点においてとくに重要であったのが、オ民訴法第四八二条で規

定された「更新禁止原則」である[18]。この規律により、第一審において事実関係をできる限り完全に探求するという基本方針が実践され、手続集中の実現が可能になった。オ民訴法による控訴は、第一審手続のコントロールに役立つものと位置づけられている[19]。

一八九五年のオ民訴法は、審理システムの観点からは、主に早期の事件処理及び振り分けと控訴審理制限による第一審重点化でもって、手続集中を達成しようとしたと言えよう。そのためには、裁判資料が早期にかつ完全に提出されることが要求される。そして、それは、第一審の審理を充実させる方策とセットとなる。オ民訴法はこのための方策として、審理システムだけでなく、以下に示す裁判官の実体的訴訟指揮権（オ民訴一八二条、一八三条）を第一審重点化の中核手段と位置づけた。その後も、オーストリア法においては、この裁判官の積極性は、更新禁止原則と並んで手続集中の主要方策となったのであった。

（二）訴訟主体の行為規律

手続集中のための方策に関する第二のポイントが、当事者及び裁判官という訴訟主体の行為規律である。クラインは、訴訟手続を、法発見をめざした、裁判所、当事者及び訴訟上の関係人の協同のもとでの行為または不作為により形成されるものとみなした。それゆえ、クラインは、当事者の期日出席と、とくに裁判官の実体的訴訟指揮権（解明（釈明）義務）に手続における鍵となる役割を割り当てた。そして、裁判官の権限と当事者の権限は綿密に相互に調和されるべきであり、特定の規定において厳密に規定されるべきとした[20]。具体的には、当事者に対する真実義務・完全陳述義務の規定（オ民訴一七八条）、及び時機に後れた攻撃防御方法の却下（オ民訴一七九条）などの失権規定の強化は、当事者の訴訟協力義務を顕在化させた（当事者の行為規制）。そして、釈明義務（オ民訴一八二条）、釈明処分（オ民訴一八三条）などの基盤となる「裁判所の実体的訴訟指揮権[21]」に基づく「裁判官の積極性」は、当事者の行為規制を実効化させるものであり[22]、とくに第一審手続の集中化において非常に重要な手段となった。このオ民訴法における「裁判官の積極性」は、以下の局面で機能するものであったと言えよう。

(イ)　失権規定と裁判官の積極性

一つは、訴訟の引延しなどに対する対応手段、つまり、失権規定の実効化機能が「裁判官の積極性」に託されたのである。この局面での手続集中手段としての裁判官の積極性は、とくに、当事者の引延し意図を理由とした事実主張及び証拠申出または証拠方法の提出を不許として宣言ないし却下する点、すなわち、「失権」に関する裁判官の諸権限に示されている（オ民訴一七九条一項、一八一条二項、二七五条二項、二七八条二項）。例えば、オ民訴法一七九条[23]は、口頭弁論終結時までに原則できる提出を、但書で「裁判所は、新たな主張及び証拠の提出がより早期になされなかったことが明らかに訴訟を引き延ばす意図によるものであり、かつこの提出を許すならば訴訟の完結が著しく遅延する場合には、申立てにより又は職権で、その提出を禁じることができる」と規定する。ここに、当事者の行為を規律し、訴訟経済性を確保する手続集中の理念が現れてくる。

さらに、証拠調べの期間を特定できない障害があるとき、証拠調べを実施できるか疑わしいとき、又は外国で証拠調べを行うときには、裁判所は、オ民訴法二七九条により申立てに基づき立証の期間を定めることもできた[24]。同二七五条で、裁判所は、重要でないと認められる当事者の証拠申出を明示して却下でき、また、訴訟を引き延ばす意図を有する証拠の申出を職権で拒否できる。この時、オ民訴法が採用した、職権による呼出し及び職権送達（オ民訴八七条）を基盤とする職権進行主義[25]も、「裁判官の積極性」による手続促進の手段であり、クラインが訴訟を福祉制度と理解したことに起因する。

（ロ）適正裁判の保障――真実発見――と裁判官の積極性

もう一つの機能として適正裁判の保障、換言すれば、真実発見をめざした審理の充実化機能が「裁判官の積極性」に託されたのである。当事者行為を規律した厳格な訴訟促進は、事実関係の完全な解明を抑える危険もまた伴う。しかし、実体的訴訟指揮権が、裁判官に「実体的真実」を探求する権限、つまり、完全な事実関係の確定を手に入れる権限をもたらすものとされた。オ民訴法は、まず、当事者にその陳述に際して「真実義務・完全陳述義務」を課した(26)。つまり、オ民訴法一七八条において、当事者は、「個々の事案において自己の申立てを理由づけるために必要な事実状況を真実に即して完全にかつ特定して主張し、その申出の確定のために必要な証拠の申出をなし、その相手方によって提出された事実の主張及び申し出た証拠について明確に意見を述べ、取り調べられた証拠の結果を説明し、かつ相手方の関連する弁論について明確に意見を述べなければならない」のであった。そして、オ民訴法は、他方で、真実に即した適正な裁判を可能にするために、裁判官にはできる限り真実に即した事実関係の確定に導くことを義務づけた（オ民訴一八二条一項、四三二条）。それが解明・教示義務(27)である。オ民訴法一八二条によれば、裁判官は、当事者に対する発問あるいは適切な方法で、判決にとって重要な事実に関する主張をなさしめ又は不十分な主張を完全にし、必要な証拠方法を示させ、不十分な証明を補充させ、要件事実の真実に即した確定のために必要と思われるすべての説明をなさしめるように、当事者に指摘しなければならないのである(28)。そして、裁判官は、職権で弁論の準備段階ですべての証拠方法を事実上取り調べることもできた（オ民訴一八三条一項――釈明処分――）。また、職権での当事者尋問も可能である（オ民訴三七一条。ただし、一九八三年の改正までは当事者尋問の補充性は残っていた）。なお、こうした解明・教示義務に対する裁判官の違反は、手続上の瑕疵となる。

このような裁判資料収集の局面における当事者と裁判官との関係は、後に「緩和された職権探知主義(29)」あるいは「協働主義(30)」と称されるに至る。それは、始めから当事者の主張なしに事実を探求することは認められてない点において糾問主義とは異なる。しかし、その他の点では、裁判官は発問または適切な他の方法でできる限り真実に即した事実関係を確定しなければならない。この裁判官の積極性が当事者利益を保障し、かつ適正裁判の保障の鍵となった。すなわち、弁論主義を基盤とする訴訟モデルでは、当事者の主導権が裁判官の活動範囲を画していくことになるが、オ民訴法の訴訟モデルでは、裁判官の積極性により、当事者の活動範囲が画され、かつ活動を促される関係にあると言えるのである。

（八）更新禁止原則と裁判官の積極性

また、裁判官の積極性と審理充実の観点でとくに重要な意義を有するのが上訴手続における「更新禁止」原則（オ民訴法四八二条）との関係である。更新禁止原則が十分に機能するためには、第一審において事実関係をできる限り完全に探求されることが前提となる。オ民訴法は、この制度的担保を裁判官の実体的訴訟指揮権に求めたのである。[31] つまり、前述した裁判官の実体的訴訟指揮権行使と当事者の完全陳述義務等による事案解明の諸方策が第一審集中化を支えるものであった。

このように、オーストリア民事訴訟における手続集中理念は、「裁判官の積極性」と最も関連してくる。裁判所はその訴訟指揮機能の範囲で民事手続の集中化を目指さねばならないのである。

三　オーストリア民事訴訟法改正による手続集中方策の変容

手続集中のためクラインによって導入された諸方策は、オ民訴法では様々な変容を経験した。[32] とくに、一九八三年と二〇〇二年の改正が重要である（本書第二章の記述内容と重なるが、以下の記述は本章のテーマである「裁判官の積極性」

との関連に重点を置いたものである)。

一　一九八三年改正法による変容

一九八三年改正法(33)は、「手続の簡素化と緊張化」と「法へのアクセス改善」を目標にした。この改正で、準備手続が廃止される。この廃止は、オーストリアでは準備手続はほとんど利用なく、合議部で意味があったが、合議部事件でも準備手続は審理の促進という点で必ずしも良い結果をもたらしていないとの評価に基づく(34)。次に、一九八三年の改正法では、第一回期日の適用範囲が限定された。被告が応訴する場合には、第一回期日は不必要なものとみなされ、むしろ、コストのかかる手続とみなされていた(35)。また、一九一四年の第一次裁判所負担軽減法後、単独裁判官による審理が一般化すると、準備手続と同様に、第一回期日の負担軽減機能は喪失していた。そこで、通常判決手続において義務的であった第一回期日が、訴訟を争うことが認められる場合には、第一回期日を開かず、被告に答弁書提出を命じることを認めたのであった(オ民訴二四三条四項)。そして、第一回期日において提出しないと失権するものは、答弁書において提出していないと失権することになった。これにより、単独判事の裁量による手続の促進が図られた(36)。

二　二〇〇二年改正法による変容

二〇〇二年改正法(BGBl 2002/76)は、司法政策の重点ポイントとして裁判手続の促進を掲げ、裁判手続を迅速かつ効率的に形成することを目的とした(37)。そして、この改正目的のひとつが、訴訟開始段階の新たな手続形成にあった。二〇〇二年改正法は、陳述の集中化、それについての討論、訴訟プログラムの作成を目的とした。そのための諸方策の中で、本章のテーマとの関係で筆者が注目したのが、①「第一回期日」を廃止し、「準備期日(オ民訴二五八条）」を創設したこと、[38] ②重大な過失により遅れた新たな陳述に対する失権強化（オ民訴一七九条）、③訴訟促進義務（オ民訴一七八条二項）及び法的討論義務・不意打ち判決禁止（オ民訴一八二a条）の明文化である。これらによって、口頭弁論の準備段階（この準備段階は証拠手続開始まで継続）の拡充を試みたのであった。[39] そして、オ民訴法の特色は、これらの改正点においても、以下のように、裁判官の積極性が色濃く関わってくることである。

（一）準備期日と裁判官の積極性

「準備期日」は、訴訟促進を目的とし、従来の第一回期日と準備的証拠決定期日を合わせたものである。準備期日は、第一回口頭弁論に該当し、他のその後の続行期日と、弁論は統一されることになった。準備期日では、第一回期日の内容の一部（和解の勧試、訴訟要件についての裁判）を引き継ぐ一方、争訟事件についての討論、合目的的であれば、当事者の尋問、新たな証拠手続の実施ができることになった（オ民訴二五八条一項各号）。通常の争訟手続における準備期日は、答弁書の提出後に指定される。この準備期日において最も重要とされるのが、いわゆる「訴訟プログラム（Prozessprogramm）」である。これは、旧オ民訴法二七七条の証拠決定（証明主題及び証拠方法を詳細に記述して各証拠調べを命ずるためになされていた）に代わるものである。証拠調べ手続のための「運行表」と言われている。[40] ここに、手続の集中化、促進への寄与が期待された。[41] 訴訟プログラムは、当事者との共同作業でもなく、当事者の合意も必要ない形で、裁判官の裁量により確定される。[42] 裁判官の訴訟指揮権の拡張がこの点にも見て取れる。

そして、裁判官の積極性の観点で重要と思われるのは、準備期日ではまた、事実関係と和解の可能性についても包括的な討論が保障されている点である。他方で、当事者は、事案解明義務と期日出席義務を負う[43]（オ民訴二五八条二項）。その意図は、当事者のインフォーマルな陳述により、争点の発見、和解勧告、とくに無条件の和解締結の可能性、そして、期日通知に際して当事者出廷予定の考慮が、裁判官に可能になった点にあるとされている。[44]

二〇〇二年改正条文試訳

第二五八条

(1) 準備期日は、争訟的口頭弁論の一部として、以下に掲げる事項を行う。

1 訴訟上の抗弁の裁判、但し、すでに第一八九条二項によりそれに関して別途審理及び裁判がなされなかった場合に限る。

2 当事者の陳述（第一七七条乃至第一七九条）

3 事実主張及び法的主張に関する討論、法的観点に関する討論もまた同様

4 和解勧試、並びに和解勧試が奏功しなかったときは、訴訟の進行及び訴訟プログラムの告知についての討論、及び

5 ——合目的的な限りで——当事者の尋問及び新たな証拠手続の実施

(2) 当事者及びその代理人は、準備期日において事実関係及び和解の可能性を包括的に討論できるように配慮しなければならない。この目的のために、当事者、又は、当事者が事実関係の解明に寄与できない限りで、代理人の支援のための情報提供者は、期日に出席しなければならない。

(二) 失権規定と裁判官の積極性

二〇〇二年オ民訴法改正は、このように、訴訟促進を掲げ、弁論準備システムに大きな変革を加えたのであった。そして、この改正法は、弁論準備システムをより機能させるために、訴訟主体に対する規律も強化した。失権規定の強化である(45)。まず、オ民訴法一七九条の改正により、とくに、裁判官の討論義務導入（オ民訴一八二a条）との関係で、事実主張及び法的主張に関する討論を顧慮して、主張や証拠方法が重大な過失により提出されず、かつそれを許すならば訴訟の完結を著しく遅延させることが予測される場合には、その新たな提出は却下されうることになったのである。

二〇〇二年改正条文試訳

第一七九条

当事者は、口頭弁論の終結に至るまでに、この弁論の対象に関係ある新たな事実に関する主張及び証拠方法を提出することができる。但し、そのような提出が、とくに事実陳述及び法的陳述についての討論（第一八二条a）を顧慮して、重大な過失により早期になされなかった場合及びその提出を許すことが手続の終結を著しく遅延させるであろう場合には、申立てにより又は職権で、裁判所はこれを却下することができる。

なお、もう一つの重要な失権規定（訴訟遅延目的の証拠申出の失権規定）であるオ民訴法二七五条二項は変更されていない(46)。他方、裁判官の訴訟指揮を規定するオ民訴法一八〇条一項、同条二項が改正された。同条一項は、従前の一項が削除され、二項が繰り上がったものである。同条二項は、準備期日との関係で新設された。つまり、同条二項は、裁判長に、訴訟促進のために、期間を定めて文書提出や証人情報の公表などの準備期日の関する具体的な命令をなすことを強く勧める。そして、当事者が十分な弁解なく裁判長のそのような命令に従わず、期間に遅れて提出する場合には、その陳述は申立て又は職権に基づき却下されうるのである。その他、鑑定に際しての失権（オ民訴三五九条二項）、弁論終結後の失権（オ民訴一九三条三項）が新たに規定されている。

このように、準備期日との関係を中心に、当事者の行為規律（失権）が強化され、それとともに当事者行為を促すために、裁判官の積極性もより強く要請されていることがわかる。

(三)　当事者の訴訟促進義務と裁判官の積極性

本章の関心で重要なのは、当事者の訴訟促進義務の明文化である。これは、弁論準備システムの改変と相まって、言わば、車の両輪となって訴訟促進の実効性を確保しようとしたものといえる。これらの方策によって、民事訴訟における訴訟引延しの防止及び促進効果の向上が期待されたのである。[47]二〇〇二年改正法は、手続集中の一方策として、[48]オ民訴法一七八条二項において綱領的に当事者の訴訟促進義務[49]を規定した。それは、一九七六年のドイツ簡素化法によって新たに規定されたドイツ民訴法二八二条を法文のモデルにしたもの[50]であるが、訴訟促進義務は、すでにオ民訴法の規定の中に見て取れたのである。つまり、オ民訴法二二六条は、原告に訴状において請求を基礎づける事実の完全な記載を義務づけていたし、また、旧オ民訴法二四三条二項（現行二三九条）は、被告側の答弁書において同様の規定をしていたのである。オ民訴法一七八条二項は、それらを一般化したものと言われている。[51]

二〇〇二年改正条文試訳

第一七八条

(1)　いずれの当事者も、その陳述において、個々の場合において、自己の申立てを理由づけるために必要なすべての事実を、真実に即して完全にかつ特定して主張し、その主張の特定のために必要な証拠の申出をなし、その相手方によって提出された事実の主張及び申し出た証拠について明確に意見を述べ、取り調べられた証拠の結果を説明し、かつ、相手方の関連する主張について明確に意見を述べなければならない。

(2)　すべての当事者は、手続ができるだけ迅速に遂行されうるように、適時にかつ完全に陳述しなければならない（訴訟促進義務）。

この陳述をなす義務は、その都度の手続状況、基準となる状況の認識時点及び手続の結果にとってのその意義に関連する。[52]なお、このオ民訴法一七八条二項の規定は、同条一項の規定する真実義務や完全陳述義務と同様に、明確なサンクションの規定はない。それゆえ、同時提出主義の意味で理解されない[53]とされている。もちろん、訴訟促進義務違反の場合の効果としては、費用負担（オ民訴四八条）、時機に後れた攻撃防御方法の却下による失権（オ民訴一七九条）などが考えられている。(54) この当事者の訴訟促進義務は、前述のオ民訴法二五七条三項との関係で意味を有してくる。この規定と相まって、当事者は、処分が委ねられている証拠方法を、できるだけ早く、遅くとも準備期日前一週間までに裁判所に提出する準備書面によって主張ないし指摘するという行動を取らねばならなくなるのである。(55)

(四) 裁判官の法的討論義務と不意打ち判決禁止

二〇〇二年改正法は、当事者の失権を強化する一方、裁判官の裁量権も拡大させたが、他方で、裁判官に当事者権の保障義務をも課した。それが、以下に掲げたオ民訴法一八二a条で規定された裁判官の「法的討論義務」(56)と「不意打ち判決禁止」である。両者は、オ民訴法一八二条に依拠し、その法文はドイツ民訴法旧二七八条に依ったが、不意打ち判決禁止に関する最高裁（ＯＧＨ）の従前の判例に対応したものである。(57)

二〇〇二年改正条文試訳

第一八二a条

裁判所は、当事者の事実陳述及び法的陳述について当事者と討論しなければならない。附帯請求の場合を除き、裁判所は、その判決を、当事者の一方が明らかに見落とし又は重要でないとみなした法的観点に依拠することができる。ただし、裁判所がこの法的観点について当事者と討論し（第一八二条）かつ意見表明の機会を与えた場合に限る。

この法的討論義務の明文化は、オ民訴法一八二条を明確化したものとしてみなされている。その範囲は、提起された請求についての争いのある、不明瞭な又は考慮されなかった法的状況に限定される。それゆえ、裁判官の中立性に反する場合にも制限される[58]。また、オ民訴法一八二a条は、とくに準備期日が適正でかつ迅速な判決の包括的基礎をもたらすことを保障するものでもある。つまり、準備期日における訴訟プログラムを準備し、争いのある事実問題及び法律問題とそれらを考慮した証拠方法を確定するためのものである。この討論に際しては、当事者が見落とした、又は重要とみなしていないが、裁判所が判決にとって重要とみなす法的状況も留意されねばならない[59]。裁判所がそのような状況を知る場合には、裁判所はその点を当事者に指摘しなければならない。裁判所がそのような誤謬を認識できたにもかかわらず、指摘しなかった場合には、本質的な手続上の瑕疵が存在することになる。いずれにせよ、この規定により、裁判所は、当事者の事実主張及び法的主張を当事者と討論しなければならないことが命じられることになる。そして、その際、裁判所は自らの法的見解を開示しなければならないことは重要ではなく、むしろ、判決にとって重要な事実すべてが訴訟に導入されること、そして、裁判所は決定的事実が陳述されていないという理由づけでもって当事者に権利保護を拒絶することは許されないということが重要であるとの指摘もなされている[60]。

そして、オ民訴法一八二a条は但書で、「裁判所は、当事者が見落とした又は重要とみなしていない法的観点につき当事者と討論し、意見表明の機会を与えたときにのみ、その法的観点に基づき判決をなしうる」旨を規定し、「不意打ち判決禁止」を掲げた。この条文の文言も旧ドイツ民訴法二七八条（現行一三九条二項）に依ったものであるが、ドイツの学説、判例を無批判に受け継ぐものではない。この規定は、ヨーロッパ人権条約第六条に基づく法的審問権保障の現れであり、改正前にすでに適用されていたものであり、判例により承認されていた[61]。裁判官の積極性による当事者の手続保障が考慮されているのである。

以上、「適正かつ迅速な裁判」の実現をめざしたオ民訴法における手続集中の諸方策を概観した。オ民訴法は、審理システムを改正するなどして当初の方策を変容したが、この裁判官の実体的訴訟指揮権（裁判官の積極性）と更新禁止原則に関しては、本質的変更はなく、これらが手続集中の方策の中心となってきたと言えよう。もっとも、オ民訴法における手続集中による適正かつ迅速な裁判の実現は、第一審に重点を置きつつ、どのような形でセーフティネットを張るかを第一審から上訴審、さらには再審まで含めた紛争処理全体の流れの中で考察し、手続全体からの手続集中の実現の視点が重要であるということに注意すべきである。この点が「弁論集中」のみが強調されてきたわが国の議論と異なるところである。

三　手続集中の理念とドイツ民訴法

こうしたクラインによる手続集中のための方策は、その後、わが国民訴法の母法国ドイツにも大きな影響を与えたと言えよう。とくに、一九七六年のいわゆる「簡素化法」(62)（BGBl 1976 I 3281）は、手続の集中化とその方策が目標とされ、弁論準備システムとしては早期第一回期日方式と書面先行方式が考案された。また、失権強化による手続の緊迫化が試みられ、当事者の一般的訴訟促進義務、裁判所の法的討論義務も導入された。さらに、二〇〇一年のドイツ民訴法改正(63)では、更新権の広範な制限が行われ、それに伴い、裁判所の権限拡張(64)もなされた。これらは、直接明言されてはいないが、クラインによる前述の手続集中方策と相通じるものがあり、他方、ドイツ民訴法もオ民訴法改正に影響を与えている。つまり、両国の法制度は、互いに影響を受けつつ、発展しているように思われる。

四　おわりに――わが国における手続集中方策としての争点整理と裁判官の積極性――

一　平成八年民訴法改正と手続集中理念

オ民訴法は、裁判における時間的要素を不可欠の問題（要因）とし、訴訟の遅延による長期化は、事実関係の解明の障害ともなり、真実発見を難しくするとの認識の下、手続集中理念を訴訟運営の中心に置き、訴訟促進をめざした[65]。そして、オ民訴法における手続集中方策は、当事者行為の規律とそれに作用する裁判官の積極性が重大な役割を果たしていることは概観できたと思われる。

わが国現行民訴法は、争点整理と集中証拠調べを審理の要として手続にメリハリをつけ、併行審理主義を採りつつ、集中的に審理を行う方式（集中審理主義又は争点中心主義ともいわれる）を採用した。そして、この審理方式では、集中証拠調べを一回の期日で行うことを基本とする。この点に訴訟促進への寄与が考えられている。かかる集中審理を確保するためには、充実した準備が不可欠となることから、争点整理手続を充実させ（民訴一六四条～一七八条）、適時提出主義を採用した（民訴一五六条）。そして、集中証拠調べを明文化したのである（民訴一八二条）。この審理システムの構築は、従来の五月雨式審理による訴訟遅延や審理不全を防止し、訴訟促進及び適正裁判の確保のためであることは言うまでもない[66]。さらに、適時提出主義とも関連するが、控訴審における失権規定の創設等（民訴三〇二条など）や上告制限により、第一審重点化が試みられていると言えよう（その後、平成一五年改正法で、計画審理が導入された（民訴一四七条の二、同条の三））。こうした仕組みは、より適正かつ迅速な裁判の実現をめざした「手続集中」理念とそれに基づく諸方策と重なるものと思われる[67]。しかし、それが民事訴訟実務で十分に機能しているかについては、前述のように、現在ではすでに疑義が生じている。問題は、システムだけではなく、訴訟の遂行を担う訴訟主体の行為をどのように規律すべきかをも合わせて考慮することが不十分であった点にあると思われる。しかし、現行民訴法は当事者の自主性と自律性に基づく審理方式と理解され、未だにそれを推奨する見解が主張されている[68]。「当事者」主義という表現は一般には受けがいいのだが、「適正かつ迅速な裁判の実現」という観点からは、そうした当事者主義的審理モデルが奏功したことがないことは民訴法の歴史が示すところであり、また諸外国が当事者主義的審理モデルから離れていく立法状況も考慮する必要があろう。オ民訴法は、当事者主義的審理モデルから決別して成果を収めた審理モデルを提示した。そして、「適正かつ迅速な裁判の実現」の諸方策を機能させるために、当事者の行為規律と裁判官の積極性に手続の鍵となる役割を与えた。その諸方策は、わが国でも考慮に値するものと考える。問題は、それが、立法的措置をとる必要なく、現行民訴法で可能かということである。

二　争点整理手続と裁判官の積極性

(一)　争点整理の目的・内容

現行民訴法は、旧法との対比において、当事者の権限（民訴一六三条、二二〇条など）も、裁判官の裁量[69]も拡張している。そして、訴訟の適正・迅速化を実現するために、現行法における審理システムの中核としたのが争点整理手続である。争点整理の目的は、集中証拠調べの実施前提の形成にある[70]。そして、それは「証明すべき事実」を整理し、確認する作業にほかならない。争点整理では、この確認作業をするためには、当事者の主張の一貫性審査が前提となる。この主張の一貫性審査をクリアした場合にのみ、「証明すべき事実」の整理はなされるというのが基本形であろう。この整理作業においては、争いある主要事実、争いある重要な間接事実、争いのない主要事実・間接事実（自白事実）を分け、さらに争いある事実につき、証拠申請されているかの確認作業が続く。そして、申請証拠方法がその事実の証明に適しているかを検討し、その後に、証明すべき事実につき、人証調べの対象となる者を特定し、各人に何を聞くのか、尋問事項の整理を行うことになろう。これが、争点整理での基本的な作業といえる。この争点整理システムを機能させ、オ民訴法と同様に、手続集中の実現に資する規律を、現行民訴法の規定から導き出せるであろうか。筆者は、可能と考える。その手段となる主たる諸規定は以下のものである。

(二) 手続集中の方策としての諸規定

(1) 手続集中の観点から、まず注目すべき規定としては民訴法二条がある。民訴法二条は、当事者に訴訟誠実遂行義務を課した。ここに、当事者の真実義務、訴訟促進義務を観念することは可能であろう[71]。他方、同条では、裁判所に訴訟が公正かつ迅速に行うよう配慮すべき義務が負わされた。法文の規律からは、裁判所の義務は努力義務という形だが、本来、訴訟遅延の防止は、制度運営側が負うべき当然の責務といえる。なぜなら、国家は、当事者に自力救済を禁止し、自らが権利保護を独占するコロラリーとして、「適正、公正かつ迅速な裁判」(憲法三二条及び同三七条一項参照)を当事者に保障しなければならないからである。それゆえ、訴訟遅延防止の対策は、この訴訟基本権の保障の一側面と位置づけることができ、かつここにその基礎を見いだすことができる。したがって、民訴法二条の規定は、当事者の「迅速な裁判を受ける権利」の反射として、裁判所にも訴訟促進義務を課したものと解するべきであろう。

(2) 次に、民訴法一五六条で適時提出主義の採用を明らかにした点である。ただ、わが国では、当事者(代理人)の主体性を尊重するため、ゆるやかな失権効を規定した(民訴一六七条)。その意味で、適時提出主義の実効性の点で問題はなくはない。しかし、旧法からの失権効規定(民訴一五七条)を維持し、他方不熱心な訴訟遂行に対する制裁を新たに規定している(民訴二六三条、二四四条など)。とくに、民訴法一五六条の規律は同一五七条の規律と相まって、当事者の争点整理段階での判決の基礎となる事実及び証拠の適時提出義務を観念する余地がある[72]。

(3) 手続集中の関係で最も重要と思われるのが、民訴法一六五条一項(同一七〇条五項、一七七条)の「証明すべき事実の確認」規定である。争点整理と集中証拠調べを審理の要とした集中審理方式では、集中証拠調べの前に、何が重要な争点か、つまり、証明すべき事実について当事者及び裁判所が共通の認識を形成することが前提となる。そのためには、事件についての情報の共有化と共通認識化が不可欠であり、共通認識化のためには裁判所と当事者間の討論が必要的となる。それが当事者の納得する裁判の実現にもつながる。民訴法一六五条一項は、そのための最も重要な手段であり、この証明すべき事実の確認を当事者と裁判所に義務づけている規定と解すべきであろう。こう解することで、同条二項の意義が強まる。だが、立法担当者がこの条文を義務規定と解さないような説明[73]をしたためか、これまでほとんど取り上げられることはなかった。しかし、争点整理の終了の際には、必ず証明すべき事実の確認を行うことが義務づけられていると観念することで、この段階においては裁判所と両当事者間で主張のズレ及び不意打ちの危険は、審理構造上生じないこととなろう[74]。これが前提となるからこそ、集中証拠調べが可能となると言えよう[75]。

そして、確認作業にあたり、裁判官の積極性が不可欠となる。確認すべき事柄は、前述のように、争いのある主要事実及び重要な間接事実だけでなく、争点を圧縮する自白された事実も含まれる。それゆえ、主要事実等の判断と密接不可分な訴訟物たる実体法上の権利関係の確認、それに関する法的観点の指摘又は教示、そしてそれをめぐる当事者との討論の必要性が高まる。したがって、法適用の責任を負う裁判官の積極性が要請される構造になっていると言えよう。そのためには、裁判官による釈明権行使（民訴一四九条）だけでなく、従前ほとんど使用されていない釈明処分（民訴一五一条）の活用[76]も重要となろう。このような裁判官の積極性を通して、当事者の攻撃防御活動も焦点が定まり、効率化されてくると思われる。ここに、訴訟促進の鍵がある。また、他方で、証明すべき事実の確認作業を裁判所に義務づけることで、オ民訴法が当事者の手続保障のため明文化した裁判官の法的討論義務および不意打ち判決禁止という要請が事実上実現できるのである。そして、このような裁判官の行為規律は、裁判官の積極性への懸念（中立性侵害など）に対する防御策ともなりうる（その意味で、このことは公正な裁判の実現にも資するとも言えよう）。さらに、この義務づけは、民訴法二条の規定と相まって、民訴法一六七条の説明義務及び民訴法一五六・一五七条による失権の解釈が従来と異なる可能性を示す。争点整理手続終了後に攻撃防御方法を提出することは、当事者と裁判所との間で手続上なされた確認形成に反するものであり、それは民訴法二条に反すると評価でき、手続による制約の効果を生じるものと解することになる。[77] 民訴法一六七条の説明義務は、相手方との関係で遅れた提出に合意が形成される点に意味が生じ、それが民訴法一五七条の失権発動を制御する考慮要素の一つとなるにすぎないのである。

（三）小括

このようにここで挙げた規定を解することで、訴訟の適正・迅速化（今日的には、公正化も含まれよう）を実現するために、現行法上手続集中の中核となる争点整理手続は、オ民訴法における手続集中方策と同様の機能を有することが可能と考える。それにより、わが国の民事訴訟実務においても、手続集中理念に基づく適正、迅速かつ公正な裁判の実現可能性は高まる。そして、そのためには、オ民訴法同様に、審理システムだけでなく、当事者行為の規律とそれに作用する裁判官の積極性が重大な役割を果たすことになるであろう。裁判官の積極性の強調は、従前から常に批判がなされているが、本人訴訟を原則とし、法を適用して紛争を処理する仕組みをとるわが国においては、適正かつ迅速な裁判の実現は、公正な裁判や当事者利益保護にもつながる裁判官の積極性を前提とせざるを得ないと思われる。

（注）

（1）法務省民事局参事官室編『一問一答 新民事訴訟法』（商事法務研究会・一九九六）五頁（以下「一問一答」）など参照。現行民訴法の審理構造については、拙著『新民事訴訟法ノートⅠ』（成文堂・一九九八）六頁以下、一〇六頁以下（以下「新民訴ノートⅠ」）参照。また現行審理システムの立法経緯等につき、さしあたり、今井功「争点・証拠の整理と審理の構造」竹下守夫編集代表『講座新民事訴訟法Ⅰ』（弘文堂・一九九八）二〇一頁以下など参照。なお、紙幅の関係上、引用文献は網羅的ではない。

（2）例えば、菅野雅之「訴訟の促進と審理の充実——裁判官から」ジュリ一三一七号（二〇〇六）六一頁以下など参照。

（3）佐藤政達「裁判の迅速化に係る検証結果（平成二七年七月公表）について」判タ一四一五号（二〇一五）六頁、一七頁図表など参照。

（4）田原睦夫「民事裁判の再活性化に向けて」金法一九一三号（二〇一一）一頁、「民事訴訟の迅速化に関するシンポジウム（上）」判タ一三六六号（二〇一二）四頁（一〇頁）以下、民事裁判シンポジウム「民事裁判プラクティス　争点整理で七割決まる⁉」判タ一四〇五号（二〇一四）五頁（七頁）以下など参照。

（5）この点に関し、拙稿「わが国におけるオーストリア民事手続法の受容——「手続集中」理念と大正民事訴訟法改正——」早稲田大学比較法研究所編『日本法の中の外国法』早稲田大学比較法研究所業書四一号（成文堂・二〇一四）二一三頁以下（本書第一章）参照のこと。また、高田裕成「争点および証拠の整理手続終了後の新たな攻撃防御方法の提出」鈴木正裕先生古稀祝賀『民事訴訟法の史的展開』（有斐閣・二〇〇二）三六五頁など参照。

（6）本書第一章参照。

（7）本書第一章参照。弁論集中主義ともいわれた（長島毅「改正民事訴訟法に於ける弁論集中主義」法時一号七頁（一九二九）など参照）。なお、「弁論集中」と「手続集中」の相違についても第一章参照のこと。

（8）本書第一章参照。オ民訴法のその後の展開については、拙稿「「手続集中」理念とその方策としての弁論準備システム」河野正憲先生古稀祝賀『民事手続法の比較法的・歴史的研究』（慈学社・二〇一四）二二一頁（本書第二章）参照のこと。また、一八九五年オーストリア民訴法による成果（統計）については、拙稿「近年におけるオーストリア民事訴訟改革とその評価(1)」山形大学法政論叢一号一九頁以下（一九九四）参照のこと。なお、*Fasching*, Zivilprozeßrecht, 2. Aufl. (1990). S. 37l.（以下、*Fasching*. ZPR）は、今日でもなお国際的比較において訴訟継続期間は圧倒的に短いとされる。*P. Mays*, Neue Rechtstatsachen aus der Zivilgerichtsbarkeit, AnwBl 2009, S. 54など参照。

（9）　手続集中理念に関するクラインの考えについては、*Kelin/Engel*, Der Zivilprozess Österreichs (1927), S. 244ff. 参照。また、手続集中については本書第一章参照。なお、概念的には、この手続集中理念は、「訴訟経済」理念と重複してくる。*Fasching*, ZPR. S. 372は、訴訟集中及び手続促進は、訴訟経済による一般的要請の一部にすぎないとしている。なお、訴訟経済理念に関する先駆的研究として、高田昌宏「民事訴訟における訴訟経済について」早稲田法学六二巻四号一頁以下（一九八七）がある。

（10）　この点については、本書第一章参照。

（11）　本書第一章・第二章及び拙稿「「手続集中理念」と更新禁止原則」上野泰男先生古稀祝賀『現代民事手続の法理』（弘文堂・二〇一七）――本書第七章――。

（12）　その生涯を描き、一八九五年のオーストリア民訴法を概説したのが、鈴木正裕『近代民事訴訟法史・オーストリア』（信山社・二〇一六）である。本章の一部もこれを参照したが、クラインの訴訟理念の詳細は本書第三章参照。なお、オーストリアの一八九五年改正をめぐる人物像・その業績等については、*Langer*, Männer um die österreichische Zivilprozeßordnung 1895 (1990) 参照のこと。

（13）　クラインは、民事訴訟制度は、福祉制度であり、社会的利益及び個人的利益の保護のための「一種の行政措置」と位置づけた（*Klein/Engel*, aaO. (Fn. 9) S. 190.; *Franz Klein*, Die neuen Österreichischen Civilprocess-Gesetzensentwürfe *ZZP* 19 (1894) S. 25.; *Franz Klein*, Vorlesungen über die praxis des Civilprocesses. (1990) S. 9f. 参照）。このクラインの訴訟観については、拙稿「裁判官の積極性とフランツ・クラインの訴訟理念」木川統一郎先生古稀祝賀『民事裁判の充実と促進下』（成文堂・一九九四）二四六頁以下（本書第三章）参照。また、クラインのこうした紛争観は、プロイセンのフレデリック大王の考えの承継したものであるとされている（雉本朗造「民事訴訟制度の變遷及改正運動（三）、（七）」法律新聞八三八号（一九一三）六頁、八四二号四頁以下参照）。

（14）　*Klein/Engel*, aaO. (Fn. 9) S. 244f. 参照。なお、クラインによる手続集中の考え方に対する評価等に関しては、*Rechberger*,

„Die Verfahrenskonzentration im österreichischen Zivilprozeß", in türkischer Übersetzung in: M. K. *YILDIRIM* (Hrsg) „Zivilprozeßrecht im Lichte der Maximen (Istanbul) (1999), S1ff. など参照。また、クラインの業績、評価に関しては、*Hofmester* (Hrsg), Forschungsband FRANZ KLEIN (1988), *Marinelli/Bajons/Böhm* (Hrsg), Die Aktualität der Prozess- und Sozialreform Franz Kleins (2015) などがある。さらに、クラインの訴訟理念のヨーロッパ諸国への影響については、*Rechberger* „Die Ideen Franz Kleins und ihre Bedeutung für die Entwicklung des Zivilprozessrechts in Europa", Ritsumeikan Law Review 2008, S. 101ff. 参照のこと。

(15) *Klein/Engel*, aaO., (Fn. 9) S. 245.

(16) オーストリア民訴手続の標準的な審理構造は、「訴え提起→第一回期日→答弁書提出命令→（→準備手続）→争訟的口頭弁論→判決」の段階をとった。第一回期日は、旧オ民訴二三九条二項でその役割を定められていた。なお、ドイツでは、一九二四年の改正草案では第一回期日を取り入れたが、立法化されず、代わりに単独判事による審理を選択する。その後、一九七七年の簡素化法により、早期第一回期日（ド民訴二七二条二項、二七五条）を導入した（詳細は、木川統一郎『訴訟促進政策の新展開』（日本評論社・一九八七）一頁以下など参照）。

(17) 大正民訴法で改正された準備手続はすべての事案で原則とするものであった点でオーストリア法とは異なってくる（拙稿・前掲早大比研叢書四一号（注5）二五〇頁以下参照）。オーストリア法の準備手続は、(1)類似の関係がある複数請求又は反対請求・異議事件、(2)手続の迅速、簡易化のために事実に関する主張の整理が必要な事件、(3)口頭弁論外での証拠調べ等が必要な事件に限り、認められていた（旧オ民訴二四五条）。複雑な訴訟の内容を口頭弁論において整頓し、直接、攻撃防御の方法の取捨選択をしたのでは長時間を要することになることから、準備手続において訴訟資料を収集整理し、口頭弁論の準備を充実することで、訴訟促進をねらったものであった。本書第一章参照。

(18) ここに第一審重点主義の思考が現れていると言えよう。また、オーストリア法では、再審事由が緩やかである点（オ民訴五三〇条）もその前提にある。更新禁止原則の詳細と手続集中の関係については、本書第七章参照のこと。なお、更新禁止原則はクラインの創設に係るものではなく、オーストリア法の伝統であった。

(19) *Klein/Engel*, aaO.（Fn. 9）S. 403. 控訴審の対象は、第一審判決の正当性についての再審理のみとなる。

(20) *Schoibl*, Die Entwicklung des österreichischen Zivilverfahrensrechts.（1987）, S. 49.

(21) *Klein/Engel*, aaO.（Fn. 9）S. 309ff. オーストリア民訴法における裁判官の訴訟指揮は、形式的訴訟指揮と実体的訴訟指揮に区分されるのが一般的である（*Recberger/Simotta*, Zivilprozessrecht. 8Aufl.（2010）, Rz 606ff.（S, 336f.）.（以下、*Recberger/Simotta*, ZPRとして引用）；*Buchegger/Markowetz*, Grundriss des Zivilprozessrechts（2016）, S. 181ff. など）。前者は、期日指定、呼出し、送達など訴訟運営に関するものである。後者が、訴訟資料の収集、区分及び評価に向けた裁判所の活動に関するものである。

(22) 訴訟促進との関係では、当事者に起因する訴訟遅延には訴訟費用負担のサンクションが課せられた（オ民訴四四条、四八条、四九条）。

(23) この条文については、*Primmer*, Zur Befugnis des Richters zur Zurückweisung verspäteten Vorbringens und Beweisanbietens nach 179 Abs 1 Satz 2 ZPO, JBL 1983, S. 129ff. など参照。

(24) さらに、裁判官は、費用法の措置によって当事者が訴訟引延しの措置をとることを妨げることができる。ここで考量されるべきは、いわゆる費用の分離である。つまり、当事者が有責に時機に後れて事実または証拠の提出をなすことによりその相手方により多くの費用を引き起こさせる場合に、訴訟の結果に関係なく手続のある段階の費用を課すことである（*Rechberger*, aaO.（Fn. 14）S. 5.）。

(25) 職権進行主義については、さしあたり *Recberger/Simotta*, ZPR Rz 407（S. 228）. など参照。

(26) この当事者の陳述に含まれるのは、本案申立て、請求を理由づける又は相手方の申立てを反駁するための事実陳述、事実関係の調査を目的とした証拠申出、証拠の失権を求めるなどのその他の訴訟上の申立て並びに法的主張である（*Recberger/Simotta*, ZPR Rz 743（S. 412）. など参照）。

(27) オ民訴法一八二条の裁判官の解明義務・教示義務に関しては、*Schumacher*, Richterliche Anleitungspflichten (2000), S. 13ff. などが詳細である。なお、オ民訴法における主張整理（争点整理）面における当事者と裁判官との役割分担に関しては、拙稿「弁論主義考」早稲田法学七二巻四号（一九九七）四四七頁以下（本書第五章）参照。

(28) 裁判官の教示義務は、裁判官の中立性が問題となる場合には常に限界が生じる。例えば、裁判官は、一方当事者のためにある本案申立てを述べる、それをなすよう仕向けることは許されない。また、従前提起されなかった請求の主張に関する教示も、この教示義務には含まれないとされている（*Recberger/Simotta*, ZPR., Rz 606.（S, 337.)）。

(29) *Recberger/Simotta*, ZPR., Rz 403ff.（S. 225f.).

(30) *Buchegger/Markowetz*, aaO.（Fn. 21）S. 133.; など

(31) *Fasching*, ZPR., S. 875. 参照。

(32) 拙稿・河野古稀（注8）二三六頁以下（第二章）参照。

(33) 一九八三年改正以前のオーストリア民訴法の改正状況については、*Schoibl*, aaO.（Fn. 20）S. 61ff., *Konecny*, Die Entwicklung des Zivilprozessrechts in Österreich seit 1918.: in *Rechberger*（*Hrsg*）, Die Entwicklung des Zivilprozessrechts in Mittel- und Südosteuropa 1918 bis 2008（2011）, S. 9ff. など参照（詳細は、本書第二章参照）。

(34) 拙稿・河野古稀（注8）二三八頁。本書第二章参照。

(35) *Hagen*, Die Vorbereitung des Streitverhandlung, JBl 1970., S. 120. 参照。

(36) 拙稿・河野古稀（注8）二三八頁以下。本書第二章参照。

(37) 962 der Beilagen zu den Stenografischen Protokollen des Nationalrates XXI. GP.（政府草案）S. 16. それを実現する主要な方策として、①第一回期日の変革、すなわち、「第一回期日」の廃止と「準備期日」の創設、②当事者の訴訟促進義務と裁判官の討論義務の強調、③（真の）欠席判決の許容性の拡充、④欠席判決に対する異議の廃止、⑤督促手続の拡張が挙げられ、これらの方策によって、民事訴訟における手続集中原則の強化、訴訟引延しの防止及び著しい促進効果が期待された（1049 der Beila-

gen zu den Stenografischen Protokollen des Nationalrates XXI. GP.（司法委員会報告）, S. 1.)。二〇〇二年改正については、*Beran/Klaus/Liebhart/Nigl/Pühringer/Rassi/Roch/Steinhauer*,（Franz）Klein, aber fein., RZ 2002. S. 258ff.; *Frauenberger*, Die ZVN 2002-Neuerungen im Zivilprozessrecht., ÖJZ 2002. S. 873ff.; *Fucik*, Möglichkeiten und Grenzen der Verfahrensbeschleunigung in Zivilrechtssachen, RZ 1993. S. 218ff.; *Kodek*, Zur Zweitigkeit des Rekursverfahrens. ÖJZ 2004, S. 534ff. S. 589ff. など参照（詳細は、本書第二章参照）。

(38)　オーストリア民訴法の基本構想においては、第一回期日を争訟手続の「門」として規定していたが、第一回期日は形式的な問題と和解の勧試に限定され、一九八三年の改正法によりその意義はさらに削減された。その結果、第一回期日は、書面による応訴手続にとって代わられたのであった。それらを二〇〇二年改正の政府草案では、従前の訴訟手続の三つの弱点、すなわち、(1)第一回期日での本案に関する弁論の禁止、(2)「内容のない（leeren）」答弁書及び(3)「単なる」証拠決定期日を解決するために、第一回期日の変革が必要と考えられた（拙稿・河野古稀（注7）二四一頁以下（本書第二章））。そして、その方策は、答弁書手続の改正と「準備期日」の創設に係わってくる。

(39)　もちろん、口頭弁論を準備する書面についても改正されている。つまり、訴状（オ民訴二三〇条）、答弁書（オ民訴二三九条）、準備書面の交換（オ民訴二五七条）に関する改正も行われている。詳細は、本書第二章参照。

(40)　962 der Beilagen（政府草案）, S. 33. 訴訟プログラムが訴訟経過の大雑把な見取り図を描くことに限定されうるのか、それとも、従前の証拠決定と同様に個々の事実及びその証明に資する証拠方法を個々に詳しく挙げねばならないかについては争いがある（本書第二章参照）。

(41)　962 der Beilagen（政府草案）, S. 34. また、政府草案同頁（962 der Beilagen, S. 34.）では、ドイツ民事訴訟法二八二条及び二八九条の目的と比較しうるとする。

(42)　この点につき、*Fasching/Konecny*, Kommentar ZPG 3. Band.（2004）, S457（*Kodek*）は、訴訟プログラムは、その確定前に当事者との討論を必要的とする。争訟事件について討論を尽くすこととその基本的評価を回避することは適切でないと批判する。

（43）準備期日を欠席した場合には、オーストリア民訴法は直接的なサンクションは規定していない。ただ、期日に欠席した場合には、オーストリア民訴法三九六条二項による欠席判決が下されうる（この点に関して、*Rechberger/Simotta*, ZPR., Rz 739（S. 411）、Rz 857f（S. 489f). 参照）。オーストリア民訴法二五八条二項の義務に違反する場合には、費用負担のサンクション（オ民訴四四条、四八条、一四二条参照）が課されうるとされている（*Frauenberger*, aaO., ÖJZ 2002, S. 876. *Fasching/Konecny*, Kommentar ZPG 3. Band.（2004), S460（Kodek）参照。）。また、オーストリア民訴法一七九条による訴訟引延しの場合の失権効も、要件が存在する場合には、適用がある。それに対して、オーストリア民訴法三八〇条、三八一条の規定（当事者尋問の場合の失権効）は、当事者が当事者尋問に呼び出され、出席しない場合に初めて適用される（*Rechberger*（Hrsg), ZPO Kommentar. 4. Aufl.（2014）S. 1182（*Rechberger/Klick*）（以下、*Rechberger*（Hrsg), ZPO Kommentar で引用）；*Frauenberger*, aaO., ÖJZ 2002. S. 876. *Fasching/Konecny*, Kommentar ZPG 3. Band.（2004), S460（*Kodek*）参照）。

（44）*Rechberger/Simotta*, ZPR., Rz 738（S. 410). 参照。

（45）*Beran ua*, aaO., RZ 2002. S. 269f. など参照。

（46）オ民訴法二七五条第二項は、一九九七年の費用拡張法改正（1997BGBIII40）で改正された。一七九条との関係につき、*Beran ua*, aaO., RZ 2002. S. 270f. 参照。

（47）1049 der Beilagen（司法委員会報告）S. 1.

（48）訴訟促進義務は、弁論主義によって認められた当事者自由を制限する側面を有するが、この規定が時的観点のみを問題とし、訴訟資料収集の当事者の責任については変更がないことから、手続集中原則の一内容として位置づけられている（*Fasching/Konecny*, Kommentar ZPG II-1. Band.（2002), S. 44（*Fasching*）参照）。

（49）訴訟促進義務に関しては、*Fasching/Konecny*, Kommentar ZPG II-1. Band.（2002), S. 43 ff.（*Fasching*）；*Fasching/Konecny*, Kommentar ZPGII-2. Band.（2003), S. 845f.（*Schragel*）；*Rechberger*（Hrsg), ZPO Kommentar, 3. Aufl.（2006）S. 938f.（*Fucik*）；*Frauenberger*, aaO., ÖJZ 2002, S. 876f.. *Beran ua*, aaO., RZ 2002. S. 268f.; *Salficky*, Die Prozessförderungspflicht-Offene Fragen, AnwBl 2007, S. 119ff. など参照。

(50) この点につき、*Fasching/Konecny*, Kommentar ZPG II-1. Band. (2002), S. 43 (*Fasching*) 参照。なお、同頁は、裁判所の訴訟促進義務との関係でこの義務を理解しなければならないとする。

(51) 訴訟促進義務は、原告は通常争訟事件の迅速な解決に関心を持っているので、もっぱら被告に関わるとの指摘もある（*Fasching/Konecny*, Kommentar ZPG II-2. Band. (2003), S. 846 (*Schragel*)）。

(52) 例えば、訴えは、「単に」一貫性を有していなければならないが、訴求請求権に関する考えうるすべての理由づけを示す必要はない。同様のことが、答弁に関しても該当する。もちろん、原告がすでに知っている被告の抗弁にすでに応じねばならないことは考慮されうる。

(53) 962 der Beilagen（政府草案）, S. 22f.; *Frauenberger*, aaO., ÖJZ 2002, S. 876. など参照。

(54) この点につき、*Rechberger/Simotta*, ZPR, Rz 745 (S. 412). など参照。

(55) *Rechberger* (Hrsg), ZPO Kommentar, S. 982. (*Fucik*) 参照。

(56) ドイツでは、二〇〇一年の民訴法改正で二七八条三項の法的討論義務は、二七九条三項に代わり、証拠調べの結果についてもまた討論しなければならないという点において拡張されている。このことは、裁判所は取り上げた証拠をどのように評価したかについて、当事者に伝えなければならないことを意味する（*Greger*, Zweifelsfragen und erste Entscheidungen zur neuen ZPO, NJW (2002) S. 3050など参照）。なお、ドイツの法的討論義務に関しては、吉野正三郎『民事訴訟における裁判官の役割』（成文堂・一九九〇）五七頁以下など参照のこと。

(57) *Beran ua*, aaO., RZ 2002. S. 265f. など参照。従前の議論状況につき、拙稿・前掲論文（注27）四五七頁以下（本書第五章）参照のこと。

(58) この改正時までの判例の詳細については、*Beran ua*, aaO., RZ 2002. S. 265.

(59) 討論の内容は調書に記載される（オ民訴二〇八条一項二a号）。これにより、事案の共通認識が確認され、事後の追証可能性も確保されることになろう。

（60）*Rechberger*（Hrsg）, ZPO Kommentar, S. 999.（*Fucik*）；*Buchegger/Markowetz*, aaO., S. 183. など参照。

（61）SZ（最高裁民事判例集）68/135, 67/64など。詳細は *Beran ua*, aaO., RZ 2002. S. 266. 以下参照。なお、*Rechberger/Simotta*, ZPR., Rz408ff（S. 2308ff）. は、fair trial（公正な審理）を訴訟原則として位置づけ、その内容として口頭主義、直接主義、公開主義、手続集中原則、法的審問保障を挙げている。近時のオーストリア法では、「適正かつ迅速な裁判」だけでなく、「公正な裁判」の実現も重視されてきていると言えよう。

（62）簡素化法による訴訟促進方策に関しては、さしあたり、木川統一郎＝吉野正三郎「西ドイツにおける民事訴訟促進政策の動向――簡素化法（一九七七年七月一日施行）を中心として――上・下」判タ三五二号二三頁以下、同三五三号三四頁以下（一九七七）など参照。また、簡素化法に対してオーストリア法からの評価として、ハンス・ファッシング（坂原正夫訳）「ドイツ連邦共和国の簡素化法――オーストリー人からみたドイツ民事訴訟の改革――」法学研究（慶応）五六巻二号（一九八三）九三頁以下がある。

（63）この改正については、勅使川原和彦「２００１‐２００２ドイツ民事訴訟法改正について」早稲田法学七七巻三号（二〇〇二）二〇七頁以下など参照。

（64）ドイツにおける近時の釈明権の改正と議論動向については、高田昌宏「訴訟審理の実体面における裁判所の役割について」栂善夫先生・遠藤賢治先生古稀祝賀『民事手続における法と実践』（成文堂・二〇一四）二九九頁以下など参照。

（65）つまり、訴訟の長期化は、当事者にとっては、実効的権利保護を阻害し、当事者利益を著しく損ねるものといえ、他方、裁判所サイドにとっても、一事件の遅延はその後に控える多数の事件にも影響を及ぼし、結局は裁判全体の運営に支障をきたすことを意味してくる。このように、訴訟の遅延・長期化の問題は、当事者利益の面からも社会制度としての裁判の運営面からも放置できない問題だったのである。

（66）前掲・一問一答一六八頁、二二三頁など参照。また、本書序章参照のこと。

(67) 高田（裕）・前掲論文三七四頁は、本質的な口頭弁論の実効性を確保する「弁論集中」およびこれによる口頭弁論の実質化がねらいであるとする。
(68) さしあたり、福田剛久「当事者主義と職権主義の間で」判タ一三一七号（二〇一〇）四四頁以下など。
(69) 詳細は、拙著・新民訴ノートⅠ七頁以下参照のこと。
(70) 前掲・一問一答一六九頁。
(71) それは、司法協力義務に属するものと言えよう。民訴法二条をめぐる議論とその位置づけについては、拙著・新民訴ノートⅠ七頁参照。
(72) 民訴法一五七条の規律は集中証拠調べの実効化という観点から捉え直す余地を示唆するのが、高田（裕）・前掲論文三七六頁以下である。
(73) 前掲・一問一答（注1）一八一頁参照。「証明すべき事実の確認」についての意義づけ等の詳細は、拙著・新民訴ノートⅠ一一六頁以下参照。
(74) このような立場に立てば、争点整理手続と集中証拠調べという審理プロセスが適正に実施される限り、主張及び自白に関する弁論主義違反の局面は生じてこないことになる。その意味で弁論主義は理念型としか意味を有しないことになる。審理構造の変容と弁論主義との関係につき、拙稿・前掲論文（注27）四二九頁以下（四七一頁）――本書第五章――参照。その他に、方向性は異なるが、現行民訴法の審理構造の変容により、弁論主義の変容を指摘するものとして、二羽和彦「弁論主義を考える」法学新報一〇八巻九‐一〇号四〇三頁（二〇〇二）などがある。
(75) それゆえ、裁判所と両当事者間で証明すべき事実の確認ができないときは、争点整理手続を終了させるのではなく（秋山ほか『コンメンタール民事訴訟法Ⅲ』（日本評論社・二〇〇八）四七〇頁以下は終了することになるとする）、争点整理ができてない以上、手続は継続させることになろう。
(76) 釈明処分の積極的活用について奈良次郎「新民訴法と釈明権をめぐる若干の問題（上）」判時一六一三号六頁以下

（一九九七）、木川統一郎「口頭弁論の準備はこのままでよいか（上・下）」判タ一一八一（二〇〇五）二〇頁以下、同一一八五（二〇〇五）五六頁以下などを参照。

(77)　近時、立法論として争点整理手続終了後の失権効が論じられているが（三木浩一＝山本和彦編『民事訴訟法の改正問題』ジュリ増刊（二〇一二）八七頁以下）、このように解することで、現行法の解釈上でも失権効は考慮できよう。

第五章　弁論主義考

――オーストリア民訴法における事実資料収集過程での裁判官と当事者の役割分担からの示唆――

一　問題の所在

民事訴訟法が制定されて一〇〇年が経過した。この一〇〇年の発展において、社会はより複雑にかつ高度化したといえる。そして、この発展が民事裁判の機能や役割を拡張し、変容してきたことは明かであろう(1)。これに伴い、民事訴訟法の解釈、訴訟運営などにおいて基礎を形成する訴訟原則にも何らかの変容が生じることが予測される。平成の民訴法改正が行われた今、このことを鑑みれば、民事訴訟における訴訟原則のあり方を問うことは不可欠の作業であろう(2)。そして、訴訟原則のなかでもこれまで民事訴訟の審理構造の根幹を形成するために最も盛んに議論されていたといえるが、弁論主義である(3)。本稿は、この弁論主義を考察対象とするものである。その理由は次の点にある。

まず第一に、平成八年の民訴法改正に際し、民事訴訟法の骨格を形成する訴訟原則についての検討が必ずしも十分に、あるいは明示的には行われていなかった点にある。とくに、審理の充実、促進化を狙いとする法改正にとって弁論主義をどう評価するかの問題は、修正論が多数を占める現在の議論の中で最重要課題と思われるからである(4)。

第二に、争点整理手続と集中証拠調べを明文化した今回の民事訴訟法改正において、審理の過程は従来とは違ったものとなることが予測される。その場合における事実資料収集の役割分担はこのままでよいか、検討の必要があろう。(5)またすでに、一部の実務家によって集中審理方式など民事裁判審理改善の試みがなされてきた。(6)そこでの審理は、裁判官の積極性という点で共通しており、弁論主義に囚われない審理形態が裁判の充実、促進の点で大きな成果を挙げていることが注目される。(7)とくに、「裁判官の積極性」という観点は、世界的趨勢であり、(8)裁判所と当事者との役割分担をめぐる議論の中でのこの一〇〇年の発展における重点の転換傾向を示しているといわれる。(9)そして、それは後に定義するような純粋な弁論主義は今日もはや維持できない点でほぼ一致した理解を形成する。(9a)

第三に、今日の弁論主義論は弁論主義自体を評価規範として絶対化しているのではないかと、筆者は危惧を抱く。原則の絶対化による思考の硬直化に対する危惧である。(10)わが国の実務での弁論主義を愚直に守ることによりかえって弁論主義違反が生じているとの指摘(11)は、まさにそれではなかろうか。

またこれと関連するが、第四に、審理における裁判所や弁護士の不熱心な行動が指摘されたりするが、弁論主義がその温床になっているのではないかという疑念も筆者にはある。(12)

第五に、弁論主義違反とされてきた事例は弁論主義とは別の釈明義務などの概念でも説明可能と思われ、(13)また弁論主義の機能として挙げられる不意打ち防止なども弁論主義の問題ではなく、審問請求権とか公正手続請求権の保障問題とも言える。(14)そうすると、弁論主義が機能する局面とはどこかという問題が生じてくるのではなかろうか。ここで挙げた問題は、弁論主義の存在意義を問うことにほかならない。筆者の研究の目標もそこにある。ただ本稿では、この目標のために「前提問題」としてオーストリア民事訴訟法を検討する。

ここで何故オーストリア民事訴訟法に注目したかというと、(15)比較法的にみて、まずオーストリア法は、審理の充実と促進という点で非常に高い評価が与えられてきた点がある。(16)しかも、大正一五年のわが国民事訴訟法改正に影響を与え、さらにドイツ簡素化法にも多大な影響を与えたとされている。そこで、こうした改革議論の基礎となったオーストリア民事訴訟法を研究することは、確かにオーストリア法の特殊性も指摘されるが、本研究の前提作業として十分に有意義と思われる。そして、より重要と思われるのは、オーストリア法では事実資料収集の役割分担に際し、訴訟目的の実現のための合目的的思考から弁論主義の採用が控えられた点である。各国の民訴法において弁論主義が採用された理由の一つには、イデオロギー的影響を除けば、本来的に審理の充実と促進のための最も合理的な事実資料収集の役割分担基準とみなされた点にあったと思われる。弁論主義の存在意義が問われるならば、やはりこうした思考の根源に戻るべきであろう。そして、それはまさにオーストリア民事訴訟法がとった方法であり、その結果が弁論主義の不採用であった。それゆえ、ここでオーストリア民事訴訟法を研究する意義は大きいと思われる。以下では、そのオーストリア民事訴訟法学における議論から、わが国弁論主義論にどのような示唆を得ることができるかを中心に考察する。

なお、本章では、弁論主義とは判決の基礎となる事実資料の提出について当事者のみがもっぱらその権限と責任を負うとする原則であり、事実資料収集における裁判所と当事者間の役割分担基準として機能するものとして議論していく。以下で「弁論主義」というのは、この意味である。そして、裁判所は当事者の主張しない事実を判決の基礎としてはならない（第一テーゼ）、当事者間に争いのない事実は判決の基礎としなければならない（第二テーゼ）、当事者間に争いのある事実を認定するには、必ず当事者の申し出た証拠によらねばならない（第三テーゼ）という弁論主義の三つの内容により、裁判所と当事者間の役割分担が規律されているものとして議論を進め、この内容にそって議論していく(17)。

したがって、以下では、まずオーストリア民事訴訟法における弁論主義論を、換言すれば、事実資料収集における裁判所と当事者間の役割分担のあり方を紹介する（二と三において）。そして、それに基づきわが国の弁論主義論の検討とそこからわが国においてどのような示唆を得ることができるかを論じるつもりである（四において）。

二　フランツ・クラインの訴訟理念と弁論主義

では、オーストリア民事訴訟法において、事実資料の収集をめぐり裁判所と当事者の役割分担はどう規律されているか、つまり、弁論主義がどのように評価されているかをみてみることにしたい。そして、それを知るためには、周知のように、まず創設者フランツ・クラインから出発すべきであろう。

一　弁論主義不採用の背景

クラインの創設したオーストリア民事訴訟法は、自由主義的思想を背景として成立した一八七七年のドイツ民事訴訟法のアンチテーゼとして立法化された。そしてこの民事訴訟法における特色の一つが、一方で処分権主義を維持しつつ、他方で弁論主義を採用しなかったことである。問題は、なぜクラインは弁論主義を採用しなかったかである。まずその背景をみてみる。

ひとつは、当時適用されていたオーストリア一般裁判所法は、無制限な当事者支配の採用の結果、著しい訴訟遅延を引き起こし、司法不信を招いていたこと、また同時期ドイツで制定された民事訴訟法（ＣＰＯ）も、当事者主義の採用により同様の批判をあびていたことが、従来の訴訟法の反省点として挙げられたことである。次に、工業化された大衆社会への移行という経済的、社会的状況の変化も挙げられる。この結果、一方で社会的弱者が顕在化し、当時者間の平等化の必要性が増大した。また他方で、紛争の大量化、複雑化が生じ、紛争の迅速な処理と訴訟の複雑化からの当事者の責任と危険の緩和が要請された。こうした諸状況が、弁論主義の不採用に関わったといえる[18]。そして、クラインの場合には、その社会主義的イデオロギーの影響も存在したといえる。これが、その後のイデオロギー批判につながる。[19] しかし、ここで考慮すべきはイデオロギー的側面を排除したときのその実際的意義であろう。そこでは、クラインの訴訟理念とそれに基づく裁判所と当事者の役割分担が重要である。

二　クラインの訴訟理念と裁判所・当事者間の役割分担

クラインは、以上のような当時の立法に対する批判、社会経済状況の激変などを考慮して、独自の訴訟理念を形成した。そして、この理念をベースにして、事実資料収集に際しての裁判所と当事者間の役割分担を、弁論主義を用いず、新たに規律したのである。その訴訟理念は、以下の二つのキーワードによって特徴づけられると言える。

一つは、「当事者の実質的対等化」である。これは、クラインが社会的弱者に民事訴訟の当事者像を射程した点に尽きると言える。[20] この当事者の実質的対等化のために裁判官の積極性が導き出され、裁判官の指摘・教示義務が強化された。

第二のキーワードは、「民事訴訟の社会性」である。クラインにとって、民事訴訟は社会的現象であり、大量現象として把握された。[21] そして、「訴訟は疾病であり、その治療手段を与えるのが実体法である。訴訟は、病気を正しく認識し、それに対する正しい手段を選択し、病気が蔓延することを防ぐという医師の役割が割り与えられる。法的生活におけるそのような病状は、紛争当事者と並んで、その大きさに関係なく、社会集団にとっても重要なことである」と述べている。[22] こうした観念から、クラインは、民事訴訟は福祉制度であり、社会的利益及び個人的利益保護のための一種の行政措置と位置づける。[23] そして、訴訟は公法の制度であり、それとともに、個人的利害を保護する義務と同時により高度な社会的価値を満足させる義務を負うとした。[24]

この「民事訴訟の社会性」の観点から、クラインはまず「真実発見――事案解明の完全性」に重大な価値を付与した。そして、「その時の最良の真実」の発見が適正な裁判の条件とする。[25] その結果、この条件を満たすために、裁判官と当事者双方が協力することを義務づけた。それは、一方で当事者に真実義務・完全陳述義務を課し、他方で裁判官に実質的訴訟指揮義務を課すことで実施された。[26] 裁判官は、職権による証拠調べも可能となった。[27] しかし、このことは裁判官の権限を拡大し、単に当事者の権限を縮減することを意味したのではない。当事者には、相手方当事者に対する質問権が付与され、また双方当事者の合意により裁判官の書証及び人証の証拠調べに異議を唱えることができ、裁判官の権限を制限することができたのである。[28] クラインが考慮したのは、むしろ、当事者と裁判官の権限のバランスをいかにとるかであった。[29]

また、この社会性の観点から民事訴訟の迅速性に重大な価値が置かれた。訴訟の遅延は、法的安定性の衰退および判決の正当性にも重大な影響を及ぼすと考えたのである。手続集中理念に基づき手続の集中化が試みられ、裁判官の厳格な訴訟指揮と当事者の訴訟引き延ばしなどに対する失権効が強化された。[30] こうした、裁判所と当事者の関係は「作業共同体（Arbeitsgemeinschaft）」と称されている。

そして、以上のような当事者と裁判所との責任規律に際し、ここで重要なのは、クラインの考察方法である。つまり、従来の訴訟原則は、目的ではなく、訴訟の目的のための手段でしかないという考え方である。クラインにとって、例えば、家の建築においてそのスタイルではなく、居住性や有用性に合目的な部屋の区分が決定的な役割を有すると同様、訴訟原則は訴訟目的の合目的的手段だったのである。[31] クラインは、訴訟の役割とは紛争によって引き起こされた平和と経済の秩序障害をできるだけ迅速かつ適正に排除することにあるとし、そして、手続の迅速性と真実発見のためには、一方で口頭主義と直接主義が適切と判断し、他方、適正な判決の条件としての真実発見のための訴訟資料収集における合目的な訴訟運営は、弁論主義でもなく、職権探知主義でもなく、その両者のバランスの中に存すると考えたと言えるのである。その結果が、弁論主義を理念型としてのみ残すという選択だったのである。そして、このように訴訟目的と基本原則との目的関連性を中心においた訴訟法は、いかなるドクマにも制限されない最も自由な民事訴訟とみなされた[32]。

三　クラインのオーストリア民事訴訟法に対する批判

このようにして創設された一八九五年のオーストリア民事訴訟法は、審理の充実と迅速性の点で、著しい成果をしめした[33]。しかし、反面でクラインに対する批判も唱えられた。それは、大別して二つにまとめることができよう。一つは、裁判官によるインフォーマルな手続形成の可能性は、法的安定性と武器対等原則に危惧を与えるというものである[34]。もう一つは、当事者を操作し、その主体性を損なうというものであった。後者は、とくに弁護士側から唱えられた批判である[35]。しかし、こうした批判は、クラインの示した民事訴訟法における裁判所と当事者の役割分担が、その後も改正されることなく、後述のように、現在も維持されていることを鑑みると、危惧に留まっているといえよう[36]。しかし、ここで注意しなければならないのは、クラインにおけるオーストリア民事訴訟法改革がその実効性を当初の意図どおり十分に果たしたといえるのは、施行後一〇年あまりであったという点である（もっとも、比較法的にみれば迅速性の点などで極めてすぐれているといえる[37]）。そして、その原因が裁判所の懈怠にあったということである。

三　現代オーストリア民事訴訟法学における弁論主義論

以上のように、オーストリア民事訴訟法における裁判所と当事者間の役割分担は、クラインにより刻印され、現在に至っている。そこで、次には現在のオーストリア民事訴訟法学で、裁判所と当事者との関係がどのように規律されているか、まずその基本姿勢を見てみることにしたい。それにより、オーストリアにおいて弁論主義が現在どのように評価されているかを知ることができよう。

一　オーストリア民事訴訟法学の基本姿勢

この点につき、オーストリア民事訴訟法学界を代表する訴訟法学者、ファッシングの見解が示唆的である。(38)ファッシングによれば、真実発見を追求するならば、(純粋な) 職権探知主義が優先されるとする。しかし、次のような問題点から、オーストリア民事訴訟法学は職権探知主義をとれないとするのである。すなわち、職権による真実探究は、裁判官が探究のための十分な拠り所を有しない場合には、限界があること、どの程度裁判官が職権により調査しなければならないかは、裁判官のイニシアティブ、自己責任、使用時間に依存している点、当事者は一般に紛争の事実基礎を誰よりもよく知っているということ、訴訟への当事者の固有の利益は、たいてい、適正な裁判への公益よりもより直接的でかつより重大なものであるという点である。そして続けて、ファッシングは、オーストリア民事訴訟法学では、弁論主義をとることもできないとする。なぜなら、弁論主義は、適正な司法および法秩序の維持について裁判官を制限し、権利を無に帰せしめる可能性を増大させ、訴訟の帰結を広範に当事者のイニシアティブや巧みさに依存させてしまい、実際に権利を有する者が勝訴することにはならないとするからである。(39)そこで、オーストリア民事訴訟法学がとったのは、両原則の利点を統合し、その欠点をできるだけ回避しようという方向であるという。(40)換言すれば、オーストリア法では、純粋な弁論主義と同じく純粋な職権探知主義を理念型として両極におき、若干職権探知主義よりに裁判所と当事者の役割分担を規律しているとイメージできるかと思われる。もっとも、その基点の置き方は、論者によって微妙に異なっている。(41)

このように、オーストリア民事訴訟法学では、当事者の義務強化と裁判所の強化された実質的訴訟指揮権限により、訴訟目的を達成しようとしているといえよう。そしてこれは、もはや弁論主義でもなく、職権探知主義でもないというのである。オーストリアでは、このような裁判所と当事者間の責任規律を、「緩和された職権探知主義（der abgeschwächte Untersuchungsgrundsatz）」[42]あるいは「混合された弁論主義（gemischte Verhandlungsmaxime）」[43]とか、「協同主義（Koperationsgrundsatz）」[44]、「収集主義（Sammelmaxime）」[45]とかという形で様々に表現されている。

二　主張整理（争点整理）面と立証面における具体的役割分担の特徴[46]

つぎに、主張整理、つまり争点整理面と、立証面における具体的責任分担をみてみる。一言で言えば、オーストリア法では「主張の一貫性審査」と「証拠決定」を基点として、手続の集中化をめざし主張整理と立証との構造的峻別のもとに当事者と裁判所との共同責任体制がとられているといえよう。以下、具体的に説明する。

（一）主張整理（争点整理）面での当事者と裁判所の役割分担

まず、当事者が第一義的に事実主張をなす。しかし、当事者の裁量は、真実義務・完全陳述義務（オ民訴法一七八条）により、極めて狭められ、当事者は裁判に必要な事実主張を、真実に即し、完全にかつ特定して提出しなければならないのである。ここでの真実義務は、わが国における理解のような消極的義務ではない。すべての重要な事実を陳述し、いかなる事実も差し控えないとする積極的義務をも含む、制裁を伴う法的義務である[47]。

他方、オーストリア法では、裁判所（裁判官）には主張整理面で次のような義務が課されている。まず、裁判官は、当事者の申し立てた訴訟対象の枠内で（処分権主義はオーストリアでもわが国とまったく変わりなく妥当する）、実質的訴訟指揮義務により、口頭弁論において当事者に発問および他の方法で当事者に裁判に重要なすべての主張をなさしめ、不完全な陳述を完全にし、相応する証拠申し出をさせ、事実の真実に即した確定のために必要なすべての説明をなさしめる義務を負っている（オ民訴法一八二、一八三条）。この裁判官の実質的訴訟指揮義務は、指摘（教示）義務（Anleitungspflicht）と真実探究義務（Wahrheitsforschungspflicht または事案解明義務）に分けられる[48]。そのなかで、裁判官の指摘義務は主張整理面で全面に出てくる。そして、当事者の真実義務・完全陳述義務の履行に作用を及ぼすものと位置づけられている[49]。この義務を裁判官が履行しない場合または不完全な履行の場合には、重大な手続瑕疵となる[50]。この義務は、当事者間の実質的対等性保障のために、弁護士訴訟においても存する[51]。この裁判官の指摘にもかかわらず、当事者がそれに応じない場合には、当事者がその不利益を負うことになる。ここに当事者の主張責任が観念されてくるといえよう。しかし、ここで注意しなければならないのは、オーストリア法では当事者の主張がない場合には、裁判官は、この指摘義務により主張の適正化及び補完化を必ず指摘しなければならないという点である[52]。この裁判官の指摘にもかかわらず、なお当事者が事実を主張しない場合に初めて、当事者の責任が浮かび上がってくる。この前提には、裁判所による主張の一貫性審査がある[53]。この審査により、当事者が事実を主張しない場合には、主張の一貫性がないとして棄却判決が下される[54]。またここでは、当事者は訴状、答弁書または準備書面において、争訟的口頭弁論前に基本的にすべての事実および証拠方法を提出しなければならず、争訟的口頭弁論後は原則的に準備書面の交換はできないこと、そして裁判官はこの準備段階で重要な争点を明らかにしなければならない点が[55]、裁判所と当事者間の役割分担の基準として重要である。

つぎに立証面での当事者と裁判所の役割分担についてみてみる。

(二) 立証面での当事者と裁判所の役割分担

オーストリア法では、原則として一貫性審査を通った事実主張に関してのみ、証拠決定を経て証拠調べが実施される[56]。つまり、原則として当事者の要求する裁判にとって重要な主張のすべてが提出されていることが確証されてから、立証段階に移行するという審理構造となっているといえよう。そして、立証面でも、証拠調べは、第一義的に当事者によって申し立てられた証拠方法につきなされる。[57] また、当事者による模索的証明も許されている。[58] 裁判所は、訴訟指揮により補充された当事者の事実陳述によって画定される範囲でその主張の真実性を探究しなければならないのである。ここに実質的訴訟指揮義務のもう一つの内容である真実探究義務が全面に出てくることになる。それゆえ、オーストリア法では、裁判官はその裁量権により職権ですべての証拠調べをなすことができることになっている。[59] つまり、証拠調べは、第一義的には当事者の申出に基づくが、当事者が証拠申出をなさない場合には、裁判所は実質的訴訟指揮義務を行使して、当事者に証拠の申出を命じねばならないのである。この命令に当事者が従わない場合には、相応した主張は証明されなかったことになる。[60] しかし、ここで重要なことは、裁判所の審査（法的重要性審査と証明必要性審査）に基づき、証明の必要な事実と必要でない事実が裁判所の「証拠決定」によって特定されることである。そして必要があれば、裁判所は当事者と事実陳述の重要性および一貫性について討論しなければならないという点である。[61]

もっとも、裁判所は、判例によれば、当事者の自白に原則的に拘束される——後述——。また、文書の提出および証人の呼び出しについての当事者双方による異議（一八二条二項）がある場合には、裁判所の事案解明義務は制限されることになる（検証、鑑定、当事者尋問は職権でいつでも可能である）。[62]

以上が、現行オーストリア民事訴訟法における裁判所と当事者の役割分担における基本姿勢である。なお、こうした第一審集中型の役割分担は、オーストリアでは厳格な更新禁止原則が背後にあることも考慮に入れていなければならないであろう（しかし、その反面で再審の許容範囲は広い）。

三　裁判所と当事者の役割分担をめぐる最近の動向

こうしたオーストリア民事訴訟法学において最近注目される動向として、一九八三年を境にした近年のオーストリア民訴法改正議論がある。[63] まず、その改正議論において、今述べた基本姿勢は、まったく変更されることはなかった点が重要である。むしろ、立法者は、裁判所の権限を強化しようとした面があるといえよう。[64] たとえば、一九八五年の労働及び社会裁判所法がそうである。すなわち、その三九条において、裁判官は専門知識のない当事者に、区（簡易）裁判所における裁判官の教示義務（四三二条、四三五条）を越えて、訴訟行為の形式だけでなく、労働および社会裁判事件で生じた申立てや訴訟行為の内容についても教示することが義務づけられた。[65]

そして、この改正議論の中で、次に注目されるのが、審問請求権の強化に特徴づけられる、民事訴訟基本権の尊重傾向である。[66] これは、ヨーロッパ人権条約が憲法と同順位に位置づけられたことによって、いっそう議論は活発化してきた。[67] とくに、一九八三年の改正での欠席判決に対する異議の導入、上訴期間の延長など法的審問権の強化指向は、特徴的である（しかし、ここでの個々の改正は反面でクラインの意図した訴訟理念から離反するという特徴も有している）。さらに、一九八九年の訴額改正法によって導入された、上級裁判所への当事者の期日申立権の創設は、「迅速な裁判請求権」という訴訟基本権を訴訟手続の中で具現化することをめざしたものだった。[68] そして、そこでは、訴訟原則は、この訴訟基本権を保障するものであり、手続形成に際し、すべての訴訟法はそれを守らねばならないという意識が高まっていたと言える。これにより、現代の民事訴訟には、両当事者の十分な法的審問を保障した、口頭、直接、公開の集中した手続が期待されたのである。そして、それはオーストリア民事訴訟法学においてはクラインの構想と合致するものといえる。つまり、口頭主義、直接主義および公開主義との関係と、当事者の真実・完全陳述義務と裁判官の実質的訴訟指揮義務の関係とは、ともに、個々の事例において適正な裁判を可能にする事実確定を保障するものとの認識が確認されたといえるのである。[69]

四　個別問題

次に、オーストリア民事訴訟法学において弁論主義に関連するいくつかの個別問題をめぐる議論を紹介することにする。

(一)　法的観点指摘義務と法的討論義務

まず最初に、ドイツにおいて激しく議論された法適用過程における裁判官の法的観点指摘義務とそれに加わる裁判官と当事者間の法的討論をめぐる議論を見てみる。(70) オーストリアでは、創設者クラインによる裁判官と当事者の「作業共同体」という役割分担方式は、元々事実調査の局面だけでなく、法発見の局面、つまり法適用過程における裁判官と当事者との協働関係を維持するものであった。(71) そして、オ民訴法一七七条が当事者は争点関係に関する法律上の陳述に関して審問されうると規定し、事実関係および法律関係で判決の基礎となっている事実（Sachverhalt）についての意見表明の機会が、つまり、当事者には法律上の陳述の機会が与えられている。このことは法的審問権の保障と密接な関係を有し、この審問権を具体化したのが同一七七条の当事者の陳述とされている。そして、この当事者の陳述と裁判所の実質的訴訟指揮権が完全な討論と理由ある判断の促進をなす「作業共同体」を形成するとされる。(72)

しかし、問題となったのは、裁判所に弁論において当事者に法的観点を知らせる義務があるか、またそれを当事者と討論しなければならない義務があるかということであった。オーストリアでは、すでに一九二〇年代ごろから、判例・学説により法的観点の指摘および当事者との討論義務は、裁判官に義務づけられており、その違反は判決の取消しとなる手続上の瑕疵とみなす（四九六条一項二号）という見解が主流であった。(73) そして、この問題はオーストリアでは裁判官の事案解明義務――実質的訴訟指揮義務――の問題として理解され、法的審問請求権を根拠として理解されることはほとんどなかった。[74] この見解に対して疑問を唱えたのがファッシングである。[75] つまり、裁判官が頭に浮かんだ法的観点すべてに注意を喚起しなければならないとすることは問題はなくはないとして、全面的な法的観点指摘義務・法的討論義務に対する疑念が投げかけられた。とくに、法的討論義務に対しては、一七七条により当事者の法律上の陳述を聞く義務は裁判官にあるが、しかし、法的討論義務はどこからも導き出すことはできないとする。[76] そして、ここで重視されたのが不意打ち判決防止の観点である。そこで、当事者と討論しなかった新しい法的観点は指摘しなければならないとする見解が、有力に主張されている。[77]

(二)　訴訟資料と証拠資料のズレ

次に取り上げるのは、訴訟資料（主張）と証拠資料（証拠）とがズレる場合に、裁判所は証拠資料を裁判の基礎とすることができるかという問題である。これについては、学説と支配的判例との間で争いがある。多数説および一部の判例は、当事者の主張を越える証拠結果も、たとえ事後的に当事者がその事実主張の対象としない場合や、裁判官の要請があってもその主張を当事者が拒む場合であろうと、裁判官の実質的訴訟指揮義務（または真実義務から）や自由心証主義を根拠に判決の基礎にしなければならないとする。[78] それに対し、支配的判例は、証拠資料から判明した結果を当事者が事後的に主張する場合にのみ、判決の基礎にできるとする。[79] この判例の見解に対して、学説は、不完全で不正確な事実基礎に基づく判決を裁判官に強いるものであるとの批判を展開している。[80] そうした中で、ファッシングが、裁判所はこの証拠結果を当事者と討論しなければならないと主張し、個々の事例においては、手続瑕疵となりうる（四九六条一項二号）ことを指摘する点が注目される。[81] ここでも、当事者の法的審問権保障が考慮されて来ていることが確認できよう。

(三) 自白の拘束力

弁論主義との関連問題で、オーストリアにおいて最も学説と判例が対立しており、わが国やドイツとの議論と根本的相違をみせる問題に「自白の拘束力」の問題がある。オーストリアにおける判例は、民訴法二六六条の文言に忠実に、(明示的に)自白された事実は原則的に真実とみなされ、審理されることなく裁判の基礎としなければならないという立場を固辞している[82]。そして、オーストリアの判例は、自白の拘束力を否定する場合として、①自白された事実の反対事実が一般に承認されている場合、②自白が一般に承認されている経験則に矛盾する場合、③自白事実の反対事実が裁判所の職務活動の過程において知られた場合の三つを挙げている[83]。

これに対して、オーストリアの最近の学説は、一般に自白の拘束力を否定し、自白は裁判官の自由な証拠評価に服するとする[84]。その根拠として挙げられるのが、オーストリア一般裁判所法(ＡＧＯ)から続く自白に対する基本理解である[85]。ＡＧＯは、裁判上の自白を証拠方法として規定していた。そして、自白は法定証拠理論によって始めからその証拠価値は確定されており、自白された状況は完全に証明されたものとみなされた。その背後には、自白は通常、真実と合致するという経験則が存在していたのである。それゆえ、自白は裁判所の自由心証に服し、反対事実の証拠がもたらされるや否やその効力は消滅すると解されていた[86]。そして、一八九五年のオーストリア民事訴訟法はドイツモデルの自白規定を継受したが、それは自白の拘束力の法定証拠理論へのはめ込みを排除しようとしたものと解されている[87]。つまり、ＡＧＯとＺＰＯは本質的な点においては相違ないと考えるのである[88]。また、オーストリア民事訴訟法二六七条において、裁判外の自白や擬制自白を裁判官の自由裁量に委ねているのは、同二七二条の自由心証主義の表現にすぎず、同二六六条と同二六七条との対比で同二六六条も同様のものと解すのである[89]。そして、より根本的にはオーストリアでは、当事者に真実義務が課されていること、裁判官に事案解明義務があることもその根拠とされている。そして、自白の拘束力として理解されるべきは、裁判官は特定の状況において自白

事実ついてはもはやまったく証拠調べを必要としないことであるとする。(90)

この判例と学説の中間的立場をとるのが、ファッシングに代表される従来の通説の見解である。この説では、判例の挙げる三つの例外のほか、「従前の証拠調べにより自白と対立する証拠結果が裁判所に明白である場合」を挙げている。(91)つまり、時的に自白前の証拠結果から自白の拘束力の有無を判断しようとするのである。その結果、この説に対しては、自白に反する証拠結果が自白時点において存在しない場合には、裁判官は明白に真実につき疑いがある場合にも、それを判決の基礎にしなければならないことになると、最近の多数説による批判がなされている。(92)

五　オーストリア民事訴訟実務における現在の姿勢と問題点

以上のような弁論主義をめぐる問題についてのオーストリア民事訴訟法学の議論状況は、現在の裁判実務に対する不信がその背後に見え隠れしているといえよう。そこで、以下では実務の現在の姿勢について概観する。なお、この点については、筆者は現実にオーストリアの民事裁判実務を見聞したわけではない。また、すでに河邊裁判官によって詳細なオーストリア民事訴訟実務の報告がなされている。(93)筆者の以下の叙述は河邊裁判官の報告や学説の中で取り上げられた実務状況からなるにすぎないことを、あらかじめ断っておきたい。

オーストリアの民事訴訟実務においては、法律上認められた権限を裁判所が十分に利用しようとしておらず、また、裁判官の事案解明義務はきわめて制限的に解釈されているといわれている。職権による証拠調べはめったに利用されていない。それゆえ、判例の中にはオーストリアでも弁論主義が支配しているとするものもある。(94)こうした実務に対して、学説はこぞって批判的である。そして、さらに重要なことは、控訴審における変更自判、取消差戻しの割合が著しく高いことである。河邊裁判官の報告によれば、(95)ドイツでは、控訴で二二％程度、上告で二一％であるの対し、オーストリアでは抗告事件四七・八％、控訴事件三七・八％、地裁の控訴事件三五・一％、さらに上告事件でも二五・五％に達している。このことは、比較対象の点などで一概にはいえないが、裁判の質に重大な問題が潜んでいることを示唆しているようにも思える。そして、それはどうもオーストリア民事訴訟法が当初予定していた裁判所と当事者の役割分担を忠実に実行しない現実の実務の姿勢とも関連しているように思われる。というのは、クラインによって創設された当初の民事訴訟実務では（一九一〇年の統計資料から）、控訴審における変更自判、取消差戻しの割合は平均して二〇％を越えることはない[96]。ここに、裁判所の懈怠が存在するとの指摘もある[97]。また、こうした実務の姿勢に対する批判、不満が近年オーストリアにおける民事手続立法の諸改正の背景にあるとも推察できる（本書第二章及び第四章参照）。

四　おわりに――オーストリア民事訴訟法学からの示唆――

一　オーストリア民訴法学の基本的視点の整理

以上、オーストリア民事訴訟法学の現状を見てきた。そこでの議論から、当事者と裁判所間の役割分担の考察の際に重要と思われる点をまとめると、次のような視点が挙げられよう。

まず第一に注目すべきは、クラインによって挙げられ、維持されてきた、「訴訟の目的実現に合致した裁判所と当事者間の役割分担の形成」という視点である。訴訟原則は目的ではなく、あくまでも手段でしかない、弁論主義は絶対的原則ではないという視点である。

第二に、「当事者の実質的対等性」は訴訟開始時には存在しないという点である。オーストリア民事訴訟法における当事者像の問題である。

第三に、「訴訟の社会性」という視点である。訴訟を社会的疾病と捉え、裁判を国家の福祉制度と捉える視点である。そして、その結果、適正な判決のためには、真実発見と迅速性に重大な価値をおいた点である。

第四に、裁判の適正さと迅速性を効率よく確保するために、争点（主張）整理と証拠調べとを基本的に構造上分離する形をとり、集中審理体制をとっている点である。

第五に、以上の点を関連するが、このような視点を充足させるために、オーストリア法では弁論主義とか職権探知主義とかに拘らず、合目的審理システムを当事者と裁判所の役割分担（「作業共同体」）で規律しようとした点である。つまり、当事者の中立ての枠内でできるだけ完全で正しい事実基礎に基づく裁判をめざし、その実現を、当事者側では真実義務・完全陳述義務が、裁判所側では実質的訴訟指揮義務と職権証拠調べが導入されることによって達成しようとした点である。

二　オーストリア法の基本的視点のわが国における現代的意義

以上がオーストリア法から得た基本的視点である。以下では、これらの視点が、わが国において現代的意義を有するかを検討し、その後、本章での検討課題である「弁論主義は事実資料収集の点で裁判所と当事者間の最適な役割分担を形成する適正な原則か」という点について、プログラム的に、私見を若干言及してみたい。

まず第一の視点についていては、すでに三ケ月博士により指摘されていた。しかし、従来の見解ではどのような目的に合致させるかが必ずしも明確でなかったし、また、弁論主義という枠組みを出ることはなかったと言える。(98)今日的には、ここでの訴訟目的とはあるべき裁判像の問題と言い換えることができるかと思う。(99)そして、それは現在、最大公約数的には「適正、迅速かつ公正な裁判」ということになろう。重要なのは、この目的実現のために、ドグマに囚われず、裁判所と当事者の役割分担をどう規律すべきかを問題にすることではなかろうか。

第二の視点も、現在におけるわが国の裁判には重要と思われる。確かに、労働者を念頭においた社会的弱者に当事者像をおいた立法当時のオーストリア法は、今日的ではない(100)。しかし、オーストリア法が実際上問題にしたのは、当事者の実質的対等性だったと思われる。そうすると、現在でもこの視点は色あせていないといえよう。弁論主義の正当性を論じた最近の議論は、「資力と能力のある対等当事者が有能な弁護士に代理されているという理想的な状況下」を前提に、弁論主義の最良性を唱える。しかし、理想的な状況の存在することはまず現実的にはないこと、つまり、当事者間には対等性のないことを前提とすべきであろう(101)。弁護士訴訟では、確かに訴訟遂行能力の点では対等性は保障されるかもしれない。しかし、わが国では弁護士強制がとられていない。それは制度的保障とならない。また、訴訟前における実体的対等性も情報収集の対等性も法的かつ構造的に保障されているとはいいがたい(102)。そうすると、わが国では、弁論主義の最良性の前提には疑問があると言えるのではなかろうか。

第三の視点「訴訟の社会性」も、現在の民事訴訟法にとって必要な視点だとおもわれる。今日的には、裁判所の利用という局面から考察すると明らかになる。つまり、当事者はなぜ裁判所を利用するか、その利用に際し、当事者は何らの責任も負うことはないのか、裁判所はどうかという考察である(103)。当事者間の合意により紛争が処理できるのであれば、最初から裁判所を利用する必要はないと思われる。当事者間ではどうしようもない状況に至ったとき、国家機関たる裁判所を利用するのが大半であろう。あるいは、裁判所の権威によるお墨付きをもらうためもあろう(104)（なお、この点について近時は実態調査が実施されている。詳細は、民事訴訟制度研究会編『二〇一六年民事訴訟利用者調査』（商事法務・二〇一八）六九頁以下参照のこと）。いずれにせよ、国家によって主催されていることに、その利用のウエイトはあるように思われる。また視点を変えれば、確かに、当事者は自力救済を禁止され、国家が権利保護を独占する。その点では、権利保護のための制度が民事裁判制度と言えよう。しかし、反面で現代社会の高度化、複雑化の状況、国際化の進展や「法化現象」のなかでの一般条項の増加などを考慮し、さらに判例の法源性を肯定すると、現代の裁判から法創造および法秩序の維持という役割を外すことはできなくなってきているように思われる(105)。また、裁判所が国税により運営される以上、国民の納得できる公正かつ迅速な審理方式が求められているとも言える(106)。それゆえ、オーストリア法でクラインがめざしたように、現在でも一方で個人的利益が、他方で社会的利益を考慮した審理方式が探究されることになろう。そして、そこでは、共通する前提として真実発見、公平性および迅速性というファクターは外せないように思われる。そうすると、裁判手続の利用に際しては、その審理過程において他の制度利用とは違う真実発見と公平・迅速化を目的とした義務が、裁判所にも当事者にも当然負わされるという考えが出てきていいのではなかろうか。第五の視点である。この双方の義務・権限の強化という傾向は、ドイツ法においても同様に確認できる傾向である(107)。そして、ドイツ法でもオーストリア法でも、これにより、先に定義した純粋な弁論主義からはまったく離れた役割分担が形成されている(108)。そこでの弁論主義の存在意義は、非常に小さいと言えよう。ドイツでは、それを弁論主義とよぶのは適切ではないとの主張もある(109)。

第四に、集中審理システムについては、現在、実務の試みとしてかなりの成果が報告されている（注6）。また、新法でも争点整理や集中証拠調べについて、規定が新たに設けられた。今後、わが国の民事裁判がドイツ、オーストリア同様に、集中審理構造になるのは十分に予測できる。また、上告制限もとられることになっている。問題は、こうした審理構造が当事者と裁判所間の役割分担にどのような作用を及ぼすかである（この点に関しては、補論として新たに書き下ろした（後述））。

三　裁判所と当事者間の役割分担基準としての弁論主義の検討

第五の視点については、こうした視点を念頭におき、先に挙げた弁論主義の内容たる三つのテーゼに沿って、以下に検討する。

(一) 弁論主義の第一テーゼの検討

まず主張面の規律基準たる第一テーゼにつき見てみる。オーストリア民事訴訟法学では、完全で適正な事実基礎に基づき、迅速な裁判を実現するために、主張の一貫性審査と証拠決定を基点として、争点整理(主張面はここに出てくる)と立証との構造的峻別がなされているといえよう。そこでは、主張責任は裁判所の指摘(教示)義務を経て主張を修正するか否かの自己決定をなす、行為責任的意義しか有しないといえる。つまり、主張先行が前提であり、かつ主張に問題がある場合には、必ず裁判官の釈明がなされていることが前提である。ドイツ法における議論も、すでに木川博士によって紹介されているところをみると(注53)、ほぼ同様の指向を示しているように思われる。また、両法とも、釈明義務として位置づけることで上訴で争うことができ、ここで当事者権の保障が確保される形をとっている(110)。さらに重要なことは、両法とも、とくにオーストリア法では、当事者自身にも(積極的)真実義務・完全陳述義務という責任が課されていることである。加えて、当事者には訴訟の早期に事実資料はすべて提出すべき責任が確立している。紛争が訴訟の場に出された以上、紛争は個人的なものだけでなく、社会的意義も生じてくるとするのである。こうした主張面での役割分担が、公正で迅速な裁判確保の一要素となる。

これに対し、わが国では、この第一テーゼ(および第二テーゼ)が絶対視されているように思われる。確かに、弁論主義へのこだわりは裁判官の消極性を生み、適正な裁判の阻害原因となるという点、そこから釈明権強化による弁論主義修正の必要性の強調という点では、オーストリア・ドイツのこうした傾向と議論の一致をみるといえる。しかし、この裁判官の積極性を強調する議論では、当事者の権限・義務強化には消極的なまま、裁判所の権限強化を押し進めている傾向があるといえよう。また、釈明義務についての議論では(111)、例えば、当事者の主張の一貫性に問題があるとき、それについて必ず釈明しなければならないという点は十分に論じられてない。この点で、オーストリアやドイツの議論傾向とはズレが存する。

さらにわが国では、五月雨式に主張・立証が展開され、十分な主張・証拠の整理もなく、集中した審理のないまま訴訟の終結をむかえる実務がまだ大半を占めているようである（注6）参照）。その結果、訴訟資料と証拠資料のズレから第一テーゼ違反の例が報告されている（注11）参照）。こうした中、第一テーゼ（および第二テーゼ）は当事者権の保障と裁判所の権限強化による裁判所の専横に対する歯止めとして期待されてきたといえよう。そして、それがわが国においては弁論主義の第一・第二テーゼの絶対視につながっているように思われる。ただこの結果、当事者に最終的判断権が留保されていれば、裁判官の釈明権行使に限界はないという見解も現れている。[112]しかし、これは、わが国の裁判官の権威の大きさを勘案すると、逆に裁判所の専横を助長することにもなりえる。また、こうした当事者権の保障と裁判所の専横の歯止めとしての弁論主義絶対視の根拠とされる私的自治原則は実体法上その変容が議論されていることは、周知のことであろう。これらを鑑みると、従来の弁論主義論は、民事訴訟の審理のあり方という本来の目的からはズレて来ているように思われる。

問題なのは、裁判官と当事者（代理人）双方の無責任なかつずさんな訴訟準備やラフ・ジャスティスの隠れ蓑に第一テーゼ（および第二テーゼ）がなりうる（なっている）ことでなかろうか。裁判官にも当事者にも責任を負わせ、信頼関係のある緊張した審理を形成することが大事なのではなかろうか。そして、近時の学説が強調する、当事者権の保障と裁判官の専横の歯止めという弁論主義の機能問題（とくに不意打ち防止（評価規範として）の問題）は当事者の訴訟基本権を憲法レベルに位置づけ、その保障を裁判所の義務として確立することで、弁論主義を問題にすることなく、それは解消されていくように思われる。[113]

さらに、新法において争点整理の充実および集中証拠調べを明文で置いた。わが国の民事訴訟法も構造的にもドイツ、オーストリア法に近づいて審理の充実と促進をめざすとすると、弁論主義の第一テーゼの有する機能は、従来と変わると思われる。つまり、主張先行（主張と争点整理）をとる審理構造とそれに伴うその一貫性審査がまず実施されるとすると、裁判所が当事者の主張しない事実を判決の基礎とする場合が生じるのは、証拠資料と訴訟資料にズレがある場合に限られよう。しかもそれは、中立て段階での主張の一貫性はクリアーしていることから、基本的には法的構成（法適用）の問題に限られると思われる。[114]だとすると、そこでは当事者権の保障を裁判所の義務として構成すべきかが問題と言える。これは、弁論主義の問題であろうか。

(二) 弁論主義の第二テーゼの検討

弁論主義の第二テーゼ、とくに自白の拘束力についてもオーストリア法の議論は興味深い。オーストリア法の多数説は、当事者の積極的真実義務や裁判所の事案解明義務、さらに裁判外の自白、擬制自白などとの均衡を考慮し、自白は自由心証の枠内とする。完全で適正な事実基礎に基づく公平かつ迅速な裁判という目的のために裁判所と当事者間の責任分担は規律されるべきとの考えから出てきた見解である。自白事実を真実とみなす従来の自白の拘束力の考え方は、こうした合目的的思考と合致しないであろう。また、近時の自白撤回要件の緩和論[115]は、自白事実を判決の基礎としうるにすぎないとするオーストリア法の解釈と近いように思われる。さらに、現在の自白の効力論において、裁判外の自白（とくに他の手続での自白）や当事者尋問での自白あるいは陳述書利用による自白については審判権排除効が認められないが、当事者の観点からは同価値ではなかろうか。主張と証拠の峻別論だけでは形式的すぎるのではなかろうか。また反対に、間接事実の自白や権利自白については自白の拘束力を認めるのが近時有力であるが、これらとの均衡の問題もある。これらの問題は、すでに主張されてきているように[116]、弁論主義だけではもはやその拘束力を説明できないことを意味していよう。そうすると、自白の拘束力は再考の余地があるように思われるのである。

では、自白の拘束力はどのように説明されようか。確かに、条文上は自白事実は「証明することを要しない」となっている。しかし、これはすでに論じられているように、相手方からすれば当該事実についての証明が不要となり、証明活動をやめる、したがって、その事実を判決の基礎にしてもらわないとそれは不意打ちとなるから自白は拘束力を有すると考えるほうが、素直な解釈に思われる(117)。つまり、自白の拘束力の背景には、訴訟の迅速化と争いのない事実の真実性についての蓋然性の高さなどの考慮が沿革にあり、加えて法律の規定から当事者の公平の観念が存することになったといえよう。だとすれば、自白事実の真実性に疑問がある場合に、釈明などを通した相手方の反証権の保障などにより当事者の公平を害さない限り、審判権排除効を外すことも可能かもしれない。以上を考慮すると、第二テーゼも再考の余地があると言えよう。

(三)　弁論主義の第三テーゼ（職権証拠調べの禁止）の検討

次に、立証面に関してみてみる。オーストリアでは、この局面では、完全な裁判所の主導が確認できる。裁判所には真実探究義務が課されている点が重要である。そこでは、訴訟の社会性の視点の下、「適正、公平かつ迅速な裁判」のために、真実発見というファクターが全面に出てくる。その結果が職権証拠調べの広範な許容である。確かにわが国では、職権証拠調べの規定は削除された。それゆえ、第三テーゼが生じる。この点で職権証拠調べを認める範囲の広いオーストリア法やドイツ法とは異なる。また、オーストリア法の更新禁止などによる第一審集中システムの違いもある。しかし、問題は、もっぱら当事者が証拠を申出、裁判所がそれを採否する責任分担が真実発見等につながり適正な裁判を保障しているのかということではなかろうか。明確な証拠（争点）決定もしないまま証拠調べに入り、また当事者の人証申出が採用されるのが稀なわが国の大部分の実務が、問題なのである。例えば、わが国では職権証拠調べの規定はないが、証拠申出前に、要証事実を明確にし、どのような事実に、どのような証拠方法で証拠調べをすべきかを指摘し、討論すべき義務を裁判官に課することは現行法でも可能と思われる

（立法論的には、職権証拠調べを導入し、オーストリア法的に当事者双方の合意による職権証拠調べの一部制限を認めるとすると、裁判所の専横にも歯止めができるので、一考に値しよう）。要は、適正な裁判を保障するために立証面での当事者と裁判所の合目的的役割分担と考えることである。そうすると、弁論主義の第三テーゼによる役割分担基準も再考の余地があるように思われる。

(四) 当事者と裁判所の役割分担の方向性

以上の検討から、筆者は、現在次のような結論を有する。つまり、三つのテーゼで説明されてきた弁論主義は、その三つのテーゼ自体、資料収集面での当事者と裁判所の役割分担基準として十分に機能しておらず、再考の余地があること、その結果、弁論主義は理念型として存在しうるが、さらに絶対的評価規範として存在しうるほどの意義を有するかは疑問であること、これらがオーストリア法（及びドイツ法）を題材とした考察からの現在の筆者の結論である。その他の国のシステムとの比較、新法（現行法）の検討など、本稿での問題を考察するためにはまだ、継続研究が必要であるが、最後に当事者と裁判所の役割分担を考える上での方向性について、現在の筆者の私見を若干言及しておきたい。

わが国では、弁論主義が条文上明記されているわけではない。弁論主義の概念自体を否定する必要はないが、以上を考慮すると、弁論主義または職権探知主義へのこだわりを取り払い、あるべき裁判像のための裁判所と当事者の役割分担基準を再考する必要があると思われる。そして筆者は、その新たな基準となるのが、オーストリア法的な裁判所――当事者間の共同責任体制の方向、つまりすでに述べた裁判所と当事者双方の義務、責任強化による事実資料収集の協働体制たる Arbeitsgemeinschaft の形成と思うのである。

しかし、このように考えてくると、利害対立関係にある当事者がなぜ Arbeitsgemeinschaft に参加し、協働しなければならないのかが問われるであろう。確かに、当事者間の争いは個人対個人の争いである。しかし、裁判制度の利用を通して、その争いは後の類似の争いについての一応の基準となる。また、裁判により、争いは法的には解決されるが、しかし、それをとりまく社会生活関係は継続性を有すると一般にはいうことができよう。「自由・競争」から「共生」への現代における市民意識の高揚はこの継続性を維持することを現代の裁判制度の役割の一つとして期待していると、言えるのではなかろうか。そして、継続性維持のためには、訴訟関係を闘争関係として位置づけるのではなく、むしろ訴訟過程を一種の信頼関係回復過程としても位置づけ、社会生活関係の循環を考える必要がでてくると思われる。その意味で、訴訟法学は関係性の学問とも言えよう。そしてそのためには、フェアー（公正）な手続と真実義務、協力義務が重要になってくる。また、裁判制度が税金で運営される以上、その運営については とくに効率性、迅速性のために、一定の制約を受けることを当事者は甘受しなければならない。加えて、客観的真実が当事者の納得を生むのではなかろうか。当事者が主張したいことを主張しただけで裁判の結果に当事者が納得するとは思われない。やはり、真実の発見とそれに加えてフェアーな手続が前提となり裁判に対する納得が形成されるのではなかろうか。そしてそのためには、裁判官と当事者双方の間での情報の共有が不可欠の前提と思われる。そして、その前提を可能にするためには、Arbeitsgemeinschaft 的協働審理体制が最も効率的な役割分担に思われるのである。(118)

このように、弁論主義によらない当事者と裁判所の役割分担基準をどのように言葉で述べるかは、表現の問題にすぎないことを強調しておきたい。むしろ、より適正・迅速かつ公正な裁判の最も効率的な確保のため、個々の局面で裁判所と当事者がどのような義務（責任）を負うかを明らかにすることで十分ではなかろうか。(119)そして、この義務（責任）の明確化が今後の検討課題である。

五　弁論主義考補論——手続集中理念と現行民訴法における弁論主義——

以上、弁論主義という訴訟原則が現在の民事訴訟においてどのような意味をもつのか、オーストリア民事訴訟法の規律から検討してきた。最後に、「適正・迅速かつ公正な裁判」（〔手続目的——序章参照——〕）の実現をめざした手続集中理念（本書第一章以下）と弁論主義との関係、つまりは、手続集中を実現するための審理構造及び、当事者と裁判官の行為規律の関係（とくに、裁判官の積極性の観点）を通して現在の筆者の考えに基づき弁論主義を論じることにしたい。この考察が現行民訴法のとる集中審理方式の機能活性化の中核になるものと考えるからである。[120] なお、以下の記述は第四章の記述との重なる部分がある。

オーストリア民訴法は、手続集中の観点から、当事者の口頭弁論への出席とともに裁判官の実体的訴訟指揮権に手続における鍵となる役割を割り当てた。そして、裁判官の権限と当事者の権限は綿密に相互に調和されるべきであり、特定の規定において厳密に規定されるべきとし、当事者と裁判所の行為規律を実行したのである。具体的には、当事者に対する真実義務・完全陳述義務の規定（オ民訴一七八条）、及び時機に後れた攻撃防御方法の却下（オ民訴一七九条）などの失権規定の強化は、当事者の訴訟協力義務を顕在化させた（当事者の行為規制）。そして、釈明義務（オ民訴一八二条）、釈明処分（オ民訴一八三条）などの基盤となる「裁判所の実体的訴訟指揮義務」などに基づく「裁判官の積極性」は、当事者の行為規制を実効化させるものであり、とくに第一審手続の集中化において非常に重要な手段となった。[121]

今日の、わが国の審理の現状（序章参照）は、当事者主導型審理方式が強く提唱されているところからすれば、この当事者行為の規律とそれに作用する裁判官の積極性が集中審理のためには重大な機能を果たすという認識が不十分であったことが最大の原因ではないかと考えられる。では、立法論ではなく、現行民訴法において、手続集中による手続目的の実現は可能であろうか。とくに、当事者と裁判官の行為規律は実行できようか。そして、その場合に弁論主義はどのような意味を有してこようか。以下、筆者の考えをのべることにしたい。(122)

手続集中の観点から、まず注目すべき現行法の規定としては、「民訴法二条」がある。民訴法二条においては、当事者に訴訟誠実遂行義務が課された。ここに、当事者の真実義務、訴訟促進義務を観念することは可能と思われる。他方、同条では裁判所に訴訟が公正かつ迅速に行うよう配慮すべき義務が負わされた。法文の規律からは、裁判所の義務は努力義務という形だが、本来、訴訟遅延の防止は、裁判制度が負うべき当然の責務といえる。なぜなら、国家は、当事者に自力救済を禁止し、権利保護を独占するコロラリーとして、「適正、迅速かつ公正な裁判」（憲法三二条及び同三七条一項参照）を当事者に保障しなければならないからである。民訴法二条の規定は、「迅速な裁判を受ける権利」の反射として、裁判所にも訴訟促進義務を課したものと解するべきであろう。

次に、民訴法一五六条で適時提出主義の採用を明らかにした点がある。わが国の適時提出主義は、当事者（代理人）の主体性を尊重するため、ゆるやかな失権効を規定した（民訴一六七条）。その意味で、実効性の点で問題はなくはない。また、旧法からの失権効規定（民訴一五七条）を維持し、他方不熱心な訴訟遂行に対する制裁を新たに規定している（民訴二六三条、二四四条など）。とくに、民訴法一五六条の規律は同一五七条の規律と相まって、当事者の争点整理段階での判決の基礎となる事実及び証拠の適時提出義務を観念する余地がある。(123) また、手続集中との関係では直接的ではないが、民訴法二二〇条による文書提出義務の一般化も当事者行為の規律として、弁論主義を変容させるものと言える（詳細は第六章参照）。

手続集中の関係で最も重要と思われるのが、民訴法一六五条一項（同一七〇条五項、一七七条）の「証明すべき事実の確認」規定である。争点整理と集中証拠調べを審理の要とした集中審理方式では、集中証拠調べの前に、何が重要な争点か、つまり、証明すべき事実について当事者及び裁判所が共通の認識を形成することが前提となる。そのためには、事件についての情報の共有化と共通認識化が不可欠であり、共通認識化のためには裁判所と当事者間の討論が必要となる。それが当事者の納得する適正かつ公正な裁判の実現にもつながる。ここに協働審理体制の要があると言えよう。民訴法一六五条一項は、そのための最も重要な手段であり、この証明すべき事実の確認を当事者と裁判所に義務づけている規定と解すべきである。こう解することで、同条二項の意義が強まる。ところが、立法担当者がこの条文を義務規定と解さないような説明をしたためか、これまでほとんど取り上げられることはなかった。しかし、争点整理の終了の際には、必ず証明すべき事実の確認（争いのある主要事実、間接事実、自白事実、法的観点についての共通認識の形成）を行うことが義務づけられていると観念することで、この段階においては裁判所と両当事者間で主張のズレ及び不意打ちの危険は、審理構造上生じないこととなろう。つまり、弁論主義違反の問題は想定できないのである。[124] これが前提になるからこそ、集中証拠調べが可能となる。そして、この確認作業にあたり、裁判官の積極性が不可欠である。なぜなら、確認すべき事柄は、上記のように、争いのある主要事実及び重要な間接事実だけでなく、争点を圧縮する自白された事実も含まれるからである。それゆえ、現行法の審理構造は、主要事実等の判断と密接不可分な訴訟物たる実体法上の権利関係の確認、それに関する法的観点の指摘、そしてそれをめぐる当事者との討論の必要性が高まり、裁判官の積極性が要請される構造になっていると言える。そのためには、裁判官による釈明権行使（民訴一四九条）だけでなく、従前ほとんど使用されていない釈明処分（民訴一五一条）の活用も重要となる。そして、このような裁判官の積極性を通して当事者の攻撃防御活動も焦点が定まり、効率化されてくると思われる。ここに、訴訟促進の鍵もある。そして、他方で、証明すべき事実の確認作業を義務づけることで、オ民訴法が当事者の手続保障や公正な手続確保のため明文化した裁判官の法的討論義務および不意打ち判決禁止という要請が事実上実現できるのである。さらに、このような裁判官の行為規律は、裁判官の積極性への懸念（中立性侵害など）に対する防御策となりうると考える。

（注）

（1）例えば、現代型訴訟の登場、秘密保護などの問題は、民事訴訟法がその制定時に予想もしなかった問題であろう。また、隣人訴訟などの紛争で顕在化した法律家と市民の意識のズレなどは、審理構造や審理原則とも関連してくるように思われる（拙稿「秘密保護」「司法改革」松村・住吉編『法学最前線』（窓社・一九九六）一三〇頁、二三五頁参照）。

（2）筆者の本来の意図は、訴訟原則全体の再検討にある。それは、訴訟原則を絶対的原則として、二一世紀にむけこのまま維持していけるかを問うものである。ただ、いまここで訴訟原則全体を問うことは、筆者の能力では到底およばない。そこで、最も議論されてきた弁論主義にまずその対象を限定して議論することにしたい。

（3）弁論主義に関する文献は、多数におよぶ。最近のものでは、高橋宏志「弁論主義（1）～（4）」法教（一九九〇）一二〇号九二頁、同一二一号一三〇頁、同一二二号七八頁、同一二三号八三頁（同『重点講義民事訴訟法上（第二版補訂版）』（有斐閣・二〇一三）四〇四頁以下）が議論状況を詳細かつ簡明に論じており、基本的文献はそこに網羅されている。本稿では、関連する文献のみをピックアップしていく引用方法をとりたい。

（4）母法国ドイツでは、いわゆる簡素化法制定時に弁論主義をめぐる大論争が展開された。とくに、この法改正による審理過程での裁判官の義務・権限および当事者の義務の強化は、事実資料収集の役割分担基準をなす弁論主義を再考する契機となったのである。まず、*Wassermann*, Der soziale Zivilprozeß (1978).（森勇訳『社会的民事訴訟』（成文堂・一九八八））.により、弁論主義の終焉と法治国家原則に基づく協働主義の採用が唱えられた。これに対し、*Leipold*, Zivilprozeß und Ideologie, JZ 1982, S. 441ff. がイデオロギー的側面も加えて批判を唱えた。これに反論したのが、*Bender*, Ziviprozeß und Ideologie-Eine Erwiderung auf Leipold in JZ 1982, 441ff.-JZ 1982, S. 709ff. である（両論文については、森勇訳（アーレンス編『西独民事訴訟法の現在』六一頁・九六頁以下（中央大学出版部・一九八九））がある）。この論争については、吉野正三郎「西ドイツにおける弁論主義論争」同『民事訴訟における裁判官の役割』（成文堂・一九九〇）一七三頁以下参照。また、弁論主義と協働主義との関係については、鼎談（ペーター・ギレス＝井上正三＝小島武司）「協働主義をめぐって（上）（中）（下）」判タ五三三号三一頁、五三四号三三頁、五三五号五五頁（一九八四）参照。審理過程における裁判官と当事者の権限分担に変容があれば、弁論主義自体が問われうるのは当然のことと思われる。

（5）すでにこのような指摘は、伊藤眞教授（竹下守夫＝伊藤眞編『注釈民事訴訟法（3）』（有斐閣・一九九三）五一頁）や吉野正三郎教授（吉野正三郎「争点整理手続の導入と弁論主義の変容」木川統一郎先生古稀祝賀『民事裁判の充実と促進上巻』（成文堂・一九九五）四四四頁以下）によりなされており、争点整理手続の導入により弁論主義変容の可能性がすでに示唆されている。

（6）ここ二、三年で（本章の初出は一九九七年）公表されたものだけでも多数にのぼる。例えば、井垣敏生「民事集中審理について」判タ七九八号六頁（一九九三）、八木一洋「福岡地方裁判所における民事訴訟の審理の充実・促進方策の実施状況について」判タ八一六号六頁（一九九三）、西口元ほか「チームワークによる汎用的訴訟運営を目指して（1）〜（5）」判タ八四六号七頁、八四七号一一頁、八四九号一四頁、八五一号一八頁、八五八号五一頁（一九九四）、菅野博之「弁論兼和解と集中的証拠調べ」判時一五一三号二六頁（一九九五）、楠井敏郎「高知における集中証拠調べのささやかな試み」判タ八七五号四頁（一九九五）、篠塚勝美『民事訴訟の新しい審理方法に関する研究』（司法研究報告書四八輯一号）（一九九六）、水戸地裁集中証拠調研究会「中小裁判所における民事集中証拠調べの試み（1）（2）」判時一五五六号七頁、一五五七号一〇頁（一九九六）などが最近報告されている実務の試みである。

（7）例えば、当事者の主張しない事実は判決の基礎にしてはならないという弁論主義から導かれる原則（第一テーゼ）があるが、最近の集中審理方式においては、形式的にはこの当事者からの事実提出が確かに維持されている。しかし、実質的には釈明権の積極的行使により、裁判所主導の事実提出、争点整理が行われているといえよう。また、職権証拠調べの禁止（第三テーゼ）についても、とくに鑑定や検証で顕著であるが、当事者からの証拠申出が裁判官の訴訟指揮により促されており、実質的には職権証拠調べに近いように思われる。これらは、純粋な弁論主義に囚われない柔軟な審理形態が実践されたことを意味するのではなかろうか。なお、この点については、西口元＝藪口康夫＝松村和徳「集中審理をめぐって——二一世紀の民事裁判の方向——」山形大学法政論叢第五号（一九九六）七七頁以下参照。筆者の本稿での弁論主義に対する分析視座は、一部は新法の集中審理方式の影響を受けた。つまり、争点整理そして集中証拠調べという審理過程を経る場合に、弁論主義はどのような変容をうけるのか、あるいは何ら変わりないのかという問題意識である。

（8）この「裁判官の積極性」という観点の有する意義およびその問題点については、拙稿「裁判官の積極性とフランツ・クラインの訴訟理念」木川統一郎先生古稀祝賀下巻二二四頁以下（成文堂・一九九四）参照（本書第三章）。本書第四章も参照のこと。

（9）*Baur*, Parteirechte und Richterpflichten im modernen Zivilprozeß - Wadlungen und Erfahrungen, FS für *Kralik*, 1986. S. 74ff.

（9a）例えば、前掲・鼎談「協働主義をめぐって（上）」判タ五三三号（一九八四）三五頁（ギレス発言）参照。また新法の議論のなかでも、弁論主義、とくに古典的弁論主義から新法は決別したとの発言もある（研究会「新民事訴訟法をめぐって（2）」ジュリ一一〇二号（一九九六）九〇頁伊藤眞教授の発言）。

（10）確かに、弁論主義は今日評価規範として機能すると言えよう。弁論主義違反が問題になるのはその意味でである。しかし、本来的には弁論主義は、適正、迅速かつ公正な裁判制度のために当事者と裁判所の事実資料収集役割分担基準の一つにすぎなかったと思われる。つまり、裁判の目的にとって、最も合目的的かつ合理的な役割分担基準は何かという点にその出発点があったといえよう。すでに、鈴木正裕教授が指摘したように、弁論主義はその当初より一種の原則に反する例外を含んだ複合物的存在であったのである（鈴木正裕「弁論主義に関する諸問題」司研七七号（一九八六）一四頁）。このことは行為規範として弁論主義が機能したことをも意味するのではなかろうか。誤解を恐れずにいうならば、弁論主義は絶対的評価規範というより、事実資料収集の仕方の一つの呼称にすぎず、それは適正、公正かつ迅速な裁判（筆者は、これを手続目的とする——序章参照——）のための手段にすぎないという点を見落とすべきではない。筆者がここで危惧するのは、今日、弁論主義が絶対的評価規範となっているのではないかという点である。手段が目的化し、本来の目的より優位にたつという状況に陥っているのではないかという危惧である。かつて、小林秀之教授は、「資力と能力のある対等当事者が有能な弁護士に代理されるという理想的な状況下では、当事者に十分な手続保障と満足感を与えかつ真実を発見するための裁判制度としては、現在までしられているなかでは弁論主義が最良に近いシステムであることが歴史的に実証されており、弁論主義をどのように修正すべきなのか」が課題であると述べられた（小林秀之「弁論主義の現代的意義」竹下守夫＝石川明編『講座民事訴訟第四巻』（弘文堂・一九八五）一一二頁――同『民事裁判の審理』（有斐閣・一九八七）三二頁――）。これが、今日の民事訴訟法学における基本的認識であろう。しかし、教授のいう「理想的状況」が現実に存在することはまずないことは明らかである。まず存在しないことをその議論の前提とすることには疑問がある。むしろ、逆ではなかろうか。また、弁論主義の最良性が歴史的に実証されたのであろうか。修正論自体が、それを否定しているのではなかろうか。もっとも、小林教授もそれを認識のうえで弁論主義修正論を展開していると思われる。こうしたことを念頭におくと、弁論主義の存在意義に対する疑念がでてくるのである。

(11)　藤原弘道「弁論主義は黄昏か」司研八九号（一九九三）一頁以下参照。

(12)　例えば、裁判所側からは、弁護士に対して準備書面などが適時に提出されず、弁論期日において提出されることが頻繁であり、弁論は単なる書面の交換となり、口頭弁論は形骸化しているとの指摘は周知のことであろう。また、弁護士側からは期日に裁判官が準備書面をきちんと読んできてないとの指摘があるのも周知のことであろう。両方の側から聞くこのような声が、なぜ絶えることがないのであろうか。この背景には、裁判官側には裁判官不足による負担の過重があるであろうし、弁護士側からすれば、手持ち事件数や情報収集面での手段、権限の少なさからいって、弁論の準備が十分にできないことが推察される。しかし、これが改善されないのはさらに、裁判官には弁論主義が妥当するので当事者の主張も待つしかなく全部主張が出揃ってから提出資料を検討しても十分に間に合うという意識が、また弁護士には弁論主義が妥当するので当事者の主張・立証がないかぎり裁判にはならないという意識が、潜在的にあるのではないか。こういう疑念が筆者にはあるのである。裁判所側が公正かつ適正に積極的に行動し、弁護士側も同様に訴訟を遂行すれば、現行民訴法の枠内でも十分に適正・迅速かつ公正な裁判が実現されると思われる。あるいは、現行でも十分に集中審理が可能といえよう。しかし、現実にはそうではないというのが筆者の認識であり、かかる認識からまた、現在の裁判の人的・物的環境を考慮して、できるだけ裁判官及び弁護士（当事者）等が小さな労力で効率よく、「適正・迅速かつ公正な裁判」という目的実現のための役割分担は何かを探求していこうというのが本稿の目的である。

（13）小林・前掲論文（注10）九五頁は、弁論主義違反の判例を分析すると、裁判所の釈明義務違反と密接な関係にあることがわかると指摘する。

（14）弁論主義論において登場してきた「不意打ち防止」の観点は、後述するように、憲法上保障される当事者権の観点から論じるべきものでなかろうかというのが、筆者の問題意識である。弁論主義の反対概念とされる職権探知主義の手続においても、当事者権の保障は不可欠であり、「不意打ち防止」の観点は有用である。これは、弁論主義に限られるものではない。

（15）*Damrau,* Der Einfluß der Ideen Franz Klein auf den Deutschen Zivilprozeß, in: Forschungsband *Franz Klein,* 1988., S. 157ff.; *Sprung,* Die Ausgangspositionen österreichischer Zivilprozessualistik und ihr Einfluß auf das Deutsche Recht, ZZP 92 (1979), S. 4ff. など参照。わが国では、木川統一郎「オーストリー民事訴訟の迅速性と経済性」同『民事訴訟政策序説』（有斐閣・一九六七）一四一頁参照。詳細は本書第一章・第三章参照。

（16）わが国大正民訴改正法への影響についての詳細は本書第一章参照。簡素化法との関連については、*Baur,* aaO., (Fn. 9), S. 76f. 参照。

（17）つまり、伝統的に教科書等により定義されてきた、従来の基本的な弁論主義の理解を出発点とする。そして、本稿では、弁論主義は事実資料収集の点で裁判所と当事者間の最適な役割分担を形成するかという点の検証を試みたい。

（18）この背景事情の詳細については、拙稿・前掲論文（注８）二四五頁以下（本書第三章）参照。

（19）*Leipold,* aaO., JZ 1982, S. 441ff. 参照。

（20）*Franz Klein,* Pro futuro, JBl 1890, S. 522.; *ders,* Zeit- und Geistesströmungen im Prozesse. Vortrag, gehalten in der Gehe-Stifung zu Dresden 9. 11. 1901, S. 128.; *Langer,* Rechtssuchender und Richter in Österreich, JZ 1977. S. 376ff. 参照。なお、その背景については、拙稿・前掲論文（注８）二三四頁以下（本書第三章）参照。

(21) *Franz Klein,* aaO.（Zeit-）; *Baur,* Zeit- und Geistesströmungen im Prozesse, JBL 1970, S. 445.

(22) *Klein/Engel,* Der Zivilprozess Österreichs, 1927., S. 190.

(23) *Klein/Engel,* aaO., S. 190. クラインによれば、手続は、社会的要請に合致しなければならない。そして、そのことを最も明確に示しているのが、手続における裁判官の権限の拡張であった（*Franz Klein,* Vorlesungen über die Praxis des Civilprocesses (1900), S. 55f.）。ただ、こうした思考が官僚主義的民事訴訟を惹起せしめたことについての問題点について、拙稿・前掲論文（注8）二五二頁（本書第三章）参照。

(24) *Klein/Engel,* aaO., S. 190.; S. 188f.; *Schoibl,* Die Entwicklung des österreichischen Zivilverfahrensrechts, 1987, S. 47f.

(25) *Franz Klein,* aaO.（Zeit-）, S. 122/126. 参照。

(26) この点について、オーストリア民事訴訟法の条文は、次のようになっている。

関連条文試訳

オ民訴法一七八条

いずれの当事者も、その陳述において個々の場合において、自己の申立てを理由づけるために必要なすべての事実を、真実に即して完全にかつ特定して主張し、その主張を特定するために必要な証拠の申出をなし、その相手方によって提出された事実の主張及び申し出た証拠について明確に意見を述べ、取り調べられた証拠の結果について説明し、かつ相手方当事者の関連する陳述について明確に意見を述べなければならない。

オ民訴法一八〇条

(1) 口頭弁論は、裁判所においては、事件が割り当てられた合議部の裁判長によって指揮される。

(2) 裁判長は、口頭弁論を開始し、これを指揮し、かつこれを終結する。裁判長は、発言を許し、その命令に従わない者に対しては発言を禁じることができる。裁判長は、証拠調べのために供述しなければならない者を尋問し、そして合議部の裁判を言い渡す。

(3)　裁判長は、事件につき討論を尽くさせ、さらにまた弁論が冗長かつ重要でない付随的弁論によって間延びしてしまうことのないように配慮し、かつできる限り、弁論が中断することなく終結に至るように、配慮しなければならない。

オ民訴法一八一条

(1)　すでに開始された弁論が後の期日において続行されねばならないときには、裁判長は、これが可能な限り、即座に次の期日を指定しなければならないのみならず、同時に、職権によって、争訟事件を直近の期日で終結するために必要なすべての処分をなさねばならない。裁判長は、それが必要と思われる場合には、この処分をなす前に、合議部の決定を求めることができる。

(2)　とくに、当事者に対しては、同時に定められるべき期日内に、証拠方法として利用できる文書を相手方の閲覧のために裁判所に提出し、かつ尋問すべき証人の氏名及び住所を通知するよう命ずることができる。当事者が、訴訟を引き延ばす意図をもってその命令に従わず、かつ要求された証拠方法を、続行した口頭弁論期日において初めて提出するときには、合議部は、これにより弁論の続行を遅延させるであろうときには、申立てにより又は職権で、この提出を許さざる旨を宣言することができる。

オ民訴法一八二条

(1)　裁判長は、口頭弁論において、発問によって又はその他の方法で、裁判にとって重要な事実主張がなされ、請求の理由づけもしくはこれを争うために主張された事情に関する不十分な主張（Angaben）を完全なものにし、この主張のための証拠方法が示され、又は申し出た証拠が補充され、かつ当事者によって主張された権利及び請求の要件事実を真実に即して確定するために必要と思われるすべての説明がなされるよう、努めなければならない。

(2)　一方当事者の陳述が提出した準備書面の内容と異なる場合、又は両当事者の陳述が職権で斟酌すべきその他の訴訟記録と一致しない場合には、裁判長は、そのことにつき注意を喚起しなければならない。裁判長はまた、職権により、斟酌すべき点を顧慮して、存する疑問を指摘しなければならない。裁判所の管轄について疑いがあるときには、裁判長は、これについて裁判をするに先立って、当事者に対して、管轄違いを治癒する（ＪＮ一〇四条三項）機会を与えねばならず、また場合によっては、事件を管轄裁判所へ移送すること（二六一条六項）を求める申立ての機会を与えなければならない。

(3)　裁判長以外の合議体の他の裁判官も、訴訟関係の調査及び要件事実の確定のために適切な問いを発することができる。

オ民訴法一八三条

(1)　裁判長は、一八二条により自己に課された義務を履行するために、特に次の各号に掲げる処分をすることができる。

1　当事者に対して口頭弁論に出席するよう命じること

2　当事者の所持する文書でその当事者もしくはその相手方が訴訟で引用したもの、記録、情報物件又は検証物のほか、系図、地図、設計図及びその他の図面並びに編成表を提出し、かつ一定期間裁判所に寄託することを命ずること

3　当事者の一方に関係した官公庁または公証人が保管する文書、情報物件及び検証物の提出を求めること

4　当事者の立会いの下での検証の実施及び鑑定人による鑑定を命じ、訴状もしくは審理の経過から重要な事実の解明を期待できる者を証人として呼び出し、又はすでに争訟的口頭弁論期日が開かれた場合にはその者を当事者の立会いの下で受託裁判官に尋問させること

(2)　但し、これらの処分について双方の当事者が異議を主張する場合には、裁判長は、文書及び証人については、その処分を行うことができない。

(3)　これらの取り調べは、これを行わないと、裁判にとって重要な事実がもはや確定できなくなり、又は後からでは証拠方法が使用できずもしくはその使用が著しく困難になるおそれがある場合には、口頭弁論の開始前であってもこれを命ずることができる。

(27)　関連条文として次の二八八条がある。

関連条文試訳

オ民訴法二八八条

（1）　証拠調べのために必要な呼出し及び証拠調べのために必要なその他のすべての準備措置については、証拠調べが判決裁判所において行われるときは、その合議部の裁判長が、その他の場合には証拠調べを担当する裁判官が、職権によりこれを配慮しなければならない。証拠調べを担当する裁判官は、証拠調べの期日についても職権でこれを指定しなければならない。

（2）　――省略――

（28）　*Franz Klein,* Pro futuro, JBl 1890, S. 555ff. 参照。この点を指摘するものとして、*Kralik,* Die Verwirklichung der Ideen *Franz Kleins* in der Zivilprozeßordnung von 1895, in: *Hofmeister* (Hrsg.), Forschungsband *Franz Klein,* 1988, S. 89ff. がある。関連条文として、一八三条二項のほか、次のものがある。

関連条文試訳

オ民訴法一八四条

（1）　いずれの当事者も、事実関係の解明のために、争訟事件または口頭弁論の対象に関係する訴訟遂行にとって重要であるすべての事情について、とくに訴訟遂行に役立つ文書、情報物件及び検証物の存在かつ性状について、出席している相手方当事者又はその代理人に対して、裁判長に発問することを要求し、又はその同意を得て自ら直接発問することができる。

（2）　発問が裁判長によって不適当として却下されるとき、又は相手方が発問の許容を争うときには、当事者はこれについて合議体の裁判を求めることができる。

オ民訴法三〇二条

文書が有効に提出された後は、挙証者は相手方の同意あるときに限り、この証拠方法を放棄することができる。

オ民訴法三四五条

当事者は、自ら申し出た証人を放棄することができる。但し、相手方は証人がすでに尋問のために出頭している場合には、この放棄にもかかわらず、証人を尋問することを求めることができ、または尋問がすでに開始しているときには尋問を続行することを求めることができる。

（29）この点を高く評価するものとして、*Fasching*, Die Weiterentwicklung des Zivilprozeßrechts im Lichte der Ideen *Franz Kleins*, in: *Hofmeister* (Hrsg.), Forschungsband *Franz Klein*, 1988, S. 102. がある。筆者もこのバランスの重要性をかつて指摘した。拙稿・前掲木川古稀（注８）二五〇頁以下（本書第三章）。

（30）この点については、*Schoibl*, aaO., S. 53f. 参照。

（31）*Leonhard*, Zur Geschichte der österreichischen Justizreform von Jhare 1898, in: FS 50 Jahre ZPO, 1948, S. 129.

（32）*Fasching*, aaO.,（Fn. 29）, S. 102. 参照。

（33）拙稿「近年におけるオーストリア民事訴訟改革とその評価（１）」山形大学法政論叢創刊号一頁以下（とくに二〇頁）参照。

（34）*Fasching*, aaO.,（Fn. 29）, S. 103. 参照。

（35）*Fasching*, aaO.,（Fn. 29）, S. 103. 参照。このような批判は、すでに一八九五年当時に知られていたし、ドイツのＺＰＯ草案に対しても述べられていた。

（36）逆に、立法者はクラインの基本思想を強化しようとした（たとえば、後述のＡＳＧＧ三九条二項参照。*Fasching*, aaO.（Fn. 29）, S. 105. 参照。）。

（37）*Fasching*, aaO.,（Fn. 29）, S. 107. 参照

（38）*Fasching*, Lehrbuch des österreichischen Zivilprozeßrechts, 2. Aufl. 1990. S. 341ff.

（39）*Fasching*, aaO.（Fn. 38）. S. 359f.（Rz 664）.

（40）*Fasching*, aaO.（Fn. 38）. S. 350.（Rz 665）.

（41）　筆者の理解では、例えば、*Holzhammer,* Österreichisches Zivilprozeßrecht, 2. Aufl（1976）. はやや職権探知主義に近く、*Fasching,* aaO.（Fn. 38）は、弁論主義に近い形で裁判所と当事者間の役割分担を規律しているように思われる。

（42）　*Rechberger/Simotta,* Grundgriß des österreichischen Zivilprozeßrechts, Erkenntnisverfahren, 4. Aufl.（1994）, S. 140.

（43）　*Sprung/König,* „Iura novit curia" und rechtliches Gehör, JBl 1976, S. 4.; *Klein/Engel,* aaO, S. 325.; *Petschek/Stagel,* Der österreichische Zivilprozeßrecht（1963）, S. 226.

（44）　*Ballon,* Einführung in das österreichische Zivilprozeßrecht. Streitiges Verfahren, 4. Aufl.（1993）, S. 26.; *Bucheger/Deixler-Hübner /Holzhammer,* Praktisch Zivilprozeßrecht I（*Holzhammer*）（1998）, S. 98.

（45）　*Holzhammer,* aaO.,（Fn. 41）, S. 127f.

（46）　この点については、主に *Fasching,* aaO.（Fn. 38）；*Rechberger/Simotta,* aaO.（Grundgriß）；*Rechberger*（Hrsg.）, ZPO Kommentar（1994）；*Fasching,* Kommentar zu den Zivilprozeßgesetzen, II（1962）；*ders,* Aktive Verfahrensgestaltung durch den Richter im österreichischen Zivilprozeß, in: Österrische Landessreferate zum IX. Internationalen Kongreß für Rechtsvergleichung in Teheran（1974）, S. 75ff.; *Holzhammer,* aaO.,（Fn. 41）；*Schragel,* Verfahrenstechnik im Zivilprozeß, RZ 1978, S. 21ff.; *Hagen,* Die Vorbereitung der Streitverhandlung, JBl 1970, S. 120ff. などを参照した。

（47）　オーストリア法における真実義務は、有利不利に関係なくその状況を陳述することが当事者に義務づけられている（*Pollak,* System des österreichischen Zivilprozeßrechtes unter Einschluß des Exekutionsrechtes, 2. Aufl.（1932）, S. 482.; *Fasching,* aaO.（Fn. 38）, S. 345.; *Fasching,* Kommentar II, S. 847.; *Holzhammer,* aaO.（Fn. 41）, S. 128. などを参照）。また真実義務のサンクションとしては、一般に民事訴訟法一七九条による失権（詳細は、*Pimmer,* Zur Befugnis des Richters zur Zurückweisung verspäteten Vorbringens und Beweisanbietens nach §179 Abs 1 Satz 2 ZPO, JBl 1983, S. 129ff. 参照）と自由心証の枠内（二七二条）での考慮（弁論の全趣旨）があるが、それと並んで訴訟費用上の制裁（四四条、四八条参照）や損害賠償請求権（四〇八条、損害賠償法）や故意罰（三一三条参照）が考慮されている（損害賠償については、*Bydlinski,* Schadenersatz wegen materiell rechtswidriger Verfahrenshandlungen, JBl 1986, S. 626ff. 参照）。オーストリアでは、民事訴訟の目的は、当事者の申立ての枠内でできるだけ完全で正しい事実基礎に基づく裁判であるという認識のもと（*Fasching*, aaO.（Fn. 38）, S. 344.）、当事者はこの目的達成のために、法的に重要な状況を真実に即して完全かつ特定して主張しなければならないのである。この点が、わが国における真実義務の中味とまったく異なる点でもある（拙稿「真実義務」宮脇幸彦・林屋礼二編『民事手続法事典 中』八五五頁（ぎょうせい・一九九五）参照）。なお、ドイツ民事訴訟法においては、一九三三年にはじめて真実義務が導入された（詳細は、*Olzen*, Die Wahrheitspflicht im Zivilprozeß, ZZP 98（1985）, S. 403ff（413ff）.; *Oberhammerr*, Richtermacht, Wahrheitpflicht und Parteienvertretung. Gesichtspunkte der “Arbeitgemeinschaft Zivilprozeß”, in: *Kralik/Rechberger*（Hrsg）, Konfliktvermeidung und Konfliktregelung（1993）, S. 31ff.（66f.）参照）。

関連条文試訳

オ民訴法四四条

（1）　当事者がより早期に主張しえたと裁判所が確信を得た事情の下、事実に関する主張又は証拠方法が提出されたが、そうした提出を許すことにより訴訟の完結に遅延が生じるときには、裁判所は、申立てにより又は職権で、そうした提出をした当事者が勝訴した場合であっても、訴訟費用の全部又は一部をその当事者に償還させることができる。

（2）　前項の規定は、勝訴当事者が提出した準備書面において予め提出することができた陳述または証拠申出であって、かつその時機に後れた提出が弁論又は訴訟の完結に遅延を生じせしめたときにも、これを適用する。

オ民訴法四八条

（1）　当事者の一方に、相手方当事者の事実陳述または証拠申出が有責に時機に後れて提出されることにより、又は手続の過程において相手方の責めに帰すべき事由もしくは相手方に生じた出来事に起因する偶然の事件により費用が生じるときは、裁判所は、申立てにより又は職権で、訴訟の勝敗に関係なく、この費用の負担を相手方に命じることができる。――省略――

(2)　――省略――

オ民訴法一七九条

(1)　当事者は、口頭弁論の終結に至るまで、弁論の対象に関係ある新たな事実に関する主張及び証拠方法を提出することができる。ただし、裁判所は、新たな主張及び証拠が明らかに訴訟を引き延ばす意図をもって、より早期に提出されず、かつこの提出を許すならば訴訟の完結が著しく遅延するであろう場合には、申立てにより又は職権で、その提出を許さざる旨を宣言することができる。

(2)　前項の場合に、当事者の弁護士にも重大な責めに帰すべき事由がある限り、さらにその弁護士に対して秩序罰を科すこともできる。

オ民訴法二七二条

(1)　裁判所は、この法律中に別段の定めがない限り、弁論及び証拠調べの全結果を十分に斟酌して、自由な心証により、事実に関する主張を真実とみなすか否かについて判断しなければならない。

(2)　特に、当事者が裁判長もしくはその合議体の同意の下に行われた発問に対して回答を拒否した場合には、これが事件の判断にどのような影響を及ぼすかについても、裁判所は前項と同様に判断しなければならない。

(3)　裁判所の心証の基準となった事情および裁量は、判決理由の中で示さなければならない。

オ民訴法三一三条

文書の真正を故意に争った当事者は、故意罰（Mutwillensstrafe）をもって処罰される。

オ民訴法四〇八条

(1)　裁判所は、敗訴当事者が明らかに故意に訴訟を遂行したと認めるときには、勝訴当事者の申立てに基づいて、これに相応した損害額の支払いを敗訴当事者に対して命ずることができる。

(2)　この申立てについての弁論によって、本案の裁判が妨げられてはならない。

（3）　この損害額は、裁判所の自由な心証によって定められる。

（48）この分類の仕方は、*Fasching*, aaO.（Fn. 38）, S. 346. に拠った。

（49）*Fasching*, aaO.（Fn. 38）, S. 346.

（50）*Rechberger*（Hrsg.）, ZPO（Fucik）, S. 562f..; *Fasching*, aaO.（Fn. 38）, S. 346. 行き過ぎた指摘（わが国で言えば、行き過ぎた釈明）の場合は、予断を生じさせるものかもしれないが、手続瑕疵とはならないとされている（*Rechberger*（Hrsg.）, ZPO（*Fucik*）, S. 563..; Fasching, aaO.（Fn. 38）, S. 413. わが国の議論については、竹下守夫・伊藤眞編『注釈民事訴訟法（3）』（松本博之）一六九頁（有斐閣・一九九三）以下参照）。

（51）*Rechberger*（Hrsg.）, ZPO（*Fucik*）, S. 562. この点に関する判例として JBl 1962, S. 440; JBl 1977, S. 319; JBl 1990, S. 802. などがある。

（52）*Rechberger*（Hrsg.）, ZPO（*Fucik*）, S. 562.; 判例の JBl 1975, S. 645.; JBl 1979, S. 153; RZ 1978, S. 120.; RZ 1979, S. 91. など参照。なお、区（簡易）裁判所手続では、訴状審査の段階で裁判官は代理されてない当事者に法的性質決定または包摂の結果一貫性のない請求を一貫性ある請求に変えることを教示していいことになっている（四三五条二項）。

関連条文試訳

オ民訴法四三五条

（1）　書面で提起された訴えが、裁判官の見解によれば、ある点において補充もしくは明確化を必要とする場合、又は手続の開始に対して疑問が生じている場合には、裁判官は、原告に対して、この者が弁護士により代理されてないときには、訴えを処理するに先だって、相応の完全化又は訂正をさせるために必要な指摘（Anleitung）をしなければならない。

（2）　口頭でもって、調書に記載された訴えが、出訴の不適法、裁判所の管轄違い、訴求資格の欠缺又は被告の訴訟能力の欠缺を理由として不適法とみなされる場合には、この点について、原告に対して口頭で又は要求あるときは書面で、教示しなければならない。訴えが明らかに理由のないものと認められる場合にも、同様に、原告に対して口頭で適切な教示をしなければならない。但し、教示にもかかわらず、原告が調書に記載することに固執する場合には、訴えの受理を拒絶してはならない。

（53）この点については、*Fasching*, aaO. (Fn. 38), S. 346f./460/539/736.. 参照。一貫性審査は、争訟的口頭弁論の開始に際してすでに行われていなければならない。この審査は、一八二条および四三五条一項に基づく裁判官の実質的訴訟指揮権に基づく。そして、その審査は、主張された訴えの事実関係に適用できる法規範の何かある一つから請求において要求された法効果を導き出すことができるか否かという抽象的な審査である。なお、オーストリア法における支配的判例（JBl 1965, S. 151; SZ 22, S. 332）は、弁護士の代理してる当事者の場合や弁護士訴訟の場合には、裁判官の中立性からこのような一貫性について指摘すべきではないとする（それゆえ、また判例は訴えの変更（JBl 1978, S. 545）や請求の拡張（JBl 1988, S. 730.）の釈明につき批判的である）。しかし、この一貫性に関する指摘が適正な訴訟の終結をもたらすことは重要であり、また当事者が一貫性のある請求をしようとし（通常はそうである）、明らかに当事者が主張しようとしない請求をなさしめない限りでは、適正な本案の申立てを促すことが裁判官に義務づけられるとされている（*Fasching*, aaO. (Lehrbuch), S. 364. 参照）。ドイツ法における主張の一貫性審査については、木川統一郎『訴訟促進政策の新展開』（日本評論社・九八七）参照。

（54）*Fasching*, aaO. (Fn. 38), S. 460/539. 参照。他面からみれば、この点で当事者の最終的な主張の選択権が保障されているといえる。この主張（立証）についての当事者の意思決定の尊重という点に弁論主義の存在意義を強調する見解がある。弁論主義根拠論における私的自治説の主張である。本稿ではこの点を否定するものではない。しかし、この点をもって弁論主義の妥当性を強調することにどんな意味があろうか。イデオロギー論争となるだけである。このような自己決定権は、処分権主義をとる限り、いわば当然ともいえる。むしろ、重要なのは、民事訴訟制度の枠内でどうすれば主張（立証）について適正な意思決定が可能かということではなかろうか。一貫性審査の局面での役割分担は、まさにこの点についての一つのモデルと思われる。

（55）オーストリア民事訴訟法二五七条、二五八条参照。

関連条文試訳

オ民訴法二五七条

（1）　争訟的口頭弁論の期日は、当事者が争訟的口頭弁論を準備するために、呼出状の送達から少なくとも八日間の期間の猶予を与えて、定めなければならない。

（2）　期日を定める場合には、裁判長は、第二二九条により準備書面においてなされた申立てについて、これが第一回期日を指定する際すでに処理されていない限り、必要な命令を出さなければならない。この命令に対しては、不服申立て（Rechtsmittel）は許されない。但し、裁判長が認めなかった申立てを、争訟的口頭弁論において、当事者は改めて提出することができる。同様に、当事者は申立てについて裁判長によって出された命令に対して、争訟的口頭弁論において異議を提出することは自由である。

（3）　――省略――

オ民訴法二五八条

争訟的口頭弁論の指定からその開始までの間に、両当事者は相互に訴状又は答弁書中にまだ記載しなかった申立て、攻撃及び防御方法、主張及び証拠で、争訟的口頭弁論において提出しようとするものを、別個の準備書面によって通知することができる。この間に当事者は第二二九条に掲げる申立てを書面により又は裁判所の調書への記載によってすることができる。裁判長は、この申立てについて必要と認める命令を直ちに発しなければならない（第二五七条）。

（56）　*Fasching*, aaO.（Fn. 38), S. 444.

（57）　*Fasching*, aaO.（Fn. 38), S. 347.

（58）　*Fasching*, aaO.（Fn. 38), S. 347.; *Rechberger*（Hrsg.), ZPO（*Fucik*), S. 556.; *Rechberger/Simotta*, aaO.（Grundgriß）S. 141; など参照。なお、*Pollak*, aaO., S. 483. や判例の多数（RZ 1972, 16; JBL 1972, S. 478. など）は、これに反対する。

（59）　*Rechberger/Simotta*, aaO.（Grundgriß）S. 141.

(60) *Fasching,* aaO. (Fn. 38), S. 347.
(61) *Fasching,* aaO. (Fn. 38), S. 444.
(62) このことが弁論主義の表明として評価されることに対する批判として、*Oberhammer,* aaO., S. 50ff.; *Rechberger/Simotta,* aaO. (Grundgriß) S. 141. 参照。
(63) 改正議論については、拙稿「近年におけるオーストリア民事訴訟改革とその評価（3）」山形大学法政論叢四号（一九九五）三七頁以下参照。本書第二章も参照。なお文献については、同四一頁（注1）に掲げた文献を参照のこと。
(64) *Fasching,* aaO. (Fn. 29), FG Klein, S. 104. 参照。
(65) 詳細は、*Schoibl,* aaO., S. 97ff. 参照。しかし、反面で、弁護士訴訟における訴訟指揮義務の後退もこの規定からみてとれる。そして、この点については、学説は批判的である。というのは、適切な教示がなく敗訴してしまった当事者は、事後的に弁護士に対する損害賠償をするしか救済の道が残されていないからである。しかも、高い費用と時間をかけても、その訴訟に当事者が勝訴することはほとんどない状況にあるからである。それゆえ、むしろ従来どおりに裁判官の教示義務を認めるほうが、上訴において救済の道がひらけ、当事者にとっても権利保護に資すると主張されている（*Fasching,* aaO. (Fn. 29), FG Klein, S. 104. 参照）。
(66) 例えば、*Rechberger/Simotta,* aaO. (Grundgriß) S. 143ff. は、fair trial を基本的訴訟原則として挙げ、手続形成を説明する。また、*Ballon,* Der Einfluß der Verfassung auf das Zivilprozeßrecht, ZZP 96 (1983), S. 409ff. 参照。また、本書第二章及び第四章参照。
(67) *Matscher,* Die Verfahrensgarantien der EMRK in Zivilrechtssachen, ZÖR 1980, S. 1ff.
(68) 一九八三年の改正については、拙稿・前掲山法四号三七頁以下、三号三九頁以下参照。また、一九八九年の改正法と「迅速な裁判請求権」については、以下の文献を参照。*Schoibl,* Der Fristsetzungsantrag nach § 91 GOG-eine Maßnahme zur Beschleunigung des Gerichtsverfahren?, JBl 1991, S. 14ff.; *ders,* Die überlange Dauer von Zivilverfahren im Lichte des Art 6 Abs

1 EMRK, RZ 1993, S. 583ff; *Matscher,* Zum Problem der überlangen Verfahrensdauer in Zivilprozeßrecht, FS für Fasching (1988), S. 351ff.; *Fucik,* Möglichkeiten und Grenzen der Verfahrensbeschleunigung in Zivilrechtssachen, RZ 1993, S. 218ff.; ドイツ法の議論については、*Henkel,* Das Recht auf Entscheidung in angemessener Frist und der Anspruch auf rechtliche Gehör, FS *Matscher* (1993), S. 185ff.; *Leipold,* Das Menschenrecht auf angemessene Verfahrensdauer, 前掲・木川古稀下巻六一頁など。なお、その後のオーストリア民訴法の改正については、本書第二章参照。

(69)　*Rechberger/Simotta,* aaO. (Grundgriß) S. 144. これが「手続集中」理念に基づくものであることにつき、本書第一章参照。

(70)　この議論状況については、山本和彦『民事訴訟審理構造論』（信山社・一九九五）一六八頁（注2）において簡潔な紹介がある。基本的にそこでの状況と本稿で解説する状況は変わりはないといえる。

(71)　*Klein,* aaO., Vorlesung, S. 144f.

(72)　*Sprung/König,* aaO., S. 5.

関連条文試訳

オ民訴法一七七条

(1)　事件の呼上げ後、両当事者は、その申立てについて、その理由づけのために又は相手方の申立てを争うための特定の事実の提出並びに証拠及び証拠申出について、及び争点関係に関する法律上の陳述について審問されねばならない（当事者の陳述）。口頭の提出に代わる書面の朗読は、許されない。

(2)　陳述において引用された書面については、この書面が裁判所もしくは相手方にまだ知られてないとき、又は文面上の内容が問題であるときに限ってのみ、これを朗読しなければならない。

(73)　*Pollak,* aaO., S. 638.; *Satter,* ZZP 60 (1936/37), S. 305f.; *Schima,* Prozeßgesetz und Prozeßpraxis, JBl 1967, S. 547.; *Hagen,* aaO., S. 125.: OGH 23. 3. 1926 ZBl 1926. S. 203; 13. 4. 1926 ZBl 1926. S. 204. など参照。

(74)　*Sprung/König,* aaO., S. 2f. なお、Sonnen は裁判所の真実義務に根拠を求め（*Sonnen,* Zur Reform des Zivilprozeßrechtes, FS

Soldan (1933), S. 104、*Guttmann* は、証拠決定の理由づけにおいて指摘すれば足りるとする（*Guttmann*, Unmittelbarkeit und freie Beweiswürdigung und die Zukunft unserer Gerichts-Verfassung, 1907, S. 126f.)。

(75) *Fasching*, Die Entwicklung des zivilgerichtlichen Berufungsverfahrens in der Rechtssprechung, ÖJZ 1963, S. 536f.（その後改説。（*Fasching*, Kommentar III, S. 874. 参照））

(76) *Fasching*, aaO. (Fn. 38), S. 342.; Sprung/König, aaO., S. 6f.; Rechberger（Hrsg.), ZPO（Fucik), S. 554. なお、法的観点指摘義務についても、ファッシングは、それは裁判官には義務はないとするが、裁判官の事案解明義務から当事者は裁判官の法的見解を認識し、適切な主張と証拠の申出を考慮するであろうとする（*Fashing*, aaO. (FN. 38), S. 343)。

(77) *Rechberger*（Hrsg.), ZPO（*Fucik*), S. 563. は、裁判所は判決言い渡し前に当事者に法的見解を知らせる義務はないとする。しかし、この法的見解がそれについての討論が欠けていた結果当事者が考えなかった（考えねばならなかった）法的に重要な事実を提出しないという状況にいたる場合には、それは一八二条に違反するとする。なお、判例（JBl 1978, S. 262; EvBl 1982/171など）参照。*Schima*, Prozeßgesetz und Prozeßpraxis, JBl 1967, S. 547. も同様の指摘をする。その後、この義務が法文化される（オ民訴一八二a条)。詳細は第四章参照。

(78) *Fasching*, aaO. (Fn. 38), S. 348.; *Pollak*, aaO., S. 483.; *Holzhammer*, aaO., (Fn. 41), S. 128.; *Kralik*, aaO., (FB *Klein*), S. 93.; *Holzhammer*, Der Beweisgestand im Zivilprozeß, FS *Wohlgenannt* (1985), S. 390.; *ders*, aaO., (Fn. 44), S. 89.; ZVR 1964/162; JBl 1975, S. 379, JBl 1986, S. 121.

(79) JBl 1961, S. 123.; SZ41/187; JBl 1972, S. 271.

(80) *Fasching*, aaO. (Fn. 38), S. 348.

(81) *Fasching*, aaO. (Fn. 38), S. 472.

(82) EvBl 1957/90.; EvBl 1974/29; JBl 1990, S. 590.

(83) *Rechberger* (Hrsg.), ZPO. S. 717 (Rechberger). 参照。

(84) *Holzhammer*, aaO., (Fn. 41), S. 244, S. 312f.; *Ballon*. aaO., (Einführung), S. 137f.; *Oberhammer*, aaO., 52ff.; *Rechberger*, Das Dogma von Bindungswirkung des Geständnisses, NZ 1991 S. 69ff.; *Simotta*, Das „Zerrüttungsgeständnis“ im Verfahren über die einvernehmliche Scheidung, FS für *Kralik* (1986) ; S. 329ff.

(85) *Rechberger*, NZ 1991, S. 71.; *Pollak*, Gerichtliches Geständnis im Zivilprozesse (1893).

(86) *Pollak*, Gerichtliches Geständnis im Zivilprozesse (1893). S. 163. 108ff.

(87) *Rechberger*, NZ 1991, S. 71.

(88) *Rechberger*, NZ 1991, S. 71. Pollak, aaO., (System), S. 485.

(89) *Rechberger*, NZ 1991, S. 72. また第二六六条二項は、撤回につき裁判官の裁量を認める。

(90) *Rechberger*, NZ 1991, S. 74. なお、*Rechberger*, NZ 1991, S. 72. *Oberhammer*, aaO., S. 54. は、自白の裁判所に対する拘束力は、結局は当事者の事実についての処分権から引き出されるが、それは事実関係についての完全かつ真実に即した確定に関する民事訴訟法のすべての基本原則に矛盾するとする。

(91) *Fasching*, aaO. (Fn. 38), S. 449f. なお、こうした例外はすでに *Pollak*, aaO., (System), S. 485.; *Sperl*, Lehrbuch des Bürgerlichen Rechtspflege (1925), S. 299により見いだされていた。

(92) *Rechberger*, NZ 1991, S. 72f.

(93) 河邊義典「オーストリアの司法制度（上・中・下）」法曹時報四六巻七号三二頁、八号二五頁、九号一頁（一九九四）参照。

(94) RZ 1967, S. 105; SZ 23/332.

(95) 河邊・前掲論文（中）五七頁以下参照。

(96) *Klein/Engel*, aaO., S. 439f.

(97) *Fasching*, aaO., (Fn. 38), S. 350.

(98) 三ケ月章「弁論主義の動向」同『民事訴訟法研究第一巻』四九頁（有斐閣・一九六二）、「弁論主義の最近の動向をめぐる若干の問題」同五巻二二九頁（一九七二）参照。三ケ月説は、訴訟目的に合目的な裁判所と当事者の役割分担という視点をすでに有していたといえよう。しかし、三ケ月説にあっては、弁論主義を所与のものとして受け入れられていた点に問題があるように思われる。その結果が、根拠論としての手段説の主張となった。しかし、弁論主義の枠にこだわりながら、合目的的思考をとれば（三ケ月説ではさらに機能的考察も相まって）、根拠論における多元説の台頭（三ケ月説における多元説への改説――同『民事訴訟法』一九五頁（弘文堂・一九七九））は予測されることであったといえよう。というのは、弁論主義が本来的にはあるべき裁判のための合目的的主張・立証方法として多様なファクターの考慮の結果であることを勘案すれば、多元的把握が生じてくるのは当然であろうからである。またこのことは、従来の弁論主義論では根拠論と機能論の混乱があるとの指摘（山本克己「弁論主義論のための予備的考察」民訴三九号（一九九三）一七〇頁）にもつながってくる。そうすると、そうした混乱を整理し、多様なファクターのうち有益なものを抽出して弁論主義を厳格に定義していくことで、あるべき裁判のための合目的的主張・立証方法としての弁論主義がでてくるかもしれない。しかし、弁論主義の枠にこだわるかぎり、先に挙げた問題の解決にはいたらないと思われる。筆者が本稿で主張したいのは、弁論主義とか職権探知主義とかの概念へのこだわりを捨て、訴訟を取り巻く現代の状況の変化に着目し、もう一度白紙の状態から出発して訴訟の目的に合致する裁判所と当事者の役割分担を考えようということである。

(99)　従来の民事訴訟法における目的論をここで論じるつもりはない。目的論が解釈論と直接結びつかないのは、すでに指摘されている（高橋宏志「民事訴訟の目的論について」法教一〇三号（一九八九）六四頁、一〇四号五二頁以下参照）。むしろここで問われるべきは、あるべき裁判像は何かであろう。最大公約数的にいえば、「適正、迅速かつ公正な裁判」ということになろうか（本書序章参照）。従来、民事訴訟の理念とされてきたものである。実践的レベルでは、この適正、迅速かつ公正な裁判の確保が当事者の納得、満足につながり、司法の信頼につながると思われる。

(100)　しかし、従来前提とされてきた合理的理性人を当事者像とすること自体、筆者には疑問に思われる（拙稿・前掲木川古稀二四八頁以下（本書第三章））。すでに、社会学では従来の平均的日本人像が必ずしも平均的とは言えなかったとの反省が生じるている（例えば、人口比率でいえば、非大卒の学歴、中小企業勤務の女性が平均的日本人として浮かび上がってくる（杉本良夫「日本文化という神話」岩波講座現代社会学23『日本文化の社会学』八頁（岩波書店・一九九六））。訴訟法学も再考の時機にきているのではなかろうか。

（101）注（10）参照。また、太田勝造「弁論主義の根拠についての一視角」前掲・木川古稀中巻三三九頁以下も弁論主義の最良性を唱えるが、一定の条件が満たされることを前提としている。筆者の認識は、その条件が本来的に満たされるかという点への疑問から出発する。なお、民事訴訟の当事者像については拙稿・前掲木川古稀二四八頁以下（本書第三章）を参照のこと。

（102）木川統一郎『民事訴訟法改正問題』（成文堂・一九九二）一三頁以下参照。

（103）最近では、納税者の視点が強調されている（伊藤眞・前掲注釈民事訴訟法（3）五四頁など）。

（104）例えば、伏見和史「商社法務部と民事紛争」山形大学法政論叢五号（一九九六）四三頁参照。伏見論文では、企業が自ら裁判を利用するのは稀れであることそして利用の一つとしてこの点を強調する。

（105）一般条項についての弁論主義の適用問題について最近公表された、山本和彦「狭義の一般条項と弁論主義の適用」広中俊雄古稀祝賀『民事法秩序の生成と展開』（創文社・一九九六）六六頁以下は、弁論主義と職権探知主義の中間に職権顧慮主義なる概念をいれてきめ細やかな考察を展開し、注目される。この見解は、弁論主義や職権探知主義の枠にはまりきれない内容があることを明確化した点で、弁論主義論の新たな一展開といえよう。しかし、中間概念を用いても枠をつくる限り、常にその限界が問題となる。むしろ、枠をきめずより柔軟で合目的な役割分担を考察すべきとするのが、筆者の立場である。

（106）これまで、弁論主義論では迅速性という観点はあまり議論されなかった。しかし、迅速性は現代の裁判を考えるうえで不可欠といえる。とくに、筆者のようにあるべき裁判像から役割分担を考察する場合はそうである。

（107）*Baur*, aaO.（FS *Kralik*）参照。わが国新民訴法第二条の規定がここで重要となってくると思われる。

（108）ここで *Wassermann* 的なドイツの社会的民事訴訟論とクラインによるオーストリア的社会的民事訴訟論の違いについて言及しておく。*Wassermann* の社会的民事訴訟論では憲法上の社会的法治国家概念から出発し、社会的弱者の平等化が主眼であったといえよう。これに対し、オーストリア法では、訴訟目的が出発点にある。また、紛争を大量現象と考え、社会的病理とした。訴訟を通して社会的病理を治癒し、また社会の中にもどすことがその意図にあった。さらに、社会的弱者の救済がこれに加わる。したがって、両者は必ずしも一致するものではない。わが国でドイツ法的な議論を展開するものとして、上村明廣「社会的弁論主義について」染野義信古稀記念論集『民事訴訟法の現代的構築』（勁草書房・一九八九）一二三頁以下がある。

(109) *Wassermann*, aaO.; *Hahn*, Kooperationsmaxime im Zivilprozeß? (1983) は、とくにドイツの民事訴訟実務では、弁論主義とは明らかに異なる結論を示す個別的現象が存することを実証的に検討している。

(110) ドイツでは、弁論主義よりも、審問請求権や公正手続請求権などの当事者権が重要視されている（吉野・前掲論文四六四頁以下参照）。また、オーストリア法の状況については、（注66）（注67）参照。

(111) 詳細は、松本博之・前掲注釈民事訴訟法（3）一一〇頁以下参照。

(112) 伊藤・前掲注釈民事訴訟法（3）五七頁参照。ここでは、裁判官の中立性が考慮されてこよう。オーストリア法では、適正かつ公正な裁判のために真実発見をめざすという点がその根底にある。いわば、裁判官の中立性は訴訟の社会性との政策的調和の中に存することになる。この点に相違がでてくる。

(113) こうした観点は、山木戸克己「弁論主義の法構造」中田淳一還暦記念『民事訴訟の理論下』（有斐閣・一九七〇）（同・民事訴訟法論集（有斐閣・一九九〇）一頁以下）ですでにその萌芽をみるが、この当事者権を十分にこれまで議論しなかったことにわが国の問題があるといえるのではなかろうか。例えば、憲法との関連については、中野貞一郎教授の一連の研究があるにすぎない（中野貞一郎「民事裁判と憲法」前掲・講座民訴第一巻（弘文堂・一九八三）一頁、同「公正な手続を求める権利」民訴三一号（一九八五）一頁など）。※近時の弁論主義をめぐる議論は、当事者の訴訟資料提出権を弁論権と解し、弁論主義の定義ないし内容に含めない立場が有力となりつつある（詳細は、上野泰男「弁論主義」伊藤眞・山本和彦編『民事訴訟法の争点』ジュリ増刊（二〇〇九）一三二頁など参照）。

(114) ここに当事者と裁判官との法的討論が重要となる。法的討論については、吉野正三郎『民事訴訟における裁判官の役割』（成文堂・一九九〇）四三頁以下など参照。

(115) 議論の詳細は、松本博之『民事自白論』（弘文堂・一九九四）一三頁以下、佐上義和『注釈民事訴訟法（6）』（有斐閣・一九九五）一二三頁以下など参照。

(116) 伊藤乾『弁論主義』（学陽書房・一九七五）一一七頁以下、伊藤眞「証明を要しない事実」井上ほか『これからの民事訴訟法』（日本評論社・一九八四）一二五頁以下など参照。

(117) 伊藤・前掲論文（注116）一二六頁参照。

(118) そして、このような考え方では、弁護士の役割が重要になる。つまり、裁判官と対等な法律専門家として、対当事者または対裁判所との関係であるべき裁判像のために責任と義務を担いうる者として重要なのである。筆者がここで展開した議論は、ともすれば、当事者の客体化につながるとの批判が予想される。しかし、事実収集の局面で、裁判所の権限、義務をいくら拡張しても限界があるのは、すでに *Fasching* 教授の指摘にあるとおりである。当事者のイニシアティブ、つまり専門性と機動性を具備する弁護士のそれが重要になるのである。そこが共同責任のゆえんであり、かつそこに当事者の主体性がでてくるのである。弁論主義以上に、こうした考え方では、当事者の主体性が重要となることを付言しておきたい。

(119) しかし、これは「適正・迅速かつ公正な裁判」のためのあくまで一つの手段であって、口頭主義・直接主義・公開主義などの他の手続原則、また上訴制度などの審理構造、さらには弁護士制度等の民事裁判関連制度の充実等があいまって達成されるという認識をもつことが必要である。また、本章のような比較法的考察を加えた研究には、輸入法学的思考との声が出てくることが予測される。しかし、千年を越える裁判制度の歴史の中では、いずれかの時代にいずれかの場所で人間は同じことを考えてきたのである。重要なことは、歴史的所産をまたその時代における社会・経済情況やわが国における風土・国民意識等に合致しうるようアレンジできるかである。

(120) 弁護士サイドからも「争点整理の主体としては、訴訟代理人の協力が不可欠としても、判断者である裁判所が主導していかなければ、適切に争点整理を行うことは困難である」との指摘もなされている（大坪和敏「弁護士からみた審理の充実と促進」論究ジュリスト二四号（二〇一八）二二頁）。

（121）オーストリア民訴法の第一審集中化に関しては本書第一章・第三章・第七章など参照。

（122）筆者の考え方の詳細は、拙稿「手続手中理念と裁判官の積極性」民事訴訟雑誌六三号五一頁以下（二〇一七）（本書第四章）参照のこと。

（123）近時の諸外国の立法は、適時提出主義よりもさらに失権を強化し、事実上同時提出主義（Eventual maxime）に近い。同時提出主義を事実上具現化したものとされるオーストリア法における更新禁止原則はドイツ法にも導入された（第七章参照）。また、二〇一〇年のスイス民事訴訟法ではより明確にこの原則を採用する（詳細は、松村和徳＝吉田純平「スイス統一民事訴訟法の概要（2）」早稲田大学比較法学五二巻一号（二〇一八）一五六頁以下参照）。

（124）本書第四章参照。なお、このような考え方では、自白の撤回は争点整理手続では自由であるということができよう。そして、この枠組みは、争点整理手続だけでなく、従来の口頭弁論で争点整理をする場合にも当然適用すべきと考える。

＊本章の初出原稿の公刊は、一九九七年であるが、その後に本章での考察テーマに関するオーストリア民訴法研究の文献として、河野憲一郎「オーストリア法における民事自白法理」慶應法学二八号（二〇一四）一〇七頁、鈴木拓也「一八九五年オーストリア民事訴訟法典成立期における真実義務に関する一考察」法学研究論集四三号（二〇一五）一九三頁などがある。また、社会的民事訴訟理論の日本法にとっての意義を論じた高田昌宏教授の論稿、*Masahiro Takada,* Die Theorie des sozialen Zivilprozesses und deren Bedeutung für den japanischen Zivilprozess, (Hrsg.) Rolf Stürner und Alexander Bruns, Globalisierung und Sozialstaatsprinzip. Ein japanisch deutsches Symposium. 2014, S213ff. にも接した。

第六章　文書提出義務の一般化に関する考察

一　問題の所在

平成一〇年、新民事訴訟法が施行された。この新法における最大の改正事項のひとつであったのが文書提出命令制度に関する改正である。従前、わが国民事訴訟法における証拠収集手段は、比較法的にみて極めて貧弱であった。その結果、旧法下ではとくに現代型訴訟などの証拠が偏在する紛争の発生を契機として、当事者間の実質的平等、さらには適正な裁判の保障それ自体に対する危惧が顕在化していった。そして、他方では、平成民訴法改正法が争点整理を充実させ、集中的な審理構造への移行をめざしたことにより、当事者の訴訟・証拠資料収集手段の拡充が必要的なものとなった。そこで、そのための手段として注目されたのが文書提出命令制度であったのである[1]。そして、この文書提出命令制度の改正点で最も注目されていたのが「文書提出義務の一般化」である。

しかし、新法においてこの文書提出義務は、完全に、一般化されたとは理解されていない。立法過程において、文書提出義務を拡張する点については議論が一致していたが、その方法をめぐり、とくに文書提出義務の一般化をめぐっては激しく対立してきた[2]。そして、結果的には、経済界からの圧力を受け、厳密な意味での文書提出義務の一般化とはならなかったとされる[3]。ただ、新法における文書提出義務は、基本的には一般化されたともいえ、その点では高く評価されたのであった[4]。しかし、反面でこの妥協の産物は、とりわけ、その条文構造は問題を残すものであった。つまり、民訴法二二〇条の条文構造は、旧法下における列挙形式をそのままの形で新法にも残しつつ（一～三号文書）、そのうえで、例外事項を列挙する形（四号(イ)～(ハ)――改正により現行法では――四号(イ)～(ホ)――）をとった[5]。さらに、文書提出義務の一般化を謳いながら、新法における国会審議において、立法担当者により繰り返し旧法下の解釈は変わらないとの発言などもあり、その結果、二二〇条の解釈をめぐり様々な問題が生じることになったのである。例えば、二二〇条四号の新設により一～三号文書の旧法下の解釈論は新法において妥当性を有するのか否かが問題となった。さらに、このことはこの一～三号文書と四号文書との関係をどう考えるかという問題と結びつく。そして、それは、四号(イ)～(ハ)の拒絶事由は一～三号文書にも適用されるか否かの問題でもある。加えて、一～三号文書と四号文書との審理判断順序も問題となってくる。また他方で、文書提出義務の一般化の例外として、「専自己利用文書」が挙げられたこと（二二〇条四号(ハ)――改正により現行法では、二二〇条四号(ニ)となっているが、引用等の関係上以下では(ハ)のままで表示する――）が問題をより複雑化した。旧法下、拡張傾向にあった旧民訴法三一二条三号文書たる「利益文書」、「法律関係文書」の解釈を制限、調整する目的で「自己使用文書」（または「内部文書」）なる概念が利用されてきた。しかし、従来の判例・学説においてこの概念の射程等は必ずしも明確ではなく、この概念を使用した判例では、むしろ三号文書の範囲が狭められる傾向もあったと思われる[6]。それゆえ、従来の「自己使用文書」なる概念と新法における「専自己利用文書」なる概念が同一とすれば、文書提出義務一般化の形骸化の恐れも出てくる。そこで、新法における解釈論の課題のひとつに、この「専自己利用文書」の意義、その判断基準及びその射程はどこまでかという問題も生じてきたのである。

新法施行後三年を経た今日、新法に関する判例もかなりの数登場してきた。その中で最も多く登場し、そして最も注目されかつ活発に議論されているのがこの文書提出義務の範囲をめぐる判例である。そして、とくに新法下の判例で解釈上の問題として登場してきたのは、金融機関が貸出しや融資に際して作成される貸出稟議書の取扱いであった。旧法下の判例では、稟議書には自己使用文書性が認められ、「法律関係文書」には該当しないとの立場が採られていた[7]。また、立法担当者の見解では、経済界の意見を受け入れ、稟議書は「専自己利用文書」に該当する典型例のひとつとして挙げられていた[8]。しかし、新法下の実務においては、稟議書の専自己利用文書性が激しく争われ、学説上も対立が続いている。そうした中で、平成一一年一一月に二つの最高裁決定（最決平成一一年一一月一二日民集五三巻八号一七八七頁、最決平成一一年一一月二六日金法一五六七号二三頁）が出され、金融機関の内部における意思形成過程を重視し、金融機関の貸出稟議書は「特段の事情」がない限り、「専自己利用文書」に該当し、文書提出義務はない旨が明らかにされた。そして、平成一二年の最高裁決定で（最決平成一二年一二月一四日民集五四巻九号二七〇九頁）、この「特段の事情」について判断され、中立人と所持者が稟議書の利用関係において同一視できる場合をいう旨が明らかにされたのであった（その後の判例の動向は、本章五を参照のこと）。

こうした妥協的立法における条文構造の問題、そしてそれに対する判例の立場——これらの判例についての詳細は後述するが——は、結論的にいえば、文書提出義務の一般化を空洞化させていくのではないかとの危惧を覚える。しかも、それは、審理の充実を目的とした新法の趣旨と対立するものと思われる。本章は、こうした認識の下、改めて新法における文書提出義務の一般化の意義を問うことを目的としたものである。

そこで、この小論では、まず上述の最高裁判例を取り上げて、分析・検討する。次に、わが国とほぼ同じ条文構造を有し、文書提出義務を一般化したとされるオーストリア民事訴訟法を紹介する。そして、これらを踏まえたうえで、新法における文書提出義務の一般化に関する若干の考察を加えることにしたい。なお、紙幅の関係上、引用文献などは網羅的ではないことを予めご了承願いたい。

二　二つの最高裁決定と学説の反応

まず、判例・学説の分析、検討を加えることで、文書提出義務の一般化を試みた新法の問題点を探ることにしたい。新法下における文書提出義務の範囲をめぐる判例は、周知のように、金融機関等の貸出稟議書に集中していた。新法施行以降の下級審においては、以下の最高裁平成一一年決定が出るまでは、稟議書を法律関係文書として文書提出義務を認めたもの(9)、その法律関係文書性を否定したもの(10)、専自己利用文書として提出義務を否定するもの(11)、逆に専自己利用文書ではないとして文書提出義務を認めるもの(12)と錯綜していた。学説もまた、稟議書の専自己利用文書性に関して、下級審判例の登場を契機に、原則肯定説から、否定説まで様々な見解がとられており、百花繚乱の様相を呈していたと言えよう(13)。そうした中、平成一一年と同一二年に相次いで最高裁の判断が下された。わが国の裁判実務における最高裁判決の絶大な影響力を考えると、これらは極めて重要である。以下では、その二つの最高裁決定を題材にし、それに対する学説の対応をみながら、問題点の抽出を試みたい。

一　最高裁平成一一年決定

まず、新法下において初めて文書提出義務の範囲に関する判断を下したのは、前掲最高裁平成一一年決定（最決平成一一年一一月一二日民集五三巻八号一七八七頁）である。この決定では、銀行の貸し手責任が問われた事件において銀行の貸出稟議書についての文書提出義務の存否が判断された。その決定の要旨は次のものである。

「ある文書が、その作成目的、記載内容、これを現在の所持者が所持するに至るまでの経緯、その他の事情から判断して、専ら内部の者の利用に供する目的で作成され、外部の者に開示することが予定されていない文書であって、開示されると個人のプライバシーが侵害されたり個人ないし団体の自由な意思形成が阻害されたりするなど、開示によって所持者の側に看過し難い不利益が生ずるおそれがあると認められる場合には、特段の事情がない限り、当該文書は民訴法二二〇条四号ハ（平成一三年改正後は同号二）所定の『専ら文書の所持者の利用に供するための文書』に当たる。

……貸出稟議書は、専ら銀行内部の利用に供する目的で作成され、外部に開示することが予定されていない文書であって、開示されると銀行内部における自由な意見の表明に支障を来し銀行の自由な意思形成が阻害されるおそれがあるものとして、特段の事情がない限り、『専ら文書の所持者の利用に供するための文書』に当たると解すべきである。そして、本件文書は、前記のとおり、右のような貸出稟議書及びこれと一体を成す本部認可書であり、本件において特段の事情の存在はうかがわれないから、いずれも『専ら文書の所持者の利用に供するための文書』に当たるというべきであり、本件文書につき、抗告人に対し民訴法二二〇条四号に基づく提出義務を認めることはできない。

また、本件文書が、『専ら文書の所持者の利用に供するための文書』に当たると解される以上、民訴法二二〇条三号後段の文書に該当しないことは言うまでもないところである。」

この決定では、①「専自己利用文書」の意義と判断基準、および②民訴法二二〇条一〜三号と四号の判断順序についての最高裁の立場が明らかにされた。つまり、①については、「文書の作成目的、記載内容、これを現在の所持者が所持するに至るまでの経緯、その他の事情」を判断して、⑴もっぱら内部の者の利用に供する目的で作成され、外部の者に開示することが予定されていない文書であること、⑵開示により個人のプライバシー侵害や個人ないし団体の自由な意思形成が阻害されるなど、開示により所持者側に看過し難い不利益が生じる恐れがあること、の二つの要件が備わる場合（⑴の要件がクリアされ、⑵の要件が判断されるという二段階の判断構造となっている。その後の判例の動向につき、後述五参照）には、⑶特段の事情がないこと、を要件として当該文書は、「専自己利用文書」に該当するとした。そして、②については、本件文書が専自己利用文書に該当すると解される以上、民訴法二二〇条三号後段の文書に該当しないことは言うまでもないと、判示した。また、前掲した最決平成一一年一一月二六日金法一五六七号二三頁においても、最高裁は同様の判断を示したのであった。

二　最高裁平成一一年決定に対する学説の反応と分析

(一)「専自己利用文書」の意義と判断基準について

「専自己利用文書」に関する一般的基準を提示したこの最高裁決定の①部分に対する学説の反応は、多様である。[14]「専自己利用文書」に関する立法担当者の理解は、その該当性について「文書の記載内容や、それが作成され、現在の所持者が所持するに至った経緯・理由等の事情を総合考慮して、それがもっぱら内部の者の利用に供する目的で作成され、外部の関係のない者に見せることが予定されていないかどうかによって決まる」としていた。[15]しかし、このことは、事実上、法令等による作成義務がない文書はすべて、この「専自己利用文書」に該当するとの解釈の余地がでてくる。[16]作成義務のない文書は、「もっぱら内部の者の利用に供する目的で作成され、外部の関係のない者に見せることが予定されていない」と常に言うことができるからである。しかし、それでは、証拠偏在の是正と審理充実のために証拠収集手段の拡充をめざし文書提出義務の一般化を試みた新法の趣旨からズレるように思われる。それに対して、平成一一年決定は、この立法担当者の掲げる要件に(2)(3)の要件を加えたものである。これらの要件により、「専自己利用文書」の範囲にしぼりが加えられ、旧法下の自己利用文書（内部文書）より限定的となり、文書提出義務の一般化を試みた新法の趣旨を実現しようとしたのが平成一一年決定とされる。[17]この点で、学説の一部においては積極的な評価がなされた。[18]だが、(2)の要件については「開示されると銀行の自由な意思形成が阻害される恐れ」がこれに該当するとした。この要件が掲げられたことにより、一部では、利益考衡量との接近を評価する見解もある[19]。しかし、これでは、あまりに抽象的であり、立法担当者が述べた「専自己利用文書」の趣旨をそのまま述べたにすぎない[20]。そうすると、外部に開示予定のない文書はすべて、つまり、結局は、法令上の作成義務のない文書すべてが、「開示されると自由な意思形成が阻害される恐れ」があるといえることになる。(2)の要件は、(1)の要件を言い換えたにすぎないとの評価も可能となってくる。そこで、(3)の要件たる「特段の事情」をどう捉えるかが、「専自己利用文書」の範囲にしぼりが加えられることになるか否かの決め手となることになる。この点については、当該決定文上は、それはまったく不明である。そこで、学説では、この「特段の事情」の解釈をめぐって議論が展開した。例えば、これを一種の決まり文句とみる見解、証拠としての重要性等各訴訟の個別事情を勘案する手がかりを残したとする見解、株主代表訴訟等の訴訟類型の相違を勘案したとする見解、文書開示による看過し難い不利益発生のおそれがあったとしても、これを減殺する理由をさすとする見解などがありうることが唱えられていた[21]。そうした中、登場してきたのが、最高裁平成一二年決定である。最高裁は、平成一一年決定を受け、後述する最決平成一二年一二月一四日民集五四巻九号二七〇九頁において、「特段の事情」に関する判断を行ったのであった（その後、判例は「特段の事情」は(2)要件を減殺する事由と位置づけることになるがこの点は、後述五参照のこと）。

(二)　民訴法二二〇条一～三号と四号の判断順序について

前述②部分に関しては、最高裁平成一一年決定は、当該文書が「専自己利用文書」に該当すれば、「法律関係文書」に該当しないと述べるにすぎない。そこで、ここから様々な解釈が生じてくる。新法下の解釈論においては、旧法下において法律関係文書概念の拡張を制限するために主張された「自己使用文書」と新法二二〇条四号(ニ)の

「専自己利用文書」は、同一性がなく、後者はより狭い概念とするのが主流であった。[22] しかし、この判例により、同一性が肯定されたと解する見解も登場するに至っている。[23] また、「専自己利用文書」は単にその性質上法律関係文書になることはありえないとする旨を明らかにしたものと解する可能性もあるとの指摘もある。[24] さらには、四号(イ)〜(ハ)事由は、三号文書にも適用ある旨を明らかにしたと解することもできよう。そうであれば、二二〇条の条文構造の解釈に影響を及ぼすことになってくると思われる。そして、さらに重要と思われるのは、この②に関する最高裁の判断は、実務上、文書提出義務の存否の判断は四号文書を中心として行われることを意味することになる点である。それは、除外文書の中でも適用範囲の明確性が欠けると思われる「専自己利用文書」を一般条項化することにつながる。この解釈如何により、文書提出義務の範囲は流動化することになり、それは文書提出義務の一般化を空洞化する危険を増すものであると思われる。

三　最高裁平成一二年決定

最高裁平成一一年決定を受け、「特段の事情」に関する判断を行った最高裁平成一二年決定（最決平成一二年一二月一四日民集五四巻九号二七〇九頁）の事件は、次のような事件であった。すなわち、A信用金庫の会員であるXが、A信用金庫の理事であったYらに対し、理事としての善管注意義務ないし忠実義務に違反し、十分な担保を徴しないで融資を行い、A信用金庫に損害を与えたと主張して、信用金庫法三九条において準用する商法二六七条に基づき、損害賠償を求めた会員代表訴訟で、Xが、Yらの善管注意義務ないし忠実義務違反を証明するためであるとして、A信用金庫が所持する右融資に際して作成された一切の稟議書及びこれらに添付された意見書について文書提出命令を申し立てた事件である。最高裁は、この事件につき、次のように判示した。

「記録によれば、本件各文書は、抗告人が本件各融資を決定する過程で作成した貸出稟議書であることが認められるところ、信用金庫の貸出稟議書は、特段の事情がない限り、民訴法二二〇条四号ハ所定の「専ら文書の所持者の利用に供するための文書」に当たると解すべきであり（最高裁平成一一年(許)第二号同年一一月一二日第二小法廷決定・民集五三巻八号一七八六頁参照）、右にいう特段の事情とは、文書提出命令の申立人がその対象である貸出稟議書の利用関係において所持者である信用金庫と同一視することができる立場に立つ場合をいうものと解される。信用金庫の会員は、理事に対し、定款、会員名簿、総会議事録、理事会議事録……の閲覧又は謄写を求めることができるが（法三六条四項、三七条九項）、会計の帳簿・書類の閲覧又は謄写を求めることはできないのであり、会員に対する信用金庫の書類の開示範囲は限定されている。そして、信用金庫の会員は、所定の要件を満たし所定の手続を経たときは、会員代表訴訟を提起することができるが（法三九条、商法二六七条）、会員代表訴訟は、会員が会員としての地位に基づいて理事の信用金庫に対する責任を追及することを許容するものにすぎず、会員として閲覧・謄写することができない書類を信用金庫と同一の立場で利用する地位を付与するものではないから、会員代表訴訟を提起した会員には、信用金庫が所持する文書の利用関係において信用金庫と同一視することができる立場に立つものではない。そうすると、会員代表訴訟において会員から信用金庫の所持する貸出稟議書につき文書提出命令の申立てがなされたからといって、特段の事情があるということはできないものと解するのが相当である。したがって、本件各文書は、「専ら文書の所持者の利用に供するための文書」に当たるというべきであり、本件各文書につき、抗告人に対し民訴法二二〇条四号に基づく提出義務を認めることはできない。」

しかし、この法廷意見に対しては、町田裁判官による反対意見が付されていた。(25)

四　最高裁平成一二年決定の分析・検討

この最高裁決定における法廷意見は、特段の事情とは「文書提出命令の申立人がその対象である貸出稟議書の利用関係において所持者である信用金庫と同一視することができる立場に立つ場合をいう」とした。この判旨は、どう評価できようか(26)。従前の学説においては、「特段の事情」をめぐって種々の見解がとられていたことは前述した。そして、とくに株主代表訴訟における場合については、申立人が所持者にとって純然たる外部者とは言えず、団体内部の意思形成過程が適式になされたかが争点となっている場合には、文書提出義務が認められやすいとの理解が民訴法学においては一般的であった(27)。下級審においては、これを肯定する判例も登場していた(28)。しかし、他方では、この株主代表訴訟の場合に、株主と会社は同一視することはできないとして、会社の意思形成過程の自由は保護されるべきであり、稟議書は専自己利用文書性を有するとの見解も唱えられていた(29)。そうした中で登場したのが、平成一二年決定である。

この決定は、平成一一年決定に基づき稟議書の専自己利用文書性を前提としたうえで、もっぱら「特段の事情」について判断している。そして、申立人たる会員と信用金庫とが同一視できるか否かの点から「特段の事情」を否定し、文書提出義務を認めなかった。そして、申立人たる会員と信用金庫とが同一視できるかの判断のポイントとしたのは、文書の利用関係において法律上稟議書の閲覧請求権を会員が有するかであった。しかし、この決定の法廷意見のいうように利用関係において文書の閲覧請求権があれば、民訴法二二〇条二号により、文書提出命令を申し立てればよいのであるから(30)、この決定によれば、事実上「特段の事情」はほとんど存在しないことになる(31)。町田裁判官による詳細な反対意見もあるが、この平成一二年決定により会社の稟議書にはほぼ無条件に文書提出義務は生じないことになったと言えよう(32)。これは、確かに、立法段階での経済界の要請に合致した判断であろう(33)。しかし、これでは、審理の充実と証拠偏在の是正のために文書提出義務の一般化をめざした新法の立法趣旨からは、大きく後退したものといわざるをえない。とくに、平成一一年決定の前述②の判断により、文書提出義務の存否に関する争いの主戦場が四号文書の「専自己利用文書」となることが予想されることを考えると、一層こうした後退感が生じる。解釈論としては、最高裁の判断には疑問を持たざるを得ない[34]。

　では、どうあるべきであろうか。筆者は、この問題は結局文書提出義務の一般化を目指した趣旨を考慮しつつ、民訴法二二〇条の条文構造をどう把握すべきかに関わってくると考える。そこで、わが国の条文構造と偶然にもほぼ類似の条文構造を有し[35]、文書提出義務を一般化したとされるオーストリア法を以下で取り上げることにしたい。証拠収集機能の拡充のために文書提出義務の一般化を図ろうとしたのが新法の本来の意図であったが、経済界などの圧力により、条文は妥協の産物となった。しかし、その妥協の産物と類似の構造を持ち、かつ新法の本来的目的である文書提出義務の一般化を実現したとされるオーストリア法は、わが国における文書提出義務のあり方について示唆を与えてくれるのではないかと考えるからである。

三　オーストリア民事訴訟法における文書提出義務

　オーストリアでは、普通法および旧オーストリア民訴法時代において、文書提出義務は、公法上の義務ではなく、原則として、相手方に対してのみ私法上の引渡請求権により文書の提出義務が存する場合にのみに認められていた[36]。この文書の提出を求める私法上の請求権は、訴訟上の意義は有さず、任意の提出がなされない場合には、訴えを提起することによりその提出を要求しなければならなかった[37]。書証は、事実上、当事者の所持する文書に限定されていたのである。それゆえ、裁判所にも当事者にも重要な証拠方法が欠けていたのであった[38]。そして、その結果、他の証拠方法がないので絶えず応急的措置として当事者の証人宣誓による当事者尋問がなされていたのであった。こうした場合を減らすことを目的として、一八九五年のオーストリア民訴法では、文書提出義務は公法上の義務として承認され、詳細に規定されたのであった[39]。そして、その背景にあった当時の訴訟観は、相手方当事者に証拠方法を知らせないとする企てに対抗すべきである、というものであった[40]。このことを確立させたのが、オーストリア民訴法の創設者クラインである。クラインは、立法に携わる前より、相手方が所持する、挙証にとって重要な文書すべての提出を、たとえ相手方が訴訟で引用しなくても、有効に要求しうる権限を当事者に認めることを提言していた[41]。クラインは、当事者のこの文書提出義務を、真実発見を義務づけられた訴訟の必要的な要請と考えたのである[42]。

一　オーストリア法における文書提出義務

こうした理念に基づき創設された現行オーストリア民訴法は、文書提出義務を相手方が文書を所持する場合と第三者が所持する場合に分けて規律する[43]。

まず「相手方当事者の文書提出義務」につき、オーストリア民訴法は、三〇四条において①引用文書（相手方が自ら訴訟において証拠提出のために文書を引用した場合のその文書）、②民法上の交付・提出義務文書（相手方が民法により文書の交付または提出を義務づけられている場合のその文書）、③共通文書（文書がその内容上両当事者に共通のものである場合のその文書）については、無条件の文書提出義務を課す[44]。それ以外の文書は、オーストリア民訴法三〇五条各号に掲げる拒絶事由に該当しない場合には文書提出義務を負う。その拒絶事由としては、

1　文書の内容が家庭生活の事柄に関係しているとき
2　相手方が文書の提出によって名誉義務が損なわれるであろうとき
3　文書の周知が当事者または第三者に損害を及ぼしまたは刑事訴追のおそれを招くであろうとき
4　当事者が文書を提出することにより、国家によって承認されている黙秘義務であって、そこから有効に免除されなかった義務を侵害するであろうとき、または技術上もしくは営業上の秘密を侵害するであろう

とき

5　前号までに相当する、提出の拒絶を正当化する他の重要な事由が存在するとき

が挙げられている。

次に、『第三者』が証明のために必要な文書を所持する場合には、オーストリア民訴法では、民法により文書の交付・提出が第三者に義務づけられているときまたは文書がその内容上挙証者と第三者との間で共通のときに限り、第三者は無条件の文書提出義務を負うことになる（オ民訴法三〇八条）。それ以外の場合は、第三者はいかなる提出義務も負わない。第三者がこの文書提出義務に従わない場合には、確定した文書提出命令に基づき第三者に対して強制執行をすることができる（オ民訴法三〇八条二項）。

二　無条件文書提出義務

オーストリア民訴法三〇四条にいう無条件提出文書は、それぞれわが国民訴法二二〇条一～三号文書に対応させることができよう。個々に見ていくことにする。

まず、①文書である引用文書（オ民訴法三〇四条一項一号）は、民訴法二二〇条一号に相当する。これは、オーストリア民訴法一七八条の真実義務・完全陳述義務からの帰結である(45)。つまり、文書を引用した者は、「信義則」上文書の提出を拒むことは許されず、かつ裁判所及び相手方からその主張の真実性を審査する機会を奪うことは許されないのである(46)。

次に、②の交付・提出義務文書（オ民訴法三〇四条一項二号）は、民訴法二二〇条二号に相当する。この義務には、契約上の義務と法定の義務がある。例えば、オーストリア一般民法典一四二八条による借用証書の引渡義務などがこれに当たる(47)。

そして、③の共通文書（オ民訴法三〇四条一項三号）であるが、これは民訴法二二〇条三号に相当する。共通文書となるのは、文書がその者の利益のために作成されておりまたは文書中に双方の法律関係が記載されている場合である（オ民訴法三〇四条二項前段）。つまり、利益文書および法律関係文書がその対象となる。文書内容の共通性に、訴訟遂行から独立した提出義務理由を認めたのである(48)。文書が両当事者にとって証拠手段として役立つためにかまたはその法律関係に影響を及ぼすかあるいはそれを保全するために作成された場合に、文書は共通性を有することになる(49)。また、当事者が共通の法律関係によって結び付けられていない場合にのみ、共通性の判断に際し文書の内容が問題となる(50)。誰が文書を作成したかは、重要ではない(51)。具体的には、売買、賃貸借、雇用、組合などの契約書、仲裁契約および仲裁判断の書面などが挙げられている(52)。共通文書となるのは、このような契約書だけではない。また、当事者間の法律行為について利害関係人間でまたはその利害関係人の一方とその行為の共通の仲介人との間でなされた交渉を記録した文書も共通文書とされる（オ民訴法三〇四条二項後段）。ただし、当事者の一方が専ら私的な使用のために書き留めたもの（Aufzeichnungen）は、共通文書とはならない(53)。その他、判例により、雇用義務違反を理由とする非難に対する労働者の責任に関する労働者によって署名された雇用者の記録文書、被告との償還交渉に際して原告の内的意思形成の基礎として役立つ、原告の投資に関する被告の依頼した鑑定書、賃貸人と賃借人間の双務的法律関係に関わるがゆえに、賃借権の譲渡が伴う企業売買契約書につき、無条件の文書提出義務が認められている(54)。

三　提出拒絶事由

当事者間においては、無条件文書提出義務のない文書もすべて提出しなければならない。しかし、これらの文書には、前述の提出拒絶事由が存する（条件付文書提出義務）。以下では簡単にこれを概観する。

この提出拒絶事由は、提出義務者の倫理上の権利義務、法律上の諸義務およびその利益状況を考慮したものである[55]。オーストリア民訴法三〇五条の各号は、前掲ⅴの事由（オ民訴法三〇五条五号）を除き、基本的には、証言拒絶事由を規定するオーストリア民訴法三二一条一項に相応する（とくに、同項一号、三～六号）。オーストリア民訴法三〇五条一～三号は、わが国民訴法二二〇条四号(イ)に、オーストリア民訴法三〇五条四号は、わが国民訴法二二〇条四号(ロ)に相応すると言えよう。オーストリア民訴法の特徴は、ⅴの事由（三〇五条五号）において一般条項を規定した点にある。これによりオーストリア民訴法三〇五条一～四号は、単なる例示にすぎないとされている[56]。ここでⅴの事由において「重要な」となるのは、とりわけ、利益衡量の結果、文書提出義務者の権利の侵害が訴訟の判決に関する事実基礎の不完全性よりも受忍し難いことが判明した場合である。つまり、訴訟遂行の不利益が提出によって義務者に生じる不利益よりも小さい場合に、「重要な」ということになる。もちろん、具体的争訟において文書提出義務者に生じうる敗訴の不利益または立証責任の悪化は、拒絶を正当化するものではない[57]。この提出拒絶事由は、文書提出義務者によって主張され、疎明されねばならない[58]。わが国民訴法では、オーストリア民訴法三〇五条五号のような一般条項的提出拒絶事由は存在しない。存在するのは、「専自己利用文書」である。ここに、相違点が存在する。なお、オーストリア民事訴訟においては、実務上、文書提出命令制度はあまり利用されていない。というのは、当事者は、一般に手持ち証拠の開示に応じているからである[59]。

以上、オーストリア民訴法の文書提出義務を概観してみた。わが国民訴法の規定との類似性が確認できたと思われる。かかるオーストリア法を参考にしつつ、わが国民訴法二二〇条の条文構造をいかに捉えるべきかなどを含めて、わが国における文書提出義務の一般化のあり方について最後に若干の考察を加えることにしたい。

四　民訴法二二〇条解釈論の再構成の試み

一　文書提出義務一般化の必要性

新民訴法の立法過程においては、証拠偏在の是正と集中審理方式の円滑な運営のためには証拠収集制度の拡充する必要性が極めて大きいという認識で一致していた。そのために、文書提出義務の一般化は試みられたのである。しかし、わが国における文書提出義務の一般化は、不完全なものとなった。経済界からの圧力により、文書提出義務を規定する民訴法二二〇条は妥協の産物となり、その結果として問題の多い条文構造となったのは、前述の通りである。また、最高裁判例の流れは、前述したように、文書提出義務の一般化から乖離していく方向にあるといえよう。加えて学説においても、民訴法二二〇条は妥協の産物であることを是認する見解も一部には存する。

しかし、この流れを是認することは、新法それ自体の存在意義を希薄化させ、国民に利用しやすい裁判システムを空洞化していくように思われる。というのは、証拠収集手段の充実は、証拠裁判主義ともいえる現代の民事裁判システムにおいては権利の得喪を裁判に委ねる当事者にとって決定的に重要であるからである。しかも、この点は、当事者主義に基づくわが国民事訴訟においては、決定的要因であると思われる。当事者に十分な資料収集権限を付与することなく、当事者主義的審理を遂行することは、一方で適正・公正な裁判を危険にさらし、他方で当事者にとって最も酷な結果を招くことになると考えるからである。そうすると、立法過程の妥協に引きずられるべきではなく、新法が狙いとしてきた証拠収集機能の拡充と合致していく民訴法二二〇条の解釈論が問われねばならない(60)。換言すれば、わが国民訴法において文書提出義務の一般化の確立をめざす方向での解釈が試みられるべきであると考える。そして、それは、新法がめざす審理方式にとって不可欠であり、新法の基本理念に合致することになるであろう[61]。では、民訴法二二〇条については、どのように解するべきであろうか。この関係において、民訴法二二〇条の条文構造が文書提出義務を一般化したオーストリア民訴法の条文構造と極めて類似性を有する点に着目したい。この点において、民訴法二二〇条の解釈論にオーストリア法が一定の指針を与えることになると考える。以下では、オーストリア法を参考にしつつ、文書提出義務の一般化を志向した民訴法二二〇条の解釈論に関して若干の考察を加えたい。

二　民訴法二二〇条解釈論の再構成

(一)　民訴法二二〇条の条文構造をめぐる従前の議論

まず従前の議論では、民訴法二二〇条の条文構造に関しては、一〜三号文書に四号の除外規定が適用されるかという形で議論されている。これは、四号の(イ)〜(ハ)が旧法下で文書提出義務を否定する事由として認められてきた証言拒絶事由や自己使用概念に類似した事由を規定したことに起因する。新法制定当初は、四号拒絶事由不適用説が有力であった。しかし、この見解はさらに二つの考え方に分けることができよう。一つは、主に立法担当者らの見解である。これは、一〜三号文書と四号文書は別個の性質の文書であるとし、旧法の規定により文書提出義務の対象となる文書はそのまま一〜三号文書による提出義務対象文書とし、これに加えて旧法では対象外となっていた文書も四号により対象とするが、まったくの無制限というわけではなく、(イ)〜(ハ)の除外事由を認めたとする[62]。したがって、この見解では、(イ)〜(ハ)の除外事由は、新法により新たに創設された概念であり、旧法下のそれと異なり、一〜三号文書には適用されず、かつ一〜三号の解釈は旧法下と変わらないことになる。もう一つは、一〜三号文書は、例外なしに提出義務を負い、四号の拒絶事由は考慮されないとの考え方である[63]。この解釈を採る場合には、とくに三号文書に限定していうと、旧法下での三一二条三号の解釈と二二〇条三号の解釈は異なり、新法の解釈は旧法下での拡大解釈前の厳格な本来的な解釈にもどることが前提となる。そして、それと並んで、例外事由の範囲、とくに専自己利用文書は、旧法下の自己使用文書（内部文書）よりも狭く解する。これが、多数説を形成していたといってよいであろう。これに対し、四号拒絶事由適用説は、一般義務化をいうのであれば、四号の規定だけで十分であり、一〜三号を列挙した理由がないこと、また、衆議院法務委員会における政府委員の答弁では、一〜三号の規定については旧法三一二条一号〜三号までの解釈がそのまま踏襲されることが繰り返し説明されていたことなどから、利益文書・法律関係文書についても（三号）、四号拒絶事由が適用されると主張する(64)。そして、学説では最近において、一〜三号文書の解釈は旧法三一二条一号〜三号までの解釈がそのまま踏襲されるのではなく、制限されるが、一〜三号文書にも四号拒絶事由が適用されるとする見解も有力に主張されている(65)。

（二）民訴法二二〇条一〜三号文書の提出義務

民訴法二二〇条の各号の関係はどう解釈すべきであろうか。前述したように、この問題は証拠収集機能の拡充と合致していく民訴法二二〇条の解釈論が問われねばならない。換言すれば、文書提出義務の一般化に近づく形での理解がなされねばならない。ただ、一般化といっても、当事者と第三者の場合の文書提出義務を分けて考える必要性があるのではなかろうか。この点の議論がわが国では十分ではなかったように思われる。その意味で、オーストリア法は参考になる。『第三者との関係』では、オーストリア法は実体法上の請求権がある場合と共通文書性が存在する場合に限り、無条件の提出義務を認める。こうした立法（考え方）の背景には、文書についての所有権観念の存在を推定できよう(66)。つまり、一般に文書の所有権者たる所持者に対して提出を強要しうる根拠が必要なのである。とくに、訴訟外の第三者の場合に、当事者と同様の真実義務などを含めた訴訟遂行協力義務等を観念することも難しい。そこで、文書提出義務は制限されたのである。わが国民訴法の解釈においてもこの考え方は参考すべきものと考える[67]。

これに対して、『当事者との関係』では、二二〇条一～三号文書については無条件文書提出義務が生じると解するべきと考える[68]。もちろん各号文書の解釈は、本来的な形での解釈をなすべきである。したがって、引用文書（一号文書）は、当事者間の公平の観点から、証拠として引用された場合に限定し[69]、無条件文書提出義務を認めることになる。また、引渡・閲覧文書（二号文書）は、挙証者の実体上の権利から当然無条件の提出義務の対象となる。共通文書（三号文書）は、所持者と挙証者が当該文書につき共同の利益、目的、利用のために作成されたものであり、一種の持分権的権利[70]が挙証者にある場合に、提出義務が認められる。この場合のポイントは文書の記載内容が共通性を有するかである。法律関係文書でいえば、法律関係の構成要件が一部でも記載されていることが原則である。そして、このように解する場合には法律関係文書となるのは、契約書が中心となるが、また、裁判にとって重要な証拠の収集機能の拡充が目的である以上、オーストリア法と同様に、法律行為に関する交渉を記載したものも含まれるとまで解してよいであろう。そして、このように一～三号文書を制限的に解することを前提として、四号の例外事由の一～三号文書への適用は否定すべきことになる[71]。こうした考えをとれば、最高裁平成一一年決定のように当事者が三号文書と四号文書の妥当性を主張する場合には、まず三号文書の該当性を検討したうえで、それが否定される場合に四号文書の妥当性を検討すべきことになる[72]。このことは、条文構造上もっとも自然な解釈であり、四号文書には、二二一条二項において補充性の規定があり[73]、また二二三条三項でインカメラ手続の適用があることからも正当化できよう。したがって、前掲最高裁平成一一年決定の②の判旨には賛成できない。

(三) 民訴法二二〇条四号文書の提出義務

次に、四号文書については、当事者は条件付文書提出義務を負うと解すべきであろう。つまり、一～三号文書以外の文書はすべて、除外事由が存在しない限りで文書を所持する当事者は文書提出義務を負うと解するべきである。四号文書は、また二二一条二項および二二三条三項からも、当然一～三号文書とは区別すべきことになる。わが国民訴法二二〇条四号の特徴は、オーストリア法と異なり、一般条項的拒絶事由を規定しておらず、代わりに、「専自己利用文書」が規定されている点である（四号(ハ)、改正後四号(ニ)）。「専自己利用文書」は、文書自体の特性に着目したものである(74)。それゆえ、条文上は、文書の記載内容を中心に文書提出義務の範囲は画されており、わが国では利益衡量的解釈は控えるべきといえよう(75)。とくに、「専自己利用文書」に関して証拠としての重要性等を考慮する見解が有力に主張されてきているが、証拠としての重要性は、一八一条において証拠調べの必要性の問題として処理すべき事柄であろう。その判断基準は、やはり文書の記載内容ということになる。そして、「専ら」という文言がなぜ存するかを重視すべきである。それゆえ、「専自己利用文書」に該当するのは、個人のプライバシーに関わる文書（日記など）に限定すべきである(76)(77)。このように解することにより(78)、文書提出義務の一般化は達成されることになろう。そして、それは、新民訴法（現行民訴法）がめざした審理の充実と合致した解釈のあり方ともなると思われる。

以上、新民訴法（現行民訴法）の文書提出義務についてオーストリア民訴法の議論を参照して、あるべき解釈方法（とくに、条文構造による解釈問題）について論じてきた。以下では、最高裁平成一九年決定（最決平成一九年一一月三〇日民集六一巻八号三一八六頁）を題材として、リーディングケースとなった最高裁平成一一年決定以降の専自己利用文書をめぐる判例の動向を明らかにする。民訴法二二〇条四号ニ文書の該当性についての解釈基準を検討していくことにする。

五　民訴法二二〇条四号(ニ)文書該当性をめぐる判例・学説の展開

まず題材とした最決平成一九年一一月三〇日民集六一巻八号三一八六頁の事実の概要と判旨を明らかにしたい。

一　最高裁平成一九年決定（最決平成一九・一一・三〇民集六一巻八号三一八六頁）の概要

(一)【事実の概要】

Xらは、その取引先であるA社が経営破綻の状況に陥ったことを知らず、Aとの取引を継続し、その結果、Aに対する売掛金が回収不能となり、損害を被った。本件の本案訴訟は、Xらが、Aのいわゆるメインバンクであった Yに対して、Xらの損害はYが平成一六年三月以降、Aの経営破綻の可能性が大きいことを認識し、Aを全面的に支援する意思は有していなかったにもかかわらず、全面的に支援すると説明してXらを欺罔したため、あるいは、Aの経営状態についてできる限り正確な情報を提供すべき注意義務を負っていたのにこれを怠ったため生じたものであるとして、不法行為に基づく損害賠償を求めた事案である。本案訴訟において、Xらは、Yの右欺罔行為及び注意義務違反行為の立証のために必要があるとして、「Yが所持する平成一六年三月、同年七月及び同年一一月の各時点において、Aの経営状況の把握、同社に対する貸出金の管理及び同社の債務者区分の決定等を行う目的で作成し、保管していた自己査定資料一式の文書（以下「本件文書」という。）」について、文書提出命令を申し立てた。Yは、本件文書は民訴法二二〇条四号ハ又はニ所定の文書に当たる旨主張した。

Xらが提出を求めている本件文書は、銀行であるYが、融資先であるAについて、同社に対して有する債権の資産査定を行う前提となる債務者区分を行う自己査定のために作成し、監督官庁による査定結果の正確性についての事後的検証に備える目的もあって保存した資料である。自己査定は、金融庁が、金融システムの安定と再生を図り、金融機関に対する内外の信頼を回復するため、金融機関が不良債権の迅速な処理、戦略的な業務再構築やリストラ、経営内容の情報開示等に積極的に取り組み、監督当局においても検査監督体制の一層の充実を図る必要があることから、金融庁や各財務局の検査官が金融機関を検査する際に指針とすべき金融検査のためのマニュアル（預金等受入金融機関に係る検査マニュアル。以下「金融検査マニュアル」という）を公表して、不良債権の分類や引当の基準等を示したのに対応して、各金融機関が、自己責任原則に従い、金融検査マニュアルを踏まえて、それぞれの規模や特性に応じたより詳細なマニュアルを自主的に作成し、金融機関の業務の健全性と適切性を確保するため、融資等の資産価値を定期的に自ら査定して分類を行うものであって、金融庁等により行われる金融検査の際には、検査官は、自己査定基準の適切性の検証等のプロセスチェックを行った上、実際の自己査定結果について、原則として抽出調査の手法によりその正確性の検証を行うものとされている。本件申立てにつき、原審は、本件文書は、専らY内部の者の利用に供する目的で作成され、外部の者に開示することが予定されていない文書であって、開示されるとY内部における自由な意見の表明に支障を来し、Yの自由な意思形成が阻害されるおそれがあることなどを理由に、民訴法二二〇条四号ニ所定の「専ら文書の所持者の利用に供するための文書」に該当するとして、本件申立てを却下した。Xらは、許可抗告を申し立てた。

（二）【決定要旨】破棄差戻し

「(1)　ある文書が、その作成目的、記載内容、これを現在の所持者が所持するに至るまでの経緯、その他の事情から判断して、専ら内部の者の利用に供する目的で作成され、外部の者に開示することが予定されていない文書であって、開示されると個人のプライバシーが侵害されたり個人ないし団体の自由な意思形成が阻害されたりするなど、開示によって所持者の側に看過し難い不利益が生ずるおそれがあると認められる場合には、特段の事情がない限り、当該文書は民訴法二二〇条四号(ニ)所定の『専ら文書の所持者の利用に供するための文書』に当たると解するのが相当である（最高裁平成一一年（許）第二号同年一一月一二日第二小法廷決定・民集五三巻八号一七八七頁参照）。

(2)　これを本件についてみると、前記のとおり、Yは、法令により資産査定が義務付けられているところ、本件文書は、Yが、融資先であるAについて、前記検査マニュアルに沿って、同社に対して有する債権の資産査定を行う前提となる債務者区分を行うために作成し、事後的検証に備える目的もあって保存した資料であり、このことからすると、本件文書は、前記資産査定のために必要な資料であり、監督官庁による資産査定に関する前記検査において、資産査定の正確性を裏付ける資料として必要とされているものであるから、Y自身による利用にとどまらず、Y以外の者による利用が予定されているものということができる。そうすると、本件文書は、専ら内部の者の利用に供する目的で作成され、外部の者に開示することが予定されていない文書であるということはできず、民訴法二二〇条四号(ニ)所定の『専ら文書の所持者の利用に供するための文書』に当たらないというべきである。

四　以上によれば、本件文書について、民訴法二二〇条四号(ニ)所定の文書に当たるとしてYの提出義務を否定した原審の判断には、裁判に影響を及ぼすことが明らかな法令の違反がある。論旨は理由があり、原決定は破棄を免れない。そして、本件文書が同号ハ所定の文書に該当するかどうか、本件文書中にこれに該当する部分がある場合にその部分を除いて提出を命ずるべきかどうか等について更に審理を尽くさせるため、本件を原審に差し戻すこととする。」

二　「専自己利用文書」をめぐる議論

(一)　はじめに

本件決定は、いわゆる「専自己利用文書」（民訴二二〇条四号(ニ)）の該当性に関する事例判断の一つである。平成八年の現行民訴法制定以降、最も多くの最高裁裁判例が出された文書提出義務に関する一連の裁判群に属する。この裁判群の中でも「専自己利用文書」の該当性についての判例が最も多い。そしてこの問題の出発点となっているのが最高裁平成一一年一一月一二日決定・民集五三巻八号一七八七頁（①決定。本章二で詳述）である。[79] この①決定は、以下のように、三段階の判断枠組みを提示した。

「ある文書が、その作成目的、記載内容、これを現在の所持者が所持するに至るまでの経緯、その他の事情から判断して、(i)専ら内部の者の利用に供する目的で作成され、外部の者に開示することが予定されていない文書であって、開示されると個人のプライバシーが侵害されたり個人ないし団体の自由な意思形成が阻害されたりするなど、(ii)開示によって所持者の側に看過し難い不利益が生ずるおそれがあると認められる場合には、(iii)特段の事情がない限り、当該文書は民訴法二二〇条四号(ハ)（現民訴法二二〇条四号(ニ)）所定の『専ら文書の所持者の利用に供するための文書』に当たると解するのが相当である。」

すなわち、まず(i)専ら内部の者の利用に供する目的で作成され、外部の者に開示することが予定されていない文書（以下「内部文書性」）か否かを判断し、この「内部文書性」が認められると、次に(ii)開示によって所持者の側に看過し難い不利益が生ずるおそれがあると認められる場合（以下「看過し難い不利益のおそれ」）にあたるか否かの判断に移る。そして、この「看過し難い不利益のおそれ」もあると判断した場合には、(iii)特段の事情の存在（以下「特段の事情」）を判断して当該文書の「専自己利用文書」（民訴二二〇条四号ニ）への該当性を決定するという枠組みである。そして、本件決定は、この判断枠組みの中で、第一段階での本件文書の「内部文書性」を否定した。本件決定は、「内部文書性」に関する判断の裁判例に属するものである[80]。

この本件決定の結論自体は正当と評価できる。ただ、その判断枠組みには疑問はなくもない。そこで、本件最高裁決定を分析、評価する前提として、本件での考察対象である「専自己利用文書」（民訴二二〇条四号(ニ)）の該当性をめぐる判例・学説の議論をまず概観することにしたい[81]。

(二)　判例・学説の議論

(イ)　判例の展開

「専自己利用文書」に関する最高裁決定は、①決定以降、次の判例が公表されている。すなわち、最決平成一一年一二月一四日民集五四巻九号二七〇九頁（③決定）、最決平成一三年一二月七日民集五五巻七号一四一一頁（④決定）、最決平成一六年一一月二六日民集五八巻二号二三九三頁（⑤決定）、最決平成一七年一一月一〇日民集五九巻九号二五〇三頁（⑥決定）、最決平成一八年二月一七日民集六〇巻二号四九六頁（⑦決定）、最決平成一九年八月二三日判時一九八五号六三頁（⑧決定）、である。以下、これらの最高裁決定の展開を見てみることにしよう（本章の初出原稿後の最高裁判例としては、最決平成二二年四月一二日裁判集民事二三四号一頁、最決平成二五年一二月一九日民集六七巻九号一九三八頁、最決平成二六年一〇月二九日裁判集民事二四八号一五頁があるが、判断枠組みに変化はないことから、以下の記述に実質的変更はない）。

「専自己利用文書」に関して前記①決定が提示した判断基準に基づき、以後の裁判例は展開している。そして、この展開の中で、前記の三段階判断枠組みが固まってきた。①決定の判断基準が段階的であることを明示したのが②決定である。この決定では、原決定が外部の者に見せることをまったく予定せずに作成されたものであるから直ちに「専自己利用文書」該当性を判断したことを批判し、そして「その具体的内容に照らし、開示によって所持者の側に看過し難い不利益が生じるおそれがあるかどうかについて具体的に判断していない」として事件を原審に差し戻した。この②決定により、「看過し難い不利益のおそれ」の判断は文書内容に即した具体的なものでなければならないとしたのである。また、後述の⑥、⑦決定でこの段階的判断枠組みは確定的なものとなっていく。

そこで、第一段階の(i)「内部文書性」に関する判例法理の展開をみてみよう。まず、①決定は(a)文書の作成目的が「専ら内部利用目的であること」と、(b)「外部開示の予定がないこと」を内部文書性の判断基準として挙げている。その後の判例もこの(a)、(b)の要素を基軸として「内部文書性」を判断していると思われる。まず、⑤決定（旧役員の経営責任を明らかにするために被告会社に設置された調査委員会が作成した調査報告書の「専自己利用文書」の該当性が争われた事案）において、最高裁は、「本件文書は、本件調査委員会が上記調査の結果を記載して本件保険管理人に提出したものであって、法令上の根拠を有する命令に基づくものであり、法令上の根拠を有する命令に基づく調査の結果を記載した文書であって、専ら抗告人の内部で利用するために作成されたものではない。また、本件文書は、調査の目的からみて、抗告人の旧役員等の経営責任とは無関係な個人のプライバシー等に関する事項が記載されるものではない……」として、文書作成が「法令上の根拠を有する命令に基づき、その内容もその命令に基づく調査結果を記載した点に「内部文書性」の判断の重心を置いた判断をしている[82]（その他、保険管理人が公益のために職務を遂行するものであり、公益のための調査である点なども考慮されているが、重点は作成が「法令上の根拠を有する命令に基づく」点にあるといえよう。また、文書内容とプライバシーとの関係にも言及されているが、「看過し難い不利益のおそれ」基準に関する判断を含む余地がなくはない）。[83] 作成が法令上の義務に基づく場合には、(a)を満たさないし、そこから当然に(b)の要素（外部開示の予定）もないことが導き出されているとの評価もできよう。

⑥決定（政務調査費を用いてした調査研究内容、経費の内訳を記載した調査研究報告の「専自己利用文書」への該当性が争われた事案）は、「……調査研究報告書は、政務調査費によって費用を支弁して行った調査研究に関して、議員がその所属する会派に対する報告のため、調査研究の内容及び経費の内訳を記載して作成し、当該会派に提出するものである。そして、本件条例及びその委任を受けた本件要綱の定めは、調査研

究報告書をもって、調査研究を行った議員から所属会派の代表者に提出すべきものとするにとどめ、これを議長に提出させたり、市長に送付したりすることは予定していない。この趣旨は、議会において独立性を有する団体として自主的に活動すべき会派の性質及び役割を前提として、調査研究報告書の各会派内部における活用と政務調査費の適正な使用についての各会派の自律とを促すとともに、調査研究報告書には会派及び議員の活動の根幹にかかわる調査研究の内容が記載されるものであることに照らし、議員の調査研究に対する執行機関等からの干渉を防止するというところにもあるものと解される。……このような本件条例及び本件要綱の定め並びにそれらの趣旨からすると、調査研究報告書は、専ら、その提出を受けた各会派の内部にとどめて利用すべき文書とされているものというべきである。」として、「内部文書性」を認めている。この決定の「内部文書性」の判断の重心は、提出先、つまり(b)の要素にあるように思われる。しかし、この決定には、横尾裁判官の反対意見があり、反対意見では、調査研究報告書は「法令の定めにより作成が義務づけられた文書」であり（(a)の要素）、会派の外部の者である議長の検査の対象となり得る文書（(b)の要素）として規定されていることから「内部文書性」を否定している。[84]

⑦決定（原告が所持する社内通達文書の「内部文書性」が争点となった事案）では、「本件各文書は、いずれも銀行である抗告人の営業関連部、個人金融部等の本部の担当部署から、各営業店長等にあてて発出されたいわゆる社内通達文書であって、その内容は、変額一時払終身保険に対する融資案件を推進するとの一般的な業務遂行上の指針を示し、あるいは、客観的な業務結果報告を記載したものであり、取引先の顧客の信用情報や抗告人の高度なノウハウに関する記載は含まれておらず、その作成目的は、上記の業務遂行上の指針等を抗告人の各営業店長等に周知伝達することにあることが明らかである。……このような文書の作成目的や記載内容等からすると、本件各文書は、基本的には抗告人の内部の者の利用に供する目的で作成されたものということができる。」として「内部文書性」を肯定したが、第二段階の「看過し難い不利益のおそれ」の判断（後述）により「専自己利用文書」への該当性を否定した。[85]内部文書性の判断に関して

は、作成目的、内容などから(b)の要素である発出先が判断のポイントとなっていると言えようか。

⑧決定（介護サービス事業者が作成した介護サービスリストの「専自己利用文書」該当性が争われた事案）では、「……本件リストは相手方が指定居宅サービス事業者として介護給付費等を審査支払機関に請求するために必要な情報をコンピューターに入力することに伴って、自動的に作成されるものであり、その内容も、介護給付費等の請求のために審査支払機関に伝送される情報から利用者の生年月日、性別等の個人情報を除いたものにすぎず、審査支払機関に伝送された情報とは別の新たな情報が付加されているものではなく、介護給付費等の請求のために審査支払機関に伝送した情報の請求者側の控えというべき性質のものにほかならない。そうすると、本件リストに記載された内容は第三者への開示が予定されていたものということができ（る）……」として、「内部文書性」を否定する。これは、当該文書が第三者たる審査機関への提出を予定している情報の内容と同一性を有すると解しており、(b)の要素が判断のポイントとなっているように思われる。(86)

このように、公刊された最高裁判例の判断方式を大略まとめると次のように言えるのではなかろうか。すなわち、第一段階の「内部文書性」に関しては、まず、①決定が(a)文書の作成目的が専ら内部利用目的であることと、(b)外部開示の予定がないことを内部文書性の決定基準として挙げ、その後の判例もこの(a)、(b)の要素を意識しながら「内部文書性」を判断しているが、その実質的な「内部文書性」の判断要素としては、(1)法令上の作成業務がある文書であるか否か（⑤、⑥決定参照）がまず判断要素となっており（作成が法令上の義務に基づく場合には、(a)を満たさないし、そこから(b)の要素が導き出されているとの評価もできよう）、作成義務がなくとも、(2)検査・閲覧等のために第三者への当該文書の提出又はその利用が予定されているか否か（⑤、⑥、⑦、⑧決定参照。⑤、⑥決定では対象文書の公益性が考慮要因として入ってきており、⑧決定では情報の実質にも着目している）により「内部文書性」は決定されているということができよう。

次に最高裁判例法理の第二段階判断枠組みである(ii)「看過し難い不利益のおそれ」については、次のような展開を見せている。まず、①決定は、「貸出稟議書は、専ら銀行内部の利用に供する目的で作成され、外部に開示することが予定されていない文書であって、開示されると銀行内部における自由な意見の表明に支障を来し銀行の自由な意思形成が阻害されるおそれがあるもの……」として、「所持者側の意思形成過程」に着目して「看過し難い不利益のおそれ」を判断している。⑥決定は、「調査研究報告書が開示された場合には、所持者である会派及びそれに所属する議員の調査研究が執行機関、他の会派等の干渉等によって阻害されるおそれがあるものというべきである。加えて、調査研究に協力するなどした第三者の氏名、意見等が調査研究報告書に記載されている場合には、これが開示されると、調査研究への協力が得られにくくなって以後の調査研究に支障が生ずるばかりか、その第三者のプライバシーが侵害されるなどのおそれもあるものというべきである。……そうすると、本件各文書の開示によって相手方ら各自の側に看過し難い不利益が生ずるおそれがあると認められる。」とした。開示による文書作成の支障（第三者等からの干渉）、および所持者ではなく「第三者の不利益」を挙げている点が特色である。⑦決定では、「本件各文書は、抗告人の業務の執行に関する意思決定の内容等をその各営業店長等に周知伝達するために作成され、法人内部で組織的に用いられる社内通達文書であって、抗告人の内部の意思が形成される過程で作成される文書ではなく、その開示により直ちに抗告人の自由な意思形成が阻害される性質のものではない。さらに、本件各文書は、個人のプライバシーに関する情報や抗告人の営業秘密に関する事項が記載されているものでもない。そうすると、本件各文書が開示されることにより個人のプライバシーが侵害されたり抗告人の自由な意思形成が阻害されたりするなど、開示によって抗告人に看過し難い不利益が生ずるおそれがあるということはできない。」と判示されている。ここでは、当該文書が「意思形成過程」で作成されたものでない点に着目しており、貸出稟議書との相違はこの点に存すると言えよう。以上を考察すると、第二段階判断枠組みである「看過し難い不利益のおそれ」については、①決定は、個人のプライバシー侵害、個人ないし団体の自由な意思形成の阻害を例として挙げたが、その後の判例も、文書の開示によるプライバシー侵害（⑤決定、⑥決定では、第三者のプライバシー侵害も考慮）、自由な意思形成の阻害が中心に考慮されており、とくに後者の場合には、「所持者側の意思形成過程」に着目して（⑥、⑦決定参照。⑥では、開示による事後の業務の支障も上げられているがこの観点の問題に含まれよう。

（また、⑦決定では文書の情報の実質をみて判断している。このことは、プライバシー侵害に限定する立場に代表される「不利益」概念の類型化ではなく、「不利益」の評価（保護利益と事情による比較衡量）による判断枠組みへの移行を意味してくるものと思われる。）「看過し難い不利益のおそれ」を判断しているものと思われる。

第三段階の(iii)「特段の事情」については、③決定で所持者と挙証者が同一視できる場合に限られるとされ、そして、④決定で「看過し難い不利益のおそれ」を減殺する事由として明示的に位置づけられたと言える。

（ロ）学説の展開

「専自己利用文書」該当性をめぐる解釈論は、判例において最も問題とされた金融機関が貸出しや融資に際して作成する貸出稟議書の専自己利用文書をめぐって展開された。旧法下の判例では、稟議書には自己使用文書性が認められ、「法律関係文書」には該当しないとの立場が採られていた。しかし、現行法は民訴法二二〇条四項の除外事由として「専自己利用文書」を挙げたことから、その異同が問題となり、「専自己利用文書」の範囲が議論の対象となったのである。つまり、旧法下、拡張傾向にあった旧民訴法三一二条三号文書たる「利益文書」、「法律関係文書」の解釈を制限、調整する目的で「自己使用文書」（または「内部文書」）なる概念が利用されてきた[87]。しかし、従来の判例・学説においてこの概念の射程等は必ずしも明確ではなく、この概念を使用した判例ではむしろ三号文書の範囲が狭められる傾向もあったと思われる[88]。それゆえ、従来の「自己使用文書」なる概念と新法における「専自己利用文書」なる概念が同一とすれば、文書提出義務一般化の形骸化の恐れも出てくる[89]。そこで、新法における解釈論の課題のひとつに、この「専自己利用文書」の意義、その判断基準及びその射程はどこまでかという問題が生じてきたのである。立法担当者の見解では、経済界の意見を受け入れ、稟議書は「専自己利用文書」に該当する典型例の一つとして挙げられていた[90]。立法担当者の「専自己利用文書」該当性に関する解釈基準は、「文書の記載内容や、それが作成され、現在の所持者が所持するに至った経緯・理由等の事情を総合考慮して、それがもっぱら内部の者の利用に供する目的で作成され、外部の関係のない者に見せることが予定されていない文書かどうかによって決まる」とする[91]。基本的には、前記「内部文書性」でもって判断すべきと考えていたものと思われる[92]。前記①決定は、(i)の基準において、立法担当者見解と同じ立場に立ちつつ、(ii)、(iii)の点を付加した点に特徴があるとされる。

「専自己利用文書」該当性に関する学説は、大別して、二つに分けることができよう。立法当初の学説は、四号除外文書は一般義務化の例外であることから、専自己利用文書は、作成者の主観的意図ではなく、客観的にみて作成者が自己固有の使用のために作成し、しかも、その内容が公表されることをまったく予定していない文書であって、それが後から公表されたのでは文書作成の趣旨が損なわれたり、文書作成活動に不当な制限が課せられるなどの不利益があるものだけがこれに当たると解するべきとする限定説が中心であった[93]。しかし、近時は、専自己利用文書該当性は所持者側の不利益のほかに、訴訟における当該文書の証拠としての重要性、代替証拠の有無、当事者間の衡平、社会的見地からみた真実発見の重要性などを要素に加えて、比較衡量して判断すべきとの利益衡量説が多数説と言えよう[94]。

(三)　最高裁平成一九年決定の分析・評価

では、「専自己利用文書」該当性に関する判例・学説の議論状況の中で、本件決定はどのように位置づけられ、どう評価できようか。

まず、本件決定では、先述した最高裁判例法理からすると、「内部文書性」がないことを理由に「専自己利用文書」該当性を否定している。その理由づけの構造としては、(a)「Yは、法令により資産査定が義務付けられている」、そして、(b)本件文書は、「監督官庁による資産査定に関する前記検査において、資産査定の正確性を裏付ける資料として必要とされているものである」、その結果、(c)本件文書は、「Y自身による利用にとどまらず、Y以外の者による利用が予定されている」とする。つまり、対象文書自体は法令上の作成義務はないが（前期(1)要件には該当せず）、検査のために第三者（監督官庁）への提出及びその利用が予定されていることから（前記(2)要件に該当）、「内部文書性」が否定され、その結果、「専自己利用文書」該当性も否定する論理構成になっている。基本的には、前記のこれまでの判例法理に沿ったものと位置づけることができよう。

ただ、本件文書たる「自己査定資料」は、銀行が取引先の財務状況、会社の評価、取引方針等が記載されており、取引方針の決定のための判断資料となる。この記載内容に着目すると、前記①決定などで問題となった「貸出稟議書」と類似性を有している。そこで、貸出稟議書の「専自己利用文書」該当性を肯定してきた前記①決定などの判例法理との整合性が問題となってくる。両文書は、法令上の作成義務はない点、監督官庁の検査の際にいずれも閲覧対象となる点、前記の記載内容の点では、共通性を有している。しかし、第三者の閲覧対象という点では、貸出稟議書は閲覧対象となりうる可能性を有するに過ぎず、他方、自己査定資料は「資産査定義務の前提資料となり監督官庁の閲覧が必要的」である（前記(a)、(b)）。この点が①決定と本件決定とが異なる要因であるとされている[95]。しかし、本件決定は、資産査定義務の前提資料となり監督官庁の閲覧が必要的であるということから、法令上の作成義務はないが、事実上、作成義務がある場合と同等な場合との評価を下したものと評することもできよう（(c)その結果、は当然導き出された帰結とも評価できる）。判例法理の論理構成では、作成義務がない場合でも外部への開示が予定されないことが導かれるわけではないとして、前記(2)の要件を付加している。この点では旧法下の内部文書性の範囲より「専自己利用文書」の範囲は縮小しており、文書提出義務の一般化の趣旨と方向性を同じくすると評価できる。その結果、内部文書性の判断は前記(2)の要件の判断に重点が移っているとも言える。しかし、実質的な要件の判断過程をみてみると、こうした評価に疑問が出てくる。つまり、前記(2)の要件については、判例上その判断につき重点が置かれていると思われるのは当該文書の利用が予定される提出先が専ら内部かそれとも外部を含むかという点である（公益性もその判断要素の一つということになろう）。前記⑥決定、⑦決定では提出先が内部であることから内部文書性を肯定し、⑧決定ではそれが外部であることから内部文書性を否定している。こうした判断方式は、文書の客観的性質とは無関係に、内部文書性の範囲を不当に拡張又は縮小する可能性が生じる[96]。したがって、前記(2)要件は、判例法理上は調整機能を有すると位置づけることもできようが、判断基準としては不適切でなかろうか。本件決定は、前記(a)、(c)の観点から、この不適切さを認識し、この判断方式に一定の制約を加えたものとも評価できよう[97]。そうであるならば、本件決定の前記(2)の外部開示性の指摘は作成義務がない本件文書の性質から付されたに過ぎず、本件決定は、実質は前記(1)の要件から内部文書性を否定したものと言うことができよう。このように見るならば、事実上、判例法理の客観的基準としては、前記(1)の法令上の作成義務のみが機能することになる[98]。しかし、これでは文書提出義務の一般化の趣旨と異なる方向となる。判例法理では、これを(ii)「看過し難い不利益のおそれ」要件で調整することになるとするのであろうが、果たしてこれが妥当かは以下述べるように疑問である。

文書提出義務の一般化を図った立法目的からして、本来的には「専自己利用文書」は文書自体の特性に着目した概念であり、条文上も文書の記載内容を中心に文書提出義務の範囲は画されており、わが国では利益衡量的解釈は控えるべきといえよう。また、「専自己利用文書」に関して証拠としての重要性等を考慮する見解もあるが、証拠としての重要性は、民訴法一八一条における証拠調べの必要性の問題として処理すれば足りる。その判断基準は、やはり文書の客観的性質の所持者側の類型的な不利益であり、基本的には一定程度定型化でき、それ以外は文書の記載内容から原則明らかにしていく方向が適切と思われる。そして、「専ら」という文言がなぜ存するかを考慮すべきである。この点で、「専自己利用文書」に該当するのは、個人のプライバシーに関わる文書（日記など）に限定すべきであるとの解釈が出てくる[99]。こうした立場からは、本件決定の理論構成には問題がなくはないが、その結論自体は正当と評価しうるものである。

また、本件決定では第三者の閲覧対象か否かの点が内部文書性判断の決め手となっている論理構成を採っている。このことから、第三者が守秘義務を負う場合には、内部文書性は肯定できるのではないかとの見解[100]があり、許可抗告理由や本件決定を批判する評釈においてその考察対象となっている[101]。前記⑧決定でも守秘義務を負うべき介護給付費審査機関への開示であっても内部文書性は否定されており、本件決定で第三者たる監督官庁が守秘義務を負っている主体か否かは内部文書性の判断要素としては言及されておらず、これが内部文書性の判断に関係ないことが判例法理上は本件決定により確認されたと評価できる[102]。

本件決定では、以上のように、内部文書性の観点から「専自己利用文書」該当性を否定した。その上で、本件文書が民訴法二二〇条四号(ハ)所定の文書に該当するかどうか、それに該当する部分がある場合にその部分を除いて提出を命ずるべきかどうかなどについてさらに審理を尽くさせるために、本件を原審に差し戻している。この点は、⑦決定において「専自己利用文書」該当性の判断に際し「職業の秘密」該当性判断要素である営業秘密、ノウハウ等が斟酌されていることの批判を受け、両概念を区別し、個別の判断の必要性を認めたものと評することができる[103]。差戻審は、最高裁まで行き、平成二〇年一一月二五日に民訴法二二〇条四号(ハ)文書の該当性を否定する決定が下された（最決平成二〇年一一月二五日民集六二巻一〇号二五〇七頁）。最決平成一八年一〇月三日民集六〇巻八号二六四七頁（判時一九五四号三四頁）と整合性を有してくるものと思われるが、利益衡量に基づくその判断基準に疑問はなくはない。ただ、平成二〇年判決を契機に文書提出義務の主戦場は(ハ)号文書に移っていくことが予測される。(ニ)号文書の「不利益」概念との関連性の考慮も必要と思われるが、その解明は今後の課題である。

（注）

（1）　文書提出義務は規定上限定的であったため、解釈論上、判例及び学説により様々な努力がなされたが、限界があったのである。こうした背景については、原強「文書提出命令①」三宅省三ほか『新民事訴訟法大系第三巻』（青林書院・一九九七）

一一〇頁以下、増田勝久「文書提出義務（一）」滝井ほか『論点新民事訴訟法』（判例タイムズ社・一九九八）二四二頁以下、法務省民事局参事官室編『一問一答新民事訴訟法』（商事法務研究会・一九九六）六頁、二四二頁以下など参照。

（2）上野泰男「文書提出義務の範囲」竹下守夫編集代表『講座・新民事訴訟法Ⅱ』（弘文堂・一九九九）四七頁以下など参照。

（3）研究会・新民事訴訟法（ジュリ増刊、一九九九）二七四頁（柳田発言）など参照。

（4）研究会・前掲（注3）二七五頁以下の竹下、伊藤発言など参照。なお、文書提出義務は、本来、文書の所有権性を根拠として制限的であった。それゆえ、この義務を一般義務化するには、その根拠が問われてくる。文書提出義務の一般化は、文書の所有権性を制限して、当事者行為を規律することであると考えるならば、それは当事者の司法協力義務を根拠とせざるを得ないのではないかと思われる。そうであれば、文書提出義務の一般化は、弁論主義を制約するものと言え、わが国の民訴法学は弁論主義の変容を考慮せざるを得ないと言えよう。

（5）なお、政府草案において提出拒絶事由に公文書があり、その取り扱いをめぐり国会審議が紛糾し、国会で付帯決議がなされた。それを受けた修正立法が待たれていたが（この経緯等については、平山正剛「文書提出命令③」前掲・（注1）『大系第三巻』一五六頁など参照）、平成一三年六月に立法化された。その結果、提出拒絶事由は、(イ)～(ホ)となった。従前の規定とは、(イ)文書は同じであるが、一三年改正法で(ロ)文書として公務員の職務上の秘密文書が加えられ、従前の(ロ)文書が(ハ)文書に、(ハ)文書（専自己利用文書）が(ニ)文書に変更された。そして、(ホ)文書として刑事事件関係文書が提出拒絶文書として加えられた。公文書の提出義務に関しても多々問題があるが、本稿では対象外とする。また、提出拒絶事由の表示は、判例の引用等の便宜上一三年改正前の(イ)～(ハ)をそのまま使用することを付言する。

（6）上野・前掲（注2）三七頁以下など参照。

（7）東京高決平成九年八月二二日金法一五〇六号六八頁など。

（8）前掲・『一問一答』（注1）二五一頁。

（9）東京高決平成一〇年一〇月五日金法一五三〇号三九頁、大阪高決平成一一年二月二六日金判一〇六五号三頁（これは、専自己

利用文書性を併せて否定している）。また、大阪地決平成一〇年一二月二四日金判一〇五九号一四頁は、人事考課記録である職員考課表についてであるが、その法律関係文書性を肯定している。

(10) 東京地決平成一〇年六月三〇日金法一五二六号六九頁。

(11) 東京地決平成一一年四月一九日金判一〇六六号一二頁、東京地決平成一一年六月一〇日金判一〇六九号三頁、東京高決平成一一年七月一四日金判一〇七二号三頁、福岡高決平成一一年六月二三日金法一五五七号七五頁（これらは、稟議書の法律関係文書性を併せて否定している）。東京地決平成一一年八月一六日金法一五五七号七五頁など。

(12) 東京高決平成一〇年一一月四日金判一〇五八号三頁、大阪高決平成一一年二月二六日金判一〇六五号三頁、札幌地決平成一一年六月一〇日金判一〇七一号七頁、東京地決平成一一年七月五日金判一〇七一号三頁。なお、東京高決平成一一年九月八日金判一〇七六号三頁参照。

(13) 学説は、稟議書の専自己利用文書性に関して、無条件肯定説から無条件否定説まで多岐にわたる。利益衡量による折衷説が多数説と言えよう。学説の分類等の詳細は、並木茂「銀行の融資稟議書は文書提出命令の対象となるか(上)」金法一五六一号（一九九九）四四頁、山本和彦「銀行の貸出稟議書に対する文書提出命令」ＮＢＬ六七九号（一九九九）九頁以下など参照。

(14) 本件評釈およびそれを契機とした論文として、小野憲一・ジュリ一一八四号一二〇頁、大村雅彦・平成一一年度重判一二三頁、上野泰男・リマークス２０００（下）一三〇頁、小林秀之・判評四九九号二七頁、山本克己・金法一五八八号一三頁、山本和彦・前掲注（13）六頁、加藤新太郎「貸出稟議書の自己使用文書妥当性」銀法21五七〇号（一九九九）七頁などの銀法21五七〇号の特集、中村直人「稟議書の文書提出義務に関する最高裁決定」商事法務一五四五号（一九九九）二二頁、小林秀之「貸出稟議書文書提出命令最高裁決定の意義」判タ一〇二七号（二〇〇〇）一五頁、田原睦夫・民商一二四巻四・五号六八五頁などがある。

(15) 前掲・『一問一答』（注1）二五二頁。

(16) 旧法下の判例がこうした傾向にあったことにつき、三木浩一「自己使用文書」法教二二一号（一九九九）三六頁参照。新法下の議論において、専自己利用文書が提出除外文書となる根拠を憲法が保障する「沈黙の自由」に求めうると考える新堂幸司「貸出稟議書は文書提出命令の対象になるか」金法一五三八号（一九九九）六頁以下もまた、法令上の作成義務の有無を専自己利用文書該当性の基準としているといえよう（一三頁以下参照）。こうした考え方が新法の趣旨と合致するかは疑問となる（平野哲郎「新民事訴訟法二二〇条をめぐる論点の整理と考察」判タ一〇〇四号（一九九九）五〇頁）。

(17) 小野・前掲（注14）一二一頁。

(18) 大村・前掲（注14）一二五頁、山本和彦・前掲（注13）九頁、小林・前掲（注14）論文一六頁など。

(19) 加藤・前掲（注14）九頁、大村・前掲（注14）一二五頁、小林・前掲（注14）論文など。

(20) 前掲・『一問一答』（注1）二五一頁。並木・判評五〇九号五五頁（判時一七四六号二二三頁）は、これは、一種の立法趣旨で、ある意味で当然の要件化とする。なお、その後、最高裁は、平成一二年三月一〇日決定（民集五四巻三号一〇七三頁）において、不利益のおそれを具体的に判断したうえでなければ、専自己利用文書に当たるとはいえないとし、当該平成一一年決定を補充する。そうすると、この具体的判断において利益衡量の余地が生じうる。しかし、後述のように、利益衡量という手法については疑問がある。

(21) 詳細は、加藤・前掲（注14）七頁、山本和彦・前掲（注13）六頁など参照。

(22) 竹下守夫「新民事訴訟法と証拠収集制度」法教一九六号（一九九七）一八頁以下、伊藤眞「文書提出義務と自己使用文書の意義」法協一一四巻一二号（一九九七）一四五三頁以下など参照。

(23) 中村・前掲（注14）二六頁。

(24) 山本和彦・前掲（注13）一二頁参照。

(25) 町田裁判官による反対意見は、会員代表訴訟の特質を重視したものであり、次のように、判示したのであった。すなわち、「信用金庫は、会員の出資による共同組織の非営利法人であり（法一条）、会員は、当該信用金庫の営業地域内に住居又は事務所を有するもの（一定規模以上の事業者を除く。）及びその地域内において勤労に従事するもので、定款で定めるものに限られ

（法一〇条）、加入及び持分の譲渡については信用金庫の承諾を要し（法一三条、一五条）、定款で定める事由に該当する場合には総会の議決によって除名されること（法一七条三項）、信用金庫は、預金等の受信業務は会員以外のものからも受け入れることができるが、貸出業務は原則として会員に対してのみ行うことができるものとされていること（法五三条）、会員は出資口数にかかわらず平等に一箇の議決権を有すること（法一二条）など、会員による人的結合体たる性格を帯有する。

そして、会員代表訴訟は、右のような性質を持つ会員が、信用金庫のため（法三九条、商法二六七条二項）、その任務を怠った理事の責任（法三五条）を追及することを目的とするものであるから、これらを全体としてみれば、信用金庫の代表訴訟は、共同組織体内部の監視、監督機能の発動であると解するのが相当である。

金融機関の貸出稟議書は、当該金融機関が貸出しを行うに当たり、組織体として、意思決定の適正を担保し、その責任の所在を明らかにすることを目的として作成されるものと解されるから、貸出稟議書は、貸出しに係る意思形成過程において重要な役割を果たすとともに、当該組織体内において、後に当該貸出しの適否が問題となり、その責任が問われる場合には、それを検証する基本的資料として利用されることが予定されているものというべきである。

信用金庫における会員代表訴訟の前記の性質と貸出稟議書の右のような役割よりすれば、信用金庫の貸出稟議書は、会員代表訴訟において利用されることが当然に予定されているものというべきであり、本件のように理事の貸出行為の適否が問題とされる信用金庫の会員代表訴訟においては、当該貸出しに係る貸出稟議書は、「専ら文書の所持者の利用に供するための文書」に当たらないと解すべき特段の事情があって、民訴法二二〇条四号の規定により、その所持者である抗告人に対し、提出を命ずることができるものと解すべきである。」とした。

(26)　本件評釈として、高地茂世・法教二五〇号一一四頁、三木浩一・平成一二年重判解説一一八頁、山本和彦・金法一六一三号一四頁がある。

(27)　研究会・前掲（注2）（竹下）二八六頁、小林・前掲（注14）論文一七頁など参照。

(28)　大阪地決平成一二年三月二八日金判一〇九一号二二頁。

(29) 中村・前掲（注14）二二頁、河本一郎「株主代表訴訟と文書提出命令」銀行法務21五七三号一頁など。

(30) 高地・前掲（注26）一一五頁、三木・前掲（注26）一二〇頁参照。

(31) 三木・前掲（注26）一二〇頁。

(32) 三木・前掲（注26）一二〇頁。

(33) 最高裁の判断自体がすでに稟議書は文書提出命令の対象にならないという結論から出発している印象をぬぐいきれない点がある。

(34) 高橋宏志「証拠調べについて⑽」法教二五二号（二〇〇一）九五頁以下は、妥協を離れた理論としての解釈論としてはどうあるべきかを問うが、まさにその必要性を認識すべきと思われる。

(35) この点については、高田昌宏「文書提出命令」法教一九二号（一九九六）二八頁がすでに指摘している。また、オーストリア民訴法における文書提出義務の内容については、竹下守夫＝野村秀敏「民事訴訟における文書提出命令（一）」判評二〇五号（一九七六）四頁にすでに簡単な紹介がある。

(36) *Canstein*, Lehrbuch der Geschichte und Theorie des Oesterreichischer Civilprozessrechtes, Zweiter Band, 1882, S. 322. など参照。但し、少額訴訟手続においては、一般的に提出義務が認められていた（*Canstein*, aaO., S. 324. ff.）参照。

(37) *Canstein*, aaO., S. 323.

(38) *Pollak*, System des österreichischen Zivilprozeßrechtes, 2. Aufl., 1932, S. 681.

(39) *Canstein*, Das Zivilprozessrecht, erster Band, 1905, S. 855. 参照。

(40) *Bajons*, Die Beweisführung durch Handelsbücher, NZ 1991, S. 53.

(41) *Klein*, Pro futuro, Betrachtungen über Probleme der Civilprocesreform in Österreich, JBl Nr 48/1890. 参照。

(42) *Bajons*, aaO., NZ 1991, S. 53.

(43) *Klein/Engel*, Der Zivilprozess Österreichs（1927）, S. 352 ff.; *Fasching*, Kommentar zu den österreichischen Zivilprozeßgesetzen, Band III（1966）, S. 389 ff.（以下 ZPG）; *ders*, Lehrbuch des österreichischen Zivilprozeßrechts, 2 Aufl.（1990）, S. 494

ff.（以下 ZPR）; *Rechberger*（Hrsg.）, Kommentar zur ZPO, 2. Aufl.（2000）, S. 953 ff（*Rechberger*）.; *Rechberger/Simotta*, Zivilprozessrecht, 5. Aufl.（2000）, S. 371 ff. などを主に参照。

(44) *Fasching*, ZPR, S. 499 f は、記載された事実に関して法定の黙秘義務がある場合には、この無条件文書提出義務も場合によっては制限されるとする。ただし、相手方当事者および文書提出義務者が訴訟ですでにその文書を引用している場合には、提出を拒絶することは許されないとする。

(45) *Fasching*, ZPR, S. 499.

(46) *Fasching*, ZPG, S. 389. この場合、文書の引用は立証目的でなされたものでなければならない。和解手続での陳述や当事者の陳述では十分ではない。この引用は、証人、補助参加人または鑑定人によってなされても十分ではなく、かならず当事者自らが行ったものでなければならない。多数当事者の場合には、文書を引用した共同訴訟人のみがこの無条件の文書提出義務を負う（*Fasching*, ZPG, S. 389.）。

(47) *Rechberger/Simotta*, aaO., S. 372.

(48) なお、この共通文書性については、竹下＝野村「民事訴訟における文書提出命令（二）」判評二〇六号（一九七六）二頁以下などにすでに詳細な紹介がある。

(49) *Rechberger*（Hrsg.）, ZPO, S. 954（*Rechberger*）; RZ 1984, S. 70.

(50) *Rechberger*（Hrsg.）, ZPO, S. 954（*Rechberger*）; RZ 1995, S. 103.

(51) *Fasching*, ZPG, S. 390.; *Rechberger*（Hrsg.）, ZPO, S. 954（*Rechberger*）.

(52) *Fasching*, ZPR, S. 499.

(53) *Fasching*, ZPG, S. 391.

(54) *Rechberger*（Hrsg.）, ZPO, S. 954（*Rechberger*）. 参照。

(55) *Fasching*, ZPG, S. 391. また、このように文書提出義務の制限が存する点に、文書提出義務で表明されているオーストリア民訴法の緩和された職権探知主義の限界が存すると解されている（*Rechberger*（Hrsg.）, ZPO, S. 955（*Rechberger*）., *Rechberger*/*Simotta*, Zivilprozessrecht, S. 372.)。

（56）*Fasching*, ZPG, S. 392.

（57）*Fasching*, ZPG, S. 392 f. 参照。

（58）*Klein*/*Engel*, Der Zivilprozess Österreichs（1927）, S. 353.; *Rechberger*（Hrsg.）, ZPO, S. 955（*Rechberger*）.; *Fasching*, ZPG, S. 392. など。この疎明は、文書が裁判所にこの目的のために任意に閲覧に付されることによってもまた行われうる（*Canstein*, Das Zivilprozessrecht, S. 860, FN. 1)。

（59）その背景には、オーストリア民訴法における真実義務、完全陳述義務等の当事者義務の強化が存在するといえよう。

（60）つまり、合目的的解釈論が必要となる。利益衡量論に関しては、後掲（注75）参照。

（61）山本和彦「稟議書に対する文書提出命令（上）」ＮＢＬ六六一号（一九九九）八頁以下が新法による訴訟思想の転換を説き、それを具体的解釈論に生かすべき旨を説くが、基本的に賛同したい。筆者自身もすでにその旨は指摘してきたことでもある。松村『新民事訴訟法ノートⅠ』（一九九八）第一章など参照。

（62）前掲・『一問一答』（注1）二五三頁、中野貞一郎『解説新民事訴訟法』（有斐閣・一九九六）五三頁など参照。

（63）竹下・前掲（注22）論文一八頁、佐藤彰一「証拠収集」法時六八巻一一号（一九九七）一八頁。田原睦夫「文書提出義務の範囲と不提出の効果」ジュリ一〇九八号（一九九六）六二頁、山本和彦・前掲（注61）一〇頁など参照。

（64）松井秀樹「新民事訴訟法における文書提出命令と企業秘密（4）」ＮＢＬ六〇九号（一九九七）六四頁など参照。

（65）上野・前掲（注2）五二頁、同・「新民事訴訟法における文書提出義務の一局面」原井龍一郎先生古稀祝賀『改革期の民事手続法』（法律文化社・二〇〇〇）一一〇頁、高橋・前掲（注34）二五〇号七五頁以下など。

（66）竹下＝野村・前掲（注35）一一九頁ですでに指摘されてきたように、ドイツ法において文書提出義務が制限的なのはその背景に、文書に関する所有権観念が存在していたからである。

(67) 具体的には、第三者の所持する文書が挙証者との関係で、二二〇条二号、三号文書に該当する場合に、第三者には無条件に文書提出義務が生じると解すべきであろう。しかし、他の場合の文書提出義務は、当事者の場合より限定的に解すべきであろう。例えば、二三〇条一号に四号(イ)～(ハ)の拒絶事由の適用を認めることや、四号の「専自己利用文書」概念を当事者の場合より拡張して解釈することも許されるのではなかろうか。

(68) 留保付ながら、高田・前掲（注35）二八頁がこの無条件文書提出義務を認める。

(69) 兼子一『条解民事訴訟法上』（弘文堂・一九五五）七九三頁など参照。高橋・前掲（注34）二五〇号七八頁（注6）は、証拠としての引用か否かの識別が困難などを理由に、証拠としての引用に限定する必要はないとする。そのうえで、同頁（注7）で証言拒絶事由による引用文書の提出義務の解除を認める。しかし、引用文書に文書提出義務を認める根拠は、信義則および相手方の反論権保障にある。これは、証拠として引用するからこそそうした問題が生じるからである。無条件の文書提出義務を認める背景には、こうした引用文書の制限が必要となる（前掲（注47）参照）。

(70) 竹下＝野村・前掲（注35）一一九頁参照。

(71) この点に一～三号文書を列挙した意味があると考えることになる。一～三号までの規定の意義は、四号文書について申立人が除外事由のないことを主張、立証する責任を負う点にあるとされるが（高橋・前掲（注34）二五二号九二頁など参照）、この負担を証拠の優越程度に軽減する解釈を主張する見解（竹下・前掲（注22）一九頁）や、相手方側の事情を申立人の負担すること自体が疑問であり、インカメラ審理の導入の結果、証明責任には重要な意義は認められないとの見解（山本和彦・前掲（注61）九頁）もある。確かに、立法者は四号文書の主張立証責任を申立人に明確に負わせている（前掲・『一問一答』（注1）二四六頁）。そこで、後者の考え方は法律から素直に出てくるものではないとの批判もある。しかし、最高裁は、最決平成一二年三月一〇日民集五四巻三号一〇七三頁において、所持者側が情報の種類、性質および開示することによる具体的内容を主張立証しなければならない旨を判示する。これは、一応の推定と同様の構造で所持者側に事実上の負担を負わせたものと解されている（中西正・判評五〇七号一八七頁、高橋・前掲（注34）二五二号九八頁（注8）など参照）。立法担当者も、事実上は所持者が除外事由の該当性を立証負担することを観念している（前掲・『一問一答』（注1）二四六頁）。つまり、事実上、所持者側で四号除外事由の存在を負うのであれば、四号除外事由不存在の証明度は軽減されているのであり（高橋・前掲（注34）法教二五二号九八頁（注8）参照）、インカメラ審理の存在も考慮に入れれば、この局面で証明責任の意義は大きくないといえる。そして、それは文書提出義務の一般化の確立につながるものでもあると思われる。

(72) 同旨を主張するものとして、原・前掲（注1）一三一頁、西口元「証拠収集手続（1）――文書提出命令」塚原朋一ほか『新民事訴訟法の理論と実務（上）』（ぎょうせい・一九九七）四〇六頁、平野・前掲（注16）四六頁などがある。

(73) 前掲・『一問一答』（注1）二五七頁も、一～三号文書は当事者と文書の間に特別の関係等がある場合に認められるものであり、四号文書と明確に区別している。

(74) 山本和彦・「稟議書に対する文書提出命令（下）」NBL六六二号（一九九九）三二頁、山本克己・前掲（注14）一五頁。

(75) 並木・前掲（注20）五五頁は、利益衡量は立法段階ですでになされており、条文制定後の社会状況の著しい変化がない以上、条文の利益衡量的解釈は実体法内在的正当性に欠けるとする。基本的に賛同できよう。また、「専自己利用文書」を利益衡量により解釈することは、文書提出義務の範囲を拡張する場合もあれば、逆に制限することにもつながる。法的安定性が重視される手続法においては、問題であり、とくにインカメラ手続が採られる場合には、裁判所にあまりに裁量を広く認めることになり、当事者の反論権等で問題が大きくなるように思われる。なお、このように解することは、当然、文書提出義務の相対性を否定することになる（竹下＝野村・前掲（注35）二〇六号一〇頁など参照）。この相対性を否定しつつ、訴訟類型の差異により「専自己利用文書」の範囲調整を図る見解（山本和彦・前掲（注13）一〇頁）や二二〇条二項の補充性を介在させて調整を図る見解（山本・前掲（注14）一六頁）があるが、この見解も結局は文書提出義務の一般化の空洞化につながり、利益衡量説と同様に疑問である。

(76) 田原・前掲（注63）六四頁、山本和彦・前掲（注74）三二頁など。なお、以上のように解すれば、最高裁平成一一年および一二年決定において、稟議書は無条件に専自己使用文書に該当しないことになる。むしろ、金融機関の貸し手責任の事案では、当該稟議書が当事者間の融資契約の交渉をも記載している文書であれば、事案によっては法律関係文書性も肯定できる場合があるのではないかと考える。また株主等の代表訴訟の事案では、文書の所持者が第三者となるが、株主等の組織体内部の監視・監督権限から稟議書の提出請求権を観念できる場合もあるのではないか、検討の余地があるように思われる。

(77) 最高裁決定のように、会社等の意思形成過程で作成された内部文書が開示されると自由な意思形成ができないと評価することが果たして妥当かも疑問である。多くの論者が指摘するように、個人のプライバシー文書とそうした文書と同列に置くことはできない。それどころか、稟議書は会社内部では公式文書である。実際上は正確、客観的かつ論理的に作成されていれば、訴訟状態に陥った段階で開示されても困る理由はなく、広範なディスカバリーが認められているアメリカで、内部文書の提出により企業内部の自由な意思形成が阻害されているとの話はあまり聞かないとの指摘もある（池田裕彦「密室の「自由な意思形成」は企業の利益か」自正五一巻六号（二〇〇〇）一三頁）。また、企業運営の透明性・情報開示の要請を強調する指摘もある（山本和彦・前掲（注13）一二頁）。賛同できる見解である。

(78) こうした解釈は、除外事由に関して一般条項を規定するオーストリア法よりも当事者に対して広く文書提出義務を認めることになるかもしれない。しかし、オーストリア法あるいはドイツ法との比較において、実体法上の閲覧請求権がさほど広く認められていないわが国においてはかかる訴訟上の手当てが必要であり、かつ当事者権限（義務）が十分に強化されていない現状では、証拠収集手段の拡充という点からもこうした解釈は正当化されると思われる。もっとも、新法の趣旨の一つである当事者の訴訟誠実遂行義務を観念すれば（二条）、手持ち証拠の積極的開示が実施されるべきで、その訴訟慣行が定着すれば、文書提出命令制度の利用は実務上さほど問題とならないことになろう。

(79) ①決定についての評釈として、小野憲一・ジュリ一一八四号一二〇頁、同・曹時五三巻一〇号二五八頁、大村雅彦・平成一一年度重判一二三頁、上野泰男・リマークス二〇〇〇（下）一三〇頁、同・別冊ジュリ二〇一号一四六頁小林秀之・判評四九九号二七頁、山本克已・金法一五八八号一三頁、山本和彦・NBL六七九号六頁、加藤新太郎・NBL六八二号七一頁、同・銀法21五七〇号（一九九九）四頁などの銀法21五七〇号の特集、岩田眞・平成一一年度主要民事判例解説二四六頁、大内義三・金判

一〇八二号五三頁、中島弘雅・民訴法百選〈第三版〉一六二頁、中村直人・旬刊商事法務一五四五号二二頁、高橋俊樹・金法一五七五号二六頁、田原睦夫・民商一二四巻四・五号六八五頁などがある。

(80) 本件決定に関する評釈として、山本和彦・銀法21六八五号四頁、中原利明・銀法21六八五号一四頁、渡辺隆生・NBL八七四号四八頁、畑瑞穂・平成一九年重判解説（ジュリ一三五四号）一四五頁、長谷部由紀子・金法一八四四号七五頁、我妻学・金商一三〇一号一八頁及び一三一一号四八頁、中村さとみ・ジュリ一三六五号一二七頁、越山和宏・速報判例解説（法セ増刊）二号一六二頁、林昭一・リマークス三八号三四頁、和田吉弘・法セミ六三九号一一五頁、石田秀博・受験新報〇八・七月号二八頁などがある。

(81) 文書提出義務をめぐる最高裁判例の展開を論じたものは複数あるが、さしあたり、伊藤眞「文書提出義務をめぐる判例法理の形成と展開」判タ一二七七号（二〇〇八）一三頁以下など。

(82) ⑤決定に対する評釈としては、加藤新太郎・法律のひろば五八巻八号七六頁、松本博之・判評五六一号二〇一頁、上野泰男・平成一六年度重判解一二九頁、中村也寸志・曹時五九巻二号二四二頁、渡辺昭典・民商一三二巻六号一八五頁、林道晴・NBL八〇二号四五頁、和田吉弘・法セミ五〇巻五号一二七頁、濱崎録・法政研究〔九大〕七二巻二号一一九頁、三木浩一・法研〔慶大〕七八巻七号九二頁などがある。

(83) 伊藤・前掲（注81）論文三五頁（注61）など参照。

(84) ⑥決定の評釈としては、駒林良則・民商一三四巻四＝五号一五六頁、山本浩美・判評五七九号一七八頁、川嶋四郎・法セミ五一巻二号一二五頁、長屋文裕・ジュリ一三二五号二二三頁などがある。

(85) ⑦決定の評釈として、我妻学・金判一二三七号一頁、階猛・NBL八三〇号二三頁、長谷川俊明・銀法21六六〇号四頁、久保淳一・銀法21同号一一頁、香月裕爾・銀法21同号一四頁、小林秀之・銀法21同号八頁、石毛和夫・銀法21同号四八頁、宮川聡・判評五七六号一九六頁、三木浩一・法学研究〔慶大〕七九巻一〇号七三頁、山際悟郎・金判一二四六号八頁、川嶋四郎・法セミ五一巻一〇号一二〇頁、南波洋・金法一七八六号五二頁、下部真治・金判一二四九号一四頁、並木茂・金法一七九〇号四四頁、

和田吉弘・法セミ五一巻七号一二〇頁、土谷祐子・ジュリ一三四一号一五三頁、山本克己・金法一八一二号七一頁、名津井吉裕・ジュリ一三三二号一三二頁などがある。
(86) ⑧決定については、評釈として、川嶋四郎・法セミ六三六号一二二頁、日下部真治・法律のひろば六一巻九号六二頁などがある。
(87) 旧法下及び立法過程の議論については、さしあたり上野・前掲論文（注2）三三頁など参照。
(88) 上野・前掲論文（注2）三七頁以下、など参照。
(89) もっとも、学説には、立法時の経緯や議論を踏まえ、旧法との連続性を維持し、「現行法の解釈上認められていた自己使用文書の範囲と新法の自己使用文書の範囲とは、結論において基本的には変わらない」との原則肯定説もあった（中野前掲書（注62）五三頁など）。
(90) 前掲・『一問一答』（注1）二五一頁。
(91) 前掲・『一問一答』（注1）二五二頁。
(92) 小野・前掲（注79）評釈二七〇頁は、(i)の要件のみならず、(ii)の要件も文書の種類に応じた類型的判断であり、個別具体的な記載を問題とするものではないと理解すべきであろうとする。
(93) 竹下守夫「新民事訴訟法と証拠収集制度」法教一九六号（一九九七）一八頁、原強・前掲論文（注1）一三〇頁など。証言拒絶権に類する実質的保護利益がある場合に限り、専自己利用文書該当性を認める山本和彦・NBL六六二号三二頁も限定説に加えることができよう。
(94) 伊藤・前掲論文（注22）一四五六頁、春日偉知郎・基本法コンメンタール民訴法２（第三版）（日本評論社・二〇〇七）一九七頁、新堂幸司『新民事訴訟法（第四版）』（弘文堂・二〇〇八）五六六頁など。また、近時、最高裁の判断基準の(i)要件は、(ii)「看過し難い不利益」要件の前捌き的な意味を有するに過ぎず、(ii)要件が専自己該当性を左右する決定的要件とし、その判断には文書の具体的記載内容を実質的に審理すべきとの見解も主張されている（三木浩一「文書提出命令における「自己利用文書」概念の現在と将来」小島武司古稀祝賀『民事司法の法理と政策（上）』（商事法務研究会・二〇〇八）八三二頁以下）が、不利益を実質的判断することから比較考量説に近い見解と思われる。

(95) 山本・前掲（注80）本件評釈五頁、判時一九九一号七三頁本件コメントなど参照。

(96) およそ監督官庁が存在する企業にとって自己利用文書など存在しえないことになるとの本件決定に対する批判（渡辺・前掲（注80）本件評釈五一頁など）もこの点を考慮したものであろう。

(97) 長谷部・前掲（注80）本件評釈七八頁が、本件決定が貸出稟議書など異なって内部文書性を否定したのはこうした判断方式がその範囲を過度に拡大するおそれを考慮したものと評する点もこれを考慮したものといえよう。

(98) 本件決定は、文言上は⑵要件の「外部開示性」に重点をおいたように見えるが、このように実質的には⑴要件に重心を置いて判断したと解しうると思われる。このような解釈の余地からは、本件決定が金融機関における諸々の社内文書（①決定、⑦決定及び本件決定）間の相違を意識したものであり、とくに、貸出豪議書との線引きを考慮したものと言うこともできよう。しかし、これが妥当かは疑問である。文書の法令上の作成義務の存在が内部文書性の判断を左右する必須の要件であると一般化して評価することに対して、多数説が慎重な態度をとるのも（畑・前掲（注80）本件評釈一四六頁、長谷部・前掲（注80）本件評釈七七頁、越山・前掲（注80）本件評釈一六三頁など）、旧法下での内部文書性の判断基準が法令上の作成義務の有無が決定的要素であったことを鑑み、こうした判断基準が文書提出義務の範囲を縮小することになる点にあるのであろう。

(99) 筆者自身はこの立場を正当と考える。本文二九〇頁以下参照。なお、三木・前掲（注94）論文八三三頁以下は、専自己利用文書性は「看過し難い不利益のおそれ」要件のみで判断すべきで、しかも個人のプライバシー侵害により判断すべき旨を主張するが、プライバシー侵害に重心を置くのであれば、定型的判断が可能であり、ある程度の利益衡量が避けられない「看過し難い不利益のおそれ」要件での判断にはなじまないのではなかろうか。また垣内秀介「自己使用文書に対する文書提出義務免除の根拠」前掲小島古稀（上）二四三頁以下は、専自己利用文書性は文書の類型的特徴に依拠するもので、日記帳のような表現形態選択の利益に基づき免除される場合と文書化促進利益に基づく免除があり、稟議書などはその作成を促進させることに業務執行の適性を確保する社会的価値がある（後者の免除事由に該当）として、免除を認める。しかし、社会的価値を考慮することは、同様に、利益衡量の側面は避けられないように思われる。

(100) 新堂幸司『民事訴訟法学の展開』（有斐閣・二〇〇〇）二二九頁など参照。
(101) 渡辺・前掲（注80）本件評釈五一頁以下、中原・前掲（注80）本件評釈一六頁以下など参照。
(102) 山本・前掲（注80）本件評釈六頁、中村・前掲（注80）本件評釈一二九頁など参照。
(103) 我妻・前掲（注80）本件評釈金商一三〇一号二四頁など参照。

第七章　「手続集中」理念と更新禁止原則

一　はじめに

「真実に合致した（適正な）裁判と迅速な裁判の実現」は、民事訴訟法制において常に求められてきたものである。わが国におけるこのような思考とその試みの出発点は、大正一五年の民事訴訟法（大正一五年法律第六一号）に遡ることができる。争点中心型の審理手続を整備した現行民事訴訟法（平成八年法律第一〇九号）もこの流れの中に位置づけられよう(1)。

大正民訴法改正時にとくに重視されたのは、「訴訟遅延の防止」と「裁判の適正」であった。そして、それは一八九五年のオーストリア民事訴訟法の影響を受けていたと思われる(2)。このオーストリア民訴法を創設したフランツ・クラインは、「真実発見に基づく適正な裁判」と「迅速な裁判」という二つの相反するとみなされていた目的を「手続集中」理念でもって結びつけた(3)。つまり、手続を集中させることにより、真実に即した裁判と迅速な裁判の実現が可能と考えたのである。そして、この「弁論（手続）集中」理念が大正民訴法改正にも影響をおよぼしたものと考えられる(4)。

手続の集中化のために、クラインが採った方策は、大別して、①審理構造（システム）の構築と②訴訟主体の行為規律であったと言えよう(5)。このオーストリア民訴法は訴訟促進化の点で大きな成果を上げ、周辺諸国へ影響を与えたのは周知のことである。その後、オーストリア法は、審理システムにつきオーストリア固有の「第一回期日」や「準備手続」といった制度を時代の変遷において廃止するに至ったが[6]、手続集中の観点から今日でもなお高く評価され、とくに重要なのが「更新禁止原則」である。クラインによる訴訟モデルでの「第一審において事実関係をできる限り完全に探求する」との基本方針と相俟ってまさに、この「更新禁止原則」は、オーストリア民事訴訟において今日まで手続集中のための最も有効な制度としてみなされている（この「更新禁止原則」により、オーストリア法の控訴審は事後審制を採用しているとされる）。

他方、わが国では、ドイツ法の影響を受け続審制を採り、「更新禁止原則」を採用していない。しかし、近時、審理の集中と充実を目的とした合理的訴訟運営をめざした実務から「続審制の事後審的運用」が提唱され[7]、また、控訴審における新たな攻撃防御方法の提出を現行法より制限する旨の立法案も提案されている[8]。平成八年の現行民訴法が争点中心型の審理方式を採用し、第一審集中化を促進したことに鑑みれば、控訴審での更新権が無制限に認められるとの考え方が後退せざるを得ず、その意味ではこの傾向は想定された。そして、この事後審的審理方法について詳細な検討を加えたのが上野泰男教授である[9]。教授は、事後審的審理方法につき、審判対象、控訴理由、人証の再尋問の観点から検討を加え、本章の考察対象である更新権の観点からは、濫用のおそれや明らかに不要な場合を除いては、控訴審は再尋問の申出をなるべく許すべきであり、その際、裁判所と当事者間での議論・検討において、再尋問不要理由を裁判所が説明すべき旨を主張された[10]。続審制の中での事後審的審理方法への傾斜に対する危惧と制約を主張されたものと思われる[11]。ただ、手続集中の観点からみたとき、続審制における事後審的審理方法の必要性とその限界づけはなお議論の余地があると思われる。

そこで、本章は、こうした認識の下、オーストリア民訴法における手続集中の実現手段のひとつである「更新禁止原則」を的確に紹介することを通して、事後審的審理の特色となっている更新権の制限についての検討を目的とするものである。この考察のために、以下では、まず、わが国における控訴審における更新権をめぐる（立法）議論を概説し、次に、オーストリア民訴法における控訴審における更新権の取扱い、すなわち、「更新禁止原則」の内容とその目的・機能などを明らかにしたい。そのうえで、わが国における続審制の下での事後審的審理方法について検討することにする。

二　わが国における更新権をめぐる議論――更新禁止原則を中心として

一　大正民事訴訟法改正

わが国における控訴審での更新権をめぐる議論は、大正民訴法改正に遡ることができる。これは、以下に示すように、オーストリア民訴法の影響を受けたことが推定できる。

ドイツ民訴法の影響を受けていた明治二三年民訴法（明治二三年法律二九号）では、四一五条で「当事者ハ、第一審ニ於テ主張セザリシ攻撃防御ノ方法、特ニ新ナル事実及ビ証拠方法ヲ提出スルコトヲ得」（句読点、筆者。以下同様）と規定され、当事者の更新権は保障されていた(12)。

明治二三年民訴法の制定後すぐに、民事訴訟法調査委員会による改正作業が開始されている(13)。この改正作業は、明治三二年の法典調査会に引き継がれ、明治三六年に改正草案を公表し、調査会は廃止された。この民事訴訟法改正案（旧法典調査会案）においても、更新権については、四五〇条以下で明治二三年民訴法の規定が維持された(14)。その後、実質的に民訴法改正が着手されるのは、明治四四年六月の法律取調委員会からである。そこでは、訴訟遅延が強く意識され、その改善に向けて民訴法改正作業が大きく転換した。その実質的出発点となるのが主査委員会の審議である(15)。その審議は、第九二回民事訴訟法改正起草委員会決議（大正三年六月二二日）において、主査委員会に提出された問題[16]からなる。その中の議題⒄でオーストリア民訴法四八二条[17]に類した「更新禁止」規定が検討課題とされたのである。

議題⒄ 「第二審ニ於テハ、第一審ニ於テ重大ナル過失ナクシテ主張スルコト能ハザリシ事実ノ外、新ナル事実ハ之ヲ主張スルコトヲ得ザルモノトスベキヤ」

この議題⒄は、大正三年一二月七日の第六回主査委員会で議論された。しかし、準備書面に記載しなかった攻撃防御方法を失権させる規定（議題⑷「準備書面ニ掲ゲザリシ攻撃防御ノ方法（証拠方法ヲ含ム）ハ、口頭弁論ニ於テ、之ヲ提出スルコトヲ得ザルヲ本則トスベキヤ」）との関係で、留保とされた[18]。そして、第一〇回主査委員会では全員異議なく決議され、委員総会に提出されている。決議案は、「第二審ニ於テハ、攻撃防御ノ方法（証拠方法ヲ包含ス）ハ訴訟ヲ遅延セシムル虞ナキモノ、又ハ新ニ成立シタルモノ、其他当事者ノ重大ナル過失ニ非ズシテ、第一審ニ提出シ能ハザリシコトヲ疏明シタルモノニ限リ、之ヲ提出スルコトヲ得ツモノト為スコト」である[19]。

このように、大正四年段階では更新禁止が考慮されていたといえよう。しかし、大正七年の民事訴訟法改正起案会決定案（起草委員会議案）三五一条では「当事者ハ、控訴審ニ於テ新ナル攻撃又ハ防御ノ方法ヲ提出シ、其他新ナル主張ヲ為スコトヲ得」とある[20]。更新禁止規定が削除され、控訴審での新たな事実資料の提出を当事者の自由とした明治民訴法の規定に戻っている。

その後、大正九年の民事訴訟法改正起草委員会決議案（第一案）三五一条、民事訴訟法改正案（起草委員会案）三五九条、民事訴訟法改正案（第一案・議案）三五九条、同第二、三案三五九条（第三案は大正一三年）まで同様である[21]。三五九条については、民事訴訟法改正調査委員会議事速記録第四〇回（大正一二年三月二〇日）において議論されており、原嘉道委員より準備手続の失権規定（二二〇条）との関係で、第一審で主張しなかった新たな攻撃防御方法を提出できることに疑問が提示され、同条の削除が提案された[22]。その後、民事訴訟法改正調査委員会議事速記録第五七回（大正一四年七月一七日）において、山内確三郎委員は、準備手続についての多数意見は、第一審における準備手続は第二審においてもその効力を生じ、当事者は準備手続に関する規定の拘束を受けるがよいというものであることから、三五九条に適当の規定を置くべき旨を述べている[23]。それを受け、民事訴訟法案中修正案（起草委員提案）（大正一四年七月二〇日印刷）では、更新権を認める三五九条を修正し、三七〇条で「第一審ニ於テ為シタル準備手続ハ控訴審ニ於テモ其ノ効力ヲ有ス」と変更されたと思われる[24]。

以降、この規定については、改正民事訴訟法法案（第四案）（大正一四年一〇月印刷）、民事訴訟法中改正法律案（議会提出・第五案）では、三八一条において同一内容で規定され、変更も議論も確認できなかった。民事訴訟法中改正法律案理由書では「第一審ニ於テ為シタル準備手続モ亦当然控訴審ニ於テ其ノ効力ヲ有セザルベカラズ。是レ本条ノ規定アル所以ナリ」との記述があるのみである[25]。これが、大正民訴法三八〇条となる。ただ、民事訴訟法改正起案会決定案（起草委員会議案）三四九条で第一審手続の規定の準用を規定し、また同三五〇条で、第一審でなした訴訟行為は控訴審でも効力を有する旨を規定した。以後これらの規定に変動はなく、大正民訴法三七八条、三七九条となる。大正民訴法三八〇条とこれらの規定が、実務での控訴審の覆審的取扱いへの傾斜を批判し、続審制を採用したことを明らかにしたものであることを立法担当者が述べていることからすると[26]、続審制の宣言により、議論は終結したようにみえる。しかし、準備手続の効力が控訴審でもその効力を認める大正民訴法三八一条により[27]、第一審の準備手続において当事者が主張しなかった攻撃防御の方法は控訴審で新たに主張できないのが原則となると、準備手続は原則実施されることになっていた（二四九条）のであるから、大正民訴法では、規定上は、更新権はかなりの程度制限された構造となっていたと評価することも可能であったのである[28]。

二　戦後民事訴訟法学における議論

その後も、控訴審における更新権制限の議論は繰り返し登場する。まず、上告審の負担軽減を目的に昭和二五年に施行された民事上告特例法の延長をめぐる議論の中で登場してくる[29]。この改正議論においては、法制局が意見照会した民事訴訟法改正問題で控訴審の構造として取り上げられた。更新権の制限は、裁判所サイド、とくに地方裁判所側から強く求められていた[30]。他方、弁護士会、学会は続審制を支持していた[31]。この議論を紹介し、事後審制に関する検討を展開したのが中田淳一博士である[32]。中田博士は、オーストリア民訴法の更新禁止原則をわが国で初めて詳細に検討し、更新禁止原則の適用による訴訟資料の肥大化、とくに第一審の負担過重、訴訟記録の作成負担、原判決を取り消す場合の差戻審や再審の負担と訴訟の重複による全体としての紛争解決の遅延などの問題点を指摘した。そして、続審制の維持を主張し、事後審制への転換を否定したのであった[33]。

他方、当時の実務では、覆審的な訴訟運営がかなり行われていたようで、村松判事によるその批判が提示され[34]、その後も実務側からは、覆審的訴訟運営は批判され、代わって事後審的訴訟運営の紹介が登場してきた[35]。

中田博士の見解後、研究者サイドからは、昭和四三年、木川統一郎博士により控訴事後審制の主張が新たに展開された[36]。木川説は、オーストリアでの実務の見聞を基礎に、中田博士のオーストリア法における事後審制の批判はすでに克服されているとして、事後審制の導入を主張した。木川博士は、訴訟促進を考慮すると、続審制のまま全体を迅速化する方法より、オーストリア法を範とした事後審制導入を提唱する。締まりのない続審制の採用は第一審の集中化を達成できないとして、事後審制導入条件として弁護士の訴訟開始直後の集中的訴訟準備の必要性を提唱された。

その後、実務家サイドから当事者の納得と第一審審理の漫然たる繰り返しを防止した訴訟の効率的運営という、相反する要請の中で覆審的訴訟運営に対する批判がなされ、訴訟運営の試みが紹介された[37]。とくに、昭和五一年の近藤判事の論説は、控訴審での不必要な審理の重複を避けるためには、最初から入念な整理と準備に立脚した最終弁論的弁論をなすべきであるとし、いわゆる「第一回結審」を提唱したのであった[38]。そして、そのためには控訴理由強制の必要性が唱えられていた。そして、昭和末から平成の初めには、東京高裁において「事後審的審理」が試みられていたとの指摘がなされていた[39]。

三　平成民事訴訟法改正とその後の議論

こうした中、平成民訴法改正が着手されることになる。そして、立法議論において、またしても更新権の制限をめぐる議論が登場してくる。改正に際して、更新禁止原則（正確には「更新権の制限」）が関連して議論されたのは、現行民訴法三〇一条をめぐってであった。この議論については、筆者はすでに紹介しているので[40]、本章では更新禁止原則との関係で簡単に紹介することにする。平成二（一九九〇）年に法制審議会民事訴訟法部会は、民事訴訟手続の全面的見直し作業に着手した。そして、平成三（一九九一）年一二月に法務省民事局参事官室は「民事訴訟手続の検討課題」（別冊NBL二三号）を公表した。控訴審における新たな攻撃防御方法の提出につき、以下の二案が提示された（検討事項六〇頁以下）。

① 控訴審においては、原則として、第一審で提出しなかった攻撃防御方法の提出、請求の変更及び反訴の提起をすることはできないが、当事者が重大な過失なくして第一審においてこれらをすることができなかったこと又は訴訟手続を著しく遅滞させないことを疎明したときは、この限りでないものとするとの考え方

② 控訴審においては、決定又は裁判所の裁定した期間の経過後は、原則として、第一審で提出しなかった攻撃防御方法の提出、請求の変更及び反訴の提起をすることはできないが、当事者が重大な過失なくしてこれらをすることができなかったこ

と又は訴訟手続を著しく遅滞させないことを疎明したときは、この限りでないものとする考え方

①案は、第一審軽視、訴訟遅延の指摘を受けて、更新禁止原則に近い考え方が採られている。②案は、裁定期間を設けての提出制限の考え方の提示である。検討事項に対する各界の意見は、賛成、反対が拮抗していたが、第一審判決が欠席判決であった場合等において、当事者にとって不当に不利益になるという理由で、平成五（一九九三）年の「民事手続に関する改正要綱試案」（別冊NBL二七号）では②案が採用された(41)。②案は、失権の例外を「重大な過失」や「手続遅延」に係らしめずに、当事者の説明責任という形（争点整理手続における一六七条、一七四条、一七八条に対応）で修正したが、他はほぼ維持された形で、現行民訴法三〇一条となる。平成民訴法改正でまた、更新権の制限に関する立法論は頓挫することになった。

しかし、②案をベースとした三〇一条による失権によっても、控訴理由書および反論書の提出強制（民訴規一八二条、一八三条）の運用次第で更新禁止に近い更新権の制限が可能との評価もできる(42)。またその後も研究者の中から、更新権の制限を肯定する見解が再び新たに主張された(43)。

実務では、平成七年に藤原判事による論考が公表され(44)、第一回結審の訴訟運営論が紹介された。これにより、続審制の中での事後審的訴訟運営が控訴審実務に広がっていったとされる(45)。そして、二〇〇四（平成一六）年に実務動向として、前述の事後審的運営が紹介されるに至った。その間、わが国民事訴訟法学に大きな影響を与えてきたドイツでも二〇〇二年の民訴法改正により、控訴審における更新権の制限を拡張した(46)。この控訴審改革の流れを受け、民訴法学会でも二〇〇六（平成一八）年に「上訴の理論的再検討」と題したシンポジウムを開催し(47)、この問題が検討された。しかし、この議論をみても、この控訴審における更新権の制限については、わが国民訴法学界では消極的見解が根強い(48)。

わが国の立法論において、覆審制を採るべきではない点ではほぼ一致していたと思われる。しかし、ここで再考すべきは、概観したわが国における立法作業の中で、なぜ繰り返し更新権の制限の立法が試みられたかであり、削除された明治民訴法の「更新権保障」の規定（明治民訴法四一五条）の復活がないことをどう評価するかである。他方、わが国における更新権制限消極論は更新禁止原則の意義・機能の理解不足に関わる点が大きいように思われる。そこで、以下で、手続集中化実現の中核手段となっているオーストリア民訴法の更新禁止原則を概観することにしたい。

三　オーストリア民訴法における更新禁止原則

一　オーストリア民訴法のコンセプトと更新禁止原則

一八九五年オーストリア民訴法において手続集中理念の観点から審理システム上、要の一つとなったのが、オーストリア民訴法四八二条に規定する「更新禁止原則（Neuerungsverbot）」である。上告審においてもまた当然に、新たな事実上の主張または証拠の提出は、無効原因またはその他の訴訟上の欠缺を支持ないし争うためにのみ許されているにすぎない（オーストリア民訴五〇四条二項）。この規定は、現行法においても変更がないまま、現在に至っている。

オーストリア民事訴訟法四八二条

(1)　控訴裁判所の弁論においては、控訴手続の控訴費用の償還請求を除き、新たな請求又は新たな抗弁を提出することは許されない。

(2)　判決の内容及びその他の訴訟記録の内容により、第一審において提出されていた控訴理由を立証し又は反駁するためにのみ、これを提出することが許される。また、これら新たに提出されたものは、控訴状又は控訴答弁書（四六八条）を通じて予め相手方に通知されていた場合に限り、斟酌することができる。

オーストリア法による控訴は、第一審手続のやり直し（Wiederholung）ではなく、第一審手続のコントロールに役立つものと位置づけられている。控訴審の対象は、控訴提起者によってなされた控訴申立ての枠内で、第一審判決の合法性および正当性についての再審理のみである。控訴は、「控訴をコントロールするのであって、現実をコントロールするのではない」のである[49]。ここに第一審中心主義の思考が現れている。

オーストリア法における更新禁止原則は、クラインによって創設されたものではない。オーストリア法の伝統に基づく。一八九五年のオーストリア民訴法の前訴訟法である一八七一年「オーストリア一般裁判所法」二五七条ですでに規定されていた。しかも、この規定は、一切の例外を認めず、更新を禁止したものであった[50]。これに対して、クラインは、ドイツ法の影響を受け、四八二条二項が示すように、更新禁止原則を緩やかに規定したのである[51]。これに対して、オーストリアの判例は、無条件に更新禁止原則を支持している。判例は、クラインによる四八二条二項の緩和を意識的に考慮しないか、または制限的に解釈してきたとされ、その根拠は、上訴審における更新の許容は、第一審の手続を無価値なものとしてしまい、かつほとんどの事例で下級審に事件を差し戻すにちがいないとされた点にあったとされる[52]。そこで、以下では、更新禁止原則について概説しておくことにしたい[53]。

二　オーストリア民訴法における更新禁止原則の概要

(一)　更新禁止原則の目的

上訴システムにとって決定的な意義を有するのは、新たな事実・証拠の提出は許されるのか、そしてそれを考慮しなければならないのかという問題である(54)。オーストリア民訴法は、この問題について、控訴は「更新禁止原則」に服するという形で応えた。オーストリア民訴法四八二条によれば、第一審判決の再審理は、第一審口頭弁論終結時での本案の申立てと事実陳述に基づいてのみ認められる。新たな請求および抗弁のみならず、新たな事実および証拠の提出も許されない、つまり、民事訴訟の重心を第一審に置き、控訴審ではすべての新たな事実と証拠方法の提出は原則許さないとの立場をとったのである(55)。控訴審は、第一審裁判所が口頭弁論終結時に存在する訴訟資料に基づき適正に判決を下したか否か、または第一審裁判所で遂行された手続が適法であるか否かを審査するのみである。換言すれば、控訴審は、事実および法的観点についての第一審裁判所の判断をコントロールするのである。したがって、更新禁止原則は、訴訟集中のための手段の一つとなり、訴訟審理の緊張化と訴訟遅延の防止に役立つものとされた(56)。更新禁止原則による手続集中により、控訴審(上告審も含め)の遅延をきわめて効果的に防止でき、コストの削減も可能になるとされる。なお、更新禁止は、職権によって考慮される。

(二)　更新禁止原則の適用対象

更新禁止の対象となるのは、第一審(下級審)の訴訟においてまだ提出されなかったまたは陳述されなかったすべての判決資料である。この資料を「Neuerungen(更新資料)」という。これには、当事者(または裁判所)に第一審で知れており、かつ利用可能であったが、まったく陳述されなかった、かつ訴訟に提出されなかった事実および証拠方法も含まれる(57)。オーストリア民訴法四八二条一項は、新たな請求および抗弁の主張を更新禁止の対象とする。原被告のすべての本案申立てが禁止されるのであり、さらに、訴えの拡張、訴えの変更が禁止される（オーストリア民訴四八三条四項参照。請求の認諾・放棄、和解、請求の縮減は許されている）。抗弁または異議は、それらが新たな事実または証拠方法の提出を必要とする場合にのみ、排斥される(58)。

また、「Neuerungen」には、「nova producta」と「nova reperta」も含まれる。「nova producta」とは、判決言渡しの基準となった時点（第一審口頭弁論終結時）後初めて生じた事実およびそれらの事実を立証するための証拠方法である。これらが控訴審では提出を禁止される。なお、この点に関して、正義の要請から控訴審でもこれらの基準時後の事由を即座に提出することを認めかつ考慮すべきであるとして、更新禁止原則に対する批判がなされているが、控訴審は更新禁止原則により迅速に進行するので、基準時後の事由はめったに生じず、オーストリアの実務では考慮されていない(59)。そして、この場合には、これらの事実および証拠方法は基準時後の新事由となるため（オーストリア民訴法では、既判力の基準時は第一審口頭弁論終結時となる）、新たな訴訟を提起するか、執行が関わる場合には、請求異議の訴えにより主張しうることになる(60)。

他方、「nova reperta」とは、第一審口頭弁論終結時までに主張責任を負う者が知りえなかった事実、そのような事実の証明のための証拠方法および、すでに知られていた事実であるが、当事者が知らなかったまたは利用できなかった事実の証明のための証拠方法である。こうした事実の存在は、第一審の判決の基礎が基準時において不完全で正しくなかったことを意味している。しかし、法的安定性と訴訟資料収集に関する当事者の共同責任の観点から、この「nova reperta」概念を手続法の基礎にすることは排斥される。それゆえ、手続法の意味において「nova reperta」とみなされるのは、主張・立証責任を負う当事者が過失なく第一審の口頭弁論終結時までに知らなかった事実および証拠方法となり(61)、これらが更新禁止の対象となる。控訴審において、新たな事実および証拠方法を当事者が知らなかったということに過失があったか否かを審査することの負担が大きく、控訴審理の遅延やコストの負担増が考慮されたのである。なお、オーストリア法では、こうした過失なく提出されなかった事実は、再審の訴えでもって主張できる（オーストリア民訴五三〇条一項七号、同二項）。この再審事由の緩和が更新禁止原則を機能させる要因の一つとなっている。

（三）新禁止原則の例外と違反の効果

このように第一審において提出されなかった事実および証拠方法は、更新禁止原則によって控訴審では原則提出できない。しかし、オーストリア民訴法は、四八二条二項で例外を規定する。つまり、控訴状または控訴答弁書で記載され、相手方に通知されていた限りで、控訴理由を立証しまたはこれを反駁するためにのみ、それらの事実および証拠方法を提出できるとする。したがって、控訴審の弁論において初めて提出されるものは考慮されないのである。(62)このような規定があるにもかかわらず、オーストリアの判例・通説は、四八二条二項を限定的に取り扱うのは前述の通りである。(63)また、経験則は、それが事実問題の解明に必要な限りでのみ、更新禁止の対象となる。

判例等により更新禁止原則の対象外とされるのは、まず新たな法的観点の陳述である。さらに、訴訟要件、上訴の適法要件、手続無効原因等の職権により顧慮されるべき事情を説明するための事実および証拠調べも更新禁止の対象とはならない。

他方、更新権が認められている民事手続もある。婚姻の無効宣告または婚姻存在ないし不存在確認に関する手続（民訴四三八のａ条二項）、非嫡出児の親子関係（UeKG 五章五文）および認知の承認または争い（FamRAnglV 三章六条一項一文）に関する争訴、ならびに労働契約法事件についての争訴および労働・社会裁判所法五〇条一項による労働関係の存続をめぐる労働協約上の争訴である。(64)

更新禁止原則違反に対しては、上告理由に該当しないことから、いかなる制裁もないとするのが通説である[65]。しかし、同時に処分権主義違反となる場合、つまり、控訴審が控訴手続で初めて提起された請求または抗弁について判断した場合は、上告理由となる[66]。

三 更新禁止原則に対する批判

更新禁止原則に対して諸外国で繰り返しなされたのは、第一審の訴訟が極めて広範になり、長期化し、膨張するとの批判である。この批判に対して、オーストリア民事訴訟法は広範な裁判官の実体的訴訟指揮権によって対応した。この権限と結びついて、無駄な陳述や定まらない陳述は却下できた。また、控訴審は第一審手続で確定された事実関係に拘束されるので、判断権限が不当に制限され、その間に生じた事実関係の変動を考慮できないという批判があった。この批判に対して、オーストリア法は再審の訴え等で対応し（前述）、実務では、更新禁止原則による手続の促進化により、そのような変動はめったにないことから、批判は重視されなかった[67]。更新禁止原則は、両当事者が事実陳述および証拠申出の完全性について少なくとも同程度に共同責任を有する場合にのみ、その訴訟集中的失権機能を発揮してよいということに争いはない[68]。

四 更新禁止原則と手続集中

最後に、この更新禁止原則と手続集中理念の関係を簡単に整理しておこう。

第一に、オーストリア民事訴訟においては、更新権は厳格に制限され、このことにより、訴訟審理の緊張化と促進化が実現されている。

第二に、更新禁止原則は、民事訴訟の重心が第一審に置かれることを前提としており、それは第一審集中化を実現し、訴訟コストの削減にも寄与する。

第三に、更新禁止原則に伴う不利益は、裁判官の実体的訴訟指揮権（オーストリア民訴一八二条、一八三条）と再審事由の緩和（同五三〇条一項七号、二項）によって、また請求異議の訴え等により問題なく対応されている。とくに、裁判官の実体的訴訟指揮権行使と当事者の完全陳述義務（同一七七条〜一七九条、一八四条）等による事案解明の諸方策が第一審集中化を支えるものである。

このように、更新禁止原則は手続集中理念実現の中核となる方策となっている。そして、オーストリア民訴法の特色が示すのは、重要であるのは控訴審だけを射程とした促進化ではなく、いかに訴訟（紛争）自体を適正かつ迅速に処理するかということである。訴訟手続全体の合理的・効率的運営との考えが存するものと思われる。

手続集中のためクラインによって導入された諸方策は、オーストリア民訴法では様々な変容を経験した(69)。しかし、この更新禁止原則と裁判官の実体的訴訟指揮権は変更なく、これらが、手続集中の方策の中心となっているといえよう。そして、オーストリア法においては、手続集中による適正かつ迅速な裁判の実現のために、どこに重点を置き、どのような形でセーフティーネットを張るかを第一審から上告審、さらには再審まで含めた紛争処理全体の流れの中で考察している。つまり、手続全体による手続集中の実現の視点が重要であるということに注意すべきである。

手続集中を目指したオーストリアの更新禁止原則の法制は、諸外国にも影響を与えてきた。その詳細は、紙幅の関係上、論述できないが、更新禁止原則につき頑なにそれを拒んできた隣国のドイツ法に大きな影響を与えたものと推定できる。ドイツ民訴法は、一九七八年の簡素化法を経て近時の二〇〇二年のドイツ民事訴訟法改正により、更新権の制限を大きく拡張させた(70)。また、最近の大規模な民訴法改正である二〇一一年施行のスイス民事訴訟法においても更新権は大きく制限された(71)。

四　おわりに――わが国民事訴訟法における更新権のあり方――

一　更新権の制限と立法論としての事後審制

以上、オーストリア民訴法の控訴審を特徴づける更新禁止原則を中心に、更新権の制限をめぐる議論を概観してきた。わが国の議論では、続審制か事後審制かという控訴審の審理構造をめぐる議論の中で更新権の制限はもっぱら論じられてきたといえよう。しかし、控訴審の迅速化などの形で控訴審という局面からのみの論じ方は余り意味がないことは、前述のとおりである。この理は、立法論において明確である。更新禁止原則は、第一審重点主義を前提していることから、第一審の審理を充実させる方策とセットとなる。オーストリア法は審理システムだけでなく、裁判官の実体的訴訟指揮権と当事者の完全陳述義務等を第一審重点化の中核手段と位置づけ、とくに裁判官の積極性は、更新禁止原則と並んで手続集中の主要方策としてクラインの立法以来大きな変更はない(72)。そして、他方で再審事由を緩和させている。このような手続集中の仕掛けにより訴訟促進の実効性が担保されているといえよう。事後審制につき立法論を展開するのであれば、これらに加え、さらに既判力の基準時の変更、控訴審での訴えの変更の禁止、仮執行宣言の廃止等々についても併せて論じて、立法論ははじめて意味をなす。更新権を原則制限する規定を設けるだけの立法論は無意味であり、その意味を見出すには事後審制とは別の意味と捉える必要があろう。

二　実務の事後審的訴訟運営論の意義

更新権の制限の議論は、覆審的審理の排除と訴訟の引き延ばしなどによる第一審軽視への対応に重点がある。この点につき異論はない。問題はこの対応手段を現行法制の中でどう構築するかである。かかる視点からみると、実務が提唱する「続審制の下での事後審的訴訟運営」とは、「第一審の漫然たる繰り返しではなく、まず、第一次的には、控訴理由が実質的に問題とする特定の争点について、審理の対象を絞り、その争点に対する集中的な審理を進める訴訟運営〔をいい〕、……結果として第一回結審は生じるものである」[73]とすることからして、繰り返し議論されてきた第一審軽視への対応に基づくものといえる。これに対して、事後審制の採用されていないところで事後審的審理を行うことは法的基礎に欠け、直接主義を軽視するものである等の批判[74]はそれ自体正当とも評せるが、続審制という法制において第一審軽視への対応手段をどう組み立てるかという実務側の工夫とは視点にズレが生じているように思われる。ドイツ法等が事後審制に近づく更新権制限へ大きく舵を切った背景には、社会的価値の重心が「迅速性」に移り、訴訟促進に配慮した第一審重点化と司法コスト削減の観点があったといえる。また、続審制という審理方法が覆審的にも事後審的にもなりうるものであることからすれば、控訴審における従前の問題に対して、第一審重点化を採った現行民訴法においては事後審的訴訟運営という実務の対応はありうるものと評価できよう。問題はその対応が現行民訴法からみて適切かという点にある。[75]

三　手続集中と事後審的審理方法

現行民訴法は、実務から提唱されている事後審的審理方法は、上野教授が指摘したように、判断資料を第一審の裁判資料に限定して、主張された控訴理由に基づいて第一審判決の当否を判断する方式であるといえる。そして、更新権の制限は、適時提出主義と当事者の誠実訴訟追行義務からの制限となる[76]。これらの点では、更新禁止原則をとるオーストリア民訴法に近い審理方式である。

したがって、この方式では第一審において裁判資料が当事者から全て出て、事実関係が完全に解明されたことが理論的には基本前提となる。第一の問題は、現行民訴法によるこのための制度的保障が十分かということである。現行民訴法は、訴訟の審理充実・促進の実現のために、早期に争点を明確にして、争点に焦点を絞った効率的証拠調べができるように、争点整理手続を整備し、集中証拠調べを明文化した。第一審重視を明確にしている。とくに、証明すべき事実を裁判所と当事者間で確認することを義務づけたことは（民訴一六五条、一七〇条五項、一七七条）は、裁判所と当事者間での争点・資料についての共通認識の形成を担保するものであり、少なくとも請求の争点をめぐる事実関係は解明された形になるはずである。このための手段として、現行民訴法は、裁判官の釈明権等の裁量拡大(77)、文書提出義務の一般化、提訴前後の当事者照会制度、提訴前の証拠収集処分などを用意する。以上を勘案すれば、現行民訴法上は、この問題についての制度的保障はあるといえよう。

第二に、実務の事後審的審理では、控訴理由書の提出強制を前提として控訴理由に基づいて第一審判決の当否を判断する。この点は、訓示規定といわれる民訴規則一八二条を根拠にすること、控訴理由に制約がかかることなどの疑義が上野教授により述べられている(78)。正当な疑義と思われるが、事件の第一回結審が可能かを判断する点に力点があり、進行協議期日などでの当事者との期日前協議、事前釈明の実施(79)や反論書の提出も命令でき（民訴規一八三条）、第一回口頭弁論は開催されそこでの審理もあるとすると、続審制の枠内で第一審判決の当否を判断する一応の前提は形成されうるといえるのではなかろうか。

第三の問題は、適時提出主義による更新権の制限（失権）が十分に機能するかである。すでに論じた点ではあるが、控訴理由書および反論書の提出強制（民訴規一八二条、一八三条）の運用を厳格に実施し、三〇一条による失権を的確に実施できれば、更新禁止原則に近い更新権の制限が可能な形となっている(80)。

以上を勘案すると、実務の事後審的審理は、続審制が維持されている現状では、現行法がとった第一審集中の審理方式を埋没させず、訴訟全体の迅速化や上告審の負担軽減化にも寄与しうる仕組みとして評価できそうである。

また、全面的ではないが、ある程度は、更新禁止原則の機能を代替するものとして評価できよう。ただ、問題はその運用が実務上統一的にできるかであり、その危惧を含めた抜本的解決のためには、前述のような立法が必要であるが、それが可能かは現状では不確定なままである。

（注）

（1）法務省民事局参事官室編『一問一答　新民事訴訟法』（商事法務研究会・一九九六）五頁、一六九頁など参照。なお、引用文献は、紙幅の関係上、網羅的ではない。

（2）拙稿「わが国におけるオーストリア民事手続法の受容――『手続集中』理念と大正民事訴訟法改正」早稲田大学比較法研究所編・日本法の中の外国法（早稲田大学比較法研究所叢書四一号）（成文堂・二〇一四）二一三頁以下参照（以下、「叢書四一号」で引用――本書第一章参照――）。同「『手続集中』理念とその方策としての弁論準備システム」河野正憲先生古稀祝賀『民事手続法の比較法的・歴史的研究』（慈学社・二〇一四）二一一頁参照（以下、「河野古稀」で引用――本書第二章参照――）のこと。

（3）手続集中理念に関するクラインの考えについては、*Klein/Engel*, Der Zivilprozess Österreichs (1927), S. 244 ff. 参照。概念的には、この手続集中理念は、「訴訟経済」理念と重複してくる部分がある（なお、*Fasching*, ZPO. 2. Aufl (1990), S. 372など参照）。

（4）この点については、拙稿・前掲（注2）叢書四一号二五二頁以下――本書第一章――など参照。

（5）*Klein/Engel*, a. a. O. (Fn. 3), S. 245. ff. は、訴訟行為および訴訟審理の集中化と訴訟内容の集中化という二つの観点から区分する。なお、クライン自身、手続集中化の方策のどれがキーポイントとなるかは述べていない。むしろ、「事実上、迅速な訴訟追行を保障する『ひとつの』有効な措置は存在せず、相互に密接に関連し合いかつ相互に補完する『措置の束』全体が重要でなければならない」とするのである（*Klein/ Engel*, a. a. O. (Fn. 3), S. 245）。

（6）詳細は、拙稿・前掲（注2）河野古稀二一一頁以下――本書第二章――参照。

（7）司法研修所編『民事控訴審における審理の充実に関する研究』（法曹会・二〇〇四）参照。

(8) 三木浩一＝山本和彦編『民事訴訟法の改正問題』(ジュリ増刊)(有斐閣・二〇一二)一四七頁以下。
(9) 上野泰男「続審制と控訴審における裁判資料の収集」民事手続法研究二号(二〇〇六)五九頁以下。
(10) 上野・前掲(注9)九四頁。
(11) 勅使川原和彦「続審制の変容」民事手続法研究二号(二〇〇六)三五頁以下も参照。その後、事後審制について批判的スタンスを鮮明にしたのが、松本博之「控訴審における『事後審的審理』の問題性」青山善充先生古稀祝賀『民事手続法学の新たな地平』(有斐閣・二〇〇九)四五九頁以下〔松本博之『民事訴訟法の立法史と解釈論』(信山社・二〇一五)四九〇頁以下所収〕である。
(12) 明治民訴法における控訴審の構造については、佐瀬裕史「民事控訴審の構造に関する一考察(5)」法協一二八巻九号(二〇一一)二三二七頁(二三四六頁以下)が詳細である。佐瀬論文では、日本では、弁護士不足による弁護士強制の不採用から第一審での十分な審理の保障が低く、更新権を認める必要性がドイツより高かった旨が指摘されている(同二三六九頁)。
(13) その後の大正民訴法改正への詳細は、鈴木正裕『近代民事訴訟法史・日本』(有斐閣・二〇〇四)二三一頁以下、松本・前掲(注11)民事訴訟法の立法史と解釈論五一頁以下など参照。
(14) この点については、松本博之＝河野正憲＝徳田和幸編著『日本立法資料全集一〇　民事訴訟法〔大正改正編〕(1)』(信山社・一九九三)八二頁参照。
(15) その審議の内容は、松本＝河野＝徳田編著・前掲(注14)六二五頁以下参照。主査委員会は、大正三年一一月一八日の第二回委員会から本格的審議を開始する。大正民訴法改正の控訴審関係の改正事項については、佐瀬裕史「民事控訴審の構造に関する一考察(六・完)」法協一二九巻八号(二〇一二)一七九七頁以下が詳細である。
(16) 問題については、松本＝河野＝徳田編著・前掲(注14)六一三頁以下参照。訴訟遅延に対する対応が危急の課題であった。
(17) この規定はすでに、雉本朗造「民事訴訟制度の變遷及改正運動(九)」法律新聞八四四号(一九一三)三三五頁で訴訟遅延防止策の一つとして紹介されていた。

(18) 議論内容は、松本＝河野＝徳田編著・前掲（注14）六六一頁及び本書第一章参照。

(19) 松本＝河野＝徳田編著・前掲（注14）六九三頁。なお、議題(4)に関する準備手続創設の過程については、拙稿・前掲（注2）叢書四一号二一三頁以下——本書第一章——参照。

(20) 松本博之＝河野正憲＝徳田和幸編著『日本立法資料全集一一　民事訴訟法［大正改正編］(2)』（信山社・一九九三）九三頁。

(21) 松本＝河野＝徳田編著・前掲（注20）一三三頁、一七五頁、二一三頁、二七五頁、三二一頁（大正一三年段階）。

(22) 松本博之＝河野正憲＝徳田和幸編著『日本立法資料全集一二　民事訴訟法［大正改正編］(3)』（信山社・一九九三）四一三頁以下。なお、この意見に対して、松岡義正委員からは、上告審では新たな攻撃防御方法が提出できなくなることから、十分な裁判をなすことを可能にするためと、続審制を念頭においたと思われる発言がなされていた（同四一三頁）。第一審における随時提出主義の規定（大正民訴法改正ではむしろ同時提出主義に近い）が控訴審にも準用されるので、更新権の規定を置かなくてもいいとの理由から更新権保障の規定は削除され（石渡哲「民事訴訟法の改正と控訴審の審理構造」中野貞一郎＝石川明編・リュケ教授退官記念『民事手続法の改革』（信山社・一九九五）一〇四頁など参照）、この削除には、無制限に新たな攻撃防御方法の提出を許すものではないことが含意されていたとの指摘もある（佐瀬・前掲（注15）一八〇四頁）。民事訴訟法改正案修正問題では、「第一審ニ於テ準備手続ヲ命ジタル場合ニ於テハ、控訴審ノ弁論ニモ第二百二十条所定ノ弁論制限ノ効力ガ及ブ主旨ヲ明定スルノ要ナキヤ」となっており（松本＝河野＝徳田編著・前掲（注20）二三九頁）、議論はされていたようである。

(23) 松本博之＝河野正憲＝徳田和幸編著『日本立法資料全集一三　民事訴訟法［大正改正編］(4)』（信山社・一九九三）一〇六頁。

(24) 松本＝河野＝徳田編著・前掲（注20）三三五頁。後述の第四案については、同三九三頁。第五案については、同四三五頁。

(25) 松本＝河野＝徳田編著・前掲（注23）二二五頁。その後、「大正一五年二月二五日貴族院民事訴訟法中改正法律案外十一件特別委員小委員会議事速記録第六号」池田寅二郎政府委員の説明でも同様の説明がなされている（松本博之＝河野正憲＝徳田和幸編著『日本立法資料全集一四　民事訴訟法［大正改正編］(5)』（信山社・一九九三）六頁）。

(26) この点につき、山内確三郎『民事訴訟法の改正第二巻』（法律新報社・一九三〇）一四六頁以下、加藤正治『改正民事訴訟法

概説』(有斐閣・一九三七〔初出は法学協会雑誌四四巻二号、三号、五号〕)一一〇頁など参照。

(27) 山内・前掲(注26)一四八頁参照。加藤・前掲(注26)一一〇頁も準備手続を一般に行うこととした関係で三八一条を設置した旨を指摘していた。そして、長島毅＝森田豊次郎『改正民事訴訟法解釋』(清水書店・昭和五年(一九三〇))四〇九頁は「第一審ニ於ケル準備手続ハ全部控訴審ニ於テ其効力ヲ有ス」としている。また、山内・前掲(注26)一四八頁は、職権調査事項、法律事項は主張でき、また新たな主張が著しく訴訟を遅延させないこと、準備手続で主張しなかったことが重過失に図らずしてなしえなかった事情に基づくことの疏明がある場合には、控訴審で新たに主張できること、そして、準備手続後において生じた事由は主張できる旨を指摘していた。

(28) この点では、大正民訴法ではオーストリア法における更新禁止原則と同様の更新権の制限が採られていたとも評しうるものである。しかし、準備手続による審理方式自体がわが国では失敗に帰した結果(拙稿・前掲(注2)叢書四一号二二四頁など——本書第一章・第二章参照)、準備手続による失権に基づく更新権の制限は意味を失くしていったものと思われる。また、大審院(大判昭和八年二月七日民集一二巻二号一五九頁など)も続審制である点などを根拠に上げ、「時機に後れて」の判断は、第一審における訴訟手続の経過をも通じて観察して判断するとし、実務的にも更新権の制限は意味を失くしていた。学説も同様であった点につき、佐瀬・前掲(注15)一八一二頁参照。

(29) 松本・前掲書(注11)民事訴訟法の立法史と解釈論一〇八頁以下など参照。この議論の中で、控訴審の審理についても議論されており、この経緯等については、石渡・前掲(注22)一一一頁以下が詳細である。

(30) 昭和二五年の「裁判手続の運用についての最高裁判所通達」(松本博之編著『日本立法資料全集六二 民事訴訟法〔戦後改正編〕(2)』(信山社・一九九七)二八三頁に基づき、「民事訴訟の促進に関する民事裁判官会同」が実施され、その協議事項に挙げられていた(同三〇三頁以下)。また、「第一審強化に関する民事裁判官会同」(同四一八頁以下)では、控訴審において新たな主張立証を許さないとすることについての可否が議論されている(同五三六頁以下)。更新権を制限する議論は、第一審の軽視があり、訴訟引延しのために控訴が悪用されるおそれがあるというものを根拠とするのが中心であった(同五三八頁など参照)。

(31)　石渡・前掲（注22）一一二頁によれば、斎藤秀夫教授のみが、第一審の強化を図ったうえで事後審制を採用すべきとの意見を提出していたとされる。

(32)　中田淳一「控訴審における更新権について」同『訴訟及び仲裁の法理』（有信堂・一九五三〔初出、私法六号（一九五二）〕）二一七頁以下。

(33)　中田・前掲（注32）二四二頁は、「事案の解明は、裁判官の単独作業ではなく、むしろ裁判官と当事者及び訴訟代理人との緊密な協力をまって始めて達成できる協同作業である。しかるに、これら訴訟関係人の間には、その協力を事実上妨げる多くの要素が介在することを忘れてはならない。……かかる場合、控訴審に至って始めてすべての関係人間の十分な理解の下に、事件の核心をついた弁論と裁判が行われる可能性が生じるもので、この可能性は、更新権を原則として承認することによってのみ活かされるものである」とする。

(34)　村松俊夫「控訴審の審理」同『民事裁判の諸問題』（有斐閣・一九五三〔初出、曹時五巻二号（一九五一）〕）一一八頁以下。

(35)　西村宏一＝尾中俊彦「控訴制度の諸問題」民訴一〇号（一九六三）一一頁など。控訴審の訴訟運営をめぐる議論の推移については、司法研修所編・前掲（注7）二四頁以下など参照。

(36)　木川統一郎「控訴事後審制」同『比較民事訴訟政策の研究』（有斐閣・一九七二〔初出、法学新報七五巻一＝二号（一九六八）〕）一六九頁以下。

(37)　右田堯雄「民事控訴審実務の諸問題」判タ二八八号（一九七三）二頁、奈良次郎「控訴審における審理の実際と問題点」小室直人＝小山昇先生還暦記念『裁判と上訴㊥』（有斐閣・一九八〇）一〇五頁など。

(38)　近藤完爾「心証形成過程の説示(9)」判タ三二八号（一九七六）一五頁。

(39)　田尾桃二「いわゆる『実務の知恵』について」判タ七八一号（一九九二）六頁、司法研修所編・前掲（注7）二九頁参照。

(40)　松村和徳＝酒井真紀子「控訴手続の改正」早稲田法学七四巻二号（一九九九）五六四頁以下。

(41)　改正要綱試案補足説明七〇頁。

(42)　松村＝酒井・前掲（注40）五七一頁以下。
(43)　石渡・前掲（注22）一三二頁以下、畑宏樹「控訴審における更新権についての一考察」山形大学法政論叢六号（一九九六）八四頁以下など。
(44)　藤原弘道「『民事控訴審のあり方』をめぐる二、三の問題点」判タ八七一号（一九九五）四頁。また、東孝行「民事控訴審の構造論と実務」判タ八一九号（一九九三）一二頁も参照。
(45)　司法研修所編・前掲（注7）三二頁参照。
(46)　詳細は、勅使川原・前掲（注11）三五頁以下、佐瀬裕史「民事控訴審の構造に関する一考察(4)」法協一二七巻一二号（二〇一〇）二〇三七頁以下など参照。
(47)　河野正憲ほか「(シンポジウム) 上訴の理論的再検討」民訴五三号（二〇〇七）一一一頁以下。
(48)　上野・前掲（注9）、勅使川原・前掲（注11）、松本・前掲（注11）民事訴訟法の立法史と解釈論など参照。学会のシンポジウムでは、裁判所側の実務家からも事後審的運用を採用していない旨の発言もあり、実務も統一性がないことが明らかになった。
(49)　*Klein/Engel*, a. a. O. (Fn. 3), S. 403.
(50)　この規定は、一般裁判所法以前の規定と一般的慣行に相応するものであり、立法過程でも反対意見は出てこなかった。詳細は、*Loschelder*, Die österreichesche Allgemeine Gerichtsordnung von 1871, S. 157 (1978) 参照。オーストリア一般裁判所法二五七条は「控訴においては、第一審裁判所に提出された以外の歴史的事実及び証拠方法はこれを提出してはならない。これに違反した場合には、新たな提出はこれを考慮してはならない」と規定する。
(51)　詳細は、*Fasching*, Die Entwicklung des zivilgerichtlichen Berufungsverfahrens in der Rechtsprechung, ÖJZ 1963, S. 538. なお、この事情につき、鈴木正裕『近代民事訴訟法史・オーストリア』（信山社・二〇一六）一四六頁以下が詳細である。それによれば、クラインは証人の証拠力に関する新事実および証拠方法の提出を例外として考えていた。
(52)　この点に関しては、*Fasching*, Die Entwicklung des Neuerungsverbots im zivilgerichtlichen Rechtsmittelverfahren im letz-

ten Jahrzeht in Österreich, FG Fasching (1993), S. 315.〔初出、FS Mitsopoulos (1987)〕

（53）以下の叙述は、主に、*Fasching*, Zivilprozeßrecht., 2. Aufl. (1990), S. 872ff.（以下、*Fasching*, ZPR）; *Fasching/Konecny* (Hrsg), Zivilprozeßgesetze, 4. Band-1, 2. Aufl. (2005), S. 150ff.（*Pimmer*）; *Rechberger* (Hrsg), ZPO. 4. Aufl. (2014), S. 1630ff (*Kodek*); *Rechberger/Simotta*, Zivilprozessrecht., 8. Aufl., (2010), S. 565ff.（以下、*Rechberger/Simotta*, ZPR）; *Fucik/Klauser/Kloiber*, ZPO, 12. Aufl. (2016), S. 488ff.; *Buchegger/Markowetz*, Grundriss des Zivilprozessrechts. (2016), S. 382ff.; *Fucik*, Das Neuerungsverbot im Zivilgerichtsverfahrensrecht, ÖJZ 1992, S. 425ff..; *Fasching*, a. a. O. (Fn. 52), S. 314ff.; *Böhm*, Was will das Neuerungsverbot? Hindergrund, Funktion und Einfluss auf das Prozessverhalten in erster Instanz, FS 100 Jahre ZPO (1998), S. 234ff. などを参照。

（54）*Fasching*, ZPR, S. 872.

（55）*Rechberger* (Hrsg), ZPO. 4. Aufl. (2014), S. 1630 (*Kodek*) など参照。

（56）*Fasching*, ZPR, S. 874f. など。

（57）これらが控訴審において無制限に認められ考慮されるとすると、綿密な訴訟準備および集中的な訴訟遂行をなす当事者の義務を空洞化させ、第一審手続を無価値なものとし、さらに訴訟を根本的に遅延させ、かつそのコストを上げることになるであろうとされている。*Fasching*, ZPR., S. 873. 参照。

（58）*Fasching*, ZPR., S. 877. また、*Fucik*, a. a. O. (Fn. 53), S. 426は、民訴法四八二条一項における抗弁とは、裁判所が事実の完全な陳述の際にも職権によって顧慮する必要のないすべての請求棄却事由と解している。

（59）*Fasching*, ZPR., S. 875.

（60）*Rechberger/Simotta*, ZPR, S. 416.

（61）*Fasching*, ZPR, S. 873.

（62）オーストリアでは控訴理由については法文上の規定はないが、学説は控訴理由を四つのグループ（手続法規違反による手続無効、その他の手続上の瑕疵（オーストリア民訴四九六条一項一〜三号）、不正確な事実関係の確定、不正確な法的評価）に分ける点で一致している（*Buchegger/Markowetz*, a. a. O. (Fn. 53), S. 390ff. など）。通説は、間違った証拠評価に基づく不正確な事実関係の確定も控訴理由に該当するとする（*Fucik*, a. a. O. (Fn. 53), S. 427.）。

（63）*Fasching*, ZPR., S. 876. によれば、本案の申立て（請求）の支持または反駁のための新たな提出はできず、具体的控訴理由それ自体に関わる事実陳述のみができるにすぎないとする。なお、個々の限界事例に関する判例の概要については、*Fucik*, a. a. O. (Fn. 53), S. 427ff. など参照。

（64）もっとも、更新禁止原則を採らなかったこれらの領域では、訴訟引延しや事件の蒸し返しのために、更新権行使がなされているとの指摘もなされている。*Fasching*, a. a. O. (Fn. 53), S. 317ff. (FG-Fasching).

（65）*Fasching*, ZPR., S. 878.; *Fucik*, a. a. O. (Fn. 53), S. 429など参照。

（66）*Rechberger/Simotta*, ZPR., S. 567.; *Fasching/Konecny* (Hrsg), ZPO IV/1, § 503 Rz8 ff (*Zechner*) など参照。なお、控訴審決定に対する抗告審での更新禁止原則違反については、議論のあるところである。抗告理由は法律上の規定がないため、いずれにせよ抗告理由として承認されているとの見解が多い（*Rechberger/Simotta*, ZPR., S. 567.; *Fucik*, a. a. O. (Fn. 53), S. 429など参照）。

（67）*Fasching*, ZPR., S. 875参照。また、*Fasching*, a. a. O. (Fn. 52), S. 317ff. (FG-Fasching) では、連邦司法省が一九六一年設置の民事手続法に関する改正作業グループにおいて更新禁止原則を審議させたが、それが根本的に可能であることが実証され、その欠点の排除は緊急のものとされなかった旨が指摘されている。その後の改正でも更新禁止原則に変更が加えられることはなかったのである。*Rechberger*, Die Verfahrenskonzentration im österreichischen Zivilprozeß, in „Zivilprozeßrecht im Lichte der Maximen“, Istanbul (1999), S. 6. も参照。

（68）*Fasching*, a. a. O. (Fn. 52), S. 317 (FG-Fasching).

（69）拙稿・前掲（注2）河野古稀二三六頁以下――本書第二章――参照。

（70）ドイツ法の更新権制限についての立法の沿革等は、佐瀬裕史「民事控訴審の構造に関する一考察⑵〜⑷」法協一二六巻一一号

（二〇〇九）一二〇四頁、一一七巻六号（二〇一〇）七三九頁、同一二号（二〇一〇）二〇三七頁以下が詳細である。一八九五年オーストリア民訴法の更新禁止原則に対するドイツの否定的対応については、*Fasching*, a. a. O.（Fn. 52）, S. 316. ff.（FG-Fasching）など参照。また、簡素化法での更新権制限については、石渡哲「西ドイツ簡素化法施行後における更新権の制限」法学研究（慶應義塾大学）六一巻六号（一九八八）八〇頁など、二〇〇二年改正については、前掲（注46）参照。

（71）*Reetz*, Zivilprozessrecht, S. 41f.（2010）; *Baker & Mckenzie*（Hrsg）, Schweizerische Zivilprozessordnung（ZPO）, S. 1165ff.（2010）など参照。統一されたスイス民訴法では、三一七条一項で次のように、規定している。「第一項　新たな事実及び証拠方法は以下の場合にのみ考慮される。(a)それらが遅滞なく提出されている場合で、かつ、(b)期待できる注意を払ったにもかかわらず、第一審においてすでに提出することができなかった場合」。

（72）勅使川原・前掲（注11）五七頁以下が更新権制限は制度的裏打ちがなければ、正当化できず、実体的訴訟指揮権が義務的に強化される必要がある（ドイツの法改正ではその裏打ちがなされた）と説くのは、このことを念頭においたものと思われる。なお、手続集中と裁判官の積極性の関係については、拙稿「手続集中理念と裁判官の積極性」民訴六三号（二〇一七）——本書第四章——参照。

（73）司法研修所編・前掲（注7）四二頁以下。

（74）例えば、松本・前掲（注11）五〇一頁以下など。

（75）上野・前掲（注9）五九頁以下等で指摘されていたことである。

（76）司法研修所編・前掲（注7）四四頁参照。

（77）現行法の裁判官の権限拡張については、拙稿『新民事訴訟法ノートⅠ』（成文堂・一九九八）七頁以下、八九頁以下参照。前掲（注72）で指摘したように勅使川原教授により、わが国ではドイツ法のような厳しい釈明義務が法定化されていない点で事後審的審理に疑問符が付けられているが（勅使川原・前掲（注11）四六頁以下）、第一審の充実、当事者の納得という意味では、現行法上でも対応できる法制となっていると評価できよう。ただ、運用の面での課題は残る。

(78) 上野・前掲(注9)八一頁以下、八四頁以下。
(79) 司法研修所編・前掲(注7)五四頁以下参照。
(80) 現行民訴法のこのような規律による更新権の制限方式を、筆者はかつて「緩やかな更新禁止」と称した。松村=酒井・前掲(注40)五七一頁以下参照。

著者紹介

松 村 和 徳（まつむら かずのり）
早稲田大学大学院法務研究科教授・博士（法学）

主要著書
『民事執行救済制度論』（成文堂・1998年）
『新民事訴訟法ノートⅠ』（成文堂・1998年）
『民事執行･保全法概論［第２版］』（成文堂・2013年）
『倒産法概論』（法学書院・2014年）など

手続集中論

2019年６月20日　初版第１刷発行

著　者　松　村　和　徳
発行者　阿　部　成　一

〒162-0041　東京都新宿区早稲田鶴巻町514番地
発行所　株式会社　成　文　堂
電話 03(3203)9201　Fax 03(3203)9206
http://www.seibundoh.co.jp

製版・印刷　藤原印刷　　製本　弘伸製本

ISBN978-4-7923-2739-2　C3032

定価（本体7000円＋税）